《과소유 증후군》에 보내는 해외

마치 《티핑포인트》가 《괴짜경제학》을 만난 것 같다.
그러나 훨씬 더 장대한 아이디어를 담고 있다. —로라 앳킨슨, 선데이 타임스

설득력 있고…… 재기 넘친다. —파이낸셜 타임스

사회학자의 눈과 이야기꾼의 귀를 겸비한 제임스 월먼은
우리의 가이드가 되어준다. 최근 물질만능주의는 월먼의 적절한 명명법에
따르면 체험주의라 불리는 것으로 의식적으로 대체되고 있다.
월먼은 이러한 흐름 속에서 새롭게 부상하고 있는 가치체계를 발견했다.
그의 발견은 딱 들어맞는 것이다. —익스피어리언스 이코노미

제임스 월먼은 물질만능주의에 빠진 우리 사회가 더 이상 우리에게
행복을 주지 못하는 이유와 이에 어떻게 대처해야 할지를 보여주기 위해
이런 저런 실화를 정교하게 엮어 놓았다. 거기에 저자의 온정과 재치까지
더해졌다. 놀라운 점은 월먼이 엿본 미래가 보기 드문 통찰력 덕분에
문화가 변화하는 복잡한 과정까지 훤히 보여주고 있다는 점이다.
—캐롤라인 반 덴 브룰, 《크래클 앤 피즈》의 저자이자 MBE(대영제국 훈장) 수상자

지나친 소비지상주의의 유래를 따뜻한 시선으로 밝히면서
사적인 견해와 사회적인 견해를 적절히 배합해 놓았고
이에 대한 대처 방안 또한 노련하게 권하고 있다.
—피터 N. 스턴즈, 조지메이슨대 학장

신나는 유령열차를 타고 과잉소비의 광기를 체험하다 보면
어느새 우리를 비웃고 있는 우리 자신의 탐욕과 마주하게 된다.
다행스럽게도 저 너머 터널 끝에 광명이 비친다.
제임스 월먼은 우리를 터널 끝으로 인도해 준다.
—마크 턴게이트,《광고판 : 세계 광고의 역사》의 저자

이 책은 우리로 하여금 인생의 여행길에 오르게 해준다.
월먼이 자신의 사례를 구축하는 동안 그의 체험의 진가가
빛을 발하고 여운을 남긴다. 감히 말하건대
이 책을 읽고 변하지 않을 사람은 없을 것이다.
—진 E. 아놀드, UCLA 인류학과 교수

글래드웰이《블링크》에서 심리학에 적용한 것을 월먼은
이 책에서 매혹적인 트렌드 예측의 세계에 적용하고 있다.
엉뚱한 이야기와 설득당할 수밖에 없는 예가
든든히 이 책을 받쳐주고 있어 읽는 즐거움이 더없이 크다.
월먼은 오늘날 우리가 과소유증후군에 걸려 살아갈 수밖에 없는
이유를 밝히고, 또한 이러한 '물질'에 대한 집착이 변화될 것이라 예측한다.
물건을 사러 상점을 찾는 자신을 절대 예전과 같은 시선으로
바라볼 수 없을 것이다. 보배 같은 책.
—매리앤 캔트웰,《나는 나에게 월급을 준다》의 저자

《과소유 증후군》에서 꼭 알아야 할 핵심 키워드

■ 과소유 過所有 지나치게 많이 가지려고 하거나 이미 많이 갖고 있는 것

과소유는 '무소유無所有'의 반대 개념으로 '지나치게 많은'이라는 뜻을 가진 과過와 '가지고 있음'을 의미하는 소유所有를 더하여 만든 말이다. 즉, '지나치게 많은 물건을 소유함'이라는 뜻을 갖는다.

이 책에서는 불필요한 물건을 너무 많이 소유하고 있는 상태를 '과소유'라 한다. '더욱 많은 것'을 소유하려는 '과소유'를 긍정적인 것이 아니라 오히려 부정적인 것으로 보고 있으며, 결국 정리되지 않은 너무 많은 소유물에서 '과소유 증후군'이 발생했다고 말한다.

■ 증후군 Syndrome 쉽게 고치기 어렵고 복합적으로 일어나는 정신적 난치병

질병에 걸리게 되면 여러 가지 이상증세가 나타나는데, 이것을 증상·증후·징후라는 말로 표현한다. 그리고 어떤 질병이 두 가지 이상의 증후를 보일 때, 이것을 증후군이라고 한다. 이 책에서는 소유하고 있는 물건에 짓눌려 질식하기 직전의 상태를 '과소유 증후군'이라 명명하고, 이것을 우리가 앓고 있는 고질병 가운데 가장 극심한 병으로 보고 있다.

스톡홀름 증후군을 예로 들면, 스톡홀롬의 한 은행에 침입한 무장강도가 은행 직원들을 인질삼아 경찰과 대치한 사건이 있었다. 인질들은 시간이 흐르면서 차츰 범인들에 동화되어 자신들을 구출하려는 경찰들을 적대시 하고, 강도들에게 불리한 증언을 하지 않았다. 이러한 심리현상을 스톡홀름 증후군이라고 말한다.

■ Stuffocation 저자가 명명한, '지나친 물건은 사람의 목을 조른다'는 뜻의 신조어

원제이자 본문에서 자주 언급되는 'stuffocation'은 'stuff(물건)'와 'suffocation(질식)'을 합성하여 저자가 만든 말이다. 우리말로 '물건질식' 정도로 직역할 수 있다. 본문에서는 'stuffocation'을 법정 스님의 '무소유'와 반대의 뜻으로 '과소유'라 하였고, 과소유에서 나타나는 '불안', '스트레스', '우울감'과 같은 병적인 증상에서 착안해 '과소유 증후군'으로 이름을 붙여 사용하였다.

■ 잡동사니 Clutter 쓸모가 없거나, 없어도 무방한 물건과 살림살이

잡동사니는 '잡다한 것이 한데 뒤섞인 것 또는 그런 물건'을 뜻하는 말이다. 이 책에서는 잡동사니를 많은 물건을 소유하고 있으면서 물건들이 지저분하게 어질러져 있는 상태 또는 엉뚱한 장소에 놓여 있는 것을 의미한다. 예를 들어 장난감들이 거실부터 욕실까지, 즉 온 집안에 걸쳐 여기저기 흩어져 있다면 이것은 잡동사니라고 볼 수 있다. 하지만 많은 물건을 소유하고 있으면서도 물건이 종류별로 잘 분류되어 있다면 그것은 잡동사니가 아닌 것이다.

■ 체험주의 Experientialism 많은 물건을 소유하려는 것보다 즐겁고 보람있는 체험을 선택하려는 삶의 방식

체험주의는 체험이 사물을 이해하고 판단하는 데 중요한 기초가 된다는 이론을 말한다. 이 책에서는 '체험주의'를 '물질주의'의 반대 개념으로 정의한다. 즉, 행복을 물질적인 것에서 찾으려는 물질만능주의를 거부하고, '물질'이 아닌 '체험'에서 찾으려는 새로운 삶의 방식을 '체험주의'라 한 것이다. 따라서 새로운 삶의 방식을 위해 물질적 소유에서 체험적 소유로의 전환을 주장하고 있다. 체험주의자들은 '물질적 소유'보다 '체험적 소유'에 삶의 의미를 더 부여한다.

■ 미니멀리즘 Minimalism 물건을 되도록 적게 가지려 하고, 최소한의 물건을 효율적으로 쓰려는 삶의 방식

미니멀리즘은 단순함을 추구하는 문화적 흐름을 뜻하는 말로 '최소한도의', '최소의'라는 'minimal'에 'ism'을 붙인 '최소한주의'라는 사전적 의미를 갖고 있다. 이 책에서 '미니멀리즘'은 최소한의 물건으로 최소한의 삶을 추구하는 새로운 삶의 방식을 뜻한다. 최근 미니멀리즘은 물질만능주의와 소비문화의 대안으로 부상하게 되었고, 소비문화에서 벗어나려는 많은 사람들에게 큰 영향을 주었다. 미니멀리즘을 실천하는 미니멀리스트들은 더 적게 갖는 것에서 행복을 찾을 수 있다고 믿는다.

물건이 많을수록, 우리는 정말 행복할까?

소유하는 것이 행복이라는 시대에 대한 반란

과소유 증후군

제임스 월먼 지음 | 황금진 옮김

문학사상

STUFFOCATION

■ 일러두기

　원제이자 본문에서 자주 언급되는 'stuffocation'은 'stuff(물건)'와 'suffocation(질식)'을 합하여
저자가 만든 말입니다.
　본문에서는 'stuffocation'을 '과소유 증후군'으로 번역하여 사용하였습니다.

이 책에 등장하는 사례들은 꾸며진 것들이 아닙니다.
그들은 실제 인물들이며 그들의 일화는 모두 사실입니다.
모든 장면과 사건들은 실제로 일어난 일임을 알려드립니다.

— 제임스 월먼

차례

차례

사람은 얼마만큼 가져야 만족할까

QUIZ

나도 물건에 질린 걸까?

• 과소유 증후군을 진단할 수 있는 체크 리스트

QUIZ

나도 체험주의자가 될 수 있을까?

• 물질주의자와 체험주의자를 구분할 수 있는 체크 리스트

적은 소유가 더 큰 행복을 줄 수 있을까
니커디머스의 보따리와 상자 실험

연봉 십만 달러 이상을 벌며 소위 사회에서 잘 나가던
니커디머스는 돈을 많이 벌고 물건을 아무리 사들여도 행복하지 않았다.
어느 날 니커디머스는 최소한의 물건만으로 살면서 전보다 더욱
행복할 수 있는지 알아보기 위해 실험을 했다.
보따리와 상자를 이용한 니커디머스의 '물건 줄이기 실험'은
더 많이 갖는 것이 아니라 더 적게 갖는 삶에 집중할 수 있게 해주었고
그의 삶을 진정한 행복으로 이끌었다.

지각없는 과소유는 우리의 건강을 해친다
크리스피 크림의 미스터리

2013년 2월 14일 목요일 오전 7시, 크리스피 크림 매장이 개장하자
1시간 이내에 고객 400명이 몰려들어 그 주변의 교통이 마비되었다.
줄까지 서가며 기다리는 일이
건강에 좋지 않다는 사실을 알면서도 두 시간씩이나
기다린 사람들은 대체 왜 그랬던 걸까?
저자는 이를 과소유와 연관지어 설명한다.
지각없는 섭식처럼 지각없는 구매는 삶의 질뿐만 아니라
우리의 건강까지 위협할 수 있다고 경고한다.

사람은 얼마만큼
가져야 만족할까

2010년 9월의 어느 월요일 아침, 라이언 니커디머스라는 남자가 잠자리에서 눈을 떴다. 침대 하나만 달랑 놓여 있는 방이었다. 하늘은 눈부시게 푸르렀다. 산들바람도 불고 있었다. 사람들은 커피를 홀짝이며 각자의 자동차에 올라 타 북쪽으로는 데이턴, 남쪽으로는 신시내티를 향해 차를 몰며 한 주를 시작하고 있었다. 평소와 다를 바 없는 날이었다.

각진 턱의 아일랜드계 미국인으로 할리우드 스타 벤 애플렉과 똑 닮은 니커디머스는 일어나 앉아 눈을 가늘게 떴다. 침대맡 전등도, 테이블도, 사진도, 아무것도 없는 방 안에는 오로지 그가 자고 일어난 침대와 덮고 잔 이불만 있었다.

니커디머스는 이불을 걷어내고 카펫이 깔린 바닥 위를 걸어 텅 빈 옷장을 지나 복도로 나갔다. 살림이라곤 아무것도 없는 휑뎅그렁한 빈집이었다. 방 안에 있는 유일한 것은 으스스한 소리뿐이었다.

니커디머스는 그때를 이렇게 회상한다.

"정말 묘했어요. 고요한데도 울리는 소리가 나서."

만약 당신이 그 집에서 혼자 자다가 깨어났다면, 살던 사람들이 몸만 이사 나가고 난 바로 다음날, 이삿짐이 전부 상자와 보따리에 담겨 계단 밑에 방치된 이상한 집에 와 있는 초현실적인 꿈을 꾸고 있을 거라고 생각했을 것이다.

니커디머스는 아래층으로 내려가 상자 하나를 집어 들었다. 그는 번호표에 '기타 7번'이라 쓰여 있는 그 상자를 한 쪽으로 치워놓았다. '잡다한 주방용품 2번'이라 표시된 다른 상자도 들어 올려 한 쪽으로 치워놓았다. '욕실용품 1번'이라 쓰인 상자가 나올 때까지 같은 동작을 반복했다. 욕실용품 상자 안을 뒤졌다. 샤워 젤, 치약, 칫솔을 꺼냈다. 보따리들을 이리저리 뒤적거리다 마침내 수건이 든 보따리를 찾아내고는 수건을 한 장 꺼냈다. 그는 이삿짐 보따리를 다시 싸고 상자들은 닫은 후 샤워를 하려고 위층으로 올라갔다.

샤워기의 물살을 맞으면서 니커디머스는 생각했다 : 기분이 어땠지? 이상했나? 더 좋아졌나? 물건이 없는 집은 더 나은 걸까, 더 나쁜 걸까? 물론 그건 꿈이 아니었다. 그건 실험이었다.

당시 니커디머스는 스물여덟 살이었고 큰 불편없이 살고 있었다. 여자친구도 있었고 집과 직장도 있었다. 신시내티 벨이라는 통신회사의 가맹점을 관리하면서 1년에 10만 달러 이상을 벌고 있었다. 하는 일도 마음에 들었다. 함께 일하는 사람들도 마음에 들었다. 종업원들이 나날이 발전하는 모습을 지켜보고, 그들이 보너스를 타거나 하와이로 포상휴가를 떠날 수 있도록 조금이라도 더 팔 수 있게 돕는 데서 짜릿함을 느꼈다. 브룩스브라더스 양복을 입고, 300달러짜리 구두를 신고, 100달러짜리 넥타이를 맸다. 100달러짜리 넥타이가 100개나 있었다. 주말이면 친구들과 8천 달러짜리 4륜구동 자동차를 몰고 오프로드를 달렸다. 엑스박스로 오락을 하고 최신형 53인치 삼성 텔레비전으로 영화를 즐겼다. 다 큰 남자들도 좋아하는 통카(미국의 장난감 회사로, 장난감 트럭 및 건설장비로 유명—옮긴이) 트럭을 실물 크기로 재현한 듯한 최신형 메탈릭블루 도요타 타코마를 몰았다.

"18살 때의 저한테 지금 28살의 내가 갖게 될 것들을 알려주었다면 전 그 마을에서 가장 신이 난 18살짜리가 되었을 겁니다. '설마, 진짜예요? 우와, 최고로 끝내주는 인생을 살겠네!' 그런 말을 했겠죠."

지금의 니커디머스가 한 말이다.

하지만 10년이 흐른 지금, 최고로 끝내주는 인생 같다는 기분은 들지 않았다. 니커디머스는 행복하지 않았다. 오히려 혼란스러웠다.

"늘 갖고 싶어 했던 걸 다 가지고 있으면서도 행복하지 않다니 제가 너무 만족할 줄 모르는 인간이라는 생각까지 들더군요."

처음에는 전에 하던 일들을 계속 열심히 하고, 일도 열심히 하고, 돈도 마음껏 쓰면서 그런 느낌이 사라지길 바랐다. 하지만 돈을 아무리 많이 벌어도, 물건을 아무리 많이 사들여도 그런 기분을 떨쳐버릴 수가 없었다. 그러다 한 가지 생각이 퍼뜩 떠올랐다. 어쩌면 잘못 생각하고 있는지도 모른다. 어쩌면 행복 방정식을 잘못 세운 걸지도 모른다.

행복 = 연봉 5만 달러?

니커디머스는 인구 2만 명에 평균소득 2만 달러인 오하이오 주 레바논에서 가난하게 자랐다. 부모님이 이혼했을 때, 그는 어머니와 함께 다 쓰러져가는 아파트에서 살았다. 어머니는 술 마시고 마약 하느라 바빠 청소도, 바퀴벌레도, 아들도 방치했다. 그래서 열두 살 소년 니커디머스는 아버지한테로 갔다. 에릭 니커디머스는 '니커디머스 파인 페인트 및 벽지Nicodemus Fine Paint and Wallcovering'라는 영세한 사업체를 운영하고 있었다. 그는 독실한 여호와의 증인교 신자였다. 집을 늘 깨끗하게 유지했다. 라이언이 아버지가 철석같이 믿는 신과 어머니를 떠나지 않는 악마 사이를 핀볼처럼 오락가락하게 된 것은 불가피한 일이었을까? 그는 마약에 손을 대기 시작했다. 교회도 다녔다. 먹기도 많이 먹었다.

방학을 맞아 아버지 일을 돕던 라이언은 부자들이 자신들의 집을 단장하는 과정에서 느끼는 행복이 바로 자신이 바라던 그런 유의 행복이라는 것을 알게 되었다.

어느 날, 라이언은 아버지와 함께 작업복 차림으로 일을 하고 있었다. 특별할 것 없는 그저 그런 집이었다. 복도에 놓인 대형 괘종시계를 제외하면 모든 것이 새것이고 현대적이었다. 집안 물건을 치우다가 벽에 걸린 가족사진을 내리던 라이언은 사진 속 가족들이 정말 행복해 보인다는 생각을 하게 되었다. 그날 아침에도 집주인들은 꽤 행복해 보였었다. 어쩌면 정말 행복했을지도 몰랐다. 주변을 둘러보던 라이언은 궁금해졌다.

'어쩌면 이렇게 좋은 중산층의 집이야말로 행복한 사람들이 살 법한 그런 집이 아닐까?'

"아빠, 이런 집을 사려면 얼마나 벌어야 될까요?"

라이언이 물었다.

"글쎄다."

아버지 에릭이 '아버지'다운 걸걸한 목소리로 대답했다.

"1년에 한 5만 달러쯤."

그렇게 간단한 거였다니. 이제 행복은 구체적인 모습을 띠게 되었다 : 그 집의 내부를 떠올리면 됐다. 5만 달러라는 가격표도 붙었다. 니커디머스는 이 특별한 비결, 즉 '행복＝연봉 5만 달러'라는 공식을 가장 친한 친구 조슈아 필즈 밀번에게도 알려주었다.

오늘날 필즈 밀번은 호리호리하고 잘생긴 청년이 되었다. 배우 크리스토퍼 워큰의 젊은 시절을 떠올리게 하는 외모다. 워큰처럼 웨이브 있는 금발에 앞머리는 위로 솟아 있었다. 그의 미소는 스스로 흐뭇해하는 표정 같기도 하고 자기 말을 잘 들어보라고 호소하는 표정 같기도 하다. 하지만 옛날에는 필즈 밀번 역시 니커디머스와 같은 신세였다. 다시 말해 결손가정의 비만 소년이었다는 말이다.

학교를 졸업하고 나서 필즈 밀번과 니커디머스는 행복 방정식에서 자신들의 몫인 우변을 달성하기 위해 뼈 빠지게 일했다. 몇 년 뒤, 두 사람은 마법의 숫자를 달성했다. 그러니 이제 행복할 일만 남은 셈이었다. 과연 그럴까? 인생이 그렇게 단순하다면야 얼마나 좋을까! 그게 아니었다. 필즈 밀번은 얼마 안 가서 문제가 무엇인지 알아냈다.

"방정식이 틀렸어."

어느 날 필즈 밀번이 니커디머스에게 말했다.

"인플레이션을 적용시키지 않았잖아. 어쩌면 5만 달러가 아니라 8만 달러일지도 몰라."

듣고 보니 이해가 갔다. 결국 인플레이션이라는 것은 나갈 돈이 더 많아진다는 것을 의미했다. 특히나 갖고 싶은 것들, 좋은 물건을 사고 싶다면 더더욱. 좋은 물건을 사는 데 드는 비용이 높아진다는 건, 곧 좋은 삶을 위한 비용도 상승한다는 뜻이었다.

그래서 두 사람은 계속 열심히 일하고, 열심히 소비하고, 열심히 경쟁했다. 니커디머스는 160㎡짜리 집을 샀다. 필즈 밀번은 190㎡짜리 집을 샀다. 니커디머스는 도요타를 몰았고 필즈 밀번은 렉서스를 탔다. 니커디머스는 넥타이가 100개나 있었다. 필즈 밀번은 넥타이는 그 정도로 많지는 않지만 브룩스브라더스 셔츠가 70벌이나 있었다. 브룩스

브라더스 양복은 15벌 가지고 있었으니 12벌 가진 니커디머스보다 3벌이 더 많은 거였다.

하지만 얼마를 벌건, 얼마나 많이 사건, 전보다 혹은 상대방보다 더 많이 가지고 있건 달라지는 건 없었다. 인플레이션을 새로이 적용한 목표에 도달할 때마다 번번이 행복 방정식의 등식은 성립하지 않았다. 결국 필즈 밀번에게는 또 다른 생각이 떠올랐다 : 인플레이션만 적용해서는 안 되는 거라면? 행복 방정식에 명백한 오류가 있다면?

필즈 밀번은 그때를 이렇게 회상하고 있다.

"행복하려고 가져다 놓은 주변의 모든 물건들이 행복을 전혀 가져다주지 못하고 있었습니다. 오히려 그 반대였죠. 행복 대신에 빚, 스트레스, 불만만 쌓였으니까요. 어찌할 바를 모르던 저는 결국 우울증에 걸렸습니다."

그즈음 필즈 밀번은 온라인에서 행복에 대하여 급진적인 생각을 품고 있던 사람들을 우연히 만나게 되었다. '미니멀리스트'라 불리는 이들은 행복에 이르는 비결은 *더 많이* 갖는 것이 아니라 *더 적게* 갖는 것이라 여기고 있었다. 이 사람들에게 효과가 있었다면 니커디머스와 자신에게도 효과가 있지 않을까? 시도할 만한 일임이 분명했다.

하지만 만에 하나 효과가 없다면, 물건을 모두 내다버리고 나서야 그 사실을 알게 된다면 어쩌지? 그래서 두 사람은 계획을 세웠다. 최소한의 물건만 가지고 살면서 전보다 더욱 행복할 수 있는지 알아보기 위해 실험을 하나 해보기로 한 것이다. 마치 이사를 가기라도 할 것처럼 집안에 있는 니커디머스의 물건을 모두 큰 보따리와 상자에 담는다. 그러다 필요한 물건이 생기면 다시 꺼낸다. 실험 기간은 21일로 정했다. 어떤 습관이 몸에 완전히 배려면 그 정도는 걸린다는 글을 어디에선가 읽었기 때문이다. 그 기간이 끝나갈 때쯤, 니커디머스는 자신에게 필요한 물건이 얼마나 되는지, 물건을 줄이면 행복이 늘어나는지 알아낼 수 있게 될 터였다.

효과가 있었다. 니커디머스는 이삿짐에 꽉꽉 담아 놓았던 물건들을 모조리 꺼낼 필요가 없었다. 물론 몇 가지 물건을 꺼내기는 했다. 그날 아침 메아리가 울리는 듯한 침묵 속에서 깨어난 뒤 칫솔, 치약, 출근하러 갈 때 입을 옷가지를 찾으러 갔었다. 그 다음에는 칼 한 자루, 포크, 숟가락, 접시를 꺼냈는데 이 물건들은 매일 써야 하는 것들이었다.

열흘이 지나자 니커디머스는 더 이상 아무것도 꺼내지 않았다. 그쯤 되자 필요한 건 전부 꺼냈다는 생각이 들었다. 이제 이상하게 느껴지는 건 집안에서 나는 소리가 아니라 쓰레기였다.

니커디머스는 그때를 이렇게 회상한다.

"그 실험으로 내가 가지고 있는 물건 중에서 실제로 사용하는 건 정말 몇 가지 안 된다는 사실에 눈을 뜰 수 있었습니다. 그런 물건들에다 쓸데없이 쏟아 부은 돈을 생각하면, 그거야말로 정말 비현실적이었구나 하고 생각하게 되죠."

니커디머스는 여자친구가 어떻게 생각할지 걱정이 되었지만 여자친구는 이 모든 일을 재미있다고만 생각했다.

"거실에 들어와서는 씩 웃으면서 '자기야, 혹시 **숟가락** 못 봤어?'라고 묻곤 했죠."

가진 것에 만족하게 되고, 적게 가질수록 더 행복하다는 사실을 알게 된 니커디머스는 짐 꾸러미들을 전부 처분했다. 이베이와 크레이그리스트(개인용 판매광고, 구인 · 구직, 주택공급, 이력서, 토론 공간 등을 제공하는 안내광고 웹 사이트—옮긴이)에 내놓기도 하고 무료로 나누어 주기도 했다. 아버지 물건은 트럭 한가득 실어 교회로 가지고 갔다. 그런 다음 물질적 소유물을 최소화한 새로운 삶을 시작했다.

우리 가운데 다수가 살면서 한 번쯤은 자신의 삶과 직업에 정말로 만족하는지, 오로지 사들인 물건의 할부금을 갚기 위해 일을 하고 있는 것은 아닌지, 집과 삶을 너저분하게 채우고 있는 그 모든 잡동사니(많은 물건을 소유하고 있으면서 물건들이 지저분하게 어질러져 있는 상태 또는 엉뚱한 장소에 놓여 있는 것을 의미함—옮긴이)가 정말 필요한 것인지에 관하여 의문을 품어 보았을 것이다. 그래서 가끔씩 그렇게 의문을 제기하는 내면의 목소리를 잠재우기 위해 우리는 신속하게 대청소를 하고, 일하는 시간을 줄이고, 즐길 수 있는 일들을 하면서 집에서 보내는 시간을 늘린다. 하지만 우리는 거기서 멈춘다. 니커디머스는 그러지 않았다. 대청소를 하면서 모든 물건을 바리바리 싸놓고는 대부분을 상자와 보따리째 두었다가 결국 모두 처분했다. 새로운 물건을 욕망하고 사들이는 짓은 이제 그만두었다. 실제로 필요하지도 않은 물건을 사려고 죽도록 일하는 것도 그만두었다. 훨씬 적은 물건만 가지고 사는 삶을 살기 시작했다. 물질적인 목표에 도달하기 위해 노력하기보다 건강이나 인간관계와 같은 목표의 달성에 매진하는 삶을 살기 시작했다. 그랬더니 효과가 있었다. 나한테 수차례 말했던 것처럼 이제는 전보다 훨씬 행복하다고 느끼게 되었다. 이유가 뭘까? 더욱 적은 소유물이 더욱 큰 행복을 가져온다고 생각하게 된 이유가 뭘까? 이러한 새로운 행복 방정식은 니커디머스, 필즈 밀번, 그 외 그들과 비슷한 소수에게만 유효한 걸까, 아니면 나머지 우리에게도 유효한 걸까?

당신도 지나치게 많은 물건을 소유하고 있는 건 아닐까?

과소유 증후군은 오늘날 우리가 앓고 있는 고질병 가운데 가장 극심한 질병이면서 지금껏 명명조차 되지 않은 질병에 관한 이야기이다. 과소유 증후군은 우리가 소유하고 있는 물건으로 인하여 풍요로움을 느끼기보다 숨막힐 듯한 갑갑함을 느끼는 여러분과 나, 우리 사회 전반에 관한 이야기이다. 우리는 한때 그랬듯 *더욱 많은 것*을 긍정적인 시선으로 바라보기보다 *더욱 많은 것*을 더욱 번거롭고, 더욱 신경 써야 하고, 더욱 머리를 써야 할 상태로 여긴다. 바쁘고 어수선한 삶에서 *더욱 많다는 것*은 더 이상 좋기만 한 것이 아니다. 오히려 더 나쁘다. 물건에 짓눌려 질식하기 직전의 우리는 내가 **과소유 증후군**이라 명명한 불안감에 시달리고 있다.

실은 니커디머스만 그런 것이 아니다. 지금 이 순간 물건이 너무 많다고 느끼고 있는 사람들이 전 세계에 수백만 명이나 있다. 그 수백만 명 중 우선 니커디머스와 필즈 밀번이 매년 물건을 줄이면서 살아가는 이야기에 관한 글을 올리는 블로그와 책을 읽는 사람 2백만 명이 있다. 거기다 물질만능주의가 생태계에 끼치는 악영향을 다룬 〈물건이야기〉라는 영화를 온라인으로 본 사람의 수가 또 1,200만 명 가까이 되는데, 이는 그레이터런던(런던을 포함하는 잉글랜드 최상위의 행정구역―옮긴이)의 인구, 또는 뉴욕과 LA의 인구를 합한 수와 맞먹는 수이다. 영화를 보고 난 후, 가령 우리가 쓰레기봉투를 하나 내놓을 때마다 그 봉투를 가득 채운 상품들을 만들기 위해 쓰레기봉투 70개가 더 발생된다는 사실을 알게 된 사람들은 십중팔구 생활하면서 소비를 줄여야겠다고 느낄 것이다. 아무튼 물건이 너무 많다고 느끼는 사람들은 더 많이 있다.

로널드 잉글하트라는 이름의 정치학자는 1970년부터 물질적인 것, 즉 물건에 대한 사람들의 인식을 추적 조사해 오고 있다. 이 연구를 시작할 당시 그는 6개의 조사 대상국, 즉 영국·프랑스·서독·이탈리아·네덜란드·벨기에의 경우 국민 다섯 명 중 네 명이 물질주의적 가치관을 가지고 있다는 것을 발견했다. 대부분의 사람들이 돈과 물건을 얼마나 많이 가지고 있느냐에 관해서 걱정을 더 많이 했지 삶의 질에 관한 이슈에 대해서는 그다지 고민하지 않았다.

그 후 정치학자들은 50개국 이상에서 줄곧 유사한 조사를 실시해 오고 있다. 이 연구가 전하는 메시지는 분명하다 ˙: 물질주의적 가치관을 가지고 있는 사람이 두 명 중 약 한 명밖에 안 되는 걸 보면 우리가 점차 물질주의에서 벗어나고 있다는 것이다.

"이제 탈물질주의자가 인구의 절반 가까이 됩니다."

잉글하트의 말이다. 어쩌면 그보다 훨씬 많을지도 모른다.

세계 최대의 광고대행사 중 한 대행사가 영국 · 프랑스 · 미국과 같은 국가에서 몇 년 전 실시한 설문조사에 따르면 '성숙기 시장에 속한 사람들은 물건을 지나치게 많이 소유하고 있었고' 그 결과 '더욱 많은 물건을 사 모으라는 꼬임에 질릴 대로 질려' 최근 물건을 내다버렸거나 내다버릴 생각을 하게 된 사람이 절반이나 된다고 한다. 뿐만 아니라 세 명 중 한 명은 지금보다 단순하게 산다면, 다시 말해서 물건을 줄인다면 삶이 개선될 것으로 생각한다는 사실 또한 드러났다.

2014년 동일한 설문조사를 실시한 위와 동일한 광고대행사는 '우리 중 다수가 지나친 소비 때문에 마음이 무거운 상태이며', '우리 중 대다수가 *현재 우리가 소유하고 있는 물건의 대부분*(이탤릭체로 강조한 것은 내가 아니라 광고대행사이다)이 없어도 행복하게 살 수 있을 것 같고', '우리 중 3분의 2가 1년에 최소 한 번씩은 불필요한 소유물을 반드시 처리한다'고 보고했다.

이러한 수치가 틀림없다면, 적극적으로 '과소유 증후군에서 벗어나려 하고 있고' 물건을 줄인 더욱 단순한 삶을 선호하는 사람들이 영국의 경우 약 4천만 명, 미국의 경우 약 2억 4천만 명이나 있다는 뜻이 된다.

어쩌면 이 책을 읽고 있는 당신도 마찬가지일지 모른다. 당신 또한 물건을 지나치게 많이 소유하고 있는가? 더욱 많이 사 모으라는 꼬임에 질릴 대로 질렸는가? 사실대로 말하건대, 지금보다 물건을 줄인다면 더 행복할 것 같은가? 니커디머스를 비롯하여 전 세계 수백만 명의 사람들과 마찬가지로 당신 또한 *과소유 증후군*에 시달리고 있는 것은 아닌지 알아보기 위하여 19페이지에 제시된 퀴즈를 풀면서 집안에 있는 찬장, 서랍장, 각종 선반을 훑어보기 바란다.

나도 물건에 질린 걸까?

1. 소유물이 (a) 더욱 큰 기쁨, 아니면 (b) 더욱 큰 스트레스를 유발한다고 느끼는가?

2. (a) 집안의 모든 물건이 잘 정리되어 있는가, 아니면 (b) '잡동사니 집합소', 즉 대청소를 요하는 온갖 잡다한 물건 때문에 사용할 수도 없고 감히 들어갈 엄두조차 나지 않는 접근 금지 구역이 있는가?

3. 가족이 집으로 뭔가를 가져올 때 당신의 반응은 대개 (a) '우리 전에는 왜 그 생각을 못 했을까?'인가, 아니면 (b) '하지만 어디다 두려고?'인가?

4. (a) 정기적으로 사용하는 물건만 가지고 있는가, 아니면 (b) 필독서에 해당하는 고전소설이라든가 언젠가 반드시 배우겠다고 마음먹은 기타, 또는 이상적인 사이즈에 도달하면 입을 수 있게 될 옷 등 자신이 희망하는 인간상을 나타내기 때문에 보관하고 있는 물건이 있는가?

5. (a) 가진 물건 관리가 상당히 수월한 편인가, 아니면 (b) '잡동사니 정리요정'이 나타나 정말 필요한 것은 가려내고 나머지는 다 버려줌으로써 싹 정리해 주기를 바라고 있는가?

6. (a) 가지고 있는 옷은 다 입는 옷인가, 아니면 (b) 1년 이상 입지 않은 옷들도 가지고 있는가?

7. 옷장에 새 옷이나 셔츠를 걸고 싶을 때, (a) 손쉽게 그 옷을 걸 수 있는가, 아니면 (b) 기존 옷을 좌우로 끌어당겨 틈을 만든 다음 그 틈이 또 다시 없어지기 전에 얼른 새 옷을 걸어야 하는가?

8. (a) 모든 물건이 서랍 안에 딱 들어맞는가, 아니면 (b) 서랍을 열자마자 그 안에 들어 있던 옷들이 그동안 숨막혔다는 듯 탁 튀어나오는가?

9. 인테리어 잡지에 나오는 사진처럼 부엌이 깨끗하게 정돈된 것처럼 보일 때, (a) 모든 수납장의 문 뒤도 마찬가지 모습인가, 아니면 (b) 수납장 문은 그 안의 난장판을 가리기 위한 수단인가?

10. 차고가 있다면, (a) 자신의 차를 그 차고에 주차하는가, 아니면 (b) 잡동사니가 가득 차 있어서 주차 공간이 없는가?

11. (a) 모든 소유물이 집안에 다 들어가는가, 아니면 (b) 너무 많아 보관창고를 임대 중인가?

12. '쇼핑요법(소비를 통해 우울한 마음을 달래는 치료법—옮긴이)'으로 (a) 위안을 얻는가, 아니면 (b) 기분이 가라앉는가?

13. (a) 현재의 물질만능주의 문화에 만족하는가, 아니면 (b) 환경적인 관점에서 볼 때, 서서히 끓는 물이 담긴 냄비 안에서 시나브로 죽어가는 개구리와 같은 작금의 상황이 걱정스러운가?

14. 물건의 소유에 큰 비중을 두는 사회에 (a) 만족하는가, 아니면 (b) 뭔가 잘 못되었다고 느끼는가?

15. 지난해에 마지막으로 누군가에게서 선물을 받았던 때를 떠올려 보라. 도린 이모나 피터 삼촌이 포장지로 감싼 선물박스를 내밀었던 크리스마스 때, 혹은 굳이 안 주셔도 되는데 어머니가 당신에게 딱이라며 뭔가를 내민 생일이었을 수도 있다. 그때 당신의 속마음은 (a) '뭔지 빨리 열어보고 싶다'였는가, 아니면 (b) '윽, 또 뭐야?'였는가?

　15가지의 질문 중 답변이 (b)인 것이 하나라도 있다면 당신 또한 어느 정도 과소유 증후군에 시달리고 있다는 뜻이다.

셜록 홈스와 크리스피 크림의 미스터리

그렇다면, 이미 필요 이상으로, 처치 곤란할 정도로 가지고 있으면서도 계속해서 사들이는 이유는 뭘까? 이 문제를 풀 실마리는 내가 '크리스피 크림의 미스터리'로 여기는 이야기를 통해 찾을 수 있다.

2013년 2월 14일 목요일, 로디언 · 보더스 주 경찰은 표면상으로는 일상적으로 들리는 신고 전화를 한 통 받았다. 허미스턴 게이트 쇼핑센터 옆 순환도로에 교통정체가 발생했다는 것이다. 다른 곳이었다면 신경 쓸 필요가 없었겠지만 허미스턴 게이트는 영국에서 가장 통행량이 많은 도로 중 하나인데다, 스코틀랜드에서 가장 큰 두 도시인 에든버러와 글래스고를 연결하는 주간 도로이기도 한 M8의 시작 지점이었다. 경찰 본부의 총경들은 즉시 그 상황에서라면 전 세계 어떤 경찰이라도 취할 법한 조치를 취했다. 운전자들에게 그 근처를 우회하라고 주의를 주고는 순찰차 두어 대를 보내 문제의 원인, 즉 새로 생긴 크리스피 크림 도넛 가게를 살펴보라고 지시했던 것이다.

전날 해뜨기 한 시간 전인 오전 7시에 개장했을 때, 크리스피 크림 매장 밖에는 300명이 줄지어 기다리고 있었다. 직원들은 커피와 도넛을 최대한 신속하게 제공했다. 개장 1시간 이내에 고객 400명을 응대했는데, 이는 크리스피 크림의 기존 기록을 깬 신기록이었다. 하지만 그 정도 속도도 역부족이었던 모양이다. 직원들이 아무리 열심히 손을 놀려도 매장 밖 줄은 점점 불어났고 드라이브 스루에 들른 자동차 행렬도 계속 길어졌다. 처음에는 쇼핑센터에만 혼잡을 유발했다. 그러다 로터리를 지나는 승용차, 밴, 화물차까지 서행하게 되었다. 다음날이 되자 M8 방향이 아예 꽉꽉 막혀버렸다. 경찰이 매장 앞 대기 행렬과 도넛을 살피러 출동한 것은 바로 이때였다.

줄지어 서 있던 사람들처럼 새로 문을 연 이 매장 때문에 모두가 들떠 있었던 것은 아니었다. 영국 전국 비만 포럼의 탬 프라이는 불만을 제기했다.

"기가 차서 말이 안 나오더군요. 오늘의 에든버러가 과체중이라면 내일의 에든버러는 비만이 될 겁니다."

크리스피 크림의 오리지널 글레이즈드 도넛 한 개의 열량은 217cal이며 22g의 탄수화물과 30g의 지방을 함유하고 있다. 칼로리 함량은 거기서부터 쭉쭉 올라간다. 크리스피 크림의 도넛은 세상에서 제일 건강한 간식거리는 못 된다고 말하는 게 옳을 것이다.

매장 밖에 줄 서 있던 사람들도 이 사실을 알고 있었다. 차 안에 있던 사람들도 알고 있었다. 자신들이 줄까지 서가며 기다리고 있는 것이 심지어 건강에 좋지도 않다는 사실을 알면서 최대 두 시간씩이나 그 앞에서 기다린 사람들은 대체 왜 그랬던 걸까?

불 보듯 뻔한 것 아니냐며 단정 짓기 전에—여기는 바삭하게 튀긴 초콜릿바의 탄생지인 스코틀랜드이니 '두말하면 잔소리'겠지만—잠깐이나마 자신의 행동은 어땠는지 곰곰이 생각해 보라. 당신은 크리스피 크림뿐만 아니라 그 밖의 온갖 먹거리들이 건강에 이롭지 않다는 사실을 알고 있다. 그럼에도 가끔 그런 음식을 먹는다. 당신조차 때때로 그런 음식을 먹겠다고 줄을 선다. 왜일까?

이 수수께끼를 풀 적임자로 '식품계의 셜록 홈스'로 소개되곤 하는 식품과학자 브라이언 완싱크만한 인물은 없을 것이다. 완싱크는 20년 이상 우리가 어떤 것을 먹을 때 그것을 왜 먹는 건지 그 이유를 밝히려 노력해 오고 있다. 이 책에서 제시하는 크리스피 크림 문제의 답은 지·각없는 섭식이다. 책의 내용을 잠깐 살펴보자.

"우리는 지방·소금·설탕의 맛을 좋아하도록 프로그램되어 있다.

기름진 음식은 우리 조상들로 하여금 칼로리를 비축함으로써 식량부족을 견딜 수 있게 해주었다. 소금은 수분을 보존하고 탈수증세를 막을 수 있게 해주었다. 설탕은 먹을 수 있는 달콤한 열매와 독성이 있어 먹을 수 없는 시큼한 열매를 가려낼 수 있게 해주었다. 지방·소금·설탕에 대한 감각을 통하여 우리는 생존 가능성을 가장 높여주는 음식을 택할 수 있게 되었다."

우리가 특정 음식을 먹는 이유에 대한 완싱크의 분석은 진화심리학이라 불리는 사회학의 한 분야에 의존한다. 이는 우리가 끌리는 음식의 종류뿐만 아니라 우리가 먹는 양에 대해서도 타당한 설명을 제시해 준다.

완싱크는 책에 이렇게 썼다.

"수백만 년 동안 진화를 겪는 내내 우리에게는 최대한 자주, 최대한 많이 먹으라는 본능이 따라다녔다."

식량이 부족했을 때는 그러한 지혜가 유효했다. 하지만 합성비료와 다수확 종자, 콤바인이라는 농기계로 충분을 넘어 차고 넘치도록 생산하기 시작한 20세기에는 타당성이 크게 떨어진다.

그러한 본능은 우리에게 생각지도 못했던 새로운 문제를 안겨주었다. 가능한 한 많이 먹으려는 무의식적 충동이 더 이상 유효하지 않게 되었는데도 불구하고 우리는 전등스위치 끄듯 그러한 본능을 꺼버리지 못하고 있기 때문이다. 그렇게 먹도록 두뇌가 구조화된 우리 중 다수는 뚱뚱해졌다. 사실 다수 정도가 아니라 너무 많아져서 이제 이 문제를 부르는 명칭까지 생겼다 : 비만 유행병.

풍요의 시대에 희소성의 시대 때 연마한 정신의 도구를 사용하여 결정을 내린다는 발상은 너무 뻔해 보인다. 하지만 우리 중 수백만 명이나 되는 사람들이 충분을 넘어서 남아돌 정도로 물건을 소유하고 있는 현 시점에서는 곱씹어볼 만하다. 진화심리학은 우리가 충분 이상으로 가지고 있을 때조차 더욱 많이 원하고 더욱 많이 사들이는 이유를 알아내는 데 있어서 가장 중요한 역할을 맡고 있다.

우리는 지금 물질적으로 풍요한 시대에 살고 있다. 과거에는 물적 재화가 비싸고 희귀했다. 가령 옷 같은 경우 구하기가 너무 어려워서 대를 물려가며 입었다. 산업혁명 이전, 셔츠 한 벌에는 시간, 노력, 금전이 터무니없을 만큼 많이 들어갔을 것이다. 이브 피셔라는 한 사학자가 계산해 본 바에 따르면 셔츠 한 벌이 요즘 돈으로 2천 파운드 정도의 가치를 지녔을 것이라고 한다. (합산 과정은 책 말미의 주석을 참조할 것) 하지만 이제 셔츠, 구두, 컵, 자동차, 안경, 책, 장난감, 그 외 수백만 가지 물건들은 어디서나 흔히 볼 수 있게 되었고 값도 저렴해졌다. 이번에도 우리에게 내재된 충동은 이러한 발전 속도를 따라잡지 못했다. 그 결과 우리 중 수백만 명이 가정과 삶을 물건으로 채우고 있다. 물건에 짓눌려 숨막혀 죽기 직전인 우리는 모두 과소유 증후군에 시달리고 있다. 과소유 증후군은 물질 분야의 비만 유행병에 해당한다.

과도한 소유는 건강에 해롭다

비만은 우리가 직면하고 있는 문제 중 개인도, 사회도 가장 크게 우려하고 있는 문제이다. 과체중이라는 것은 심장마비나 뇌졸중을 일으키거나 시력, 팔, 다리를 잃을 수 있는 불쾌한 질환인 제2형 당뇨병에 걸릴 가능성이 높아진다는 것을 의미한다. 즉, 과체중이라는 것은 단명의 가능성이 높아진다는 것을 의미한다. 심각한 비만의 경우 비만이 아니었다면 기대할 수 있었을 수명보다 무려 10년 일찍 죽게 된다. 이처럼 끔찍한 결과에도 불구하고 인구의 3분의 2가 과체중이거나 비만이다. 걱정스럽게도 이처럼 심각한 문제에 대한 해결책에 있어서 모두의 의견이 일치하는 것은 아니다. '빅2', 즉 과식과 운동부족의 조합 때문이라는 데에는 대부분의 과학자들이 동의하고 있지만 실은 아무도 비만의 원인을 정확히 모르고 있기 때문이다. 더욱더 걱정스러운 것은 비만이 다음 세대에 끼칠지 모르는 영향이다. 오늘날 체중 문제를 겪고 있는 아이들이 꽤 많은데, 이 아이들이 앞으로 부모 세대보다 단명하게 될 첫 세대가 되어 수백 년 동안 이어질 수 있다. 비만 유행병의 심각성을 고려할 때, 과소유 증후군 또한 다를 바 없는 상황이라고 한다면 비약처럼 들릴 것이다.

그럼에도 나는 꽤 훌륭한 비유라고 생각한다. 왜냐하면 비만이나 과소유 증후군 둘 다 시달리고 있는 사람들의 수가 비슷하기 때문이다. 그럴듯한 원인은 많지만—진화적·환경적·직업적 이유—둘 다 빅2 요인을 가지고 있기 때문이다. 게다가 비만이 우리 개개인에게나 사회에게 모두 해롭듯 과소유 증후군 또한 우리에게 해롭다. 과식과 운동부족이 개인의 신체적 건강이나 사회 전반의 건강에 이롭지 못한 것처럼 과도한 소유와 활동부족 또한 개인의 정신건강과 국가 전체의 안녕에 이롭지 못하다.

과도한 소유와 활동부족, 재물의 축적에만 몰두하는 삶은—앞으로 이 책에서 소개하겠지만 이 점을 지적하는 전문가와 연구의 수는 점차 늘고 있다—사람을 불안하게 만들고 스트레스를 유발하고 있다. 따라서 새로운 연구가 암시하듯 제명을 다하지 못하고 죽게 만드는 우울증을 초래할 수도 있다. 몇몇 극단적 사례에서는 심지어 그보다 훨씬 때이른 죽음을 일으키기도 한다. 우리 중 3분의 2나 물건을 너무 많이 가지고 있다고 느끼는 것을 보면 과소유 증후군은 분명 매우 우려스러운 문제임이 틀림없다.

작금의 상황을 우리는 어찌해야 하는 걸까? 현대사회에서는 뭔가를 깨달으면, 가령 어떤 상품이나 활동이 건강에 나쁘다는 사실을 깨닫거나 하면 대개는 이를 막기 위해 조치를 취한다. 국민의 건강을 개선한다는 미명 아래 정부는 여러 가지 법률을 제정하고 공익광고를 내보내고 우리의 주의를 환기시켜 더 나은 결정을 내릴 수 있게 한다. 이를테면 비만의 경우 영양 성분표는 설탕과 포화지방같이 몸에 해로운 음식은 덜 먹고 채소같이 몸에 좋은 음식을 더 섭취할 것을 권장한다. 또는 흡연에 대해 한 번 생각해 보자. 흡연에 대한 해로운 진실이 만천하에 드러나자 '흡연은 건강에 해로울 수 있다'는 문구가 적힌 경고가 담뱃갑에 인쇄되기 시작했다.

과도한 소유가 우리의 정신건강에 미치는 병폐에 관한 증거가 점점 쌓이다 보면 언젠가 다른 제품들에서도 과소유 증후군 관련 정보와 경고 문구를 보게 될 날이 오지 않을까? 국민의 신체적 안녕뿐만 아니라 정신적 안녕에도 점차 관심을 기울이고 있는 정부도 우리한테 이로운 물건은 구입하고 해로운 물건은 피하라고 권장하는 라벨을 원하게 될 것이다. 어쩌면 언젠가는 잡동사니를 유발하는 제품, 행복보다는 불안과 스트레스를 초래하는 제품들이 '과도한 소유는 당신의 건강에 해로울 수 있습니다'라는 경고 문구를 달게 될 날이 올지도 모른다.

왜 우리는 물질만능주의를 거부하려 하는가?

과소유 증후군이 지닌 건강상의 위험에 대하여 깊이 생각해 본다면 그것이 우리가 당장 해결해야 할 문제인 이유도 순식간에 알 수 있을 것이다. 진화심리학과 빅2에 관하여 떠들면서 성급하게도 순진하기 짝이 없는 전략적 해결책을 들이미는 이들이 있다. 하지만 과소유 증후군 문제를 장기적인 관점에서 성공적으로 해결할 수 있는 전략을 고안해 낼 가망성을 최고로 높이기 위해서는 무엇이 과소유 증후군을 유발하는지에 대해서 좀 더 알 필요가 있다.

크리스피 크림 미스터리가 아주 요긴하다. 오늘날 우리가 내리는 결정이 수천 년에 걸쳐 진화해 온 과정을 보다 보면, 이미 필요 이상으로 처치 곤란할 정도로 많이 가지고 있으면서도 물건을 계속해서 더욱 많이 사들이는 이유가 이해가 된다. 우리가 어쩌다 이 지경이 되었는지도 해명해 준다. 하지만 좀 더 생각해 보면, 과소유 증후군이 일어나는 이유는 이해가 되지만 하필 왜 지금인지는 이해가 가지 않는다. 따라서 우리가 자문해 보아야 할 질문은 다음과 같다.

우리 중 대다수가 오늘날 물건을 넘치도록 가지고 있게 된 이유는 무엇인가? 우리는 왜 오늘날 물질만능주의를 거부하려 하는가?

과소유 증후군과 같은 초대형, 초특급 문제가 으레 그렇듯 여러 가지 설명이 존재한다. 전문가마다 강조하는 점이 제각각 다를 것이기 때문이다.

가령 잉글하트 같은 정치학자는 우리가 다음 끼니를 어떻게 해결해야 할지 걱정할 필요가 없고, 식食과 주住 같은 기본적인 물질적 욕구에 대한 걱정은 줄고, 하고 싶은 말을 하고, 하고 싶은 일을 할 수 있는 자유와 같은 '탈물질주의적' 욕구에 대한 관심은 커진 안정적인 상황에서 자랐기 때문이라고 말할 것이다.

알랭 드 보통 같은 철학자나 올리버 제임스와 다비 색스비 같은 심리학자들은 우리가 방금 언급했던 건강상의 위험 요소에 주목하라고 할 것이다. 이들은 우리의 소유물, 그리고 그러한 소유물에 딸려오는 라이프스타일과 번거로움이 행복보다는 스트레스를 유발하고 있기 때문에 우리가 물건에 질린 거라고 말할 것이다. 제임스는 이러한 문제를 '어플루엔자(부자병—옮긴이)'라 부른다. 드 보통은 남에게 뒤지지 않으려 기를 쓰기 때문에 우리가 '지위 불안'을 느끼는 것이라고 말한다. 색스비라면 '잡동사니 과포화 위기'에 관하여 이야기할 것이다.

환경운동가는 지구온난화, 쓰레기 매립, 우리가 남긴 탄소 발자국(개인 또는 단체가 직접·간접적으로 발생시키는 온실 기체의 총량을 의미한다—옮긴이) 때문에 우리가 물건에 질린 거라고 말할 것이다. 우리는 지구가 지탱할 수 있는 것 이상으로 자원을 다 써버릴까 봐 걱정하고 있다.

인구통계학자는 안정적인 양육, 물건으로 인한 스트레스, 환경도 타당한 원인일 수 있지만 과소유 증후군의 경우 더욱 중요한 다른 이유가 네 가지 있다고 말할지도 모른다 : 인구고령화, 인구증가, 글로벌 중산층의 증가, 도시로의 이동. 나이가 들면 들수록 사람은 물건을 더욱 많이 소유하는 데에는 관심을 덜 갖게 된다. 우리의 유한한 행성에 인구가 늘고, 그중 중산층의 수가 늘면 늘수록 자원에 대한 부담은 커져만 간다. 또한 도시로 이동하는 인구가 늘면 늘수록 자동차 구매 대수도 줄고, 집도 작아지게 되는데 이는 물건을 보관할 공간도 줄어든다는 것을 의미한다.

루스 밀크먼 같은 사회과학자라면 우리가 더 이상 시스템을 신뢰하지 않기 때문에 물질만능주의에 점차 질려가고 있는 거라고 덧붙여 말할 것이다. 밀크먼은 우리가 시스템에 내재하는 불평등에 환멸을 느끼고 있으며 점령 운동의 시위자들은 나머지 우리가 느낀 분노를 대변한 것이라고 지적한 바 있다.

다른 사회학자들은 돈을 좀 더 많이 벌어서 물건을 좀 더 많이 사면 더욱 행복해질 거라고 생각하던 우리의 예전 사고방식을 지적할지도 모른다. 그러나 팀 캐서, 톰 길로비치, 엘리자베스 던, 라이언 호웰과 같은 심리학자들로 이루어진 '행복연구가'라는 선구자적인 집단이 내놓은 연구 결과는 사실은 전혀 그렇지 않다는 것을 보여주었으며, 이러한 사실이 대세가 되면서 사람들로 하여금 소유물에서 체험으로 관심을 돌리도록 촉진하고 있다.

경제학자는 이 모든 해명을 대수롭지 않게 여길지도 모른다. 경제학자는 우리가 안정적인 환경에서 자랐다는 사실, 물건이 주는 스트레스, 환경, 인구고령화, 인구증가, 글로벌 중산층의 증가, 도시로의 이동, 시스템에 대한 신뢰 부재, 체험이 우리에게 더욱 큰 행복의 가능성을 준다는 사실에 대한 인지—이 모든 것이 중요하다고 말할 것이다. 그러나 과소유 증후군의 진짜 이유는 너무 뻔하다 : 문제는 경제학이야, 멍청아(2002년 미국 대선에서 경제 성장주의를 주장했던 빌 클린턴의 유명한 구호—옮긴이). 비용은 증가하고 소득은 정체되는 세상에서 문제는 대부분의 사람들에게 물건을 계속 사들일 돈이 없는 것뿐이다. 따라서 '물건에 질렸다'보다는 더 이상 물건을 살 여유가 없다고 말하는 편이 더욱 정확할 것이다.

공학자는 이 모든 의견에 동의하겠지만 우리가 물적 재화에서 돌아서고 있는 진짜 이유가 실은 그게 가능하기 때문이라고 말할 것이다. 결국 클라우드에 다 있는데 종이책과 CD를 소유하는 게 무슨 소용이 있겠는가?

마지막으로, 문화예측 전문가인 내 생각은 어떠냐고? 나는 10년 이상 트렌드를 분석하고 사회변동을 예측하면서 앱솔루트, BMW, 취리히보험과 같은 고객들이 미래에 대비할 수 있도록 도왔다. 그 일을 하는 과정에서 나는 우리 사회를 떠받치고 있는 주요한 세 기둥에서 근본적인 균열이 나타나고 있다는 사실을 점차 또렷하게 인식하게 되었다 : 지배적인 자본주의 구조, 소비지상주의의 만연, 그 모든 것을 뒷받침하고 있는 가치 체계인 물질만능주의. 해결책을 모색하던 중 여러 의견과 맞닥뜨렸다. 반자본주의라든가 반소비지상주의, 또는 과학기술이 모든 문제를 해결해 줄 거라는 발상 등 의견은 많았지만 그중 설득력 있고 현실적인 대안으로 느껴지는 것은 없었다. 구조적 원인에 달려든다기보다 언 발에 오줌 누기 식이거나 문제의 일부만 해결하고 나머지는 무시하는 등 지나치게 단순하게만 보였다. 그래서 내가 나서보기로 했다. 내가 그동안 발휘해 온 인간을 이해하는 능력과 분석하는 실력을 이용하여 더 나은 나아갈 길을 찾아낼 수 있을지 알아내기로 한 것이다. 그 결과가 바로 이 책 안에 담겨 있다.

과소유 증후군을 야기하는 요인의 목록을 작성하려고 하니 불현듯 수많은 생각이 떠오른다. 그중 하나는 그러한 요인들이 블록 쌓기라기보다 파도 같다는 것이다. 다시 말해서 각 요인은 나름의 시작점을 가지고 있지만 나머지 요인을 필요로 하지는 않는다는 뜻이다. 비록 환경운동가의 생각에 동의하지 않고 사람들이 물건의 소비를 줄일 정도로 환경에 충분히 관심을 가지지 않는다고 생각하더라도, 그것이 공학자나 인구통계학자의 의견에 동의하는지 반대하는지 여부에는 영향을 미치지 않을 것이다. 따라서 각 분야가 제시한 해명이 모두 과소유 증후군과 관련이 있고 일부분 원인을 제공하고 있다고 믿는 것 또한 전적으로 가능하다. 내 관점이 바로 그것이다.

그보다 훨씬 중요한 것은 현재 일어나고 있는 변화들이 올해에만 계속되다가 내년엔 사라질 사소하고 일시적인 변화가 아니라는 점이다. 한 가지 예외가 있다면 그건 경제와 소득 감소이다. 그러나 경제상황이 개선되고 우리의 소득이 증가하면 돈이 많아져서 물건을 더욱 많이 사들이는 사람들과 단순히 돈이 많아진 것 같은 착각 때문에 물건을 더욱 많이 사들이는 사람들이 생기는데, 이는 다른 요인들, 가령 환경에 대한 우리의 관심을 악화시키기만 할 것이다.

과소유 증후군을 야기하는 나머지 다른 모든 요인들, 즉 우리가 안정적인 환경에서 자랐다는 사실, 물건으로 인한 스트레스, 환경, 인구고령화, 인구증가, 중산층의 증가, 도시로의 이동, 시스템에 대한 신뢰 부재, 체험이 우리에게 더욱 큰 행복의 가능성을 준다는 사실에 대한 인지, 비용 증가, 디지털로의 전환은 관련 증거가 많고 장기간 이어진 트렌드의 결과이다. 하나하나 따로따로라면 이러한 요인들 각각은 점점 커지다가 방파제에 부딪쳐 부서지는 하나의 파도처럼 우리 세상에 영향을 줄 것이다. 그러나 이러한 파도가 모두 한꺼번에 몰려오고 있어 더욱 긴급하고 불가피하고 불 보듯 뻔한 상황을 만들면서 혼돈에 빠진 우리의 물질만능주의 문화에 퍼펙트 스톰(최악의 시나리오를 말함—옮긴이)을 불러일으키고 있다. 바로 그렇기 때문에 이 문제가 이번 세기의 결정적인 문제 가운데 하나가 될 소지가 다분한 것이다. 또한 바로 그렇기 때문에 우리 중 적지 않은 수가 물적 재화와 물질만능주의에 환멸을 느끼고 과소유 증후군에 시달리고 있는 것이다.

새로운 행복 방정식을 찾아서

과소유 증후군의 중심에는 급진적인 발상이 자리잡고 있는데, 우리의 삶을 근본적으로 바꾸어 놓고 수많은 계획을 망쳐 놓을 발상이다. 매우 거창한 기관들의 계획부터, 중간 규모의 계획, 소박한 개인의 계획까지 많은 사람들의 계획이 산산이 부서질 그런 발상이다. 어쩌면 여러분의 계획도 어긋날지 모른다. 왜냐하면 과소유 증후군에 시달리는 개인은 전과는 전혀 다른 선택을 하게 될 것이고, 과소유 증후군에 대응하는 사회는 우리가 여태껏 자라온 사회와는 급격하게 달라질 것이기 때문이다. 어떻게 달라지냐고?

최근까지 우리가 살아온 자본주의체제는 주로 물질주의적인 소비자를 기반으로 삼았다. 그러한 체제에서는 니커디머스가 최초로 세운 행복 방정식에서처럼 소유물 자체와 그러한 소유물을 추구할 때 지위, 정체감, 의미, 행복을 얻었다. 그런 세상에서 탐욕은 용인되고, 더욱 많은 것이 더욱 나은 것이고, 물적 재화만이 남에게 뒤지지 않을 수 있는 가장 좋은 방법이었다. 이제는 달라졌다.

그렇다고 여러분이 산 모든 물건 혹은 내가 오랜 세월에 걸쳐 축적해온 모든 것이 나쁘다고 말하고 싶지는 않다. 물질만능주의에 일격을 가하고 싶은 것도 아니다. 아니, 일격을 가하는 데서 그치고 싶은 마음이 없다. 물론 나는 물질만능주의를 갈아치우고 싶다. 물질만능주의와 물질만능주의가 뒷받침해 주고 있는 소비문화 및 자본주의체제는 지금 시대에 딱 맞아떨어지는 아이디어였다. 물질만능주의는 일반대중이 인류 역사상 최초로 물자가 부족하지 않은 풍요로운 세상에 살게 됐다는 것을 의미했다. 물질만능주의는 우리에게 세탁기, 텔레비전, 실내 화장실을 주었다. 깨끗한 물, 복지국가, 수명을 늘리고 삶의 질을 향상시켜준 의료서비스를 안겨주었다. 부유한 서구사회에 사는 우리에게는 생활수준을 높여주었다. 너무 많이는커녕 충분한 정도도 갖지 못한 사람들이 여전히 많은 지금, 물질만능주의는 베이징에서 벵갈루루(인도 카르나타카 주의 주도—옮긴이), 라고스(나이지리아의 최대 도시—옮긴이)에서 상파울루(브라질 남부의 도시—옮긴이)에 이르는 광범위한 지역의 수십억 소비자들에게도 똑같은 일을 벌이고 있다.

그러나 물질만능주의의 성공이 결국 우리의 발목을 잡고 있다. 역설적이게도 그 모든 풍요로움이 다시 한 번 결핍을 야기하고 있다. 이제 과소유 증후군을 야기하는 그 모든 이유 때문에라도 물질만능주의는 더 이상 훌륭한 아이디어가 아니다.

이 책은 앞으로 벌어질 일에 대한 내 생각을 담고 있다. 이 책은 행동을 촉구한다. 왜냐하면 이제 물질만능주의가 우리의 건강에도 나쁘고, 행복에도 나쁘고, 사회에도 나쁘고, 지구에도 나쁘다는 것을 알게 된 이상 나는 더욱 많은 물건이 곧 더욱 큰 행복이라는 오래된 통설을 버리고, 대신 새로운 행복 방정식을 만들고 인생 전반을 위한 새로운 매니페스토manifesto를 제창해야 할 때라고 생각한다.

새로운 매니페스토는 과소유 증후군을 야기하는 모든 요인들을 담고 있어야 한다. 또한 길로비치와 호웰 같은 연구가들이 최근에 발견한 사실, 즉 행복에 도달할 가능성을 더욱 높여주는 것은 체험이라는 깨달음에서 영감을 얻어야 한다. 행복은 재물의 축적보다 체험의 향유에서 오는 것이라는 사실을 절대명제로 삼는다는 발상이 새로운 매니페스토의 초석이 되어야 한다.

이 매니페스토는 더 나은, 더 행복한 문화의 새로운 가치체계 역할을 하게 될 것이다. 사람들이 지위, 신분, 의미, 행복을 물질적인 것들에서 찾던 구시대의 가치체계가 물질만능주의라 불렸으므로, 그런 것들을 물질이 아닌 체험에서 찾는 새로운 삶의 방식을 '체험주의'라 부르려 한다.

하지만 이 책은 단순히 더 나은 삶을 위한 청사진만은 아니다. 무엇을 바꾸어야 할지에 대한 처방전뿐만 아니라 앞으로 어떤 일이 벌어질지, 지금 당장 일어나고 있는 변화들에는 어떤 것들이 있는지에 대한 상술詳述 또한 담고 있다.

니커디머스처럼 시스템에 의문을 품고 더욱 많은 것이 반드시 더욱 나은 것은 아니며, 소유물에서 행복을 찾지 않기로 결심하는 사람이 점점 많아짐에 따라, 우리는 앞으로 그야말로 문화혁명을 보게 될 것이다. 더욱 많은 물건이 곧 더욱 큰 행복은 아니며, 지위, 신분, 의미, 행복을 찾을 수 있는 최고의 터전은 체험이라는 깨달음을 얻은 사람이 많아지면서 우리는 물질만능주의가 판치던 구시대가 물러나고 체험주의의 새로운 시대가 열리는 것을 목도하게 될 거라 나는 믿는다.

이러한 새로운 시대에 우리가 구입하게 될 물적 재화는 적어지고 달라질 것이다. 마케터들이 구매동기 또는 소비촉발요인이라 부르던 것이 달라져 비즈니스 모델도 달라지게 될 것이다. 그 반향은 훨씬 광범위하게 퍼져갈 것이다. 우리는 사실 필요하지도 않은 소유물의 대가를 지불하기 위해 어쩔 수 없이 해야 되는 일보다는 하고 싶은 일에 근거해서 직업을 선택하게 될 것이다. 지위를 얻고 가늠하는 방식도 달라질 것이다. 재력을 통해 힘을 과시하는 대신 우리는 제아무리 희귀하고 값진 것이더라도 물건을 구입하고 의식적으로 과시하기보다 직접 체험하는 활동, 모험, 접촉을 통해 우리의 정체성을 표현하고, 우리 자신이 누구인지를, 즉 우리의 인격이나 개성이 어떤지를 드러내게 될 것이다. 정부의 정책 또한 바뀌어 경제나 국내총생산에 신경 쓰기보다 새로운 성장 척도에 더욱 관심을 기울이게 될 것이다.

이런 일들이 별안간 일어날 것이라거나, 어느 날 아침, 가령 2016년 혹은 2017년 아침 신년 맞이 세일에 잠에서 깨어나 보니 하룻밤 사이에 물질적인 것에 대한 관심이 싹 사라져 있을 거라는 얘기를 하려는 것은 아니다. 결국 이러한 문화적 변화는 우리의 조상들이 검소한 생활방식을 버리고 20세기 들어 낭비벽 심한 소비자가 되기까지 이루어진 변화 못지않게 중대한 것인데, 그러한 변화가 사회를 장악하기까지 반세기는 족히 걸렸었다. 후대 사학자들의 눈에는 이것이 혁명으로 보이게 되겠지만 우리 눈에는 혁명보다는 진화처럼 느껴질 것이다.

그렇다고는 해도 나는 우리가 모든 물건을 없애버리고 무소유를 추구하는 금욕주의자가 될 거라고 주장하려는 것은 아니다. 우리가 산속에 들어가 벌거벗은 채 동굴에서 살 거라고 생각하지도 않는다. 우리는 여전히 구두, 가방, 옷, 자동차, 휴대전화를 필요로 할 것이고 사용하기도 할 것이다.

그러나 우리가 과소유 증후군에 점차 대응해 나가는 과정에서 체험주의 혁명에 동참하는 사람들이 늘게 되면 물질의 축적은 줄어드는 반면, 실행하고 느끼고 듣고 만지고 맛보고 냄새 맡고 체험하는 일은 훨씬 늘 거라는 것이 나의 믿음이다.

더욱이 이런 현상은 이미 일어나고 있고, 이를 추구하려는 움직임 또한 이미 한참 진행 중인 듯하다. 당신 또한 자신의 인생관에서 일어난 변화를 느꼈거나 다른 사람들의 인생관이 바뀐 것을 직접 보았을지도 모른다. 한때는 아끼는 사람들에게 물질적인 선물을 사주던 당신이지만 지금은 어쩌면 마음속으로 '그 사람은 이미 필요한 건 다 가지고 있다'는 생각에 체험을 선사할 수 있는 선물을 사고 있는지도 모를 노릇이다. 성공을 물질적 측면에서만 쟀던 당신이 지금은 물건의 양에 대해서는 개의치 않고 체험과 삶의 질에 더욱 신경 쓰게 되었는지도 모를 일이다. 결국 웬만큼 큰 차도 있고 물건이 차고 넘치게 있는데, 자녀들이나 친구들과 여행을 가거나 더욱 많은 시간을 함께 할 수 있는 마당에 더 큰 차를 사고 더 많은 물건을 사기 위해 돈을 더 벌 이유가 뭐가 있겠는가? 어쩌면 고급 승용차가 더 이상 예전과 같은 지위를 나타내지는 않는다는 사실을 알아차렸을지도 모른다. 그 대신 이제는 무엇을 가지고 있는가에 대해서는 예전만큼 대단하게 여기지 않고, 무엇을 하느냐에 훨씬 관심을 기울이는 시대가 되었다. 당신이 이미 체험주의자처럼 생각하고 있는지, 혹은 체험주의자가 될 소지가 있는지 알아보기 위해 39페이지에 나온 퀴즈를 풀어보라.

체험주의 매니페스토를 형성하는 과정에서 우리는 여러 대륙과 세기를 종횡무진 누비게 될 것이다. 4만 년 전 코트다쥐르(남동부 프랑스 지중해 해안—옮긴이)에 살던 구석기 시대 어느 부족이 보았던 해돋이부터 상그레데크리스토 산맥(콜로라도 주 남부와 뉴멕시코 주 북부에 걸치는 로키 산맥의 일부—옮긴이)을 새빨갛게 물들였던 해넘이까지. 도중에 우리는 니콜라 사르코지가 있는 엘리제궁의 복도를 걷고, 캘리포니아 해안에 있는 바브라 스트라이샌드의 집을 헬기를 타고 날고, 때맞춰 원조 매드맨이 있는 세계로 돌아올 것이다.

이 책은 다섯 섹션으로 나뉘어 있다.

1부 '문제 : 과소유 증후군'에서는 과학 덕분에 훔쳐보기를 허가받은 사람들이 수집한 영상자료를 포함하여 상세한 증거를 듣게 될 텐데 이러한 증거는 우리의 현 문화가 그다지 바람직하지 못하다는 것을 보여준다.

2부 '어쩌다 이 지경에 이르렀는가 : 일회용 소비문화의 기원'에서는 원조 매드맨과 우먼들이 오늘날 우리가 물들어 있는 물질만능주의 체제를 구축함으로써 자신들의 시대가 던지는 도전에 어떻게 부응했는지를 알게 될 것이다.

3부 '갈림길 : 더 나은 미래로 안내하는 이정표'에서는 오늘날 만연한 물질만능주의 문화를 거부하고 탈물질만능주의라는 새로운 생활방식을 시험 중인 혁신가들을 소개할 예정이다. 그들의 행위, 그들이 그러한 행위를 하는 이유를 살펴보고 오늘날 그들이 살아가는 여러 가지 방식 안에서 우리 모두를 더욱 밝은 미래로 안내해 줄 이정표를 찾아보려고 한다.

4부 '우리의 앞날 : 체험주의의 삶'에서 우리는 발 아픈 신발, 꼬일 대로 꼬여버린 버스여행, 시트로앵 2CV를 타고 이란으로 떠난 여행을 통해 우리를 행복하게 하는 데에는 체험이 물적 재화보다 한 수 위인 이유를 자세히 살펴볼 것이다. 체험주의자들 몇몇을 만나 체험주의 혁명의 부침(浮沈)과 난관도 들여다볼 것이다. 우리는 다음과 같은 질문을 할 것이다 : 대기업은 체험주의를 지지하고 있는가? 정부는 어떠한가? 마지막으로 가장 중요한 것은, 체험주의가 당신에게도 효과가 있을 것인가?

마지막 섹션인 '부록 : 체험주의자의 방식'은 한 달 동안 체험주의를 시험해 보기 위해 필요한 모든 정보와 인생을 다시 설계해서 체험주의 운동에 오랫동안 동참할 수 있는 방법에 관한 설명을 담고 있다.

이 모든 것의 목적, 즉 이 책, 이러한 논의, 이러한 섹션의 목적은 우리 세대를 특징짓는 문제들 가운데 한 가지에 관한 의견을 제시하기 위한 것만은 아니다. 한 개인이자, 부모이자, 우리가 살아가는 문화를 창출하는 사람들인 우리들이 지금 당장 물어보아야 할 본질적인 질문들을 묻고 거기에 대답해 보기 위한 것이기도 하다.

물질만능주의에 딸려오는 불안감, 스트레스, 우울감, 환경 파괴에 관해서 잘 알고 있는 지금, 최고의 대안은 무엇인가? 과소유 증후군의 여러 문제들을 어떻게 하면 해결할 수 있을까? 21세기에 행복하기 위해서는 어떻게 살아야 할까?

나도 체험주의자가 될 수 있을까?

이 퀴즈에 나오는 20개의 질문에 답해 봄으로써 당신이 이미 체험주의자처럼 생각하고 있는 것은 아닌지, 체험주의자가 될 소지는 있는지 알아보라.

이 퀴즈를 푸는 가장 좋은 방법은 두 번 풀어보는 것이다. 첫 번째에는 직관적인 답을 얻기 위해 최대한 빨리 답하라. 두 번째에는 시간을 조금 더 들여 답하고, 첫 번째 답에 만족하는지 살펴보라. 자신의 반응에 주의 깊게 귀를 기울인다면 현재 자기 자신의 모습과 자신이 동경하는 자아상 사이의 차이를 발견하게 될 것이다. 두 모습이 일치하는 이들도 물론 있을 것이다. 그러나 자신에게 정직하다면 자신이 동경하는 자기 자신의 모습과 현재 자기 자신의 모습 사이에 괴리가 존재하는 이들이 더욱 많을 것이다. 그게 꼭 나쁜 것만은 아니다. 이러한 괴리를 변화의 발판으로 삼을 수 있는 정보로 여기는 것이 최선일 것이다.

1. 당신은 (a) 자동차나 집이나 시계 또는 핸드백처럼 자신이 소유한 물건으로, 아니면 (b) 스포츠나 취미나 참여하는 활동과 모험으로 자기 자신을 규정하는가?

2. 당신이 동경하는 삶은 (a) 리얼리티 쇼와 유명인사를 다루는 잡지에서 보는 부유한 생활인가, 아니면 (b) 우정, 인간관계, 체험이 풍만한 삶인가?

3. 당신은 (a) 당신의 삶을 타인의 삶과 비교할 때, 아니면 (b) 어딘가에 가거나 뭔가를 보거나 어떤 활동을 할 기회가 언제쯤 생길까 궁금할 때 넋을 잃는가?

4. 누군가가 성공했다는 말은 (a) 비싼 물건이 많다는 뜻인가, 아니면 (b) 삶을 즐기고 있다는 뜻인가?

5. 꿈꾸어 오던 집을 고를 수 있다면, (a) 희귀하고 아름답고 값비싼 물건들이 가득한 아주 큰 집일까, 아니면 (b) 문만 나서면 할 일이 즐비한 위치 좋은 곳에 자리 잡은 자그마한 아파트일까?

6. 기분이 다소 처질 때, 당신은 (a) 쇼핑요법으로 기분전환을 하는 편인가('새 물건을 사는 일은 언제나 기분을 띄워준다') 아니면 (b) 친구들을 만나는 편인가('사람을 만나면 늘 힘이 난다')?

7. 당신은 지금 다른 직업을 선택하려고 한다. (a) 결정은 주로 돈에 좌우되는가, 아니면 (b) 통근 거리는 얼마나 되는지, 근무시간은 어느 정도인지, 그 일에 흥미가 있는지 등 다른 요소들도 돈 못지않게 중요한가?

8. 뉴욕이나 런던으로 떠난 출장 도중, 당신의 상사가 오늘은 할 일이 없으니 하루 쉬어도 좋다고 한다. 이럴 때 당신은 (a) 메이시 백화점과 블루밍데일 백화점 또는 셀프리지와 하비 니콜스 같은 상점에서 할인 제품을 싹쓸이하겠는가, 아니면 (b) 엠파이어 스테이트 빌딩에 올라가보고 센트럴 파크를 자전거로 돌고 할렘에서 농구경기를 구경하거나 런던아이를 타고 포토벨로 로드 마켓을 어슬렁거리며 구경하면서 도시 관광을 하겠는가?

9. 다음 중 당신이 최우선으로 여기는 것은 무엇인가 : (a) 구입할 물건이 적힌 쇼핑리스트인가, 아니면 (b) 죽기 전에 하고 싶은 일이 적힌 리스트인가?

10. 당신은 퀴즈 프로그램에서 우승을 했고 (a) 5만 파운드 상당의 상품賞品 또는 (b) 5만 파운드 상당의 체험 기회 중에서 고를 수 있다. 어느 것을 고르겠는가?

11. (a) 자동차 또는 (b) 주말여행의 기억, 둘 중 한 가지를 포기해야 한다면 당신은 어느 것을 간직하겠는가?

12. 둘 중 어느 쪽이 마음을 더욱 든든하게 해주는가 : (a) 물건이 가득 든 자루, 아니면 (b) 추억이 가득 든 머리?

13. 둘 중 어느 것이 자리를 박차고 일어나 달려가고 싶게 만드는가 : (a) 상점 아니면 (b) 공원?

14. 당신의 마음을 얻을 수 있는 것은 무엇인가 : (a) 눈부신 장신구, 이를테면 목걸이나 시계 같은, 아니면 (b) 주말여행?

15. 당신은 (a) 다이앤 폰 퍼스텐버그의 맞춤 드레스를 한 벌 갖겠는가, 아니면 (b) 다이앤 폰 퍼스텐버그의 패션쇼를 관람하겠는가?

16. 선물을 줄 때, 당신이 선호하는 것은 (a) 물건인가, 아니면 (b) 체험인가?

17. 한가롭게 빈둥거릴 때, (a) 홈쇼핑 카탈로그와 (b) 소설책 중에서 어떤 것을 읽겠는가?

18. 당신이 더욱 대단하게 여기는 것은 : (a) 누군가 롤렉스를 가지고 있다고 말할 때인가, 아니면 (b) 킬리만자로를 걸어 올라갔다고 말할 때인가?

19. 둘 중 어떤 서술에 더욱 동의하는가? (a) 체험의 문제는 그것이 오래도록 지속되지 않는다는 것이다. 하고 나면 그걸로 끝이다. (b) 체험의 장점은 그 당시에도 즐거움을 주지만 그 체험을 하기 전에도 하고 난 후에도 계속 추억할 거리를 선사한다는 것이다.

20. 둘 중 어느 서술에 더욱 동의하는가? (a) 여행을 가면 뭐라도 기념품을 꼭 가지고 집에 오려고 하고 사진을 많이 찍으려고 한다. 그래야 더욱 기억에 남고 추억할 물건도 생긴다. (b) 휴가 중에는 귀찮아서 사진은 잘 찍지 않는다. 사진 촬영은 순간을 즐기는 데 방해만 되기 때문이다.

(a)에는 0점을 주고, (b)에는 1점을 준 다음 모두 합산하여 점수를 매겨라.

총점이 0점이 나왔다면 당신은 뼛속까지 물질만능주의자인 것이다. 당신에게는 두 가지 선택권이 있다 : 이 책을 내려놓든지, 아니면 당신이 그동안 소중하게 여겼던 가치관 중 꽤 많은 부분에 도전할 각오를 하라. 한 번 시도해 볼 각오가 섰다면, 결국엔 지금보다 훨씬 행복해진 자신을 발견하게 될 것이다. 체험이 행복을 가져다줄 가능성이 더욱 높다는 부분에 관하여 읽을 때 특히 행복한 기분을 느낄 수 있을 것이다.

5점에서 10점이 나왔다면 지금 현재 당신은 꽤 물질만능주의에 젖어 있는 것이다. 그러나 루크 스카이워커가 다스 베이더한테 했던 대사를 패러디해 보자면, 당신에게는 아직 체험주의 기운이 남아 있다는 걸 느낄 수 있다.

10점에서 15점이 나왔다면, 당신 안에서 다 자란 체험주의 심장이 팔딱팔딱 뛰기 시작한 것이다. 몇 걸음만 더 가면 당신도 체험주의 혁명에 동참할 수 있을 것이다.

15점 이상이 나왔다면, 특히나 마지막 두 문항에서 (b)를 골랐다면 그건 정말 좋은 소식이다. 당신은 물질적인 것보다는 체험이 더욱 큰 기쁨과 유대감, 정체감을 가져다준다는 사실을 이미 깨달은 몇 안 되는 깨어 있는 행운아 가운데 한 명이기 때문이다. 당신에게는 이 모든 게 다 너무 뻔하게 생각될지도 모르고, 십중팔구 그렇게 느끼고 있을 것이다. 체험주의에 대해서 생각해 본 적이 있든 없

> 루크 스카이워커가 다스 베이더가 아버지라는 사실을 알고 난 후의 만남에서 한 대사 중.
>
> 베이더 : 황제께서 너를 기다리신다.
> 루　크 : 압니다, 아버지.
> 베이더 : 그래, 이제 진실을 인정한 게로구나.
> 루　크 : 당신이 내 아버지인 아나킨 스카이워커라는 사실을 말이죠.
> 베이더 : 그 이름은 더 이상 나에게 아무런 의미도 없다.
> 루　크 : 그게 아버지 자신의 진정한 이름입니다. 오랫동안 잊고 있었던 것뿐이죠. 아버지에게 아직 선한 기운이 남아 있다는 걸 느낄 수 있어요. 황제는 아버지를 완전히 타락시키지 못했습니다.

든 당신은 체험주의자의 사고방식을 가지고 있는 것이다.

이러한 생각과 느낌을 함께 나누고 싶은 마음이 든다면 웹 사이트 www.stuffocation.org에서 퀴즈를 풀고 점수 공유하기 버튼을 눌러 체험주의 운동에 관한 소식을 널리 퍼뜨려 보자.

제1부

과소유 증후군이 왜 문제인가

제1장

잡동사니가 생명을 위협한다

• 너무 많은 물건은 개인은 물론 사회 전체에도 해롭다는
이야기

제2장

물질만능주의와 침묵의 봄

• 물질만능주의가 남긴 수많은 어두운 이면과 미래 예측

당신은 잡동사니 과포화 위기에서 안전한가
미국 중산층의 잡동사니 과포화 실태

가족 일상생활 센터CELF 팀은 가족당 소유물의 가짓수가
가장 많은 미국 중산층의 가정에 카메라를 설치했다.
고급 바비큐 세트와 야외용 식기 세트에 많은 돈을 들여놓고도
정원에서 보내는 시간이 '일주일에 평균 15분 이하'라는
조사 결과는 놀라웠다. 이러한 실태는
당신 가정 혹은 지인들의 가정과 닮은꼴은 아닌지……
당신의 가정과 삶에서 물건이 차지하는 비중은 어느 정도인가?
물건이 제 위치에 놓여 있지 않고 늘 어질러져 있지는 않은가?
자녀들이 장난감을 지나치게 많이 갖고 있지는 않은가?
그렇다면 당신도 이미 '잡동사니 과포화 위기'에 직면한 것이다.

잡동사니는 우리의 목숨을 앗아갈 수 있다
캐나다 토론토 대화재 사건

소방관 몇 명으로 한 시간이면 진화할 수 있었던 토론토 화재는
어째서 소방차 27대와 소방관 300명이 8시간이나 사투를 벌였을까?
그리고 천 명 이상의 목숨을 위험에 빠트린 6등급 화재가 되었을까?
강풍과 건물 내 스프링클러 부재와 같은 다양한 요인이 존재했다.
그러나 가장 솔직한 답을 세 단어로 압축해 볼 수 있다 : 너무 많은 물건!

제1장

잡동사니가
생명을 위협한다

2000년 여름 어느 때, 진 아놀드의 사무실 문을 두드리는 소리가 났다. 방법론이나 발굴현장에서 가져온 증거에 대한 추론이 타당하게 들리는지 물어보려는 박사과정 학생이나 대학원생 중 한 명일 게 분명했다. 그 시절 아놀드의 희끗희끗한 반백발은 어깨 언저리까지 내려오는 부팡 스타일(실루엣을 크게 부풀리거나 볼륨을 주어서 볼록함을 나타낸 헤어스타일—옮긴이)이었다. 쓰고 있는 안경은 80년대 유행하던 금속테 안경으로 렌즈가 지나치게 컸다. 연구 자료에서 고개를 들어보니 UCLA의 동료 가운데 한 명인 엘리노 옥스가 있어 그녀에게 미소를 지어 보였다.

"잠깐 시간 좀 있어, 진?"

옥스가 물었다. 사실 그때 그 질문의 참뜻은 '10년만 내줄 수 있어?'였다.

옥스는 어떤 프로젝트를 위해 힘을 모으고 있는 중이라고 설명했다. 과연 아놀드가 그 프로젝트에 힘을 보태는 데 관심을 가져줄 것인가? 옥스는 21세기의 삶을 기록하기 위한 팀을 모집 중이었다. 그들은 아프리카에서 부족을 연구하는 인류학자들이나 남미의 잉카 폐허처럼 사멸한 문명의 유적지를 분석하는 고고학자들과 똑같은 방법을 사용할 예정이었다. 딱 하나 다른 점이 있다면 연구가 멀쩡히 잘 살고 있는 사례 연구 대상과 함께 바로 여기 로스앤젤레스에서 진행된다는 것이었다. 이 연구는 이런 종류의 연구로서는 최초가 될 터였다. 물론, 다소 비슷한 연구가 한두 건 정도 있기는 있었다. 뉴욕에서 사람들이 사는 미술품을 살펴본 연구가 있었던 것이다. 하지만 이처럼 야심찬 연구는 전무후무했다. 인간을 삶의 한 가지 측면을 통해서만 이해하려는 대신, 가능한 한 다방면에서 기록하여 21세기 초에 사람들이 어떻게 살고 있었는지에 대하여 완벽에 가까운 기록을 남길 작정이었다. 옥스는 이 프로젝트가 진 같은 물질문화 전문가를 제대로 활용할 수 있을 거라고 말했다. 그럼에도 아놀드는 확신이 서질 않았다. 연구의 신기원을 이룩할 것 같다는 점에서 흥미진진하게 들리기는 했지만 이 분야는 실은 아놀드의 분야는 아니었다.

아놀드의 전문 분야는 현재가 아니라 과거였다. 과거는 그녀가 어렸을 때 마음을 빼앗겨버린 이후 내내 열정을 쏟아온 대상이었다. 그 당시 그녀는 기나긴 여름방학을 5대호 근처 집 옆에 있는 숲에서 보내면서 바다나리, 목엽석(식물의 흔적이 또렷이 남아 있는 돌―옮긴이), 쇠귀나물을 땅속에서 파냈다. 아놀드는 그때를 이렇게 회상한다.

"크지도 않고 고고학자나 인류학자라면 관심도 안 가질 만한 것들이었죠."

그래도 시작점으로 삼을 수는 있었다. 점점 커가면서 고대에 대한 아놀드의 관심, 특히 고고학과 자매 분야랄 수 있는 인류학에 대한 관심도 점점 커져만 갔다. 아놀드는 여름 캠프에서, 그 지역 대학에서, 그 다음에는 캘리포니아대학에서 고고학과 인류학을 공부했다. 캘리포니아 대학, 바로 그곳이 1980년, 아놀드가 전 생애를 바치게 될 연구, 즉 추마시 부족과 캘리포니아 연안에서 떨어진 곳에 있는 채널 제도(캘리포니아 주 산타바바라에 속하는 8개의 섬으로 이루어진 군도—옮긴이)에 속하는 섬인 샌터크루즈에 위치한 추마시 부족의 오랜 고향과 조우한 곳이었다.

아놀드가 추마시 현장에 대해서 하는 얘길 듣고 있노라면 약 30여 년 전 그녀가 샌터크루즈에 도착하는 모습이 눈앞에 그려질 정도이다. 그녀는 해군 보급선에서 방금 내린 참이었다. 그 당시 해군 보급선은 샌터크루즈에 갈 수 있는 유일한 교통수단이었다. 그것도 일주일에 딱 한 번뿐이었다. 현장으로 가기 위해 푸른 언덕을 오를 때는 바람이 그녀의 갈색 머리카락을 사방으로 흩트려 놓았다. 거기서 그녀는 짙은 색 선글라스를 쓴 채 인류학자만이 읽어낼 수 있는 방식으로 지형을 읽어가며 여기저기 걸어 다녔다. 평범한 우리들이라면 땅이 움푹 파인 것이라고만 보였을 부분에서 그녀는 실존했던 사람들의 발자국 그리고 기둥과 이엉으로만 지은 추마시 부족의 오두막이 있었던 흔적을 보았다. 우리들이 이리저리 뒤졌으면 오래된 생선 가시 정도는 발견했을지도 모르겠다.

아놀드의 말을 들어보자.

"추마시의 쓰레기 투기 구역(toss zone : 장작불 주변에 둘러앉은 사람들을 중심으로 앞쪽이나 뒤쪽, 쓰레기를 던져버린 구역을 말함. 사람 주변은 쓰레기 낙하 구역, 즉 drop zone이라고 함—옮긴이)이란 게 있어요. 그들은 주변 환경이 지저분해도 개의치 않았죠. 먹고 나면 그냥 땅에다 던져버렸습니다."

계속 살펴보았다면 우리도 바다에서 멀리 떨어졌을 뿐만 아니라 심지어 높기까지 한 그곳에서 조개껍데기와 구슬목걸이의 흔적을 발견할 수 있었을지도 모른다. 그쯤 되면 아놀드는 분명 우리에게 이제 그만하라고 했을 것이다. 그런 유물은 전문가들에게 맡겨야 하는 것이기 때문이다. 그런 유물이 있으면, 그 비슷한 유물이 좀 더 많이 있으면, 아놀드는 추마시 부족이 어떻게 살았는지, 그들에게 중요한 것은 무엇이었는지, 그들의 사회구조가 어땠는지를 파악할 수 있을 것이다.

추마시 부족의 인공유물을 수집하고 분석하면서 또 다시 10년이란 세월이 흘렀을 때, 아놀드는 자신이 단순히 유적지를 발굴하고 있는 것이 아니라 하나의 사례를 구축하고 있다는 사실을 깨달았다. 20세기 말까지만 해도 지배계층과 관료들로 이루어진 확립된 사회계층이 존재하는 복합사회는 파라오 지배 하의 이집트 같은 농경공동체에서만 출현했다는 것이 사회적 통념이었다. 그러나 세월이 흐르면서 증거가 차곡차곡 쌓여감에 따라, 아놀드는 사냥하고, 수집하고, 낚시까지만 했지 농사를 짓지는 않았던 추마시 부족 또한 족장제라 불리는 복합사회에서 살았었다는 사실을 확신하게 되었다.

지금이라면 아놀드는 당신에게 이렇게 말해 줄 것이다.

"그건 무슨 뜻이냐면 복합사회가 반드시 농경사회에서만 출현한 것은 아니라는 겁니다."

다시 말해서, 아놀드의 연구 덕분에 입증할 수 있었다시피, 사회적 통념이 틀렸으므로 그러한 잘못된 통념을 새로운 증거를 반영하는 새로운 이론으로 대체해야 한다는 것이다.

"어딘가에는 아직도 자신들은 납득이 안 간다며 투덜거리는 심술궂은 노인들이 몇몇 있을 거예요. 하지만 그런 분들은 점차 사라지고 있는 추세죠."

아놀드는 더 이상 증거를 정확하게 반영하지 않는 사회적 통념에 맞서기를 두려워하지 않는 부류였다. 그러니 옥스가 팀원으로 그런 그녀를 원했던 것은 당연한 일이었다.

며칠 후, 아놀드는 합류 의사를 밝혔다. 그 후 인류학자, 고고학자, 민

족지誌 학자, 사진작가, 심리학자들로 구성된 가족 일상생활 센터Center on the Everyday Lives of Families(CELF)에서 아놀드와 옥스의 나머지 팀원은 방법론을 결정한 다음 승인을 받고 필요한 자금을 얻었다. 2000년, 이 팀은 작업에 착수했고 얼마 안 가서 유행병처럼 번지고 있는 잡동사니 과포화 위기의 한가운데에 들어와 있다는 사실을 알게 되었다.

중산층의 잡동사니 과포화 위기

자금과 방법론이 확정된 상태에서 CELF 팀은 그 다음 작업에 착수했다 : 자신들의 생활을 과학적 탐구에 공개할 가족, 어디서나 흔히 볼 수 있는 보통의 중산층 가정, 서른두 집을 찾아내는 것이었다. 그러한 가족을 찾아낸 후에는 이 연구에 참여한다는 것이 그들의 삶에 무엇을 의미하게 될지, 21세기 전환기의 삶을 이해하고자 하는 사회학자들에게는 또 무엇을 의미하게 될지를 설명해 준 다음 연구를 시작했다. 팀은 각 가정의 구조, 집의 크기, 직업에 주목했다. 각 가정은 7세에서 12세 사이의 자녀를 최소 한 명 이상 두고 있었다. 집의 면적은 91㎡부터 279㎡ 사이였다. 부모의 직업으로는 교사와 변호사, 치과의사와 사업가, 항공기 조종사와 소방관이 있었다.

옥스의 팀은 각 가정의 평면도를 작성했다. 침실, 욕실, 주방, 거실, 아이들 놀이방, 제2침실, 차고, 정원까지 모두 사진을 찍었다. 팀은 일찍 왔다가 늦게까지 머물렀다. 질문을 하기도 하고 조용히 있기도 했다. 하지만 사례연구 대상이 어디에 다녀왔는지, 무슨 일을 했는지, 언제 무엇을 먹었는지 기록하는 일은 잊지 않았다. 팀은 벽에 앉은 파리나 염탐용 무인비행물체처럼 늘 주변을 맴돌았다. 연구팀은 사례연구

대상 가정의 모든 면에 접근해도 좋다는 특별한 허가를 받은 궁극의 엿보기 전문가들이었다. 팀 내 과학자들은 자신들이 현장에 없을 때에도 엿볼 수 있는 방법을 알아냈다. 그 방법이란 각 가정에 비디오카메라를 주어 홈비디오 일기를 기록하게 하는 것이었다.

가끔 버거울 때도 있었다. 적어도 과학자들에게는 말이다. 한번은 어떤 가족이 열띤 논쟁을 벌이던 중 그들을 졸졸 쫓아다니던 연구자가 감당하지 못하고 밖으로 나가야 했던 적도 있었다. 그러나 그 연구자는 벌어지고 있는 상황에 대한 기록을 중단하기보다 단층이었던 그 가족의 집에 난 창문을 통해 계속 들여다보았다. 여전히 말싸움을 벌이고 있던 집안 사람들이 다른 방으로 이동하자 연구자 또한 이동했다. 집을 빙 돌아 다른 방 창문 밖에 서서 계속 지켜보았고, 계속 기록했다.

옥스의 팀은 관찰뿐만 아니라 셈도 많이 했다. 대부분의 셈이 수천까지 이어질 것을 예상한 팀은 20년 넘게 인공유물 수천, 수만 점을 수집하고 세고 분석한 체험이 있는 사람이 이번 프로젝트를 위해 특별히 고안한 일련의 집계 원칙을 사용하기로 결정했다. 그 사람은 다름 아닌 진 아놀드였다. 아놀드가 정한 원칙의 목적은 수를 세는 사람들 모두가 똑같은 방식으로 셈으로써 검증할 수 있고 과학적으로 유효한 결과를 창출할 수 있게 돕는 것이었다. 첫 번째 원칙은 벽장이나 수납장은 들여다보지 않아야 한다는 것이었다. 눈에 보이는 것만 셈에 넣기로 했다. 아놀드의 두 번째 원칙은 사례연구 대상의 집에서 세지 않고 사진을 통해서만 세는 것이었다. 누군가 의문을 제기해서 수를 센 당사자가 못미덥다고 할 경우와 수를 센 당사자가 어디까지 셌었는지 까먹었을 경우, 나중에 다시 셀 수 있도록 하기 위함이었다. 이중 집계를 막기 위해 팀은 사진들을 주의 깊게 붙여 놓았다. 그런 다음 작업을 시작했다. 그림은 몇 점인가? 컴퓨터는 몇 대인가? 의자는 몇 개인가? 그 후 팀은 각기 다른 범주를 모두 더해 총계를 냈다.

CELF의 연구자들은 방대한 양의 데이터를 수집했다. 수집하는 데만 4년, 분석하는 데 7년이 걸렸다. 아놀드는 이렇게 말할 것이다.

"모든 걸 기술記述하고 디지털화해서 도대체 무슨 일이 벌어지고 있는 지를 알아내기까지 그렇게나 오래 걸렸답니다."

4조 조각의 정보는 다 합쳐서 4테라바이트의 데이터가 되었다. 각 가정이 기록한 홈비디오 분량은 47시간이었다. 옥스의 팀은 1,540시간 녹화한 비디오테이프를 보유하고 있었다. 사진은 19,987장 찍었다. 엄청난 양의 물건을 집계했다.

세월이 흐르고 증거가 산더미처럼 높이 쌓이면서, 사실대로 말하자면, 일부 숫자와 관찰내용은 연구자들에게 충격을 안겨주었다. 고급 바비큐 세트와 야외용 식기 세트에 많은 돈을 들여놓고도 성인들이 바깥에 나가 정원에서 보내는 시간이 얼마나 적은지—일주일에 평균 15분 이하였다—알고 나서는 깜짝 놀랐다. 각 가정이 얼마나 자녀 중심적인지를 알고 나서도 아연실색했다. 서른두 가정 중 서른한 가정이 거실에 자녀들의 우수한 성과를 과시할 수 있는 장식품, 이를테면 명판, 리본 훈장, 트로피, 자격증, 미인대회 왕관 등을 진열해 놓고 있었다. 적나라하게 말해서 연구자들은 일부 자녀들이 잘못을 저지르고도 교묘하게 모면하는 모습을 보고 경악을 금치 못했다. 가령 한번은 어떤 어머니가 어린 딸과 아들에게 엄마가 전화회의를 해야 한다고 말한 적이 있었다. 오래는 안 걸리겠지만 엄마가 일하는 곳에서 아주 중요한 사람들하고 아주 중요한 통화를 해야 한다고 엄마는 설명했다. 그 아이들이 단 몇 분이라도 조용히 있어 주었을까? 엄마가 전화를 받자마자 그것이 무슨 신호라도 되는 양, 아들은 드럼을 두드리기 시작했고 딸은 트럼펫을 연주하기 시작했다. 둘 다 최대한 시끄럽게 굴었다.

그러나 그보다도 연구자들은 사람들이 얼마나 많은 물건을 가지고 있는지를 보고 기겁을 했다. 이를테면 연구 대상이었던 집 중 가장 작은 집이었던 91㎡의 집의 침실 두 개와 거실 하나에만 2,260가지 물건이 있었다. 잊지 말아야 할 점은 그 수가 눈에 보이는 것만 센 것이라는 점이다. 서랍에 밀어 넣었거나 벽장에 쑤셔 넣은 물건은 하나도 포함하지 않은 수였다.

다른 가정도 물건이 한 가득인 건 마찬가지였다. 평균적으로 각 가정은 신발 39켤레, DVD나 비디오 90개, 장난감 139개, CD 212장, 책과 잡지 438권을 보유하고 있었다. 열 집 중 아홉 집이 물건이 너무 많아 차고에 세간을 보관하고 있었다. 그들 중 4분의 3이 물건을 너무 많이 가지고 있어서, 차고의 원래 용도, 즉 차를 보관할 공간이 전혀 남아 있지 않았다.

이 가족들, 전형적인 중산층 가족들은 의심의 여지없이 많은 물건들을 가지고 있다. 하지만 잘 생각해 보면 많다는 것이 반드시 잡동사니를 의미하는 것은 아니다. 책이라든지 레코드라든지 CD나 옷, 또는 심지어 장난감도 깔끔하게 정리해 놓으면, 가령 색깔별로 혹은 깔끔하게 갠 상태로, 또는 높이나 알파벳 순서로 분류해 놓으면 하나의 수집품이 될 수 있다. 아놀드가 말하기를, 일단의 사물을 잡동사니라 부르려면 많아야 된다는 조건 외에 두 가지 조건을 더 충족시켜야 한다고 한다. 그 조건이란 물건들이 지저분해야 하고, 엉뚱한 장소에 놓여 있어야 한다는 것이다. 예를 들어 장난감이 거실부터 욕실까지, 복도에도 차고에도 온 집안에 걸쳐 여기저기 흩어져 있어야 한다는 것이다.

많은 물건이 지저분한 상태로 엉뚱한 곳에 있는 것, 이것이 바로 CELF 연구자들이 사례연구 대상 가정에서 몇 번이고 발견한 것이며 오늘날 중산층 가정에서 벌어지고 있는 현상이라 생각하는 것이다. 여태까지 실시된 유사한 연구 중 가장 광범위한 연구인 이 연구로 CELF 연구자들은 최종보고서인 〈21세기의 가정생활〉을 작성하면서 오늘날 사람들이 소유하고 있는 '인공물의 가공할 만한 수' 때문에, '현존했던 그 어떤 사회보다도 세계 역사상 보통 가족 당 소유물의 가짓수가 어마어마하게 많은 풍요로운 사회'에 살고 있기 때문에, 우리가 중대 위기에 도달한 것이라 믿게 되었다. 우리는 '물질적 포화상태'에 도달해 있다. 우리는 '이례적인 잡동사니 과포화'에 대응하고 있다. 개인이나 사회 전반이나 모두 '잡동사니 과포화 위기'에 직면해 있다.

물론 연구와 이러한 결론들에는 주의해야 할 사항들도 있다. 가령 로스앤젤레스 내 서른두 가정을 대상으로 실시한 연구를 가지고 미국 중산층 가정 전체를 일반화할 수 있을까? 이러한 사례연구 대상은 전형적인 직업, 소득, 주택 크기, 가족 구조를 가진 평균적인 중산층이기 때문에 선정되었다. 그들이 뽑힌 건 그들의 삶과 가정에서 일어나는 일들이 다른 가정의 삶과 가정에서 일어나는 일을 반영하기 때문이었다. CELF 팀은 수개월 동안 그런 사람들을 찾아다녔고 앞서 말한 두 이유 때문에 그들을 선택했다. 따라서 모든 중산층 가정, 적어도 미국 내 모든 중산층 가정을 일반화하는 것은 가능할 뿐만 아니라 합리적이기도 하다.

물론 다른 나라에서의 잡동사니 과포화 위기는 또 다를 것이다. 물질주의적 소비지상주의에서도 미국이 선두였으니 잡동사니 과포화 위기 부문 혹은 그 일부 요소에서도 미국인들이 단연 1등을 '차지'할 거라 생각할 수도 있겠지만, 확신하건대, 나머지 탈산업주의 세계도 머지않았다. 영국, 프랑스, 일본, 독일, 호주, 홍콩, 싱가포르, 기타 선진국의 가정과 사람들의 삶은 어떨지 생각해 보라. 당신의 가정과 삶, 당신이 아는 사람들의 가정과 삶은 어떤지 생각해 보라. 물건이 많은가? 넘쳐날 정도로? 지저분하고? 물건들이 엉뚱한 곳에 놓여 있는가? 잡동사니가 널려 있다는 말이 나올 만한 상황인가? 자녀들이 장난감을 지나치게 많이 가지고 있는가? 평균적인 가정은 구두, DVD, 책과 잡지를 몇 개나 가지고 있는가? 차고에는 차를 주차해 둘 여유 공간이 남아 있는가?

물론 이 세상 사람 모두가 잡동사니 과포화 위기에 휘둘리는 호사를 누리고 있는 것은 아니다. 충분히 가지고 있지 않기 때문에 제발 너무 많이 가져서 고민 좀 해보았으면 하는 사람이 수억 명은 있을 것이다. 하지만 오늘날 물질만능주의 문화 덕분에 물건이 감당할 수 없을 정도로 많아서, 벽장도 수납장도 옷장도 꽉꽉 차 있고, 심지어 그 모든 걸 보관하느라 차고 공간조차 남아 있지 않은 사람도 수백만 명 있다. 잡동사니 과포화 위기는 잘 생각해 보면 물질만능주의적 소비문화가 시작된 곳이고 대부분의 다른 나라들보다 발달 정도도 훨씬 앞선 미국이 최악일 공산이 크다. 그러나 과도한 소유의 문제는 미국인들만의 문제가 아니다. 전 지구적으로 풍요로운 세상에는 중산층의 잡동사니 과포화 위기가 존재한다.

어쩌면 이 책을 읽으면서 당신은 '위기'라는 말은 너무 과장이고 너무 가혹한 딱지는 아닌지 궁금해 하고 있을지 모른다. 결국 상당수에 해당하는 인구의 신체적·정신적 건강에 해로워야 문제를 위기라 부를 수 있는 것 아닐까? 곧 밝혀지겠지만, 바로 그것이 과도한 소유의 문제이며, '위기'라는 말이 더없이 적절한 이유이기도 하다. 혁신적이지만, 지금까지도 거의 주목받지 못하고 있는 연구에 따르면, 잡동사니 과포화는 구체적이고도 부정적인 영향을 수없이 많이 끼친다고 한다. 그러한 영향들 가운데 가장 우려스러운 것은 심리학자가 말하듯, 사망 위험을 높인다는 점이다. 과학성이 다소 떨어지기는 하지만 이를 표현할 다른 표현이 있는데 그 표현은 훌륭한 건강 유해성 경고 혹은 헤드라인이 될 수 있을 것이다. 바로 잡동사니는 목숨을 앗아간다는 것이다.

잡동사니는 목숨을 앗아간다

2013년 여름 다비 색스비와 대화를 나누었다면 그녀는 자신의 삶 속의 잡동사니와 그런 잡동사니가 목숨까지 앗아간 건 아니지만 어떻게 삶을 좀먹고 있는지에 관한 얘기를 들려주느라 달리던 자동차의 속도까지 늦췄을 것이다.

"좀 더 넓은 집을 구해야 했지요."

십중팔구, 일하면서 아이들을 돌보는 것과 이사 갈 집을 물색하는 일을 동시에 곡예하듯 해내고 있던 그녀는 자녀들을 차에 태워 등교시키느라 서둘러 도시 반대편으로 차를 모는 도중 핸즈프리 블루투스 헤드셋으로 통화하고 있었을 것이다.

"지금 저희는 엄청 작은 집에 살고 있어요. 78m²밖에 안 되죠. 말 그대로 잡동사니 속에서 숨막혀 죽어가고 있다니까요. 두 아이 모두 끊임없이 장난감을 상자에서 꺼내고 물건을 집안 이쪽에서 저쪽으로 옮겨 놓고 있습니다. 제 발밑에는 언제나 플레이도(색색깔의 점토─옮긴이)가 조각조각 밟힌답니다."

색스비는 아이비리그 출신으로 긴 갈색 머리에 푸른 눈의 소유자이고 언제나 에너지가 넘친다. 색스비는 자기 분야인 심리학에 대하여 대단한 열정을 품고 있는데, 이제 막 공부를 시작한 사람의 목소리에서나 들을 수 있을 법한 열정, 진 아놀드가 아주 오래 전 추마시 부족에 관한 연구를 시작했을 때 느꼈던 바로 그런 종류의 긍정적인 기운이 넘친다. 색스비는 2013년 여름 UCLA의 조교수가 되었는데 생애 처음으로 종신교수로 임용된 것이었다. UCLA의 레나 레페티 박사와 더불어

CELF 팀 내에서 심리학자인 그녀의 작업은 의심의 여지없이 큰 도움이 되었다. 이 말은 다른 사람은 다 몰라도 그녀, 색스비만큼은 잡동사니 과포화 문제를 인지하고 있다는 의미도 된다.

"요즘 우리 사회에는 물건에 빠져 허우적대는 사람들이 너무 많고 그 때문에 어쩔 줄 몰라 하고 쩔쩔매죠."

색스비의 말이다.

'허우적대다'와 '쩔쩔매다'는 말은 색스비가 처음 인지한 말일 뿐 과학적이고 객관적인 용어는 아니다. 그러나 가정에서 일어나는 개인의 과소유 증후군 또한 객관적이지 않다. 객관적인 수치도 만능 공식도 없다는 말이다. 다시 말해서 '1㎡당 품목이 x개 이상이면 잡동사니 과포화'라는 기준이 없다는 뜻이다. 난장판인 상태를 견뎌내는 정도가 사람마다 다르기 때문이다. 엉망진창으로 지저분해도 전혀 개의치 않는 사람도 있고 주변에 물건을 늘어놓아야 마음이 편안한 사람도 있다. 누군가가 잡동사니 과포화 위기를 겪고 있는지 여부를 분간하는 방법은 두 가지밖에 없다. 당사자에게 직접 느낌을 묻거나 1일 코르티솔 수치를 측정하는 것이다. CELF 연구에서는 레페티와 색스비가 두 가지 다 실시했다.

두 사람은 서른두 가정 중 서른 가정을 맡았고 그중에서도 성인만 상대했다. 그들은 각 커플에게 캠코더를 한 대씩 준 다음 각자의 집을 두루 찍으면서 집에 대해서 자세히 설명하고 지나가다가 해당 커플에게 중요한 물건이 있으면 그 얘기도 넣어 달라고 부탁했다.

그런 다음 유리병이 가득 든 자루를 서른 명의 남녀에게 주고는 일정한 간격을 두고 그 유리병 안에 침을 뱉으라고 했다. 첫 번째 침은 기상 직후에 뱉은 침이었다. 그 후 3회는 점심식사 직전, 사무실에서 나오기 직전, 그리고 잠자리에 들기 직전이었다. 너무 긴장해서 입안이 바짝

마르면 어떻게 할까?

"간단하죠. 입안에 침이 고이도록 맛있는 음식을 떠올리라고 말해 줍니다. 대부분 스테이크로 효과를 보는데 그건 그 음식이 씹어야 하는 음식이기 때문이죠. 하지만 딸기나 천도복숭아, 또는 초콜릿이 될 수도 있습니다. 어떤 음식이든 상관없어요."

다비의 설명이다.

이러한 방안은 각 실험에서 나온 여러 결과를 비교하여 사람들이 자신의 집에 대하여 느끼는 감정이, 즉 그들이 집 상태에 대해서 한 말에서 드러난 감정이 스트레스에 대처하는 그들의 능력 정도를 예측할 수 있는지 파악하기 위한 것이었다. 코르티솔 수치를 보면 알 수 있을 터였다. 결과는 놀라웠다. 당사자들이 너무 놀라는 바람에 색스비는 심리검사, 부부 금슬·우울감·신경증적 경향성(만성적으로 스트레스와 불안 등 부정적 정서를 겪게 만드는 성격적 경향—옮긴이)의 기준을 제대로 적용했는지 재차 확인해야 했다. 하지만 재확인 후에도 결과는 마찬가지였다.

색스비와 레페티는 나누어 주었던 캠코더를 회수하여 집안 투어 내용을 기록했다. 각 가정의 녹화분량은 평균 15분에서 20분 정도였다. 테이프를 보고 분석한 두 사람은 사람들이 꺼낸 주제가 네 가지라는 사실을 알게 되었다. 각 커플은 야외, 뒷마당, 바비큐, 울타리 같은 단어를 사용하면서 자연과 연관 있는 것들에 관해 말했다. 긴장을 푼다, 마음을 진정시킨다, 아늑하다는 단어를 사용할 때는 집이 휴식과 회복의 장소라는 듯 말했다. 하다 말았다, 수리한다, 재단장한다, 실내장식을 다시 한다와 같은 단어를 말할 때는 집에서 하다가 만 모든 일에 대하여 투덜거렸다. 마지막으로 지저분하다, 잡동사니가 많다, 어수선하다, 정신없다, 엉망진창이다, 무질서하다 같은 말을 하면서는 집의 상태에 대한 불만을 늘어놓았다. 레페티와 색스비는 컴퓨터 프로그램을 이용하여 참가자들이 이 네 범주에 들어맞는 말을 몇 번이나 했는지 그 횟수를 셌다.

그 다음으로 색스비는 유리병을 회수했다. 예전 같았으면 침이 든 유리병 720개를 모두 가져다가 일일이 수작업으로 코르티솔을 점검했을 것이다. 요새는 그런 일을 대신해 주는 실험실이 있어서 두 사람은 그 유리병을 그 연구소로 보냈다.

어째서 코르티솔일까? 그것이 시사하는 바는 무엇일까?

"코르티솔은 우리의 하루 주기 리듬[호르몬과 신체 작용의 1일 주기 생체 리듬]에 따라 매일매일 뚜렷한 패턴을 보입니다. 최적의 건강한 패턴은 고점에서 시작해 오전 시간에 급격하게 떨어졌다가 하루 종일 지속적으로 감소하는 것입니다."

색스비의 설명이다.

그러나 코르티솔 수치 감소세가 약하면 우리 몸이 스트레스를 그다지 잘 해소하지 못하고 있다는 신호로 여겨진다. 약한 코르티솔 패턴은 만성피로나 외상후 스트레스 장애가 있거나 사망률이 더욱 높은 사람들과 관련이 있다. 다시 말해서, 당신의 코르티솔이 하루에 걸쳐 완만하게 감소한다면 당신은 쉽게 피곤해지고 우울감에 빠지고 죽을 수 있다는 말이다.

처음 밝혀진 가장 암울한 사실은 남성과 여성이 다르다는 점이었다. 결과에 따르면 남성은 잡동사니 때문에 스트레스를 받지 않았다. 더욱 흥미로우면서 동시에 그보다 몇백 배는 더 충격적인 결과는 집 때문에 스트레스를 받는 여성들, 캠코더를 들고 집안 구석구석을 돌아다니면서 지저분하다, 엉망진창이다, 잡동사니다, 미처 못 끝냈다, 어수선하다와 같은 단어를 사용한 여성들이 우려스러운 코르티솔 패턴을 보였다는 사실이다. 이 여자들의 코르티솔 수치는 덜 건강하고 훨씬 편편하며 하루 동안 아주 서서히 떨어지는 특징을 보였다. 이러한 결과는 수 많은 의문을 제기한다.

우선, 남성과 여성이 다른 이유는 무엇인가? 여성이 근본적으로 다르기 때문일까? 이 단계에서 확답을 줄 수 있는 사람은 없지만 정확한 이유는 생물학적 요인보다는 문화적 요인일 공산이 더 크다. 왜냐하면 우리가 살고 있는 현대문화에서 집안 살림의 경우 여성의 책임이 훨씬 크다고 여겨지고 있고, 따라서 잡동사니로 가득한 집 때문에 스트레스를 받을 가능성도 더 높기 때문이다.

그 다음으로, 이는 잡동사니가 스트레스를 유발한다는 의미일까? 그렇지는 않다.

"우린 인과관계를 세우지는 않았습니다. 의미를 도출하기 위해 인과관계가 필요한 건 아니니까요. 이번 실험이 입증한 것은 이겁니다 : 스트레스를 많이 받고 집안이 어질러져 있다는 얘기를 많이 하는 여자일수록, 하루가 흘러 저녁 무렵이 되었을 때 우울한 기분을 느낄 가능성이 더 높아진다는 것이죠."

색스비의 설명이다.

그렇다면 색스비는 잡동사니와 스트레스의 관계를 어떻게 설명하고 있을까? 색스비에 따르면 세 가지 가능성이 존재한다고 한다. 첫째, 잡동사니 과포화는 심리학자들이 알로스타 부하(만성 스트레스의 부작용이 누적된 탈진 상태. 외부 변화에 대응하여 인체가 안정 상태로 돌아가지 못하고 지속적으로 발생하는 삶의 부정적인 체험에 적응해 버리는 경우 발생—옮긴이)라 부르는 것 때문에 스트레스를 유발한다. 즉, 잡동사니 과포화 상태가 우리의 기운을 소진시켜 우리로 하여금 그런 상태를 보고 정리하고 치우는 걸 못하게 막는다는 뜻이다. 이는 색스비가 아이들의 장난감과 플레이도를 요리조리 피해 다니던 2013년 여름에 고심했던 종류의 고난이다. 두 번째는 스트레스는 여성으로 하여금 집에 도착했을 때 집안을 치울 기력을 앗아가기 때문에 스트레스가 잡동사니 과포화를 유발한다는 것이다. 세번째는 양방향으로 작용한다는 것이다. 즉, 잡동사니 과포화가 스트레스를 유발하고 스트레스가 잡동사니 과포화를 유발한다는 것이다.

어느 것이 올바른 설명이건 이를 그저 하나의 성가신 문제로만 치부할 수 없다는 것만은 분명하다. 라이언 니커디머스와 조슈아 필즈 밀번에 관한 이야기에서 보았듯, 너무 많은 물건은 스트레스와 빚을 초래할 수 있다. 색스비와 레페티의 과학적인 연구에서 방금 보았듯이, 잡동사니 과포화는 때 이른 저승행을 초래할 정도의 우울감을 유발할 수 있다. 마지막으로 이제 곧 극단적인 사례들을 통해 목격하게 되겠지만, 잡동사니 과포화로 비명非命에 갈 수도 있다.

누군가의 잡동사니가 다른 누군가의 화재 대피를 가로막은 경우

토론토에 있는 소방관 중 아무나 붙잡고 2010년 9월 24일 금요일에 어디 있었냐고 물어보면 그는 주저 없이 알려줄 것이다. 소방관에게 그걸 묻는 것은 대부분의 사람들에게 9/11 당일이나 케네디 데이(케네디 대통령이 암살당한 날―옮긴이)나 다이애너 비가 죽은 날 어디 있었냐고 묻는 것과 마찬가지이다. 왜냐하면 2010/09/24라는 날짜는 토론토 소방관 모두의 기억 속에 낙인처럼 선명하게 찍힌 날이기 때문이다.

문제의 그 금요일 자정쯤, 토론토의 세인트 제임스 타운 커뮤니티 센터는 제1세계에 있음에도 불구하고 흡사 난민 캠프를 방불케 했다. 긴급구조대가 쓸고 닦은 로비며, 복도, 체육관은 남녀노소 모두가 차지하고 있었다. 재난의 와중에 내팽개쳐진 어수선한 인간의 무리답게 그들은 꾀죄죄한 몰골로 콜록거리며 불안한 표정으로 서성거렸고 빙둘러 앉아 있기도 했다. 적십자, 현지 정치인들이 피자 조각, 오렌지 조각, 물병을 나누어 주었다. 기사거리가 없나 혈안이 된 언론계 종사자들은 누구든 입을 열 사람을 찾느라 열심이었다. 그들은 이런저런 질문을 하고 답변을 휘갈겨 적었다. 이재민들 중에는 처음 자신들이 실려 온 간이침대에 그대로 옹크리고 누워 있는 이들도 있었다. 반면 존 플뢰그처럼 그런 침대에서는 못 잔다며 투덜거리는 이들도 있었다.

플뢰그는 주변을 둘러보며 이렇게 말했다.

"여긴 토론토의 카트리나라고."

그날 맑고 푸른 하늘에서는 내내 태양이 환하게 빛나고 있었다. 섭씨 30도에 이르는 더운 날이었다. 미풍도 불었다. 사실대로 말하자면 미풍보단 강한 바람이어서 시속 48km 정도로 불다가 돌풍이 불 때는 시속 64km까지 세졌다.

오후 5시 직후, 토론토 소방대에 어떤 아파트에서 불이 났다는 신고가 들어왔다. 그 누구도 크게 걱정하지 않았다. 이런 상황이면 대개 한 시간 정도면 진화가 가능했다.

얼핏 사소해 보였던 한 가정 내의 이 사건이 6등급 화재경보—토론토 소방대가 대형화재의 범주에 포함시키는 가장 심각한 화재이다—로 변모할 조짐을 보인 것은 313 소방서 소속의 초동 대응팀이 웰즐리 가 200번지에 도착하여 화재가 난 곳을 찾아 30층 높이에 713가구가 살고 있는 아파트를 오르던 중이었다. 경보가 울린 19층을 이리저리 둘러보던 팀은 이내 불이 난 곳이 19층이 아니라는 사실을 알게 되었다. 19층이 아니라면 도대체 어디란 말인가?

일주일간 벌인 공식 수사에서 나중에 밝혀진 바에 따르면 이번 화재는 24층 2424호 발코니로 떨어진 담뱃불이 원인이었다. 대개 담뱃불 실화는 크게 문제가 되지 않지만 현관에 들어서자마자 발코니까지 쭉 물건이 높이 쌓여 있던 이 아파트에서는 심각한 문제가 되었다. 짐 더미는 대부분 거주자인 스티븐 바실레프가 자신이 전에 소유했던 어떤 타운하우스들에 대한 소송에 맞서기 위해 보던 법률 서류 및 서적이었다. 어찌 보면, 2424호는 아파트라기보다 52㎡의 침실 하나짜리 불쏘시였다.

19층에서 24층까지 다섯 층을 더 올라간 초동 대응팀은 비상문에 접근했다가 복도 맞은편 아파트의 현관문이 이내 불타기 시작하면서 내뿜은 열기가 너무 강해서 재빨리 뒤로 물러나야 했다.

"지옥 불에 타는 터널 같았습니다."

한 소방관은 나중에 이렇게 말했다.

313 소방서의 초동 대응팀은 더욱 강력한 장비와 추가인원 지원을 요청했다. 그 결과 300명이 넘는 소방관과 27대의 소방차가 동원될 터였다. 현장의 소방관들은 평상시 쓰는 1.5인치짜리 소방호스를 2.5인치짜리로 바꿨고 그라운드 모니터(여러 개의 쌍구형 송수구가 장착된 장비. 소방호스와 노즐의 안전장치로 기능하여 보조 인력 없이도 대량 주수가 가능하도록 해주는 장비—옮긴이)도 가동했다. 이 장비는 극한 상황에서 소방관들이 1분당 욕조 6통 분량의 물을 단일 물줄기로 분사할 수 있게 해주는 장비이다. 화염 터널 안에서 열기와 분투하던 초동 대응팀은 소방호스를 그라운드 모니터에 연결한 다음 힘센 물줄기를 맞은편 불길 쪽으로 분사하기 시작했다. 동시에 방화복이 불에 녹아 피부가 화상을 입지 않도록 하기 위해 자신들의 몸에도 물을 살포했다.

그 복도에서는 열기도 끔찍했지만, 소방관들은 연기와 매연도 고려해야 했다. 결국 주택화재의 주된 사망요인은 연기 흡입이기 때문이다. 연기가 너무 자욱하고 빠르게 번지는 바람에 아래로 열세 층이나 떨어진

11층 사람들까지 아파트 안으로 다시 들어가야 했다. 따라서 소방관들이 화마에 맞서 싸우는 동안 다른 소방관들은 아파트 주민들을 안전한 곳으로 대피시키는 일에 착수했다. 소방관들은 흩어져서 1층부터 13층까지 현관문을 두드렸다. 응답하는 사람이 없으면—200가구가 그랬다—문을 부수고 들어갔는데, 이는 사람들을 불에 타고 있는 건물에서 안전한 커뮤니티 센터까지 모두 대피시켰는지 확인하기 위함이었다.

24층에서는 소방관들이 계속 2424호로 더욱 많은 물을 분사하고 있었지만 불길은 점점 거세지기만 했다. 낮이 밤이 되었는데도 오렌지빛 불길은 여전히 건물을 집어삼키고 있었다. 화마가 집어삼킨 복도는 여전히 금방이라도 폭발할 듯 뜨거웠다. 현장에 출동한 토론토 소방대의 부서장, 데이비드 쉰은 〈토론토 스타〉지에서 나온 한 기자에게 상황을 단번에 알 수 있게 해주는 말을 했다.

"우리 소방대원들이 지금 참패하고 있습니다."

그러나 밤 11시가 되자 전세가 바뀌었다. 쉰은 다음과 같이 말했다.

"전세가 역전되고 있습니다."

얼마 안 가서, 불길이 잡혔다. 소방관들이 신고를 받고 출동한 지 꼬박 여덟 시간이 지난 새벽 한 시가 되자 경보가 해제되었다.

소방관 셋, 태어난 지 한 달밖에 안 된 신생아를 포함한 주민 열넷, 도합 열일곱 명이 그날 밤 화상, 열 탈진, 연기 흡입으로 병원에 실려 갔다. 다행스럽게도 17명 전원이 아침이 되기 전에 퇴원했고 토론토 소방대의 몸을 사리지 않은 노력 덕분에 사망자는 없었다.

소방관 몇 명과 한 시간만 있으면 진화할 수 있었던 화재가 어째서 소방차 27대와 소방관 300명이 투입되어 8시간이나 사투를 벌이고 천 명 이상의 목숨을 위험에 빠트린 6등급 화재가 되었을까? 강풍과 건물 내 스프링클러 부재와 같은 다양한 요인이 존재했다. 그러나 가장 솔직한 답을 세 단어로 압축해 볼 수 있다 : 너무 많은 물건.

당신도 호더가 될 수 있다

화재가 나기 전이었다면 2424호 주민인 스티븐 바실레프와 그가 기르던 고양이 폰지는 최근 인기를 끈 리얼리티 TV쇼, '호딩 쇼'의 인기 스타가 될 수 있었을 것이다. '강박적인 호더(hoarder : 저장 강박 증세를 보이는 사람—옮긴이)'와 '도와주세요! 저는 호더입니다' 같은 단발성 다큐멘터리부터 '호딩 : 생매장', '극단적인 잡동사니 과포화', '이웃집 호더', '호더스'와 같은 시즌제 시리즈물까지 호딩 쇼가 난무한다고 할 수 있을 정도로 관련 프로그램이 넘쳐나고 있었다. 그중 '호더스'는 2009년 첫 방송이 나간 이후 미국 방송국 A&E의 최고 인기 프로그램이 되었다.

만약 당신이 호딩 프로그램을 시청한 수백만 명의 시청자 가운데 한 명이라면 한 사람이 그렇게 많은 물건을 가지고 있을 수 있고, 그런 잡동사니 가운데에서도 생활할 수 있고, 그토록 많은 병뚜껑, 비닐봉지, 고장 난 냉장고들을 보관할 가치가 있는 물건으로 여길 수 있다는 사실을 알고 아마도 흥미와 충격과 경이로움을 동시에 느꼈을 것이다. 더불어 사람이 정상적인 삶과 저 정도로 멀어져 버렸다니 하는 생각에 불쌍한 마음이 들어 그 사람이 나아지기를 바랐을 것이다.

이러한 반응은 사내에서 잡담을 나눌 때 분위기를 한껏 띄워주며, 시청자로 하여금 그 프로그램을 꾸준히 시청하게 한다. (그 결과 방송국은 호딩 프로그램을 더욱 많이 내보낸다.) 하지만 많은 사람들이 호딩 프로그램 시청을 사수하는 데에는 그보다 훨씬 중요한 이유가 있을 거라 생각한다 : 그 이유란 바로 그러한 프로그램들이 우리 모두의 내면에 도사리고 있는 호더를 건드리기 때문이다. 실은 호딩에 대해서 아는 것이 많아질수록 내 안에도 호더가 존재한다는 사실을 더더욱 통감하게 되었다. 앞으로 더욱 많이 알게 되면 여러분 또한 여러분 안에 호더가 숨어 있다는 사실을 알아차리게 될 것이라 생각한다.

1990년대까지만 해도 호딩에 대해서 깊이 생각해 본 전문가는 손에 꼽을 정도밖에 없었다. 호딩은 강박장애OCD : obsessive compulsive disorder가 있는 사람이 숨길 수 없는 9가지 증상 중 하나로 여겨졌는데, 그때만 해도 희귀병으로서 정신이 황폐해졌거나 부유한 가정 몇몇에만 국한되어 있었다. 이러한 발상은 주로 은둔생활을 했던 랭리 콜리어와 호머 콜리어 형제에 관한 악명 높은 이야기에서 비롯되었다.

1947년 3월 두 형제가 죽었을 때, 뉴욕 시에 있는 방 12개짜리 3층 브라운스톤 건물에 들어간 경찰은 바닥부터 천장에서 30~60cm 정도 아래 높이까지 120톤 상당의 물건이 쌓여 있는 것을 발견했다. 신문, 깡통, 잡지, 우산, 가스로 켜는 샹들리에 하나, 마차 지붕 한 개, 녹슨 자전거 한 대, 그랜드 피아노 열네 대, 초기 엑스레이 촬영기계 한 대, 포드 T모델 한 대, 머리가 둘 달린 태아의 유해, 카누 한 대, 그리고 그 모든 잡동사니를 통과하여 물건으로 된 터널을 들어가니, 멋모르고 들어가려고 했다가는 누구에게든 바위나 신문 뭉치를 날렸을 부비트랩이 있었다. 그것은 랭리를 죽인 신문 뭉치 덫 중 하나였다.

기괴한 이 두 호더에 관한 이야기는 그 이후 줄곧 사람들의 마음을 사로잡아 왔다. 당시 뉴욕 시민 수천 명이 형제가 살던 낡은 맨션에서 힘겹게 배출된 잡동사니를 보려고 몰려들었다. 오늘날까지도 미국 동부의 소방관들은 호딩 주택을 '콜리어 맨션'이라 부른다. 이 이야기는 신문기사, 책, 영화의 단골 소재가 되었다. 급기야 1990년대에 레이첼 그로스라는 젊은 심리학도가, 랜디 프로스트라는 OCD분야의 저명한 전문가인 그녀의 교수와 함께 호딩에 관한 연구를 진행하게 하는 데 영감을 불어넣었다. 두 사람이 1993년 연구결과를 발표하면서 호딩에 관한 사회적 통념이 바뀌게 되었다.

그 후 20년간 진행된 연구들 덕분에 지금의 우리는 호딩이 희귀병이 아니란 사실을 알게 되었다. 현재의 전문가들은 호딩이 OCD 못지않게 흔한 질환이며 선진국 인구의 2%에서 6% 정도가 호딩으로 고통받고 있다고 간주하고 있다. 미국에만 1,800만 명, 영국에는 350만 명 정도 있는 것으로 추정할 수 있다. 그러니 텔레비전에서 호딩 프로그램을 시청하는 사람이 그렇게 많은 것도 당연하다.

연구자들이 내린 결론에 따르면 호딩은 주로 세 가지 관련 문제 때문에 발생한다고 한다. 첫 번째 문제는 호더들에게 유입되는 물건이 너무 많다는 것이다 : 강박적인 쇼핑중독자이기 때문일 수도 있고 공짜를 거절하지 못해서일 수도 있다. 두 번째는 외출을 거의 하지 않는 것이다 : 호더들은 아름답다거나 흥미롭다거나 중요하다고 생각하기 때문에 물건을 보관한다. '혹시 모를 경우에 대비해서' 물건을 보관하고 '언제 요긴하게 쓰일지 모르기 때문에' 물건을 보관한다. 호더들은 선물로 받았거나 정서적인 가치가 있는 물건도 보관한다. 세 번째는 호더들이 정리에 젬병이라는 것이다. 중요한 것과 중요하지 않은 것을 가려내지 못한다. 물건을 어떻게 분류해야 할지, 어디에 놓아야 할지 갈피를 잡지도 못한다.

잠깐이라도 이러한 이슈에 관하여 깊이 생각을 해본다면 우리 모두의 내면에 존재하는 남모르는 호더라는 내 말이 무슨 뜻인지 이해가 될 것이다. 누군들 이러한 문제들에 맞서 보지 않았겠으며, 인생의 어느 시점엔가 이런 생각을 해보지 않았겠는가? 청소 도중 몇 년 동안 쓴 적도 없으면서 '혹시 모른다'며 물건을 보관해 보지 않은 사람이 누가 있으랴?

언젠가 다시 몸에 맞게 되길 바라는 옷, 혹은 언젠가 다시 유행할지도 모르는 옷을 가지고 있지 않은 사람이 누가 있으랴? 언젠가 요긴하게 쓰일지 모른다는 이유로 몇 년 동안 쓰지도 않은 DIY 부품이나 스포츠용품을 보관하고 있지 않은 사람이 누가 있으랴? 따져 묻는 사람이 있을 때, '하지만 난 그게 좋은 걸!'이라고 크게 소리쳐 말해 보지 않은 사람이 누가 있으랴? 마치 그것이 보관하는 이유로 충분하다는 듯 말이다.

사실 여러분과 임상학적으로 호더라고 진단을 받은 사람 사이에는 실질적 차이가 전혀 없다. 정도의 차이만 있을 뿐.

"호딩의 정도는 연속변이입니다."

랜디 프로스트와 함께 《잡동사니의 역습 : 죽어도 못 버리는 사람의 심리학》을 쓴 게일 스테키티의 말을 들어보자.

"호딩은 극단적인 경우이지만 오늘날과 같은 사회에서 우리는 모두 언제나 똑같이 어려운 결정에 직면합니다 : 이걸 살까 말까? 이걸 보관할까 말까? 또한 우리는 모두 똑같은 이유로 물건을 남겨둡니다 : 예쁘니까, 추억을 떠올리게 하니까, 유용하니까. 그러나 예쁘거나 정서적으로 가치가 있다거나 유용하다는 생각에 너무 골몰하는 사람들이 있는데, 그런 사람들이 바로 호딩 문제가 있는 사람들인 거죠."

연속변이에 대해서 잠시 생각해 보라. 왜냐하면 그것이 바로 미국에서 세 집 중 한 집에 수집가가 있고, 미국인 열 명 중 한 명이 창고를 임대하고, 스무 명 중 한 명이 호더인 이유를 잘 설명해 주기 때문이다.

이제, 그러한 연속변이가 한쪽 끝이 0이고 반대쪽 끝이 10인 선이라고 생각해 보라. 0이 물질적 소유물을 전혀 가지고 있지 않은 금욕주의자, 이를테면 승려 같은 사람이라면, 10은 집안에 물건이 한 가득이고 잡동사니가 천장까지 쌓여 있어 집안을 엎드려 기어다녀야 하는 호더라고 한다면, 당신은 몇쯤 되는가?

내가 묻는 것은 당신이 그러한 연속변이의 어디쯤 위치하는지가 중요하기 때문이다. 당신이 2인지 5인지 8인지가 중요한 이유는 라이언 니커디머스와 조슈아 필즈 밀번의 경우에서 보았듯, 레페티와 색스비의 연구에서 보았듯, 물건을 얼마나 많이 가지고 있느냐가 당신의 심리적 안녕감에 지대한 영향을 미치기 때문이다. 또한 2424호 아파트에서 발생한 화재 이야기에서 배웠듯, 너무 많은 물건은 당신의 신체적 건강에 더욱 직접적이고도 위험천만한 영향을 미칠 수 있기 때문이다. 너무 많은 물건이 섬락이라 불리는 현상에서 일익을 담당하기 때문이기도 하다.

섬락이란 폐쇄된 공간 안에 갇혀 있던 강한 열기가 점점 더 강력해져서 그 안에 있는 모든 것들이 저절로 연소하기 시작하는 순간을 말한다. 섬락은 소방관들이 고민을 많이 하는 부분이다. 섬락 전에 그 방에 도달하면 그 안에 있는 사람을 구할 가능성은 아직 있다. 섬락 후에 도착하면 새까맣게 탄 시신만 수습하게 될 것이다. 그나마도 연소가 끝날 때까지 기다려야 한다. 도착해서 가장 먼저 해야 할 일이 그곳에서 빠져나오는 일이 될 것이기 때문이다. 제아무리 내열 소방복을 완전히 갖춰 입고 있더라도 섬락으로 인한 화재는 2초도 안 되어 당신을 죽이고 말 것이기 때문이다.

따라서, 섬락이 언제 발생하느냐는 생사의 문제에 있어 굉장히 중요하다. 30년 전에는 화재가 시작된 지 약 28분이나 29분 후에 보통 일어났다. 우리의 가정에 비치된 물건의 양이 늘어나기도 했지만 그중 대부분이 플라스틱과 합성물질을 함유하고 있기 때문에 요즘에는 섬락이 훨씬 빨리 일어난다. 불운한 불꽃이 살인적인 폭발이 되는 시기는 이제 고작 3분에서 4분 사이이다.

이는 우리 모두에게 불리한 소식이다. 소방관들, 집안 어딘가에 잡동사니를 집중적으로 쌓아놓고 있는 사람, 잡동사니와 고투하고 있는 누군가의 이웃에 사는 사람에게는 더더욱 불리한 소식이다. 그중에서도 호더들과 그들의 이웃들에게는 최악이자 가장 치명적인 소식이 아닐 수 없다.

지금까지는 호딩 화재에 관한 과학적 연구가 단 한 건밖에 없었다. 그 연구는 호주 멜버른의 소방대가 2009년 시에서 호딩 화재로 세 사람이 죽고 난 후 의뢰해서 이루어진 연구였다. 10년간의 분석에 기반한 보고서 내용을 보면, 호딩은 보고서에서 사용한 과학적 표현을 빌자면 400건의 화재 당 한 건에만 나타나는 '특징'이라고 언급되어 있다. 보고서는 충분히 예방할 수 있었던 것으로 여겨지는 화재 관련 사망의 경우, 호딩은 네 건 당 한 건 꼴로 나타나는 특징이라고 밝히고 있다. 그러한 수치들을 잠시 생각해 보면 깜짝 놀랄 만한 결론에 도달하게 된다 : 만약 당신이 일반 화재가 아닌 호딩 화재를 당하게 된다면, 사망 가능성이 훨씬 높아진다는 것이다.

연속변이 상에서 9나 10에 해당하는 호더가 아니더라도 이러한 사실을 알고 나면 놀랄 것이다. 또한 꼭 무슨 전문가가 아니더라도 이게 무엇을 의미하는지 알 수 있을 것이다 : 당신이나 당신 근처에 사는 누군가가 너무 많은 물건을 가지고 있다면—특히 우리의 가정에 가연성 인공물질이 많다면—전반적이고 장기적인 건강에만 해로운 것이 아니게 된다는 뜻이다. 호딩 화재에 관한 연구에서 드러났듯, 토론토 소방대가 2010년 9월 24일 금요일에 발견했듯, 너무 많은 물건은 개인에게만 나쁜 것이 아니다. 너무 많은 물건은 사회 전체에도 생명을 위협할 정도로 매우 실질적인 위험을 가하는 요인이 될 수 있다.

제2장

물질만능주의와
침묵의 봄

텔레비전 시리즈, 〈매드맨〉(2007년
7월 케이블 채널인 AMC에서 제작한 미국 드라마로 현재 시즌 7이 방영 중이다. 매드맨은
뉴욕의 광고업에 종사하는 사람들을 지칭하는 말로 광고대행사가 몰려 있는 뉴욕의 매디
슨 애버뉴와 광고인을 뜻하는 애드맨(광고쟁이를 뜻함)을 합성한 말—옮긴이)의 악명
높았던 한 장면 속에서, 남자주인공 돈 드레이퍼는 부인 베티, 자녀들인
바비, 샐리와 함께 피크닉을 간다. 잔디는 푸르고 태양은 환하게 빛나고
새들이 지저귀고 있다. 돈은 나무 그늘 밑에 깐 흰색과 빨간색 체크무늬
피크닉용 담요 위에 누워 있다. 베티가 그의 가슴을 베고 누워 있다.

"우리 이런 시간 좀 더 자주 가져요."

부인이 말한다.

"자주가 아니라 이것만 해야겠는데."

돈이 이렇게 답한다.

두 사람은 자연이 주는 소박한 즐거움에 취해 그렇게 누워 있다. 그
러나 얼마 안 있어 현실이 파고든다.

돈은 교통체증을 피하려면 이제 가야 한다고 말한다. 마지못해 몸을

일으킨 돈은 맥주를 끝까지 다 마신 후 야구공을 던지는 투수처럼 맥주 캔을 공원의 초원으로 던져버린다.

카메라는 좀 더 거리를 두고 이 장면을 찍는다. 좌측 상단 배경으로 자동차가 보인다. 베티가 일어나 옷의 먼지를 턴다. 양손으로 피크닉 담요의 두 모서리를 조심스럽게 잡은 다음 잽싸게 들어올려 그 위에 있던 쓰레기를 잔디밭 위로 던져버린다. 담요를 갠 다음 자동차 쪽으로 걸어가는 베티를 돈이 지켜보고 있다.

카메라는 계속 멀리서 이 장면을 잡는다. 우리는 시동을 거는 소리, 처음 속도가 올라가면서 부릉거리는 소리를 듣는다. 차가 떠난다. 하지만 떠나는 자동차를 보는 시청자는 없다. 우리는 여전히 입을 떡 벌린 채 그 장면의 우측 하단만 노려보고 있다. 베티가 한 치의 고민도 없이 쓰레기를 버리고 간 그 지점만을.

이 장면은 초기 매드맨과 매드우먼이 돈과 베티 드레이퍼 세대 사람들에게 남긴 태도를 압축해서 보여준다 : 그것은 바로 환경에 대한 무관심한 태도이다.

하지만 전후 맞이한 대대적인 경제 호황기에도 환경운동의 노력은 시작되었고, 물질만능주의에는 그다지 아름답지 못한 이면도 있는 것은 아닌가 하는 의문도 제기되었었다. 레이첼 카슨이라는 한 여성이 산업사회의 관행이 자연을 파괴해 버린 디스토피아적 미래를 그린 《침묵의 봄》이란 책을 출간한 1962년 환경운동은 시작되었다.

《침묵의 봄》의 일부를 살펴보자.

"가령 새들은 어디로 가버린 것일까? 많은 사람들이 머리를 갸우뚱거리고 불안해 하면서 사라진 새들에 대해 이야기했다. 뒷마당에 새 모이를 놓아둔 곳도 텅 비어 있었다. 가끔 발견되는 새도 죽기 직전의 상태에 있었다. 몸을 심하게 떨었고 날지도 못했다. 봄이 와도 새 우는 소리가 들리지 않았다. 전에는 아침이면 울새, 검정지빠귀, 비둘기, 어치, 굴뚝새를 비롯해 많은 새들의 합창이 울려 퍼지곤 했는데 지금은 아무런 소리도 들리지 않았다. 들판과 숲의 습지 위에는 오직 침묵만이 감돌았다."

카슨은 전쟁 직후 이와 같은 침묵을 가장 먼저 알아차린 사람이었다. 그녀는 이 문제에 대한 기사를 게재하려고 수차례 노력을 거듭했다. 잡지사들은 광고주들의 심기를 불편하게 할지 모른다는 이유로 카슨처럼 저명한 저자의 글조차 싣기를 거부했다. 결국 카슨은 포기하고 책을 썼다. 출간 당시 책에 나온 문제를 일으키는 주범이었던 화학기업들은 카슨의 메시지가 널리 퍼지는 것을 막으려고 수단과 방법을 가리지 않았다. 그러나 그 모든 노력에도 불구하고 결국 그 기업들이 얻은 것이라고는 《침묵의 봄》에 절실히 필요했던 노이즈 마케팅 효과밖에 없었다. 물질만능주의의 가장 어두운 면 가운데 하나에 해당하는 것으로 밝혀진 사실, 즉 우리가 살고 있는 지구를 무분별하게 엉망으로 만들고 있다는 사실에 서광을 비춰준 꼴이 되고 말았던 것이다. 오존층을 파괴하는 프레온가스의 사용을 금지시킨 것과 같이 가끔씩 거두는 승리에도 불구하고 환경적 피해는 시간이 흐를수록 점차 심해지기만 하고 있다. 이제 소비지상주의가 그토록 순식간에 쉽사리 거둔 성공은 기후 변화와 같은 되돌릴 수 없는 피해뿐만 아니라, 어쩌면 그보다 더 심각하다고 할 수 있는, 공룡 멸종 이후 최대 규모의 식물 및 동물의 종 멸종까지 유발하고 있다. 물질만능주의는, 레이첼 카슨이 예언한 대로, 파괴의 물결이 휩쓸고 지나간 우리의 지구가 어느 봄날 아침, 잠에서 깨어났을 때 완전한 침묵에 잠겨 있게 될 수도 있음을 의미한다. 그런 지구에서 시골로 피크닉을 가면 어떨 것 같은가?

우리를 우울하게 만드는 물질만능주의

　물질만능주의에는 환경에 남긴 수많은 오점만큼이나 어두운 이면이 또 하나 존재하는데, 그것은 바로 물질만능주의가 우리의 행복에 미치는 영향이다. 수백만 명에 달하는 우리들에게 물질적 안녕감을 안겨 준 물질만능주의가 우리의 전반적 안녕감은 개선해 주지 못하고 있는 듯하다. 대신 물질만능주의는 그와 정반대의 작용을 하고 있다. 물질만능주의는 우리의 기분을 좋게 해주기보다 우리의 기쁨을 앗아가고, 우리를 불안하게 만들며, 더욱 심하게는 우울하게까지 만들고 있다.

　이에 대한 과학적 증거를 가장 먼저 제시한 사람은 리처드 이스털린이라는 한 연구자였다. 이스털린은 소유하는 물건이 많아지면 사람들이 조금이라도 더 행복해지는지 여부를 알아내고 싶었다. 이를 알아내기 위하여 그는 제2차 세계대전 이후, 19세기부터 미국 및 영국과 같은 선진국과 인도 및 브라질 같은 후진국 양쪽 모두에서의 경제성장과 행복에 관한 데이터를 비교해 보았다. 그 결과는 매우 놀라웠다 : 기본적인 필요를 충족시킬 만큼 가지게 되면 국민소득에 따른 행복의 편차는 그다지 크지 않았다. 또한 전후 미국에서는 사람들의 소득이 그 어느 때보다도 높아졌음에도 불구하고 미국 국민들의 행복도는 올라가지 않고 있었다. 사실 1960년 이후 줄곧 행복도가 떨어진 상태였다.

　왜일까? 이 질문에 대한 답을 찾기 위해서는 친구 같은 철학자와 함께 따뜻한 음료와 비스킷이라도 먹으면서 대화를 나누면 가장 좋을 것이다. 매일 아침 영국의 철학자 제레미 벤담이 그 무엇보다 좋아했던 것은 따끈하고 매콤한 생강 비스킷을 바삭바삭 깨물어 먹으면서 진한 커피를 홀짝이는 것이었다. 그러나 한번은 자세히 살펴보았더니 맨 처음 마신 커피는 맛있는 반면 두 번째 마신 커피는 맛이 떨어진다는 것을 알게 되었다. 경제학자들과 사회학자들은 이러한 현상을 한계효용 체감의 법칙이라 부른다. 그러나 전문용어를 들먹이지 않더라도 우리는 벤담의 논점을 이해할 수 있다. 벤담은 그 단순한 관찰을 통해 과소유 증후군 문제와 물질만능주의의 역설을 압축해서 보여주었다고 생각한다. 다시 말해서, 조금 있으면 좋지만, 너무 많아지면 물릴 수 있다는 사실을 말이다.

티보르 스키토프스키라는 헝가리계 미국인 경제학자는 소유물의 증가가 더욱 큰 행복으로 이어지지 않는 이유에 대하여 또 다른 의견을 내놓았다. 1976년에 출간한 저서 《기쁨 없는 경제》에서 그는 물질만능주의의 '어두운 면' 때문일 수 있다고 썼다. 그 어두운 면이란 '우리가 무분별하게 무기를 휘두르고, 해충을 박멸하고, 자원을 낭비하고, 약을 함부로 먹고, 식품첨가제를 섭취하고, 편하고 안전하자고 기계의 도움을 이용 혹은 과용함으로써 우리의 건강, 환경, 미래 세대에 끼치게 되는 피해와 같이 물질적 진보로 인하여 의도치 않게 얻게 된 모든 결과'를 말한다.

스키토프스키는 이렇게 물었다.

"우리가 엉뚱한 사물에서 혹은 엉뚱한 방식으로 만족을 추구하기 때문에 그 결과에 불만을 품게 되는 것은 아닐까?"

그러한 사물이 물적 재화라면 그 대답은 '그렇다'이다.

물적 재화가 자기를 표현하고 지위를 드러내는 데 유용할 수 있다는 말은 해야겠다. 가령 당신이 신는 신발이나 입는 셔츠와 같은 것들은 당신에 관하여 많은 것을 말해 준다. 그러나 물질만능주의적 소비문화에 사는 우리는 물적 재화에 지나치게 의존하는 지경에 이르렀고, 그러한 물적 재화는 우리의 기대를 저버리고 있는 실정이다.

오늘날의 물질만능주의 문화에서는 물건이 정서적 문제까지 해결해 준다고 믿는 사람이 많다. 그러나 심리학자 올리버 제임스가 쓴 대로, 이는 '거짓 약속'이다. 쇼핑요법은 효과가 없다. 채무 같은 문제를 유발함으로써 오히려 문제를 악화시킬 뿐이다.

오늘날의 문화에서 물적 재화는 진정한 의미를 지닌 심오한 인간의 욕망과 의문을 대신하게 되었다. 소비문화는 일종의 사이비 종교가 되었다. '나는 왜 여기 있지?', '사후에는 어떤 일이 벌어질까?', '어떻게 살아야 할까?'와 같이 의미 있는 의문에 대해서 심도 있게 생각하기보다 '파란색이 좋을까, 빨간색이 좋을까?', '지난주에 산 윗도리랑 저 옷이랑 어울릴까?', '내가 저걸 사면 그녀가 어떻게 생각할까?'와 같은 의문에 몰입하기가 한결 쉽기 때문이다. 나는 누구인가를 이해하려고 노력하기보다, 우리는 '실제 물건'에 손을 뻗는다. 이 사회에 세뇌당한 우리는 우리가 산 물건이 그러한 끈질긴 욕구를 충족시켜 주지 못할 때에도 물적 재화를 포기하는 대신 소용없는 줄 알면서도 계속 물건을 사들인다.

이 사회의 자연스러운 산물인 대량생산 제품이 그 무엇보다도 해롭다. 대량생산 제품은 의미도, 개성도 없는 물건이어서 우리에게 진짜 흥미나 영감을 줄 가능성이 거의 없기 때문이다.

스키토프스키는 책에 이렇게 썼다.

"대량생산이라는 일이 지닌 단조로운 속성은 그 결과물과도 딱 맞아떨어진다."

따라서 우리는 우리가 가지고 있는 물건에 그토록 순식간에 싫증을 내고, 신기한 것을 찾아 다른 물건을 사들이고 이런 과정을 되풀이하는 것이다.

지위를 나타내는 수단으로 유용하게 쓰일 때조차 물적 재화는 문제를 해결해 주기보다 일으킨다. 왜냐하면 오늘날과 같은 성과중심주의

사회에서 물건을 소유한다는 것은 성공을 의미하며, 반대로 물건을 소유하지 못한다는 것은 실패를 말해 주기 때문이다. 그 결과 우리는 집단구성원 사이의 서열에서 누가 우리보다 위인지 혹은 아래인지를 의기양양하게 혹은 고통스럽게 의식하게 되었는데 이게 다가 아니다. 기어 올라가거나 미끄러져 내려오면 그 순위는 언제든 바뀔 수 있다는 사실 또한 우리는 알고 있다. 마치 절대 끝나지 않고 모두가 경쟁자인 거대한 뱀과 사다리 보드 게임을 하면서 부글부글 속을 끓이고 있는 것과 같다. 이 편집증 유발 게임을 하기 위해—우리 모두 하고 있는 게임이다—수백만에 달하는 우리는 밤이고 낮이고 우리의 서열을 걱정하면서 올라갈 수 있는 사다리를 찾아내고 떨어지는 뱀은 피하려고 머리를 이리저리 굴리며 살아간다. 그 결과 수백만이 물질로 인한 지위 불안으로 고통받고 있다.

하지만 물질만능주의가 우리에게 안겨 주는 지위 불안보다 훨씬 심각한 것은 바로 우울감인데 그 수와 심각성이 모두 기록적이다. 1970년대부터 21세기 전환기까지 선진국에서 정신질환을 앓는 아동 및 성인의 수는 두 배로 뛰었다. 현재 영국인의 4분의 1이 정신적 고통을 당하고 있다. 요즘 미국인들은 1950년대를 살았던 미국인들보다 세 배쯤 더 우울하다. 이러한 통계에 충격을 받은 나머지 많은 사람들이 옛날에는 힘들어도 표를 내지 않는 경향이 있었고, 현대의 의사들은 항우울제 진단과 처방에 주저함이 없다는 점을 지적함으로써 대충 얼버무리려고 한다. 그러나 그러한 통계가 보여주는 수치는 광범위하고 빈틈없는 연구 결과와 의사의 처방이 아닌 개개인을 대상으로 한 익명의 설문조사에 근거한 것이다. 따라서 우울증이 증가 추세이며 증가 속도 또한 놀라울 정도로 빠르다는 사실은 분명하다.

나라별 비교를 해보면 이러한 사실은 더욱 확연하게 드러나고 그에 따라 우려도 커진다. 왜냐하면 결국 마음의 병은 소득 불평등과 함께 증가하는데, 이 또한 영어권 국가들에서 더욱 높은 경향을 보이는 것으로 드러났기 때문이다. 다시 말해서, 심리학자 올리버 제임스가 《어플루엔자》에서 밝힌 바처럼 한 사회가 미국을 닮아 가면 닮아 갈수록 그 사회는 점점 물질만능주의적인 사회가 되며, 정서적 불안정감의 비율도 높아진다. 여기서 내릴 수 있는 논리적 결론이 바로 물질만능주의의 가장 어두운 면 가운데 하나이다 : 대량생산과 대량소비가 궁극적으로 대중 우울증을 초래한다는 것. 설마 이런 걸 진보라 부를 사람은 없을 것이다.

과소유 증후군 문제는 어떻게 풀까?

사운드 오브 뮤직에 나오는 노래 중 '마리아'의 가사에서 마리아 대신 과소유 증후군을 넣음.

물론 과소유 증후군의 문제 중 가장 중요한 문제에는 누구나 알 수 있는 해답이 있다 : 물건을 적게 사고 적게 보관하고 적게 소유하는 것이다. 세상사가 그렇게 간단하다면야 얼마나 좋겠는가! 우리가 늘 분별 있는 짓만 골라서 한다면야 얼마나 좋겠는가! 세상사가 그렇게 간단하고 우리가 분별 있는 짓만 골라서 한다면 해결책은 심야 인포머셜(소비자나 이용자를 상대로 유익한 소재를 넣은, 설명적이며 해설적인 광고—옮긴이)에 나오는 판매원의 만화 같은 대사대로만 하면 될 것이다 :

집안 가득한 잡동사니 때문에 스트레스를 받기 싫으시다고요? 간단합니다 : 다 없애버리십시오!

지위 불안이 싫으시다고요? 간단합니다 : 이웃이 무엇을 가지고 있는지 신경을 끄십시오. 그게 싫으시면 지금보다 덜 잘 사는 동네로 이사 가신 다음 그 동네에서 아무도 출세하지 않기를 바라십시오!

너무 많이 사들여서 얻은 빚과 우울한 마음이 싫으시다고요? 문제 없습니다 : 신용카드를 잘라 버리시고 쇼핑을 끊으십시오!

환경을 해치고 싶지 않으시다고요? 이렇게 하시면 됩니다 : 모든 업그레이드를 "거부"하십시오. 자동차나 에어컨도 사용하지 마시고, 완전히 해질 때까진 새 옷도 사지 마시고, 그 지역에서 농약 안 치고 손으로 기른 다음 포장 공정이 전혀 없어 죄책감도 없는 음식만 드십시오.

이 네 가지 간단한 단계만 지키시면 과소유 증후군을 해결할 수 있습니다!

문제는 소위 간단하다는 이러한 접근법이 소용이 없을 것 같다는 점이다. 어째서 효과가 없을 거라고 하는지 그 이유를 이해하기 위해서는 비만에 대해서 재고해 볼 필요가 있다. 즉, 비만의 경우 누구나 알 수 있는 시작점은 사람들에게 덜 먹게 하는 것이지만 그 사실을 안다고 해서 별 도움은 되지 않고 있다는 뜻이다. 브라이언 '셜록' 완싱크가 알아낸 바대로 우리는 우리가 진화해 온 방식 때문에 계속 먹을 수밖에 없는데, 특히나 몸에 해롭다는 사실을 알고 있는 음식은 더더욱 끊지 못한다. 물론 우리가 음식과 맺고 있는 복잡한 관계, 음식을 풍부하고 값싸게 만들어준 산업혁명, 우리를 둘러싼 환경에서 받는 자극, 특히나 우리의 굶주림을 계속 자극하기 위해 식품업계가 궁리해 낸 자극과 같은 다른 요인들도 존재한다. 이런 이유들 때문에 적게 먹는다는 해결책은 말만 쉽지 실천하기는 어렵다. 물건의 경우도 이와 마찬가지이다.

따라서, 돌팔이 약장사나 할 법한 말 몇 마디가 과소유 증후군을 치

유해 줄 수 있을 거라 생각하기보다 내가 택한 접근법은 증상만 살피지 않고 과소유 증후군의 근본 원인까지 샅샅이 살피는 것이다. 이 문제의 근본 원인이 우리가 살고 있는 현대사회를 떠받치고 있는 가치체계, 즉 물질만능주의라는 사실을 깨달은 후에는 물질만능주의가 어떻게 생겨났는지를 좀 더 분명하게 이해하려고 노력했고 대안으로는 무엇이 있을지 조사하기 시작했다. 특히 탈물질만능주의적인 새로운 생활방식을 실험 중인 사람들을 찾아보았다.

나는 세계 곳곳에서 그런 사람들을 찾아냈다. 애들레이드에서, 바르셀로나에서, 스톡홀름에서, 캘리포니아에서, 뉴욕에서, 독일에서 찾아냈다. 먼저 그 사람들에게 연락을 취한 다음 그들이 현재 하고 있는 일을 왜 하는지 물었고, 그 선택의 결과에 대해서 곰곰이 생각해 보았다. 그들의 행동과 신념, 과소유 증후군에 대한 생각을 모든 분야의 학자들과 문화평론가들과 함께 논하기도 했다. 사회학자, 심리학자, 철학자에서부터 인류학자, 사학자, 경제학자에 이르기까지 최대한 많은 전문가들을 만나 보았다. 인터뷰 시간과 조사 및 발견의 나날이 늘어나면서 앞으로 나아갈 길은 점점 분명해졌다.

내 연구는 서로 전혀 다르지만 연결되어 있는 두 경로로 나를 이끌었다. 한 경로는 새로운 존재 방식을 위한 매니페스토로 진화하였다. 나머지 한 경로는 미래에 대한 비전으로 인도해 주었다.

미래는 이미 눈앞에 와 있다

이쯤에서 당신이 이런 생각을 한다고 해도 전혀 무리가 아닐 것이다. '내일 무슨 일이 일어날지 누가 알아. 미래는 어차피 알 수 없는 거잖

아. 미래가 어떨지 안다고 주장을 한다니 그게 말이나 돼?'

참으로 훌륭한 지적이 아닐 수 없다.

이제부터 해명을 하자면 : 나는 망상가도 아니고 찻잎으로 운세를 점치거나 수정 구슬을 들여다보는 점쟁이도 아니다. 내가 미래를 예측하는 데 사용하는 방법은 그렇게 소수만 이해하는 방법이 아니다. 그보다는 조금 더 확신할 수 있는 방법이라고 나는 믿고 싶다. 윌리엄 깁슨이란 수필가가 언젠가 했던 말에서 영감을 받았다고나 할까 : '미래는 이미 와 있다. 단지 아직 널리 퍼지지 않았을 뿐이다.' 그리고 미래는 1962년 처음 기술된 이래, 5천 번도 넘게 적용된 문화적 변화를 읽어냄으로써 알 수 있다.

미래 예측이라는 내용을 독자 여러분과 함께 나누기에 앞서 어떤 것이 미래 예측이고, 어떤 것이 아닌지 간단히 짚고 넘어가려 한다. 우리는 모두 매일 미래에 대해서 추측을 한다. 그러지 않고서야 어떻게 매주 쇼핑을 하고 누군가와 약속을 잡고 공항에 몇 시까지 도착해야 할지 알 수 있겠는가? 식단, 출발 시간, 약속잡기도 잘 생각해 보면 미래에 대한 표현이다. 앞으로 무엇을 먹을지, 언제 당신이 탄 비행기가 출발할지, 친구들이 언제 도착할지를 예측한 것이기 때문이다.

따라서, 사실 우리는 예측이 더할 나위 없이 정확할 거라고, 친구들이나 비행기가 늘 정각에 딱 맞춰 도착할 거라고 기대해서는 안 된다. 예측을 사실이라 여기기보다는 이를 시간표, 계획표, 모델, 지도와 같은 범주에 포함시켜야 한다. 탄탄하게 구축된 모델이나 정확한 로드맵처럼 훌륭한 예측은 우리가 미래에 대비하여 계획을 짤 수 있도록 미래에 관한 정보를 충분히 제공해 줄 수 있어야 한다. 보이는 광경이나 교통 혼잡, 과속방지턱까지 모든 걸 세세하게 보여주지는 못하겠지만 언제쯤 좌회전 또는 우회전을 해야 할지를 알려주고, 목적지에 가는 방법에 관한 아이디어를 제시해 주고, 도착지의 모습이 대략 어떠할지를 보여줄 것이다.

미래처럼 미지의 대상에 관한 지도를 그릴 때 가장 좋은 방법은 그보다 훨씬 알기 쉬운 두 가지, 즉 현재와 과거에 관한 상세한 지식을 이용하는 것이다. 특히나 과거를 알면 요긴하다는 것을 알 수 있는 사례가 두 가지 있다. 더더욱 확실한 경우는 장수하는 트렌드, 즉 오래 전에 시작되어 특정 상황이 주어진다면 앞으로도 계속 이어질 그런 트렌드가 존재하는 경우이다. 가령 중국 경제의 부상이나 주류사회의 동성애자에 대한 수용도 증가가 그런 경우라 할 수 있다. 이러한 변화는 순조롭게 이루어지지 않는다. 늘 보기 좋은 그래프처럼 되는 것도 아니다. 신호 주변에 잡음이 많을 때도 종종 있다. 어떤 때에는 삐 소리를 내며 깜박거리고, 급등하고, 위로 치솟았다가 아래로 곤두박질치고, 뒤로 갔다 앞으로 가기도 한다. 중국 경제는 폭등할 때도 있고 정체될 때도 있다. 때로는 현지법이 관용 쪽으로 혹은 불관용 쪽으로 중대한 걸음을 내딛기도 한다. 하지만 이러한 변화가 모두 과거에서부터 이어져 내려왔으며 앞으로도 계속 이어질 공산이 크다는 사실은 분명하다.

과거로부터 도움을 얻을 수 있는 두 번째 방법은 세상이 어떻게 돌아가고 있는지를 보여주는 것이다. 기상예보관, 전력예측 전문가, 인구예측 전문가들이 일하는 방식이 바로 이런 방식이다. 그들은 과거에 일어났던 일련의 상황들을 관찰하고 분석한 다음 그러한 상황들이 어떤 결과를 야기했는지 본다. 그렇게 통찰한 내용을 활용하여 모델을 만든 다음 세상이 어떻게 돌아가고 변화가 어떻게 일어나는지를 기술한다. 그런 다음 그러한 모델을 통해 자신들이 현재에 관하여 보유하고 있는 정보를 살펴봄으로써 앞으로 인구가 몇 명이나 될지, 전력수요량이 어느 정도 될지, 내일 날씨가 맑을지 여부를 알아내는 것이다.

이러한 모델들 중 완벽한 것은 없다. 우산 없이 밖에 나갔다가 소나기를 만나 보았다거나 날씨에 비해 지나치게 따뜻한 외투를 입고 나갔다가 곤란했던 체험이 있는 사람이라면 누구나 알 수 있을 것이다. 그럼에도 그들은 자기 일을 한다. 전력수요를 계획 중인 에너지 기업이 유용하게 써먹을 수 있고, 우리 모두가 어떤 셔츠를 입고 어떤 구두를 신을지 정하는 데 도움을 줄 정도의 정확성은 되기 때문이다.

문화예측도 똑같은 방식으로 돌아간다. 다시 한 번 말하지만 문화예측은 완벽하고 정확한 과학이 아니다. 다시 말해서, 나 같은 문화예측 전문가들이라고 해서 도중에 나올 모든 과속방지턱, 급커브, 비구름, 화창한 날씨가 이어질 기간을 속속들이 알 수 있는 건 아니라는 뜻이다. 하지만 우리 문화예측 전문가들은 과거에서 얻은 정보와 통찰력을 이용하여 현재를 읽을 수 있는데, 그건 미래로 가는 경로를 짜고 목적지에 도착했을 때 어떤 모습일지 대략 그려 보기 위함이다. 이를 실행할 수 있는 최상의 방법은 '혁신의 확산'이라 불리는 모델을 이용하는 것이다.

현재에서 미래를 찾아내는 방법

《혁신의 확산》은 현재 5판까지 나와 있으며 전 세계에서 가장 많이 읽히는 책이다. 이 책의 아이디어가 제일 처음 게재된 것은 1960년대 중동의 어느 농촌사회학 전공생의 박사논문 끄트머리에서였다. 에버렛 로저스란 이름의 아이오와 주립대생이었던 그 학생은 농업 혁신이 어떻게 전파되었는지에 대하여 연구하고 있었다. 연구 도중 그는 내건성 (가뭄을 타지 않고 견디어 내는 특성—옮긴이) 옥수수 종자가 농촌사회에 전파되는 데, 혹은 전문용어로 확산되는 데, 얼마나 걸렸는지를 상술한 논문 한 편을 우연히 발견했다. 이 논문의 부록에서 로저스는 이 연구를 인류학, 지리학, 공중보건과 같은 타분야에서의 확산 연구와 비교해 보았다. 그 결과 그는 눈이 번쩍 뜨일 만한 사실을 발견하게 되었다. 즉, 분야에 관계없이 아이디어가 확산된 방식이 놀랄 정도로 비슷했다는 사실이었다. 처음에는 몇몇 '혁신가'에서 시작되었다. 그 다음 좀 더 다수를 이루는 '조기 수용자'로 전파되었다. 그 다음에는 조기 수용자로부터 주류에 속하는 훨씬 더 많은 '대다수 수용자'에게 도달했다. 마지막으로 혁신은 막바지에 몇 안 되는 뒤처진 사람들에게 도달하는데, 로저스는 이들을 '지각 수용자'라 일컬었다.

　로저스는 또한 이러한 수용 단계를 가로축이 시간이고 세로축이 해당 혁신을 수용한 사람들의 수인 그래프로 만들어 본다면 완만한 S자 곡선을 이룬다고 언급했다.

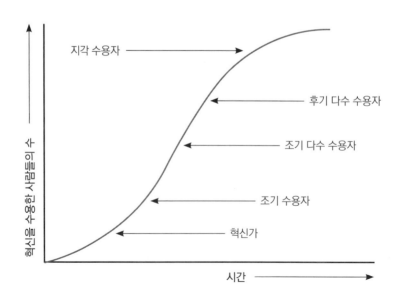

이후 혁신의 확산이 적용된 사례는 수천 건이 넘었고 종종 신호 주변에 잡음이 끼곤 했지만 로저스가 설명한 S자 곡선 모형에는 늘 들어맞고 있다. 테트라사이클린과 같은 새로운 항생제의 확산이나 팩스 또는 휴대전화 같은 신기술의 확산을 설명할 때 로저스의 모형은 유효하다. 유치원에서 아동을 가르친다거나 가족계획 시 자궁 내 피임기구를 사용하는 것과 같은 새로운 아이디어의 수용을 살펴볼 때에도 로저스의 모형은 유효하다. 핀란드 북부에 사는 스콜트 라프족 중 스노모빌을 이용하는 사람의 비율이나 스페인 탐험가들이 서부의 아메리카 인디언 부족들에게 말馬을 전파한 경우를 설명할 때에도 로저스의 모형은 유효하다.

로저스는 원래 혁신의 확산 S자 곡선을 세상이 어떻게 달라졌는지를 설명하기 위한 방편으로 구상했었다. 즉, 과거를 설명하기 위한 수단이었던 것이다. 그러나 현재 무슨 일이 일어나고 있는지를 충분히 간파하고 있다면 이를 미래 예측에도 활용할 수 있다.

가령 현재를 둘러보다가 외장 키보드가 따로 필요 없는 새로운 유형의 컴퓨터 같은 혁신을 발견했는데, 특정 유형에 속하는 사람들이 그 혁신을 수용하고, 그 다음에는 좀 더 많은 사람들도 그 혁신을 수용하고 있다면, 조심스럽게 미래에 대하여 합리적인 예측을 할 수 있게 되는 것이다. 이것이 바로 나 같은 문화예측 전문가들이 하는 일이다. 문화예측 전문가들은 현재에서 미래를 발견한다. 어떤 혁신이—만약 존재한다고 하면—인기를 끌게 될 것인지 알아낸 다음, 오늘 소수의 혁신가 몇몇으로부터 내일은 주류에 속하는 다수에게로 전파될 것인지를 알아내는 것이다.

이 일을 하다 보면 하나의 혁신이 수용될지 여부를 결정짓게 될 요인이 얼마간 존재한다는 것을 알게 된다. 가령 아이디어, 정보, 영감이 어떻게 사회 전체로 전달되는지를 알아야 한다. 모바일 인터넷과 소셜미디어로 가능해진 초超연결 세상에서는 아이디어도 순식간에 퍼지고, 변화도 순식간에 일어나기 때문에 오늘날 우리 같은 사람들에게는 특히 중요한 고려 사항이 아닐 수 없다. 예를 들어, 최근까지만 해도 새로운 패션 아이디어는 소수 정예에 의해 패션 월간지를 매개로 널리 퍼졌었다. 그러나 오늘날에는 누구든 눈 깜짝할 사이에 블로그로, 문자로, 트위터로, 인스타그램으로 퍼뜨릴 수 있다.

문화예측 전문가는 해당 문화가 얼마나 혁신적인지도 고려해야 한다. 새로운 아이디어에 개방적인 문화인가? 가령, 런던과 아프가니스탄의 카불을 비교해 보자. 두 도시 중 한 도시의 시민들은 변화에 매우 개방적이다. 그들은 옷도, 음식과 외식 장소도, 심지어 함께 시간을 보내는 상대마저, 거의 분기마다 바꾼다. 매일매일 다른 아이디어를 가지고 있는 다른 문화권에서 온 사람들을 접할 가능성도 높다. 그러나 전자보다 훨씬 보수적인 사회인 나머지 한 도시의 시민들은 똑같은 음식을 먹고, 자신들이 하는 일에 대하여 똑같은 관점을 보유하고 있는 똑같은 사람들과 지낸다. 가령 새로운 운동법이나 장난감, 또는 텔레비전 쇼와 같은 하나의 혁신에 착수하려고 한다면, 당신은 이 도시 중 어느 도시에서 당신의 혁신을 시작하겠는가? 혁신적이고 연결되어 있는 사회일수록 혁신이 전파되는 속도도 더욱 빨라질 것이다.

이게 다가 아니다. 문화예측 전문가라면 변화를 추진 중인 주체가 누구인지도 알아야 한다. 가령 적극적으로 나서서 혁신을 확산시키려는 힘 있는 사람들이 존재하는가? 그러한 사례로는 도넛을 더욱 자주 찾게 만들기 위해 노력 중인 크리스피 크림의 마케터들, 국민들에게 소비를 촉진하거나 금연을 권장하거나 채소 섭취는 늘리고 당 섭취는 줄이게 하기 위해 노력 중인 정부가 있겠다.

마지막으로, 혁신 자체도 요인이 된다. 어떤 혁신이 유행을 끌게 될 혁신인지를 알아내기 위해서는 다섯 가지 핵심 질문에 관하여 심사숙고해 보아야 한다. 첫 번째, 정말 더 나은가? 전前 세대보다 향상되었는가? 두 번째, 오늘날 우리가 살아가는 방식과 양립할 수 있는가? 해당 혁신을 일상생활에서 쉽게 활용할 수 있는가? 세 번째는 난이도에 관한 것으로, 해당 혁신이 이해하기 쉬운가 여부이다. 네 번째는 용이성으로, 해당 혁신이 시험 삼아 실행해 보기 쉽고 손쉽게 접할 수 있는가 여부이다. 다섯 번째는 가시성이다. 해당 혁신을 시도하는 사람이 있을 때, 이를 다른 사람들이 눈치챌 수 있을 것인가? 이 다섯 가지 질문에 대한 답이 모두 '그렇다'라면 그 혁신은 전파될 가능성이 높은 것이다.

이러한 요인들을 고려하고 위의 다섯 가지 질문에 답해 봄으로써 현재 일어나고 있는 혁신이 미래에도 전파될 것인지 여부를 정확하게 예측하는 것이 가능하다. 이는 현재 부상하고 있는 가장 흥미롭고, 혁신적이고, 탈물질주의적인 생활방식을 자세히 따져 묻기 위해 내가 이 책에서 사용하게 될 방법이다. 또한 이미 유행을 타고 있고, 앞으로 물질만능주의를 대신하여 우리 사회의 지배적인 가치체계로 자리 잡게 될 것이며, 과소유 증후군 문제 또한 해결해 줄 운동을 규명하는 데에도 사용하게 될 방법이다.

그러나 현재를 살펴보기 전에 우선 우리가 살고 있는 이 세상이 그 어느 때보다 심각한 과소유 증후군 문제에 직면했던 지난날을 자세히 들여다볼 필요가 있다. 그 당시에는 과잉소비가 아니라 과잉생산이 문제였다.

제2부

쓰고 버리는 일회용 소비문화의 기원

제3장

경제 위기와
욕망을 창출하는 기업

• 행복을 가져다줄 것이라고 믿었던 물질만능주의는
  그만큼의 시급한 문제를 낳고……

제4장

과소유가 불러온
의도하지 않은 결과의 법칙

• 무조건 좋은 줄 알았던 물질만능주의적 소비문화가
  초래한 의도하지 않은 과소유 증후군 문제

남에게 뒤지지 않으려는 인간의 욕망

닉슨과 흐루쇼프의 부엌 논쟁

미국과 러시아의 정상이었던 닉슨과 흐루쇼프는
자국민이 양질의 물건을 더 많이 소유하고 있다는 논쟁을 펼쳤다.
그 논쟁에는 물론 허위와 과장이 난무했다.
남에게 뒤지지 않으려는 욕망이 얽히고설킨 부엌 논쟁 일화는
인간의 욕망은 개개인뿐만 아니라 국가에게도
본능적으로 적용된다는 것을 깨닫게 해주었다.

의도하지 않은 결과의 법칙이 준 깨달음

바브라 스트라이샌드 이야기 & 토끼 도망방지 울타리 사건

만능 엔터테이너 스트라이샌드는 대중들이 자신의 집을
훔쳐보지 못하게 하려 했지만 오히려 수천만 명이 집을 구경하게 만들었고
목축업자 오스틴은 자신의 사회적 지위를 공고히 해줄
몇 마리의 토끼를 바랐을 뿐이지만
예상하지 못한 번식으로 엄청난 인력과 비용을 초래하게 했다!
이렇듯 전혀 의도하지 않은 결과의 법칙은
인간 문화가 진화하는 과정에서 부지불식간에 끼어들게 되는 경우가
종종 있다는 사실을 우리에게 일깨워 준다.

제3장

경제 위기와
욕망을 창출하는 기업

1925년 5월 2일 월요일, 오전 10시를 막 넘긴 시각, 햇빛이 텍사스 주 휴스턴에 있는 어느 건물의 복도 유리창을 통해 쏟아져 들어오던 날, 키가 훤칠하고 기품 있게 생긴 한 신사가 들어와 무대에 오르자 광고업에 종사하는 남녀 집단이 모인 장내는 일순간 조용해졌다. 50대로 보이는 남자는 양옆으로 이제 막 희끗희끗한 새치가 비치기 시작한 갈색 머리를 매끈하게 뒤로 빗어 넘기고 가르마는 왼쪽으로 내고 있었다. 검은색 스리피스 정장에 흰색 라운드 칼라 셔츠를 입고 있었다.

"광고가 우리의 경제체제에서 늘 필수적인 요소로 간주되고 있는 건 아닙니다."

미래의 미합중국 대통령, 허버트 후버가 말을 시작했다. 그러나 이때는 아직 대통령이 되기 전이었다.

"여러분은 지금 욕망을 창출하는 직업에 발을 들여놓으신 겁니다."

후버가 매드맨Mad Men과 매드우먼Mad Women으로 구성된 청중에게 말했다.

후버는 당시 미국 경제가 직면한 가장 시급한 문제인 과잉생산 문제를 해결할 수 있는 최선의 방법은 광고라 믿고 있었다. 1865년 남북전쟁 종전 이후, 평화와 농업과 공장은 미국을 완전히 뒤바꾸어 놓았다. 수백만 에이커에 달하는 대초원은 돼지를 치고, 밀을 재배하고, 그 밖의 수많은 작물 및 가축을 생산하기 위해 용도가 변경되어 생산적인 땅으로 탈바꿈되었다. 이런 저런 산업이 일제히 생겨났다. 전국 곳곳에 주물 공장, 직물 제조 공장, 자동차 · 트랙터 · 열차 제조 공장이 난립되었다.

대륙을 종횡으로 연결해 준 철로는 라디오와 면도기와 토스터기뿐만 아니라 잡지와 유행까지 뉴욕 및 시카고의 마천루에서 미국의 동서남북으로 실어다 주었다. 심지어 제1차 세계대전까지 한몫 거들었는데, 전쟁으로 인하여 유럽 내 여러 작물이 죽고 공장이 폐쇄되면서 미국의 산업이 유례없는 활황을 맞게 되었기 때문이다.

남북전쟁 종전 이후 60년 동안 미국의 인구는 3,500만 명에서 1억 1,400만 명으로 3배나 늘었다. 같은 기간 동안 생산량은 12배에서 14배 증가했다. 따라서 미국의 산업은 인구보다 네 배나 빠르게 성장한 셈이었고, 1920년대 미국의 제조업과 농업은 팔 수 있는 양보다 훨씬 많은 양을 생산하고 있었다. 유럽 사람들은 유럽 사람들대로 또 다시 식량과 상품을 더욱 많이 생산하고 있었다. 그러다 미국인들은, 당시 미국의 노동부 장관이었던 제임스 J. 데이비스가 〈뉴욕 타임스〉에서 언급한 것처럼, '필요 포화' 지점에 도달하고 말았다. 1927년, 미국의 방직 공장은 연중 6개월만 가동해도 1년 내내 쓸 옷감을 생산할 수 있을 정도였다. 미국의 신발 공장 중 5분의 1만 있어도 신발 1년 치 공급량을 생산해 낼 수 있었다.

1920년대가 경과하면서 과잉생산 문제는 더욱 위협적으로 다가오게 되었다. 얼마 안 가서 과잉생산 문제는 미국과 미국 국민을 번영에 이르는 험하지만 행복한 여정에서 몰아낼 조짐을 보였다. 딜레마는 간단했다 : 농부들이나 공장들이 생산량을 줄이거나 국민들이 소비를 늘려야 했다. 만약 여러분이 당시 미국과 같은 선택의 기로에 놓였다면 어떤 경로를 선택했겠는가? 생산량을 줄였겠는가, 아니면 소비량을 늘렸겠는가?

외견상으로는 농부들과 공장주들에게 생산량을 줄이라고 하는 것이 명명백백한 답이었을 것이다. 이는 경제학자 아서 달버그와 콘플레이크 자본가 W. K. 켈로그 같은 사람들이 제안한 답이었다. 이쪽이 실행하기 더 간단할 것이기 때문이었다. 그 결과를 예측하는 것도 더 쉬웠다. 사람들이 일을 덜 하게 될 것이고, 일을 덜 하면 여가 시간이 늘게된다. 그런 여가 시간은 존 메이너드 케인스가 '여가 시대'라 칭한 것에 탐닉하는 데 활용할 수 있을 터였다. 공원에서 놀 수도 있고, 합창단에서 노래를 할 수도 있고, 지역사회에 기여를 할 수도 있고, 취미를 추구할 수도 있고, 신에게 기도를 할 수도 있고, 가족 및 친구와 보내는 시간을 늘릴 수도 있고, 그냥 라디오를 들을 수도 있었다. 당신이라면 이쪽을 선택했겠는가?

한편 나머지 해결책, 즉 소비량을 늘리는 편이 더 낫다고 생각한 사람들도 많았다. 후버 같은 정치가들과 제너럴 모터스의 CEO였던 알프레드 슬론 같은 기업가들은 과잉생산 문제를 바라보는 관점조차 달랐다. 이들에게 문제는 과잉생산이 아니라 과소소비였다. 따라서 해결책은 소비량을 늘리는 것이었다. 이러한 주장의 논리는 굉장히 그럴 듯해서 혹하지 않을 수가 없었다.

사실 이러한 주장은 수백 년 전 버나드 맨더빌이라는 영국 사람이 1715년 발표한 풍자문,《꿀벌의 우화 : 개인의 악덕, 사회의 이익》에서 최초로 제기된 바 있었다. 이 풍자문은 호화롭고 안락한 삶을 살았다는 일단의 부자 꿀벌들에 관한 내용을 담고 있었다. 그러나 그들의 삶에서 덕이라고는 찾아볼 수 없다는 항의가 빗발치자 사기와 탐욕과 낭비를 일삼던 삶에서 소박함과 정직과 근검절약을 실천하는 새로운 삶으로 전향했다. 참으로 훌륭한 생각이 아닐 수 없다고 생각할지 모르겠다. 그러나 우화가 보여주었듯, 악덕, 특히 탐욕적이고 과다 지출하는 생활 방식을 포기하면 안락하고 호화로운 삶 또한 끝나게 된다.

이는 혁명적이고 반反직관적인 발상이었다. 당시의 사회적 통념은 부자가 될 수 있는 최선의 방법은 지출이 아니라 저축을 하는 것이었기 때문이다. 그러나 맨더빌은 교회의 눈으로 보면 죄악인 것들, 다시 말해 욕심을 내고 필요 이상으로 물건을 사들인다든지, 사치스러운 파티를 열어 부를 과시하는 짓이 직업, 일자리, 부를 창출한다는 것을 보여주었다. 다시 말해, 부유층 개인의 악덕이 사회 전체에 이익을 가져왔다는 것이다.

그 옛날 맨더빌의 꿀벌에 통했던 바로 그 논리는 21세기 사회에서도 완벽하게 통했다. 사람들이 물건을 많이 사면 살수록 모두에게 이익이 돌아가는 선순환이 생성될 것이었다. 일자리도 임금도 늘게 되어 있었다. 기업가의 이윤 또한 증가할 것이었다. 정부의 세수도 불어날 것이었다. 결과적으로 모두가 전보다 높아진 생활수준을 누리게 되어 있었다. 따라서 소비를 늘리는 사람이 많아지면 많아질수록, 처음에는 역설적으로 들리겠지만 얻는 것이 더 많아지게 되어 있었다. 보다시피 모든 것은 전적으로 부지런히 일하고, 더욱 중요하게는, 부지런히 돈을 쓰는 꿀벌처럼 소비자의 행동에 달려 있었다.

그러나 뉴욕에서 활동하던 학자 스튜어트 유엔이 '의식의 지배자들'이라 칭한 이들, 즉 기업가들과 정부 지도자들이 모두를 이 달콤한 미래로 부랴부랴 밀어 넣기에 앞서, 한 가지 문제가 있었다. 생산량을 줄일 수 있는 결정권은 누가 뭐래도 그들에게 있었다. 근무시간을 줄이기만 하면 얼마든지 실현 가능한 사항이었기 때문이다. 그러나 사람들에게 소비를 늘리라고 설득하는 일은 그보다 훨씬 어려운 일이었다. 원하는 결과를 얻게 될 거라는 확신 또한 *불투명*했다. 확신은 *커녕* 일단 실현할 수 있을지조차 알 수 없었다. 그러한 미래가 실현되려면 선량한 미국의 갑남을녀에게 물건을 더욱 많이, 더욱 자주 사도록 설득을 해야 할 터였다. 그것도 '필요 포화'점에 다다라 이미 충분히 소유하고 있는 사람들을 상대로 말이다. 사람들의 구매를 늘리기 위해서는 인류 역사 이래로 진화해 온 행동과 사고방식을 바꾸어야 했다. 즉, 지금 우리가 가지고 있는 소유물을 얻으려면 많은 시간과 노력과 에너지가 들어가므로 이를 소중하게 여기고 조심히 다루며 잘 관리하라는 태도를 바꾸어야 했던 것이다. 기업가들과 정부의 지도자들은 어떻게 해서 미국인들에게 그들이 일평생에 걸쳐 몸에 익힌, 아니 선조들로부터 전수받은 습관과 관습을 바꾸도록 설득할 수 있었던 걸까?

획기적인 두 가지 발상으로 나타난 일회용 소비문화

어니스트 엘모 컬킨스가 광고계에서 거둔 첫 성공은 1891년 찾아왔다. 그는 가정용 청소기를 위한 광고 글귀 작성 대회에서 1,433건의 출품작을 물리치고 1등에 당선되었다. 그의 광고는 신형 청소기가 '빗자루에 비해 더디 낡고, 더 오래가고, 더 깨끗하게 쓸립니다'라는 주장을 내세웠다. 가히 광고계의 천재라고 해도 과언이 아닐 것이다. 그는 사람들로 하여금 당장 밖으로 뛰쳐나가 물건을 사고 싶게 만드는 문장을 썼다.

경력이 쌓여가면서 컬킨스의 광고는 점점 수준이 높아져 갔다. 이를 테면 그는 재미있는 서체와 모더니즘 회화의 활용에 있어서 선구자였고, 광고업계 최초로 미술부서를 만들기도 했다. 순조로웠던 20세기 초 몇십 년 동안은, 특히 어떤 종류의 물건이든 처음으로 구매하는 사람이 많았던 동안에는, 제조업체들이 정말로 새롭게 개선된 비약적인 발전 사항을 발표하는 일이 자주 있었다.

그러나 1920년대 중반 미국 경제가 둔화되고 과잉생산과 과소소비라는 두 가지 문제가 임박했다는 징후가 점점 뚜렷해지자 컬킨스를 비롯하여 많은 사람들은 그런 방법을 가지고 버틸 수 있을지 의문을 품기 시작했다. 1920년대와 30년대의 매드맨과 매드우먼들 사이에서는 어떻게 하면 소비를 촉진할 것인가 하는 문제가 최대 관심사였다. 그 문제는 뉴욕 광고 클럽에서도 논의되었고, 〈프린터스 잉크〉와 같은 주요한 무역 관련 정기간행물에서도 논쟁의 주제가 되었다.

컬킨스와 컬킨스의 동시대 사람들은 곧 획기적 발상 두 가지를 내놓았다. 첫 번째는 제조업계가 되도록 질 좋은 제품을 생산하는 데서 아주 단기간만 버텨 낼 제품을 만드는 쪽으로 방향을 전환하는 것이었다. 제조업계는 자동차와 안전면도기(살에 상처 낼 위험이 없는 면도 기구. 직사각형의 면도날을 쇠로 된 작은 틀에 끼워 쓴다―옮긴이)와 같이 사람들이 *반복적으로* *사용하는* 제품을 치약이나 비스킷과 같이 *다 써서 없앨* 제품으로 바꾸어야 했다. 오래 버틸 수 있는 튼튼한 제품을 만드는 대신 고장 나게 되어 있는 제품을 팔아야 했다.

여러모로 급진적이었던 두 번째 발상은 안분지족하고 근검절약하는 미국인을 불만에 차고, 낭비하고, 과시하기 좋아하는 소비자로 바꾸어 놓자는 것이었다. 제조업계는 원료를 가지고 그냥 제품만 만드는 대신 소비자를 제조해 내야 했다. 그들은 어떻게 소비자를 만들어 낼 수 있었을까?

컬킨스는 우선 이러한 신생 소비자들에게는 제품을 구매할 충분한 돈이 있어야 할 것이라고 판단했다. 제조업계는 임금을 두둑히 지급하거나 당장 물건을 구매할 재정적 수단을 제공함으로써 소기의 목적을 달성했다. 이것이 바로 소비자금융(본래 소비자가 주택·악기·가전제품·자동차 등 고가의 제품을 구입할 때 할부 금융회사 혹은 카드회사가 담보 없이 대출을 해주는 신용대출을 의미함—옮긴이)이다.

컬킨스가 다음에 구상해 낸 발상은 더욱 흥미롭고 단연코 더욱 다채로운 것이었다. 이러한 발상에 영감을 준 원천은 바로 그가 광고업계에 도입한 미술이었다. 그는 광고가 초기의 원초적인 메시지에서 진화하여 예술작품이 된 것과 마찬가지로 제품도 그렇게 예술작품이 되어야 한다고 생각했다. 그가 보기에 이는 어떤 업계든지 거치게 될 자연스러운 과정이었다. 처음에 일반 소비자는 어떤 제품이 존재한다는 사실 자체만으로 감탄을 할 것이고, 제조업자는 그 제품에 기능만 추가하면 될 것이다. 그러다가 소비자는 컬러, 스타일, 디자인을 통해 그 제품이 미적으로 거듭나길 바라게 될 것이다. 컬킨스는 이 지점이 진화의 단계, 업계가 도달해야 할 단계라 생각했다.

"성능만으로 어필하던 시대는 막바지에 다다랐다. 논리적으로 다음에 밟아야 할 단계는 아름다움이다."

컬킨스가 〈애틀랜틱 먼슬리〉 1927년 8월호에 기고한 글의 한 구절이다.

이러한 발상은 조금만 생각해 보면 탐미주의자다운 발언일 뿐만 아니라 사업가다운 발언이기도 하다는 것을 분명하게 알 수 있다. 이러한 개념의 묘미는, 말하자면, 사람들로 하여금 계속 물건을 사들이게 하기 위해서는 아름다운 것 또한 제조주기에 따라 제작될 수 있고 조작될 수 있다는 데 있다. 다시 말해서, 컬킨스는 패션산업 성공의 초석이 되어 준 발상을 가져다가 이를 다른 업계에도 적용했던 것이다. 이러한 새로운 견지에서 보면, 사람들은 자동차건, 시계건, 카펫이건, 새로운 것은 무엇이든 사려 들 것이다. 컬킨스가 글에서 지적한 대로 '예전 물건이 닳아서가 아니라 더 이상 모던하지 않기 때문에 새로 살 것이다. 구식이고 유행도 지난 데다가 더 이상 마음에도 들지 않기 때문에 자부심을 충족시켜 주지도 못하기 때문이다.'

예상은 적중했다. 이러한 획기적인 발상으로 재정비한 미국의 제조업체들은 고장 나게 되어 있는 대량생산 제품을 만들고, 소비자로 하여금 전에는 사용하기만 했던 물건을 소모품으로 사용하도록 일을 꾀하기 시작했다. 이러한 획기적인 발상으로 무장한 컬킨스와 의식의 지배자들은 평범한 미국인들의 습관과 관습을 바꾸어 새로운 일회용 소비문화를 창출해 냈다.

쓰고 버리는 문화의 진화

이러한 '쓰고 버리는' 문화가 1920년대에 뜬금없이 나타난 것은 아니라는 점은 짚고 넘어가야겠다. 미국인들은 가령 일회용 면도기 같은 물건을 수십 년 동안 버려왔고, 흰색 옷을 새하얗게 만드는 게 어려웠던 시절에도 셔츠 칼라와 커프스마저 버렸다. 미국 남성들이 1915년에 산 면도날의 개수는 무려 7천만 개였다. 1872년에는 1억 5천만 개의 칼라와 커프스를 쓰고 버렸다.

그러나 쓰고 버린다는 발상의 기원을 추적하려면 사실 *비글*이라 불리던 돛대 3개 달린 범선이 찰스 다윈이란 이름의 동식물연구가 신사를 신고 세계를 일주했던 1830년대로 거슬러 올라가야 한다. 여행 중 발견한 증거를 가지고 다윈은 모든 동물이 적자適者만이 생존하고 그렇지 못한 것은 도태되어 멸망하는 자연도태의 과정을 거쳐 진화했다는 매우 강력한 논거를 세울 수 있었다.

만약 당신이 19세기 기업가였다면 다윈의 이론이 흥미롭기도 하고 가슴이 설레기도 했을 것이다. 이 발상에 대해 가만히 생각해 보면 근래 일어난 산업혁명과 굉장히 비슷하게 들릴 것이다. 가령 제임스 하그리브스가 1760년대 랭커셔에서 다축방적기를 발명했을 당시, 방적기 한 대는 전보다 스무 배나 효율적으로 실을 자아 낼 수 있었는데, 이는 곧 기존 물레의 쓰임새가 땔감으로 전락하게 된다는 것을 의미했다. 하그리브스의 다축방적기가 기존의 물레를 대신하게 되었을 때와 마찬가지로, 훨씬 튼튼한 실을 생산할 수 있는 신형 정방기가 개발되자 그 방적기 또한 몇 년 후 폐기되었다.

생각해 보면 이러한 자연도태의 과정, 즉 쓰고 버리는 과정은 다른 업계에서도 자연스럽게 일어나는 과정이다. 예를 들어, 강철이 그냥 철보다 철로 건설에 더욱 적합하다는 사실을 누군가 발견하고 나서 철로 만든 철길은 버려졌다. 가만히 잘 생각해 보면 이 이론은 그저 수많은 제조업계에서 일어나는 일만이 아니라 부상 중인 자본주의체제 전체에서 일어나는 일인 듯하다. 일회용 소비문화와 함께 찾아온 낭비벽이 의식의 지배자들에게 강한 반향을 불러일으킨 것은 당연했다. 의식의 지배자들에게 예전 것을 버린다는 것은 이윤이 증대된다는 것 이상을 의미했다. 그것은 미국산업이, 미국사회가 진화하고 있다는 증거였다.

이러한 발상의 논리에 맞서 싸운 기업가들도 있었다. 이를테면 헨리 포드는 포드 자동차가 만듦새의 질과 미적인 측면에서 오래 버티도록 제작되었다고 주장했다.

그는 1922년 "우리는 우리 회사 자동차를 사는 사람이 앞으로 다시는 차를 살 일이 없기를 바랍니다."라고 말했다. 그러나 10여 년 이상이 흘러 경제가 침체되고 매출도 지지부진해지자 그는 마음을 바꿨다. 그 결과 1933년 이후 포드는 포드 사 자동차의 스타일을 매년 바꾸었다.

　미국을 대표하는 업계의 리더들이 작년 모델의 매력을 떨어뜨리고 사람들로 하여금 소비를 더욱 자주 하도록 촉진하기 위해 미를 수단으로 삼자, 곧이어 다른 업계에서도—그런 수단을 사용하고 있지 않은 업계에 한하여—그 아이디어를 채택했다. 그 결과 일시적인 일회용 소비문화는 표준관행이 되었고, 얼마 안 가서 미국 내 생활수준을 전 세계 그 어느 곳보다 월등히 높게 끌어올려주는 엔진으로 인정받게 되었다. 오늘날 선도적인 소비전문가 가운데 한 명인 크리스틴 프레더릭은 이렇게 논평했다 : "우리가 더욱 많이 가지고 있는 이유는 더욱 많이 소비하기 때문이며, 이것이 바로 미국의 역설이다."

　얼마 후, 기업, 정부, 전 세계 보통 사람들까지 미국의 성공을 복제하고 싶어 했다. 따라서 한때는 제품을 최대한 오래 버티도록 튼튼하게 만들던 대부분의 기업들이 이제는 한철만 버티도록 제품을 만들게 되었다. 돈을 신중하게 쓰던 사람들이 20세기 내내, 이전에 사용해 오던 것들을 모두 소진해 버리기 시작했고, 새 물건을 살 때도 엄밀히 말해 살 때도 안 됐는데 때 이르게 사게 되면서, 낭비벽 심하고 과시성향 강한 소비자로 전락해 버렸다. 쓰고 버리는 방식은 소비자들에게도 먹혔다. 생활수준을 높이는 것이 20세기의 대표적인 특징 가운데 하나가 되었다. 그리하여 소비를 늘려 소유를 늘리는 미국의 역설은 전 지구적인 역설이 되었다. 아니, 부유한 서구사회에 사는 우리들에게 역설이 되었던 것이다.

부엌에 간 리처드 닉슨과 20세기 최고의 아이디어

1959년 리처드 닉슨은 모스크바의 니키타 흐루쇼프를 방문하여 20세기 사상 가장 이상하고, 아마도 가장 우스웠을, 초강대국끼리의 정상회담을 가졌다. 저돌적이고 유치한 논쟁은 부엌에서 벌어졌다. 미국과 소련 사이에 팽팽한 긴장감이 감돌던 시기였다. 서로에 대한 이해를 조금 늘림으로써 당시 양국이 경쟁적으로 비축하고 있던 핵무기의 사용을 서로에게 억제시킬 수 있으리라는 희망을 품고, 양국은 몇 가지 문화교류에 동의한 상태였다. 1959년 6월 뉴욕에 세워진 러시아 전시관에서 가장 주목할 만한 작품은 세계 최초로 발사에 성공한 인공위성 스푸트니크 1호의 모형이었다. 러시아의 정치인이 그 자리에 서서 '알아들을 수 없는 말'로 조소를 날렸다고는 하지만, 더 이상 노골적일 수가 없었을 정도로 분명했던 이 전시품의 메시지는 미행정부 구성원 모두에게 똑똑히 전달되었다. 메시지는 이것이었다 : 우리 러시아가 더욱 우월한 우주공학기술을 보유하고 있다는 사실이 입증한 바대로 우리 공산주의 체제가 당신들의 자본주의 체제보다 더 낫다.

몇 개월 뒤, 모스크바에서 미국 전시관이 개관될 예정이었는데, 미국은 소련 못지않게 노골적이면서도 민주주의가 공산주의보다 더 낫다는 메시지를 전하고 싶었다. 어떻게 할 것인가? 무엇을 보여주어야 재수 없는 러시아놈들한테 자본주의가 공산주의보다 낫다는 걸 보여줄 수 있을 것인가? 미국은 실제와 똑같은 교외의 주택, 텔레비전 시리즈 〈해피 데이즈〉의 등장인물 리치 커닝엄이 살았을 법한 집을 만들어서 그 메시지를 전하기로 했다. 닉슨이 흐루쇼프를 만난 것은 바로 이 주택의 부엌에서였다.

그 우연한 만남에 대한 CIA의 녹취록을 읽어 보면 코미디가 따로 없다. 연출가가 한 출연배우에게는 이성적으로 굴고, 나머지 한 배우에게는 방어하기에 급급하고 볼이 빨개지도록 호통이나 치는 얼간이처럼 굴라고 지시한 듯했다. 누가 어떤 연출 지시를 받았는지 당신은 구분할 수 있겠는가?

부엌 논쟁─녹취록 1959년 7월 24일

[두 정상이 미국 전시관에 있는 부엌으로 들어온다.]

닉   슨 : 당신한테 이 부엌을 보여주고 싶군요. 우리나라 캘리포니아에 있는 집들이 꼭 이렇게 생겼습니다.

[닉슨이 식기세척기를 가리킨다.]

흐루쇼프 : 우리나라에도 저런 건 있소이다.

닉   슨 : 이건 최신 모델입니다. 이 모델이 바로 수천 채의 주택 안에 기본 설비로 들어가는 모델이지요. 우리 미국은 여성들의 편안한 삶에 관심이 지대합니다……

흐루쇼프 : 여성에 대한 당신네 자본주의식 태도는 공산주의에서는 어림도 없소.

닉   슨 : 여성에 대한 이런 태도는 만국공통이 아니던가요. 우리가 원하는 건, 우리나라 주부들의 삶을 더욱 편안하게 만들어주는 겁니다……

닉   슨 : 이 집은 14,000달러면 살 수 있고, 미국 국민들 대부분이 10,000달러에서 15,000달러 이내의 집을 살 수 있습니다……

흐루쇼프 : 우리 러시아에서는 철강 노동자들도 농부들도 14,000달러짜리 집 한 채 정도 살 형편은 됩니다. 당신네 미국인

들은 건축업자들이 새 집을 팔아먹으려고 20년밖에 못
버티는 집을 만들지요. 우리 러시아는 집을 훨씬 튼튼하
게 짓습니다. 자식들과 손주들을 위한 집을 짓지요.

닉   슨 : 미국의 주택도 20년 이상 버팁니다만, 그렇더라도 20년
이 지나면 많은 미국인들이 새 집을 사거나 부엌을 개조
하고 싶어 합니다. 그 정도 지나면 부엌이 구식이 되니
까요…… 미국의 시스템은 새로운 발명품과 신기술을
적극 활용하게 되어 있거든요.

흐루쇼프 : 그런 이론은 어불성설이오. 절대로 구식이 되지 않는 것
들이 있소. 예를 들어 주택이나 가구가 그렇지. 실내장
식 같은 건 구식이 될 수도 있지만 주택은 아니지. 미국
과 미국의 주택에 관해서는 많이 읽어 보았는데, 이 전
시관도 그렇고 당신이 하는 말도 그렇게 정확하지는 않
은 것 같군요…… 당신은 러시아 인민들이 이런 물건들
을 보고 너무 놀라 꿀 먹은 벙어리라도 될 줄 알지만 사
실 러시아의 신축 주택에는 지금도 이런 시설이 다 갖
춰져 있소.

하지만 러시아의 주택에 그런 시설은 하나도 갖춰져 있지 않았다. 소
비에트의 국영 통신사 타스는 분기탱천하여 이렇게 보도했다.

"미국 전시관의 주택을 미국 노동자들이 거주하는 전형적인 주택이
라며 보여주는 것은 타지마할을 봄베이의 방직공장 노동자가 사는 전
형적인 주택이라며 보여주는 것과 진배없다."

그러나 이러한 논평은 미국 대표단이 거짓말쟁이라고 폭로하기보다
미국 전시관이 제 임무를 다 했음을 입증하고 말았다. 또한 자본주의

체제의 생활수준과 공산주의 체제의 생활수준 사이의 격차가 점점 벌어지고 있다는 사실만 강조한 셈이었다.

게다가 양국의 전시관·우연한 만남·대화·보고 등 처음부터 끝까지 이번 일화는 시종일관 '남에게 뒤지지 않으려는 태도'가 교외에 사는 가정주부들, 도시의 은행가들, 이웃 주민들만의 관심사가 아니라는 사실을 생생히 보여주었다. 결국 경쟁의식을 노골적으로 드러내는 사람들을 비웃는 건 쉽지만, 뒤지지 않겠다는 욕망은 인간의 본성이다. 석기 시대 식으로 하면, 달리기 실력이 제일 떨어지는 사람은 점심거리를 놓치기만 하는 것이 아니라 본인이 점심거리가 될 수도 있다는 뜻이다. 흐루쇼프와 닉슨의 대화가 분명하게 보여주듯, 남에게 뒤지지 않으려는 욕망은 개개인뿐만 아니라 국가에게도 본성이다.

그러한 깨달음은 20세기의 역사와 자본주의가 하나의 아이디어로 인기를 얻게 된 이유를 이해하는 열쇠이다. 왜냐하면, 20세기가 경과하는 동안 미국·서구사회·일본에서 수백만을 빈곤에서 끌어내는 바람에 자본주의는 그 밖의 지역에서 나타난 침체된 생활수준과 그런 나라의 지도자들이 선택한 체제의 모양새를 더없이 나빠 보이게 만들었기 때문이다. 국영 통신사들은 자국이 크게 뒤지고 있다는 사실을 부인하기가 점점 더 어려워졌다. 중요한 갈림길에 다다랐던 1920년대와 30년대, 의식의 지배자들이 올바른 방향을 선택했다는 사실도 점점 더 분명해졌다. 왜냐하면 소비지상주의에 의해 돌아가고 물질주의 가치관에 의해 지탱되는 자본주의 체제는 그저 다르기만 한 것이 아니었기 때문이다. 자본주의 체제는 더 우월한 것이었다.

결국, 특히 베를린 장벽과 철의 장막이 붕괴된 이후에는 더더욱, 다수의 공산주의 국가와 그 밖의 국가들도 자본주의 체제의 요소들, 그중에서도 특히 물질주의적 가치관과 과시적인 소비지상주의와 일회용 소비문화를 수용하기 시작했다. 20세기 서구사회의 대부분에서 그랬던 것처럼 자본주의는 오늘날에도 전 세계에서 수억 명에게 더 나은 삶을 부여하고 있다. 그 방식은 아직 완전히 밝혀지지 않고 있지만, 물질주의적 소비지상주의가 중심이 된 국제무역은 그 어느 때보다 많은 사람들을 세계 곳곳에서 빈곤으로부터 구해 내고 있다. 세계은행 총재인 김용을 비롯하여 많은 사람들은 심지어 2030년까지는 우리가 지상에서 절대 빈곤을 사실상 퇴치할 수 있으리라 믿고 있다. 바로 이러한 이유 때문에 이웃 및 이웃 나라에 뒤지기 싫어하는 사람들과 국가들에 의해 촉진된 물질만능주의는 단연코 20세기 최고의 아이디어라 할 수 있었다. 그러나 21세기를 사는 우리들에게 가장 시급한 문제 가운데 하나를 떠안긴 것 또한 물질만능주의라니 이 얼마나 아이러니한가!

제4장

과소유가 불러온
의도하지 않은 결과의 법칙

2003년 2월, 만능 엔터테이너 바브라 스트라이샌드는 분노에 사로잡혔다. 한 남자가 헬리콥터를 타고서 캘리포니아 주 말리부의 절벽 꼭대기에 자리 잡은 침실 8개, 욕실 11개짜리 그녀의 저택 위를 비행했기 때문이다. 남자는 망원렌즈로 974㎡에 달하는 스트라이샌드 저택의 사진을 찍었다. 그런 다음 그 사진을 누구나 볼 수 있도록 인터넷에 올렸다. 사진이 좋다는 사람이 있으면 인화해서 팔기도 했다.

사진에 스트라이샌드가 찍힌 것은 아니었지만 그게 문제가 아니었다. 연예인은 자기 집에서도 사생활을 누릴 수 없단 말인가? 스트라이샌드의 변호사들은 그 남자에게 연락을 했다. 사진을 인터넷에서 내리고 판매도 중단할 것을 요청했다. 서류를 통해 캘리포니아 민법 제3344조와 제1708.8조, 즉 반反파파라치법으로 더 유명한 법조항을 언급했다. 서류에는 '본 문서의 일부 혹은 전체를 서면을 통한 사전 동의 없이 게재 혹은 전파해서는 안 된다.'는 내용도 있었다.

역시 캘리포니아 주민이자 켄 아델만이라는 이름으로 통했던 남자는 법을 준수하는 선량한 시민이라면 누구든 했을 법한 행동을 했다. 그 서류를 스캔해서 캘리포니아코스트라인CaliforniaCoastline.org이라는 자신의 웹 사이트에 올렸던 것이다. 이 사이트는 캘리포니아 해안 기록 프로젝트의 자료 보관소였다. 사실 아델만은 파파라치가 아니었다. 그는 캘리포니아 해안의 상태를 1997년부터 쭉 상공에서 기록함으로써 그 지역을 보호하기 위해 노력 중인 환경운동가였다. 그의 목표는 1,350여 킬로미터에 달하는 캘리포니아 주의 해안선을 모두 사진으로 찍는 것이었다. 참으로 공교롭게도 스트라이샌드가 그 해안선에 살고 있었던 것뿐이었다.

아델만이 사진을 인터넷에서 내리기를 거부하자 스트라이샌드의 변호사들은 천만 달러짜리 소송을 걸었다. 물론 소장을 제출함으로써 사건이 대중에게 알려질 거란 점은 그들도 알고 있었을 것이다. 그러나 십중팔구 뒤따른 결과까지 모두 의도했던 것은 아니었을 것이다.

뉴스가 나가자 처음에는 엇갈린 반응이 나왔다. 아델만이 도가 넘은 행동을 했다고 생각하는 사람들은 소수였다. 반면 그가 자신의 권리를 행사했다고 생각하는 사람들은 대다수였다. 후자에 속하는 사람들은 그의 웹 사이트를 클릭해서 해당 이미지를 다운로드함으로써 자신들의 지지의사를 보여주었다.

만약 스트라이샌드 측 변호사들의 의도가 사람들로 하여금 그녀의 집을 보지 못하게 막는 것이었다면, 그 계획은 가장 극적인 방식으로 역효과를 냈다고 볼 수 있을 것이다. 소송 전 해당 사진의 다운로드 건수는 6회에 불과했는데 그중 두 번은 스트라이샌드 측 변호사들이 내려받은 것이었다. 소송이 대중에게 알려진 후, 해당 사진은 42만 번 다운로드되었고, 소식은 지구촌 전체로 퍼져나갔다. 〈재팬 타임스〉, 프랑스의 〈르몽드〉, 〈시드니 모닝헤럴드〉 같은 신문사와 BBC 방송국까지 이 소식을 보도했다.

이제 온라인에 올린 무언가를 못 보게 막으려고만 하면, 가령 프랑스의 정보기관이 위키피디아에 군용무선국에 관한 항목을 삭제해 달라고 한 일이나 셀린 디온이 '셀린 디온의 우스꽝스러운 사진Ridiculous Pictures of Celine Dion'이라 불리는 사이트를 못 보게 막고 싶어 했던 것과 같은 일이 일어나면, 어김없이 관심만 증폭시키고 만다. 이러한 상황에는, 위대한 예능인인 바브라 스트라이샌드에게 경의를 표하기 위하여, 스트라이샌드 효과라는 이름이 붙었다.

24마리의 토끼가 6억 마리로

1867년 토머스 오스틴은 잔뜩 들떠 있었다. 영국 서머싯 주 발톤스버러라는 마을에 사는 다른 가족들과 마찬가지로 그 또한 가난했었다. 그래서 살기 어려웠던 1840년대에 그는 36명의 다른 오스틴 일가와 함께 호주로 이주했다.

호주에서는 만사가 잘 풀렸다. 주인 없는 넓은 땅을 여러 구획 점유한 다음, 양을 꽤 많이 길렀다. 그가 최초로 들여온 링컨이라는 품종은 전 세계 그 어떤 품종의 양보다도 털의 윤기가 뛰어난 품종이었다. 30년이 지난 지금, 오스틴은 그 지역에서 영국 귀족과 다를 바 없는 지위를 얻게 되어, 호주의 '재력 있는 목축업자' 집단의 진정한 일원이 되었다. 새로이 얻은 지위를 드러내기 위해, 그는 바원 파크Barwon Park라 불리는 대저택을 산 다음, 유행을 따라 청회색 사암으로 개조했다. 그런 다음, 헨리 3세가 13세기 영국에서 그랬던 것처럼 그 또한 토끼 스물네 마리를 들여와서는 번식을 위해 암컷과 수컷 한 쌍씩을 친구들에게 나누어 줌으로써 토끼 서식지를 늘렸고, 당시 본토인 영국에서 지주 귀족들이 그랬듯 자신도 그 토끼들을 사냥했다.

1867년 오스틴의 마음이 그토록 들떠 있었던 이유는 이랬다. 사상 최초로 호주를 방문한 영국 왕족의 일원인 앨프레드 왕자가 바원 파크로 토끼 사냥을 오기로 되어 있었던 것이다. 앨프레드 왕자는 토끼 사냥을 무척 즐긴 나머지, 사냥을 하루 더 하려고 공식 일정을 미루기까지 했고, 몇 년 후 바원 파크를 다시 방문하기까지 했다. 그러나 그즈음, 토끼는 오스틴에게 자부심의 원천에서 골칫거리로 전락했다. 그의 토끼들이 토지를 망쳐 놓는다며 이웃들이 불평을 하는 바람에, 토끼들을 가두어 두기 위해 철망 울타리를 세워야 했기 때문이다. 하지만 때는 이미 늦고 말았다.

나중에 알게 된 사실이지만, 호주에서 그가 살고 있던 지역은 그가 들여온 야생 토끼들에게 더없이 좋은 서식지였던 것이다. 천적도 없고 바람도 잔잔해서 일 년 내내 번식이 가능하기 때문이었다. 성경에 나오는 메뚜기 떼 재앙처럼 얼마 안 가서 토끼들의 수가 엄청나게 불어나 지나는 모든 곳에 있는 풀이란 풀은 모조리 먹어치우는 지경에 이르렀다. 토종 식물들을 모두 먹어치워 표토가 드러나는 바람에 대규모 침식이 일어났고 한때 비옥한 농지였던 땅이 폐허가 되었다. 그 결과 1에이커 당 땅값은 반토막이 났다.

1869년까지 호주에는 제멋대로 날뛰는 토끼들의 수가 너무 많아져서 2백만 마리나 도태시켰지만 별 소용이 없었다. 1880년대, 뉴사우스 웨일스 주정부는 죽인 토끼 한 마리 당 포상금까지 걸었지만 지역주민들이 2,500만 마리가 넘는 토끼의 머리 가죽을 내밀며 포상금을 요구하자 주정부가 파산할 것을 우려하여 포상금 제도를 철회했다. 1901년, 연방 정부는 단호한 조치를 내리고 남쪽 해안에서 북쪽 해안까지 이어지는 토끼 도망방지 울타리를 세우기로 했다. 7년 후, 완공 당시 길이가 약 3,218km에 달했는데, 이는 런던에서 카이로 또는 캘리포니아 주 샌디에이고에서 플로리다 주 잭슨빌까지의 거리에 해당하는 길이였다. 이러한 조치의 실행을 확실히 하고자 토끼 담당 경감까지 임명했다. 경감과 팀은 날마다 바윈 파크 옆에서 구멍을 찾는 등 할 수 있는 일은 다 했지만 때는 너무 늦어버렸다. 1950년이 되자, 오스틴이 맨 처음 들여온 24마리의 토끼가 다른 토끼들과 뒤섞여 전국으로 흩어지면서 토끼의 개체 수는 6억 마리로 불어나 버렸던 것이다.

의도하지 않은 결과의 법칙

서로 다른 대륙에서 일어난 일이지만, 호주에 살았던 한 남자와 캘리포니아에 살고 있는 한 여자에 관한 두 이야기는 공통점을 가지고 있다. 둘 다 의도하지 않은 법칙의 전형적인 예에 해당한다는 사실이다. 로버트 머튼이라는 사회학자가 1936년 이론화한 이 법칙은 어떤 행동이든 예상치 못한 결과가 따르게 될 거라는 법칙이다.

스트라이샌드의 목적은 대중들이 자신의 집을 훔쳐보지 못하게 하려는 것이었지 수천만 명이 구경하게 하려는 것이 아니었다. 오스틴은 자신의 사유지에서 사냥할 토끼 몇백 마리, 친구들에게 주고 자신의 사회적 지위를 공고히 해줄 몇 마리만을 바랐을 뿐이었다. 자신을 그토록 융숭하게 대접해 준 국가를 폐허로 만들고 땅값을 헐값으로 떨어뜨리고 수백만 명의 인력과 수백만 달러의 비용을 허비하게 될 재앙을 초래할 마음은 절대로 없었다.

의도하지 않은 결과의 법칙은 인간이 문화가 진화하는 과정에 부지불식간에 끼어들게 되는 경우가 종종 있다는 사실을 일깨워 주기 때문에 유용한 모델이다. 영국 사학자인 이안 모리스가 믿는 바대로, '변화는 좀 더 쉽고, 좀 더 실속 있고, 좀 더 편안한 방법을 모색하는 게으르고, 욕심 많고, 겁 많은 사람들에 의해 유발된다. 이들은 자신들이 무슨 짓을 저지르고 있는지 잘 모른다.' 다시 말해서, 의도하지 않은 결과의 법칙이란 어떤 행위를 할 때 의도가 무엇이건 간에 그 행위가 궁극적으로 어떤 결과를 초래할지 잘 모른다는 뜻이다.

산업혁명의 주동자들을 살펴보자. 그들의 행위가 어떤 결과를 낳을지 그들이 알았을까, 아니 상상이나 할 수 있었을까? 실을 잣고, 금속을 만들고, 한 장소에서 다른 장소로 이동하는 더욱 쉽고, 더욱 수익성 좋고, 더욱 안전한 방법을 궁리하던 그들이 자신들의 발명품이 세상을 통째로 바꾸어 놓게 될 줄 알기나 했을까? 각자 자신의 전문분야와 재산을 불릴 생각만 했지 어떤 유가 됐건 혁명을 일으킬 의도는 없었을 것이다. 자신들의 행위와 발명품이 초래한 여러 가지 결과들, 그중에서도 특히 1920년대에 보편화된 과잉생산은 전혀 예상하지 못했을 것이다. 그들은 무엇이건 귀했던 시대, 대다수의 가장 큰 걱정거리가 충분히 갖지 못하는 것이었던 시대에 나고 자란 사람들이었다. 자신들의 발명품이 대다수의 가장 큰 걱정거리를 너무 많이 가진 것으로 바꾸어 놓을 정도의 풍요로움을 초래하게 되리라고는 상상도 하지 못했을 것이다.

마찬가지로, 낭비는 좋은 것이라는 발상을 기회로 삼은 사람들, 과잉생산의 문제를 물질만능주의적 소비문화를 조성하여 해결한 사람들, 즉 의식의 지배자들 또한 일회용 소비사회가 결국 오늘날 우리가 겪고 있는 그 모든 과소유 증후군 문제를 초래하여 우리를 다시 한 번 갈림길에 세우게 될 거란 생각은 전혀 하지 못했을 것이다.

피라미드부터 팬케이크까지

갈림길에 선 지금, 우리의 선택은 매우 중요하다. 우리의 선택은 물질만능주의 못지않게 역사의 흐름을 바꾸어 놓을 것이기 때문이다. 지난번에 이런 변화가 일어났을 때, 논쟁의 프레임을 짜고 논의하고 결정을 내린 것은 엘리트들, 즉 당대 의식의 지배자들이었다. 20세기 초기에 과잉생산의 문제를 해결하겠다는 미명 아래 그들이 내린 결정은 오늘날 우리가 익히 알고 있는 물질만능주의적 소비문화를 만들어 냈다. 기업가와 정부와 광고계 종사자들은 앞으로 무슨 일이 벌어질지를 좌지우지하는, 말하자면 꼭두각시를 조종하는 자들이었다.

그 당시 기업가들이 새로운 기계와 산업혁명이라는 새로운 시스템을 이용하여 상품을 대량생산하는 법을 배우던 바로 그때, 매드맨과 매드우먼들도 19세기와 20세기에 등장한 대중매체라는 새로운 도구, 즉 신문·잡지·영화·라디오·텔레비전을 수단으로 삼아 소비자들을 상대로 대규모 수작을 부리는 방법을 익혔다.

그러다 인터넷이 나타나면서 모든 것이 달라졌다. 갑자기 조종을 당하던 꼭두각시에게도 발언할 기회가 생겨난 것이다. 인터넷이 가능해진 새로운 시대인 오늘날에는 누구든 훨씬 수월하게 성공하고 영향력을 발휘할 수 있게 되었다.

인터넷은 출판계에도 일대 혁신을 일으켰다. 《그레이의 50가지 그림자》는 전문 에이전트들에게 거절당한 작품이었다. 저자는 온라인 이북과 맞춤형 소량 출판사(print-on-demand publisher : 미리 종이책을 찍지 않고 주문이 들어올 때마다 레이저 프린터 등으로 종이책을 인쇄함—옮긴이)를 통해 자비로 책을 냈고, 얼마 안 가서 주류 출판사에 팔렸다. 이 책은 역대 페이퍼백

베스트셀러 중 단기간 내 가장 많이 팔리는 기록을 세우기도 했다.

인터넷은 유명세의 판도를 바꾸어 놓기도 했다. 댄서인 제나 머리가 출근 준비하는 자신의 모습을 찍어 '트릭을 써서 예뻐 보이는 방법'이라는 동영상을 올렸는데, 1주일 내 5백만 명이 이 동영상을 시청했다. 이제 제나 마블스가 된 그녀의 동영상 채널은 구독자가 9백만 명이나 되고, 조회수는 10억 번을 넘겼다.

인터넷은 패션계 또한 뒤바꾸어 놓았다. 패션쇼의 맨 앞줄은 예외 없이 할리우드 특급배우들과 VIP들의 전용석이었다. 사정은 지금도 마찬가지지만, 지금은 VIP 명단에 겨우 12세의 나이에 패션계의 유력 인사가 된 태비 게빈슨 같은 블로거도 포함된다. 인터넷은 정계에도 일대 혁신을 몰고 왔다. 페이스북·트위터가 이집트와 이란의 점령 운동에 미친 영향력을 생각해 보라.

인터넷 때문에 영향력의 방향과 권력의 구조가 바뀌었다. 정보와 영향력이 상하로만 흘렀던 구체제와 달리 요즘은 아래에서 위로, 좌우로도 흐르고 있다. 전에는 상위계급의 소수가 하위계급에 속한 다수를 지배했었다. 이러한 체제는 피라미드를 떠올리면 쉽게 이해할 수 있을 것이다. 웹에 의해 무한한 연결이 가능해진 덕분에 다수의 소통이 가능해진 오늘날 하위계급에 속한 사람들은 더욱 큰 힘을 갖게 되었고 지배구조도 판상형에 더욱 가까워졌다. 권력과 영향력의 구조를 다시 그려 보면 이제는 피라미드보다 팬케이크에 더욱 가까운 모양을 하고 있을 것이다.

그럼에도 이 세상이 팬케이크 정도로 평평하지는 않다는 말은 해야겠다. 여전히 강한 영향력으로 봉우리를 이루는 부분은 있다. 정부는 대부분의 개인하고는 비교할 수 없을 정도로 영향력이 강하다. 디즈니와 구글, 뉴스코프Newscorp, WPP(영국 런던에 위치한 글로벌 미디어 커뮤니케이션 서비스 기업—옮긴이)와 같은 세계적인 미디어재벌과 광고회사는 여러분과 나의 생각과 행동에, 특히나 우리가 돈을 언제 어떻게 쓰는지에 훨씬 지대한 영향을 미친다.

이러한 새로운 기로에 선 지금, 세상은 분명 전과 같지 않다. 이번에는 그저 현재 의식을 지배하고 있는 자들, 정부, 대기업이 결정할 문제가 아니다. 이제 꼭두각시 인형 줄을 잡아당길 수 있는 건 그들만이 아니다. 그들은 더 이상 우리가 읽고 보고 생각하고 욕망하는 것에 예전과 같은 영향력을 행사하지 못한다. 이제 우리 민중에게는 종전과 달리 미래를 선택할 수 있는 기회가 생겼다.

대부분의 정부와 기업들이 우리가 절대로 택하지 말았으면 하고 바라는 길이 바로 미니멀리즘이다. 그들의 경제모델과 금융모델이 물질만능주의에, 더욱 많이 욕망하고 사들이는 우리에게 달려 있는 마당에 뭐하러 그런 걸 바라겠는가? 물질만능주의에 기대고 있는 정부와 기업가와 광고회사들은 자기들 방식대로 밀고 나가기 위해 미니멀리즘에 대해서는 입도 뻥긋하지 않을 것이다. 하지만 어느 정도는 인터넷 덕분에, 특히 블로그 덕분에, 미니멀리즘 운동은 부상하여 강력한 하위문화로 자리 잡고 있다. 무슨 짓을 해도 정부나 기업은 이를 막을 수 없다. 미니멀리스트 우먼Minimalist Woman, 미니멀리스트 맘Minimalist Mom, 미니멀리스트 저니Minimalist Journey, 미니멀리스트 프릭Minimalist Freak, 미니멀리스츠The Minimalists, 또는 수백 개에 달하는 그 밖의 반反물질만능주의 웹사이트 중 어느 한 사이트에 협박이라도 했다가는 자신들에게 고스란히 돌아올 스트라이샌드 효과를 유발하고 말지도 모르기 때문이다.

제3부

더 나은 미래로 안내하는 길잡이

적은 소유가 때론 더 큰 행복을 가져다준다
사치품 수집가 스트로벨

반지 등 사치품 수집을 좋아했던 스트로벨은
자신의 소유물 때문에 일상생활에서 큰 스트레스를 받는다.
그러나 소유물을 줄이고 공간을 좁힌 생활에서 행복을 찾을 수 있었다.
급기야 살림의 규모를 줄여나가 그녀의 소유물은 달랑 69개가 되었고
아파트의 크기를 점점 줄여서 빚도 갚고 저축도 하게 되었다.
소유물의 가짓수를 줄이는 데에서 행복을 찾은
미니멀리스트의 일화를 통해 적은 소유가 때론
더 큰 행복을 가져다줄 수 있음을 보여준다.

현대 문명에서 벗어나도 더 건강할 수 있다
섬유근육통을 앓아오던 르밸리

심신쇠약성 질환인 섬유근육통을 앓아오던 르밸리는
엄청난 통증으로 인해 일상생활을 할 수 없었고
최신 치료법도 적용했지만 효과가 없었다.
그녀가 믿었던 현대인의 식생활이나 사회 전반의 시스템이
오히려 독이었던 것이다.
그러던 중에 물건을 버리면 버릴수록 기분이 좋아진다는 사실과
현대문명이 병의 원인이라고 여기게 되었다.
"현대문명을 벗어나서 살면 어떨까"라는 생각에
산골마을의 끝자락에 자리를 잡았다.
현재 르밸리는 이런 생활에서 행복을 찾았고
비록 언제든 재발할 위험은 있지만 아픈 증상은 없다.
현대 사회의 속박에서 벗어난 인생의 즐거움을 말해주는 사례이다.

제5장

행복한
미니멀리스트의 개수세기

몇 년 전 캘리포니아 주 새크라멘토에서 날씬한 몸매에 예쁘게 태운 피부, 흠잡을 데 없는 옷차림을 한 셰릴이란 젊은 여성이 자신의 대형 붙박이장에 들어갔다. 태미 스트로벨이라는 이름의 맵시 좋은 또 다른 여성이 셰릴을 따라 들어갔다.

스트로벨은 바싹 깎은 앞머리와 뾰족한 코의 소유자였다. 그녀가 노래하는 듯한 억양으로 '안녕, 난 태미라고 해.'라고 인사를 건넸다. 녹색 눈동자는 고양이 같았다. 그 시절의 태미는 파란색 아이섀도와 끝부분이 뻣뻣하게 위로 솟을 정도로 단단하게 말아 올린 속눈썹으로 눈매를 강조하곤 했다.

스트로벨은 새 옷장과 깨끗한 옷이 풍기는 달콤한 향기를 들이마셨다. 주변을 둘러보던 그녀의 눈이 휘둥그레지면서 눈동자까지 커졌다. 가게를 차려도 될 옷장이었다. 색깔별로 분류하여 단정하게 개어 놓은 옷, 스웨터, 바지와 구두 등 모든 것이 아름다워 보였다. 셰릴이 늘 방금 잡지에서 튀어나온 것처럼 보였던 것도 당연했다.

스트로벨은 그때를 회상하며 여느 때와 다를 바 없는 점심시간이었다고 했다. 대학 때 알게 된 두 친구는 방금 쇼핑몰에 다녀온 참이었다. 쇼핑몰 순례는 금융회사에서 일하는 두 사람이 거의 매일 휴식도 취하고 옷이나 약혼자나 약혼반지같이 일보다 재미있는 것들을 생각하기 위해 택한 방법이었다.

스트로벨이 반지를 찾아나선 지도 한참이 지났다. 사실대로 말하면 약간의 강박감까지 갖게 되었다. 그녀는 카탈로그 여러 권을 눈이 뚫어져라 들여다보았다. 아무에게도 말하지 않고 쇼핑몰에 다녀오기도 했다.

스트로벨의 시누이인 티나 스미스는 그때를 이렇게 회상한다.

"반지 얘기를 할 때면 눈이 반짝반짝 빛나더라고요. 갑자기 무슨 사명이라도 생긴 사람 같았다니까요."

스트로벨의 남자친구인 로건 스미스가 청혼을 하면서 그녀가 고른 반지를 손가락에 끼워 주었을 때에는 모든 걸 다 가진 것만 같았다. 그러다 셰릴의 반지를 보게 되었다. 스트로벨의 반지에는 다이아몬드가 하나밖에 없는 반면 셰릴의 반지에는 다이아몬드가 세 개나 박혀 있었기 때문에 아무리 노력해도 스트로벨은 그 생각을 머릿속에서 지울 수가 없었다. 그렇지만 어떻게 셰릴의 반지처럼 좋은 반지를 손에 넣을 수 있단 말인가? 특히나 지금 스트로벨이 낀 반지가 스미스 형편에서는 최선을 다한 반지라는 것을 알면서. 하지만 얼마 후 스트로벨은 지금 끼고 있는 반지를 계약금 조로 내면 최소한 스타트를 끊을 수는 있다는 사실을 알아냈다.

로건 스미스는 누군가 잡아당겨서 키만 늘린 소년처럼 생긴 남자이다. 그는 두 형제의 맏이로 캘리포니아 북부에 있는 목장에서 자랐다. 금발 곱슬머리에 무테안경을 낀다. 구글플러스(구글이 운영하는 소셜 네트워크 서비스—옮긴이)에는 검정색 팔자수염을 그린 사진을 올렸다.

스트로벨이 마음속 바람을 털어놓았을 때 스미스의 기분은 어땠을까?

스미스의 말을 들어보자.

"내 딴엔 좋은 걸로 사준다고 사준 반지가 여자친구한테는 충분하지 않았다는 걸 알게 돼서 기분이 살짝 상했던 것 같습니다."

하지만 새 반지가 태미가 원하는 것이라면 태미에게 새 반지를 주어야 했다. 그는 동생한테 돈을 빌려 새 반지를 사주었다. 하지만 첫눈에 눈이 튀어나올 만큼 기뻐했는데도 불구하고 새 반지 또한 스트로벨의 행복을 오랫동안 지속시켜 주지 못했다. 사실 새 반지는 맨 처음에 보인 환희 말고는 아무 쓸모가 없는 듯했다.

그녀로서는 최소한 만족이라도 느꼈어야 했는데 그렇질 못해서 이상하다는 생각이 들었다. 직장 생활도 잘해 나가고 있었다. 다니던 회사에서 관리자 연수 프로그램 대상자로 발탁되기도 했다. 훌륭한 남자친구도 있었고, 데이비스라 불리는 새크라멘토 근방의 예쁜 마을 내에서도 잘 가꾼 잔디밭과 맥맨션(주변 환경과 어울리지 않게 지나치게 크고 화려한 집으로 대개 개성도 없고 주변 건축양식과도 조화를 이루지 못하기 때문에 맥도널드에서 대량생산한 제품 같다는 의미로 맥맨션이라는 이름이 붙은 대형 주택─옮긴이)에 둘러싸인 고급 아파트에서 그 남자친구와 함께 살고 있었다.

스트로벨의 말을 들어보자.

"드디어 내가 해냈구나 하는 생각이 들었어요. 원하는 건 뭐든 다 가진 것 같았다고나 할까요."

외부에서 봤을 때, 다이아몬드가 세 개나 박힌 새 반지나, 동네에서 파티를 즐기는 그녀와 스미스를 봤다거나, 두 사람이 살던 화려한 집에 들렀다가 방마다 물건이 가득 차 있고 옷장마다 옷이 한가득인 광경을 본 사람이라면 누구나 그녀가 모든 걸 다 가졌다고 생각했을 것이다.

하지만 안을 들여다보면 마냥 좋기만 한 삶이 아니었다. 매일 두 시간씩 운전해야 하는 출퇴근길은 힘들기만 했다. 답답한 칸막이 공간에서 숫자놀음을 하면서 보내는 시간도 힘들긴 마찬가지라서 자신이 제대로 살고 있는 건가 하는 의문이 들기 시작했다. 술을 점점 더 많이 마시기 시작하면서 체중이 부쩍 늘었다. 요통도 생겼는데 사라지기는커녕 점점 악화되었다. 늘 불어나기만 하는 것 같은 은행 빚도 걱정이었다. 스트로벨은 스미스에게 시비를 걸기 시작했고, 심지어 남들이 보는 데서도 자제하지 못했다.

티나 스미스는 그때를 이렇게 기억한다.

"새언니는 '저 남자가 돈을 지금보다 잘 벌면 내가 돈 벌러 나갈 일도 없을 것'이란 얘기를 심지어 오빠 앞에서도 하곤 했어요."

그 모든 빚과 스트레스와 불행의 와중에 명랑하고 천하태평하던 태미는 사라지고 말았다. 더 이상 방관할 수만은 없었다.

먼저 알아차린 건 스미스였다. 깨달음이 찾아온 건 그 많은 곳 중 샤워실이었다. 어느 날 밤 스미스가 샤워를 하고 있는데 스트로벨이 집에 도착했다. 그가 큰 소리로 모든 문제를 말끔히 해결할 수 있는 묘안이 떠올랐다고 했다.

"그러셔?"

그녀가 떨떠름하게 보인 반응이었다. (하지만 그는 듣지 못했다.) 그는 그녀가 당장 직장을 때려치울 수도 있을 거라고 말했다. 두 사람은 그가 벌어들이는 수입으로 살게 될 터였다. 이 묘안을 실행에 옮기기 위해서는 몇 가지 물건을 없애고 지금보다 좁은 아파트로 이사를 해야 했다.

"자기 미쳤어?"

스트로벨이 쏘아붙였다.

"엄마랑 아빠랑 우리 집에 오시면 대체 어디서 주무시라는 건데? 이 짐은 다 어디에 두고?"

"하지만 자기 부모님은 주무시고 가시는 일이 거의 없고……"

스미스가 설명을 시작했다.

"안 돼."

스트로벨의 단호한 대답이었다.

스미스는 알아들었다. 그는 방침을 바꾸어 보았다.

"내가 내 잡동사니부터 없애버린다면 어떨까? 자기가 싫어하는 저 테이블부터 없앨게."

스미스가 제안했다.

그건 스트로벨도 동의하는 생각이었다. 그래서 스미스는 그 테이블을 치워버렸다. 그런 다음 자동차를 팔고 대신 자전거를 타고 다니기 시작했다.

로건은 그때를 이렇게 기억한다.

"그때 태미도 제 생각을 이해했죠. 물건을 없애는 게 잘못도 아니고, 부끄러워할 일도 아니라는 걸 태미도 알게 된 거예요. 게다가 자동차 할부금이 없어지니까 여유자금이 훨씬 많아졌습니다. 그때가 태미 머릿속에서 아이디어가 번득였던 때죠."

그 후, 두 사람은 소유물을 줄이고 공간을 줄인 생활이 효과가 있을지 알아볼 수 있는 방법 중에서 원상회복이 가능하고 안전한 방법을 고안해 냈다. 두 사람은 보조침실의 짐을 모조리 방 밖으로 옮기기로 했다. 그러면 침실 두 개가 아닌 하나짜리 작은 아파트에 살고 있다고 상상할 수 있었다. 그런 식으로 하면 그 생활이 마음에 안 들 경우 예전 생활로 돌아갈 수 있을 것이었다. 그 후 계획이 자리를 잡았을 때, 보조침실을 완전히 비우고 스미스의 기타들, 스트로벨의 아버지가 만들어주신 책꽂이, 심지어 텔레비전까지 둘 다 거의 사용하지 않거나 공간을 너무 많이 잡아먹는 물건들을 치웠다.

스트로벨이 걱정했던 것처럼 힘든 일은 아니었고, 그보다 어떤 계시 같았다. 6개월 후, 두 사람은 더 이상 쓰지도 않는 방에 돈을 들이고 있고, 방이 줄었다고 기분이 나빠지기는커녕 오히려 좋아졌다는 사실을 깨달았다. 물건을 관리하고 옮기고 청소하는 데 드는 시간도 줄어들었고 물건을 사용하지 않아서 드는 죄책감도 줄었다. 전보다 시간도 많아졌고, 전보다 건강하게 먹게 되었고, 전보다 스트레스를 덜 받게 되었고, 전보다 더 잘 지내게 되었다.

물건을 버렸을 때 얻을 수 있는 긍정적인 면을 몸소 체험한 두 사람은 더욱 적극적으로 나서서 일부는 공짜로 나누어주고 일부는 크레이그리스트를 통해 팔았다. 가지고 있던 나머지 자동차도 팔았다. 스트로벨은 웨딩드레스도 팔았다. 두 사람은 침실 하나짜리 아파트로 이사를 갔다.

집세가 낮아진 덕분에 스트로벨은 직장도, 장거리 통근도 그만두고 자신에게 더욱 의미 있는 일, 즉 학대당한 여성들을 돕는 일을 할 수 있게 되었다. 월급이 4만 달러에서 2만 4천 달러로 줄어들긴 했지만 다달이 나가는 돈이 줄어들어 빚을 더 늘리는 대신 갚아나갈 수 있게 되었다.

스트로벨은 그때를 이렇게 기억한다.

"그땐 물건을 되도록 적게 소유하고 될 수 있는 대로 좁은 아파트로 이사하기만 바랐죠."

그러다가 온라인에서 디 윌리엄스라는 여자를 우연히 발견했다. 심장병 진단을 받은 후, 윌리엄스는 기력과 에너지를 물건에 허비하기에는 인생이 너무 짧다는 사실을 깨닫고는 침실 네 개짜리 집에서 작은 집으로 이사를 갔다. 그 작은 집은 윌리엄스가 평상형 트레일러에 직접 지은 집이었다. 그 과정에서 그녀는 소유하는 물건의 가짓수를 300가지 이하로 대폭 줄였고 빚도 청산했다.

스트로벨은 완전히 매료되었다. 스미스와 함께 작은 집으로 이사를 간다면, 그게 곧 방과 물건과 빚을 줄이면서 어쩌면 행복은 늘릴 수 있는 길일 거라는 생각이 들었다. 이제 목표가 생긴 그녀는 스미스와 함께 계속 살림 규모를 줄여나갔다. 결국 스트로벨은 그녀의 소유물을 달랑 69개로 줄였다. 이 69가지에는 카메라 한 대, 칫솔 하나, 컴퓨터 한 대, 신발 세 켤레, 반지 네 개—결혼반지 포함이지만 이마저도 팔 예정이다—가 포함되어 있었다.

두 사람은 아파트의 크기를 점점 줄여나가면서 빚도 갚고 저축도 하다가, 결국 작은 집을 한 채 마련할 수 있게 되었다. 2011년 9월, 마침내 두 사람은 그 작은 집으로 이사 들어갔다. 윌리엄스가 설계한 그 집은 침실 하나, 욕실 하나, 요트 같은 데서 쓰는 요리용 레인지가 딸린 부엌, 넣었다 뺐다 할 수 있는 책상 한 대, 심지어 현관까지 갖추고 있었는데 면적이 14㎡ 정도였다. 셰릴의 대형 붙박이장 안에 쏙 집어넣을 수도 있는 넓이였다.

개수세기와 양말 39켤레

이 책의 앞부분으로 돌아가 보따리와 상자로 진행한 실험 내용을 다시 떠올려 보면, 라이언 니커디머스가 문제의 근본 원인으로 자신이 소유한 물건을 지목했다는 사실을 기억할 수 있을 것이다. 이러한 접근법으로 그는 과소유 증후군에 대한 미니멀리스트의 대응 방식의 본보기를 보여주었다. 69가지 물건으로 스트로벨은 핵심적인 면모를 한 가지 더 드러내 주었다 : 바로 숫자에 대한 미니멀리스트의 집착이다. 이번 장에 69라는 숫자뿐만 아니라 33, 43, 47, 51, 100, 288이라는 숫자들도 등장하는 것만 봐도 알 수 있을 것이다. 물질만능주의에 젖어 있는 친구들이 자신들이 얼마나 많이 가지고 있는지, 얼마나 좋은 걸 가지고 있는지 자랑하고 싶어 입이 근질거린다는 건 당신도 알 것이다. 미니멀리스트들도 마찬가지다. 얼마나 조금 가지고 있는지를 자랑스럽게 여긴다는 점이 다르지만 말이다.

헨리 윤틸라라는 이름의 핀란드 남자와 리오 바보타라 불리는 미국인은 얼마 동안 43가지 물건만으로 살았다. 니나 야우라는 여자는 47가지 물건만 가지고 지냈다. 콜린 라이트는 51가지 물건으로 버텼다. 숫자세기는 데이브 브루노라는 한 블로거가 100가지만으로 살아보기 도전을 시작하면서 본격적으로 시작되었다. 이 도전에 관한 글에서 브루노는 블로그 독자들에게 소유물을 한 100개 정도로 줄일 수 있을 것 같으냐고 물었다.

숫자에 대한 미니멀리스트들의 집착은 다소 터무니없다. 미니멀리스트들은 소유물이 얼마나 많은지가 아니라 얼마나 적은지를 과시하려 한다. 이것이 바로 그들이 동료 집단 내에서 위상을 획득하는 방식이다. 과시적인 반反소비를 위해 과시적 소비를 끊었다고나 할까!

콜린 라이트가 예전에 나한테 시인한 바에 따르면 이렇다.

"마치 불교신자가 절로 뛰어들어가 '내가 세상에서 제일 겸손한 사람이라고요!'라고 목청껏 외치는 것과 같기는 해요."

미니멀리스트들과 숫자에 대한 그들의 집착에 조소를 날리고 싶을 것이다. 그러기 전에 그러한 숫자들에 대해서 잠깐 생각을 해보라. 그러한 숫자에는 분명 뭔가 의미하는 것이 있기 때문이다. 당신은 물건을 몇 개나 가지고 있는가? 가방이나 지갑이나 옷장에 든 물건을 세어 보라.

여기서 잠깐! 제대로 세고 있다고 확신할 수 있는가? 이를테면 양말은 어떻게 세고 있는가? 양말 한 짝을 하나로 칠 것인가, 아니면 한 켤레를 하나로 칠 것인가? 이도 저도 아니라면 양말이라는 품목 전체를 한 가지로 치겠는가?

여기서 우리는 미니멀리즘 운동의 난제 가운데 한 가지와 직면한 셈이다. 물건을 세는 방식, 물건을 셀 때 무엇을 포함시킬 것인가 하는 점에 관하여 모두의 의견이 일치하는 것은 아니기 때문이다. 사람마다 원칙이 천차만별이다. 물론 영구성의 원칙이 존재하기 때문에 소모성 물품은 제외된다. 의존성의 원칙에 의거하여 맥북에 연결하는 전원케이블 또한 포함시키지 않는다. 마지막으로 가장 중요한 것은 소유권의 원칙인데, 다같이 앉는 의자와 같이 공유하는 물건도 포함시키지 않는다. 혹시 당신은 포함시키고 있는가? 어떤 사람들은 그렇게 한다. 데이브 브루노 같은 사람은 그렇게 하지 않지만. 그의 100가지 물건에 식탁, 가족이 다 함께 쓰는 피아노, 모두 함께 쓰는 접시 같은 건 포함되어 있지 않다. 어떤 사람들은 처음엔 하나도 빠짐없이 다 세겠다고 해놓고 얼마 안 가서 그것이 시간을 얼마나 잡아먹을지를 깨닫고는 나가떨어진다. 또 어떤 이들은 정말 하나도 빠트리지 않고 다 세는 것 같다가 일일이 기억하는 게 힘겨워지면서 흐지부지 끝내버린다.

조슈아 필즈 밀번이 설명해 준 바에 따르면 그는 자신이 가지고 있던 288가지 소유물을 이렇게 셌다고 한다 :

"대부분의 사람들이 사물의 수를 세지만 저는 말 그대로 제가 가지고 있는 모든 것을 셌습니다. 벽시계, 칫솔, 사진 액자, 오븐용 장갑 한 짝, 싱크대 밑에 놓인 쓰레기통, 소금통과 후추통, 조리기구, 샴푸가 담겨 있는 금속 용기까지 모든 걸 포함시켰지요. 심지어 다른 사람들이었다면 '공유 품목'으로 간주된다는 이유로 목록에서 빼버렸을 품목들, 즉 소파, 의자, 식탁, 그 밖의 가구들까지 포함시켰습니다. 전 혼자 사니까 그런 공유 품목도 포함시켜야 했거든요. 어떤 것들은 항목별로 분류해서 통합시켰는데(예 : 속옷, 옷걸이, 식료품 등) 꼭 필요한 경우에만 통합시켰습니다. (주의 : 통합 분류에 애를 먹은 유일한 항목이 책이었습니다. 올해 책 대부분을 없애버렸기 때문에 도서/소설책을 엄청 많이 가지고 있는 건 아니지만 어쨌든 지금도 남아 있는 책들을 한 항목으로 묶었습니다. 작은 커피테이블에 전부 들어가기도 하고 제가 소설가다 보니까 참고자료로 활용하는 경우가 자주 있기 때문이지요.)"

자, 누구의 방식이 신뢰가 가는가, 당신이 실제로 소유하고 있는 물건은 몇 개나 되는가? 이러한 가짓수세기는 살짝 우스운 짓이 되어버렸다. 그러나 여기에도 진지하게 고려해 보아야 할 사항은 있다. 일단 숫자세기를 시작하고 나면, 어떤 원칙을 적용하건 간에, 얼마 안 가서 47개, 69개, 혹은 100개라는 숫자가 굉장히 인상 깊게 들릴 것이다. 자, 이제 다시 숫자를 셀 준비가 되었는가? 지금 당장 다시 시작하려니 너무 힘들게 느껴진다면 양말이 든 서랍장 쪽으로 가보자.

독자 여러분이 책을 더 읽어 나가기에 앞서 책 내용에 감화되어 당장 물건이 몇 개나 있는지 세기 시작하기를 바라는 마음으로 이 장을 쓰고 있는 지금, 두 가지 사실을 깨달았다. 첫 번째는 나라면 책에서 뭐라고 하건 개의치 않을 거란 사실이다. 나라면 여러분과 마찬가지로 책이나 계속 읽을 것이다. 두 번째는 독자 여러분께 물건을 몇 개나 가지고 있는지 세어 보라고 시킬 요량이면 나는 어떻게 했는지부터 공유해야 할 거란 사실이다.

과소유 증후군의 중요성을 깨닫고 이 책을 위해 자료조사를 시작한 이후 나는 살림 규모를 줄이는 데 성공한 사람들, 회사를 박차고 나와 창업 등을 통해 성공적으로 진로를 바꾸면서 돈벌이 능력도 고스란히 유지한 사람들, 물질만능주의에서 벗어난 사람들, 그런 사람들 중에서 가장 성공했다는 사람들에 관한 책도 읽고 또 실제 그 사람들과 만나

이야기도 나누어 보았다. 그 사람들이 어떻게 해서 인생에서 더욱 큰 행복과 의미를 찾아내고 있는지 차차 알아가는 과정에서 나 또한 그들의 발자취를 따르게 되었다. 나는 주변을 말끔히 치웠고 물건을 내다버렸다. 지나치게 많이 사들이는 짓도 그만두었다. 대신 이미 가지고 있는 것을 사용하기 시작했다. 그럼에도 세어 보니―여러분 못지않게 나 또한 크나큰 충격을 받았다―나는 여전히 양말이 많은 축에 속했다.

이제 곧 밝혀지겠지만 나 또한 미니멀리스트와 거리가 먼 사람이기 때문에 나는 내가 가지고 있는 모든 물건의 수를 세려면 죽을 때까지 세도 모자랄 거란 사실을 알고 있었다. 나는 양말부터 시작하는 게 좋겠다고 생각했다. 하지만 내 양말 서랍을 들여다보기에 앞서 여러분의 양말 서랍을 머릿속에 떠올려 보기 바란다. 정리가 잘 되어 있는가? 색깔별로 분류되어 있는가? 서랍을 열자마자 양말이 삐져나오는가? 짝 잃은 양말이 있지는 않은가?

좋다, 이제 더 이상 미루지 않겠다. 이제 내 양말에 관해 털어놓겠다 : 지금 신고 있는 새파란 양말을 제외하고 평상복용 양말을 29켤레 가지고 있다. 거기다 1년에 딱 한 번 스쿼시를 치거나 달리기를 하러 갈 때 신는 스포츠용 양말이 두 켤레 있다. 자전거 탈 때 신는 양말도 한 켤레 가지고 있다. 나한테 그런 양말이 있는지 나도 모르고 있었다. 그 양말은 새아버지한테 선물로 받은 것이었다. 새아버지가 자전거 타는 걸 매우 즐기신다. 축구용 양말은 세 켤레 가지고 있는데, 그중 한 켤레는 구멍이 너무 많이 나서 더 이상 신지 않는 양말이다. 그 양말은 친아버지가 신던 양말이다. 따라서 정서적으로 의미가 있는 양말인 셈이다. 내가 양말에 의미를 두게 될지 누가 알았으랴! 서랍에 보관하지 않은 양말이 세 켤레 더 있는데, 스키 양말로 이 양말들은 아파트 구석에 처박아 둔 가방 안에 들어 있다. 따라서 내 양말은 총 39켤레이다. 양말을 빨지 않고도 한 달 넘게 버틸 수 있을 양이다. 그래 놓고 보는 족족—썰렁한 말장난은 용서해 주시길—양말을 줄여나갔다고 생각하고 있던 것이다. 고해성사와도 같은 이러한 양말 세기로 나는 어떤 결론을 얻었을까? 간단하다. 나는 나한테 가장

점차 줄여나간다는 뜻의 pare down에서 pare가 양말을 셀 때 쓰는 pair와 발음이 같은 것을 이용하여 말장난을 했음. 양말을 셀 때 족이라는 단위를 쓰는 데서 족족이라 대체함.

잘 맞는 셈 원칙을 적용할 것이다. 양말은? 한 가지 항목이다.

미니멀리스트의 이러한 집계 방식을 비웃기는 쉽다. 미니멀리스트들을 경멸하면서 그들이 하는 일이라고는 지위 놀음의 종류를 바꾼 것밖에 없다고 말하는 이들이 있는 이유도 이해가 간다. 이러한 견해에 대해서는 두 가지 대응방식이 존재한다. 첫째, 지위를 표현하는 것—그리고 진화심리학자들이 적합도 표지라 부르는 것을 과시하는 것—은 인간을 포함하여 모든 동물의 본질이다. 집단 내에서 서열을 확보하고 암컷을 차지하기 위하여 수사자들은 술 많고 시커먼 갈기를 뽐낸다. 극락조(주로 뉴기니에서 발견되는, 깃털의 색깔이 아주 선명한 새—옮긴이)는 꽁지깃을 흔들어댄다. 고함원숭이는 시끄럽게 고함을 질러댄다. 마지막으로 적어도 물질만능주의의 소비문화에 속한 인간들은 비싼 시계와 다이아몬드 목걸이를 차고, 최신형 휴대폰이나 가방을 들고 다닌다. 이렇듯 모든 종이 자신의 존재와 자신의 적합도를 다른 존재에게 알리는 나름의 방식을 가지고 있는데, 미니멀리스트라고 최근 부상한 자신들의 문화 내에서 각자의 지위를 드러내지 말란 법은 없지 않을까? 뿐만 아니라 미니멀리스트들은 숫자를 하나의 목표이자 척도로 삼는 경향이 있으며 흔히들 소유물을 줄이기 위한 여정을 시작할 때에만 수를 센다.

가령 개수세기가 유타에 사는 코트니 카버라는 이름의 여성을 도운 경위는 다음과 같다. 카버는 열성적인 스키광이자 정기적인 자전거 애

용가이자 성공적인 여성사업가이자 열렬한 쇼핑애호가였다. 예를 들어, 출장만 갔다 하면 선글라스를 꼭 사곤 했다. 몇 년 전, 아침에 일어나 보니 온몸에 힘이 다 빠져 있었는데 이내 다발성 경화증 진단을 받았고, 그녀는 물질만능주의적인 생활방식 때문에 그 병에 걸렸다고 여겼다.

카버의 말을 들어보자.

"제 몸이 제 생활방식을 더는 못 받아들이겠다는 신호를 그렇게 보낸 거였어요."

단출한 살림으로도 잘 살 수 있다는 걸 행동으로 보여주기 위해 옷장 속 품목을 33가지로 줄이는 것부터 시작했다. 그 33가지에는 지갑, 핸드백, 선글라스도 포함되어 있었다. 그 다음으로는 미니멀리즘을 생활 전반에 적용시키기 위해 남편인 마크 터틀과 함께 게임을 하나 고안했다. 그 게임은 물건을 숨긴 다음 각자 상대방에게 찾게 하는 것이었다.

"그 물건이 없어진 줄도 모른다면, 그 물건은 필요 없는 물건이란 뜻이죠. 따라서 그 물건을 치워버려도 될 테고요."

남편 터틀 씨의 말이다.

니커디머스의 보따리와 상자 실험을 실천하거나 스트로벨과 스미스처럼 원래 공간보다 더 좁은 공간에 사는 척하거나 카버와 터틀처럼 '없어서 아쉬웠나요?' 게임을 하면, 미니멀리즘을 시험해 보는 과정이 훨씬 수월해지고, 재미있어지고, 집중도 더 잘할 수 있게 된다. 물질만능주의라는 다람쥐 쳇바퀴에서 벗어나기가 쉽지 않다는 사실을 상기한다면 이는 더더욱 유용한 수단이 된다. 미니멀리스트들도 결국 수천 년에 걸쳐 몸에 배게 된, 획득하고 축적하려는 충동을 힘겹게 뿌리치고 있는 것뿐이라는 점을 떠올리면 반드시 필요한 절차라고 볼 수도 있다.

개수세기를 우습게 알기 쉽지만 그 결과는 전혀 우습지 않다. 스미스와 스트로벨의 삶이 개선된 과정이 바로 우리로 하여금 믿지 않을 수 없게 만드는 증거이다. 소유물을 없애버림으로써 그들은 씀씀이와 빚을 줄였고, 스트로벨의 경우에는 더욱 보람 있는 일을 할 수 있게 되었다. 이는 곧 오랜 통근시간과 요통과의 작별, 건강한 음식을 만들어 먹고 운동할 시간도 늘어난다는 의미였다. 그 결과 체중도 정상으로 돌아와 그녀는 전보다 더욱 건강하고 행복한 삶을 살게 되었고 스미스와 싸우는 일도 없어졌다. 소유물의 가짓수를 줄이기로 한 결정, 그 결정 하나가 순기능의 도미노 패를 줄줄이 넘어뜨렸다.

개수세기는 그들에게 효과가 있었다. 니커디머스와 필즈 밀번, 니나 야우, 콜린 라이트, 그 밖에 내가 직접 대화를 나누어 본 많은 사람들에게도 효력을 발휘했다. 분명 많은 사람들에게도 효과가 있을 것이다. 그러나 여전히 얼핏 보면 책임질 일이 거의 없는 이삼십 대 독신 남녀들이나 선택 가능한 라이프스타일처럼 보이기 십상이다.

그러나 미니멀리즘은 가족 단위로도 실천이 가능하다. 10대 딸을 둔 코트니 카버의 경우가 그랬다. 카버의 질병은 의사들이 최근 말한 대로 이제 '소강상태'이다. 미니멀리즘은 내가 인터뷰한 사람들 중 카버 외에도 영국 케임브리지셔 주에 사는 크리스 레이와 맨섬에 사는 레이첼 조넛, 애리조나 주 피오리아에 사는 조슈아 베커처럼 가족이 있는 많은 사람들에게도 효과가 있다. 그들 모두 가정생활과 두 자녀의 육아를 미니멀리즘과 병행하고 있다. 미니멀리즘은 이보다 더욱 구성원이 많은 가족에게도 통한다. 미니멀리스트 블로그계의 주요 인물 가운데 한 명인 리오 바보타는 부인 그리고 여섯 자녀와 함께 샌프란시스코에 살고 있다.

미니멀리즘이 수많은 사람들에게 효과가 있고 현재 유행을 타고 있다는 사실은 분명하다. 미니멀리스트의 수가 정확히 얼마나 되는지 파악하기는 어렵다. 지금까지는 인구조사란에 '미니멀리스트' 표시란

이 없기 때문이다. 그러나 우리는—캐나다에서 말레이시아까지 텍사스·프랑스·호주·네덜란드를 거쳐—전 세계에 흩어져 있는 수백, 어쩌면 수천 개의 미니멀리스트 블로그와 그 블로그의 글을 읽는 수백만 명의 네티즌의 존재를 통해 미니멀리즘이 부상하고 있음을 알 수 있다. 가령 리오 바보타가 운영하는 블로그의 글을 읽은 사람은 백만 명도 넘는다. 전에도 언급했다시피, 라이언 니커디머스와 조슈아 필즈 밀번의 미니멀리스트 여정에 관한 글을 읽은 사람은 2백만이 넘는다. 그중에는 2014년 미국·캐나다·아일랜드·영국 등 100개 도시 순회 중 두 사람을 직접 만난 사람들도 있다. 따라서 미니멀리즘이 이토록 많은 사람들의 마음을 빼앗고 있다면, 그것이 당신에게도 효과가 있을 거라는 뜻으로 해석해도 되지 않을까? 지금보다 행복해지고 싶다면 가지고 있는 물건의 대부분을 없애버려야 하는 걸까?

다 버려야 행복한 걸까?

그렇다면 잡동사니 과포화 상태를 해소하는 것이 좋은 발상인 것만은 분명하다. 미니멀리스트들의 이야기 그리고 인류학자와 심리학자들이 수집한 증거를 통해 배웠듯이, 너무 많은 물건은 심각한 문제이고 소유물을 줄이면 인간은 더욱 행복해질 수 있다. 이는 미니멀리즘이 과소유 증후군 문제를 해결할 수 있다는 의미인 걸까? 당신도 미니멀리스트가 되어야만 한다는 의미인 걸까? 과소유 증후군으로 인한 압박이 점점 심해지는 가운데 앞으로는 우리 모두가 미니멀리스트가 되어야 한다는 의미인 걸까?

물건의 소비를 줄이면 과소유 증후군의 문제 중 다수를 해결할 수 있을 것이다. 미니멀리스트가 되면 환경에 끼치는 해도 줄일 수 있을 것이다. 물건과 물건을 더욱 많이 갖겠다는 욕심으로 인한 부담이 줄어들면 우리는 필시 지금보다 더욱 행복해질 것이다. 살림을 줄이고 크기를 줄인 집에도 만족하게 될 것이다. 기꺼운 마음으로 유형의 물질에서 기술적인 해결책으로 관심을 돌리게 될 것이다 : 서가를 갖거나 CD를 수집했다가 전자도서와 노래가 든 하드 드라이브를 소장한다든가, 심지어 책이든 노래든 아무것도 소유하지는 않고 그저 읽고 들을 수 있는 걸로 만족하게 될 것이다. 이런 식으로 보면 미니멀리즘이 우아하고 간단한 해결책을 제시하고 있고, 처음 두 질문에 대한 답도 명쾌하기만 한 듯하다. 그렇다, 미니멀리즘은 과소유 증후군 문제를 해결할 수 있을 것이다. 또한 이런 관점에서 본다면 당신 또한 미니멀리스트가 되어야 할 것이다.

그렇다면 이는 앞으로 미래의 어느 시점에는 우리들 모두가 미니멀리스트가 될 거란 의미인 걸까? 이 질문에 답하려면, 미니멀리즘이 물질만능주의의 자리를 대신하고 사회의 지배적 가치체계가 될 수 있을지 여부를 확신을 갖고 판가름하려면, 물론 세밀하고 꼼꼼한 조사가 선행되어야 한다. 가장 먼저 들여다보아야 할 곳이 바로 과거이다. 이런 현상의 선례, 즉 문화 전반을 바꾸어 놓았던 선례가 존재하는가?

이 질문은 매우 중요하다. 왜냐하면 새로이 깨우친 생활방식을 이런 식으로 담론화하는 건 얼마든지 해도 괜찮지만 물질만능주의적 소비주의가 워낙 확고히 자리를 잡고 있기 때문에 우리의 문화는 본모습 그대로 남아 있게 될 거라고 주장할 사람들이 꽤 많이 존재하기 때문이다. 그러한 관점에 대해서 곰곰이 생각해 보면 현상유지에 혈안이 된 불평 많은 노인네들이 보일 법한 전형적이고도 보수적인 반응이라는 걸 알 수 있을 것이다. 혹은 상상력이 심각하게 부족하기 때문이라고 생각해도 좋다. 결국 만사가 지금과 똑같이 유지되리라는 생각을 할 때는 만사가 앞으로 어떻게 달라질 수 있을지에 대하여 상상할 때보다 머리를 훨씬 덜 굴려도 되기 때문이다. 그러나 잘 생각해 보면 그보다 더 나쁜 건, 앞으로도 만사가 지금과 똑같을 거란 생각이 어리석다는 점이다.

세상은 변하기 마련이다. 기술도 변하고, 우리가 입는 옷과 문화도 변하고, 우리가 먹는 것도, 생각하는 방식도 변한다. 그렇지 않다면 자동차, 카메라, 카메라 달린 휴대폰, 나팔바지와 스키니진, 간식, 가족구조의 변화, 가족 식사의 흥망, 여성의 선거권 획득을 어떻게 설명한단 말인가? 변화는 불가피하다. 이러한 사실을 고려해 볼 때, 이제 질문은 '세상은 변할 것인가?'에서 '세상은 어떻게 변할 것인가?'로 바뀐다.

이 질문에 답하기 위해서는 우선 대다수 인구가 가치관과 사고방식과 행동을 바꾸었던 또 다른 시기부터 찾아내야 한다. 그런 일이 일어난 적이 있기는 한가? 의식의 지배자들이 20세기에 일회용 소비문화를 조성한 이야기에서 보았듯 그런 일은 일어난 적이 있다. 부유하고 교양 있고 호기심 많고 혁신적인 소수의 사고방식과 가치관과 행동이 달라지고 나면, 그 후에는 사회 구성원 중 대다수의 사고방식과 가치관과 행동도 달라졌다. 사람들은 물질적인 대상에서 행복과 지위를 추구했다. 자기 자신과 자손을 위하여 더 나은 생활수준을 추구하는 데에서 목적의식과 성취감을 발견했다. 따라서 이 질문에 답하기 위하여, 사고방식과 가치관과 행동의 확연한 변화는 흔히 일어날 법한 일인가? 답은 고민할 것도 없이 '그렇다'이다. 실제로 20세기에 그런 변화가 있었다.

물론 그렇다고 곧 도래할 변화가 반드시 물질만능주의에서 미니멀리즘으로의 변화라는 뜻은 아니다. 과거와 현재를 통틀어 미니멀리즘이 장기적인 성장세를 보이는 트렌드임을 시사하는 증거가 존재하는가?

소비자인 우리의 행동을 살펴보면 사실 그와 정반대로 흘러가고 있다는 걸 알 수 있다. 가령, 영국의 소비량은 선조들보다 훨씬 늘었다. 영국인이 평균적으로 의류에 쓰는 돈은 1990년에서 2004년 사이 두 배 가까이 늘었다. 일반적인 영국여성은 현재 매년 옷을 58벌씩 산다. 오늘날의 여성들은 1960년대 여성들보다 옷장 안에 물건을 두 배나 많이 가지고 있다. 옷장 안에는 한 번도 걸친 적이 없는 품목이 22가지 있다.

미국인들도 비슷한 상황이다. 50년 전의 조상들보다 세 배나 더 소비하며 20년 전보다 옷을 두 배나 더 많이 산다. 1991년 평범한 미국인은 의류를 34벌 샀다. 2007년이 되자 미국인들은 매년 67벌을 사들이게 되었다. 그 정도면 꽤 많은 셔츠, 스커트, 블라우스, 바지, 양말인 셈이다. 즉, 미국인들은 4일에서 5일마다 새 옷을 한 벌씩 사고 있다는 말이 된다. 1994년에는 해마다 목욕 수건을 14억 장씩 샀다. 지금은 20억 장씩 산다. 1995년에는 토스터기와 그 비슷한 가전제품을 1억 8,800만 개 샀다. 그러던 것이 지금은 2억 7,900만 개로 늘었다.

이러한 통계자료가 분명하게 보여주듯, 미니멀리즘은 몇몇 선구자만 따르는 혁신적인 생활방식일지 모른다. 그러나 토스터기 100만 대와 수건 100만 장은 우리가 장기적이고 대세에 속하는 트렌드라고 부를 만한 것과는 거리가 멀다.

더욱이 미니멀리즘을 혁신적인 라이프스타일이라고 여기게 되어 예측 전문가가 인기를 끌지 못 끌지 여부를 가려내기 위해 이용하곤 하는 다섯 가지 핵심 질문을 통해 꼼꼼히 살펴보면, 미니멀리즘이 혁신적인 소수에서 주류에 속하는 다수에게로 옮아갈 가능성은 훨씬 낮아 보일 것이다.

첫 번째와 두 번째 질문의 경우, 미니멀리즘의 성적은 꽤 좋은 편이라 말해야겠다. 미니멀리즘은 이해하기도 쉽고 시도하기도 꽤 수월한 편이기 때문이다. 미니멀리즘을 온전히 받아들이려면 진지한 자세로

임해야 하겠지만 니커디머스와 필즈 밀번의 보따리 & 상자 실험이나 카버와 터틀의 '없어서 아쉬웠나요?' 게임처럼 시험 삼아 시도해 볼 수 있는 방법이 다양하다. 세 번째 질문, 즉 가시성이 있는가에 대한 답은 예와 아니오 둘 다 된다. 소셜네트워크와 블로그 같은 온라인 매체에서는 가시적이다. 미니멀리스트들은 과시적인 반反소비주의로 인하여 극찬을 받는 존재란 사실을 명심하라. 그렇지 않고서야 미니멀리스트들이 물건을 얼마나 조금 가지고 있는지를 모두에게 알리고, 가지고 있는 물건을 모두 사진으로 찍어 온라인에 올릴 이유가 없잖은가? 하지만 현실 세계에서는 가시적이지 않다. 길거리에 지나가는 사람을 보고 그 사람이 미니멀리스트인지 아닌지 어떻게 알 수 있겠는가? 매일 보는 사람이라서 그 사람이 똑같은 옷만 입는다는 걸 알아차리게 된다면 모를까!

미니멀리즘은 네 번째 질문, 즉 우리의 현재 생활방식과 양립할 수 있는가에 대해서 심사숙고해 볼 때 더욱 망설이게 된다. 미니멀리즘의 중추적 발상이 더 많이 갖기보다 더 적게 갖자는 것인데 이는 물질만능주의와 상반된다. 따라서 미니멀리즘은 그 어떤 주의보다도 물질만능주의와 양립이 불가능하다고 할 수 있다.

미니멀리즘이 네 번째 질문에서 우리를 주저하게 했다면, 마지막 질문인 다섯 번째 질문, 즉 우리의 현재 생활방식에 비해 미니멀리즘이 더 나은가라는 질문에서는 우리를 KO패 시킨다. 얼핏 보면 이 질문에 대한 대답은 다소 불분명해 보이는데, 우리가 이미 알고 있는 바와 같이, 과도한 물질만능주의가 우리 모두에게 좋을 건 없지만 그렇다고 그러한 사실이 우리의 소유물 거의 전부를 없애는 게 답이라는 증거는 되지 못하기 때문이다. 지나치게 많은 물건을 없애버리는 것과 물건의 대부분을 없애버리는 건 매우 다른 것이다. 이 질문에 대해서 조금 더 고민하다 보면, 미니멀리즘으로 전향할 마음이 싹 가시게 될 것이다. 왜냐하면 간단히 말해서 물건은 좋은 것이기 때문이다.

물건에는 우리로 하여금 일을 더욱 많이 하고, 더욱 빨리 이동하고, 주어진 능력 이상으로 목표를 달성할 수 있게 해주는 도구도 포함된다. 생각해 보라 : 안에 든 열매를 얻기 위해 깨야 하는 견과류의 껍질은 맨 손으로는 못 깨지만 돌로 만든 끌로는 깰 수 있다. 스파이크슈즈는 그 린에 공을 올리기 위해 샷을 칠 때 더욱 빨리 달리거나 미끄러져 넘어 지지 않게 해준다. 자동차는 인간의 다리보다 훨씬 빨리 이동할 수 있 게 해주며, 비행기 덕분에 우리는 겨울 내내 뿐만 아니라 주말 동안에 도 후딱 따뜻한 남쪽 나라로 날아갈 수 있다.

유형의 소유물은 우리에게 안정감만 주는 것이 아니라 여러 요소들 로부터 실제 보호해 줌으로써 생존에 도움을 주기도 하기 때문에 물건 은 좋은 것이다. 인정하건대, 신형 50인치 OLED 텔레비전이 밤을 무 사히 넘기게 해준다는 보장은 없을지 모른다. 그러나 집이 있을 때와 없을 때, 겨울에 우리 몸을 따뜻하게 감싸주는 외투가 있을 때와 없을 때 그 차이가 얼마나 클지를 생각해 보라.

물건은 우리로 하여금 정체성과 신념을 표명하고, 적합도 지표를 드 러낼 수 있도록 도와주기 때문에 좋은 것이다. 새카만 사자의 갈기라든 가 극락조의 형광빛 깃털을 보라. 인간의 문화도 가시적인 물질을 통해 짝짓기에 적합하다는 것을 표시하도록 진화해 왔다. 바로 이런 이유 때 문에 어떤 사람들은 파란색 마이애미 돌핀스 셔츠를 입고 어떤 사람들 은 새빨간 리버풀 FC 유니폼 상의를 입고, 또 어떤 사람들은 번쩍거리 는 금색 재킷을 입는 것이다. 바로 이런 이유 때문에 프리우스를 모는 사람이 있는가 하면 포드 머스탱을 모는 사람이 있는 것이다. 이는 고 정기어 자전거(기어가 축에 고정되어 있고 프리 휠을 갖고 있지 않아, 발판을 앞뒤 로 움직일 수 있다. 발판을 밟지 않는 순간 바퀴도 따라 멈춘다. 그래서 보통 자전거와 달리 후진할 수 있는 장점이 있다─옮긴이)를 타는 사람이 있는 반면 할리 데이비드슨을 모는 사람이 있는 이유도 설명해 준다. 또한 아마존의 야와나와 부족이 손으로 꿴 구슬팔찌를 차는 사람이 있는 반면 두툼한 금팔찌를 차는 사람이 있는 이유도 이해할 수 있게 해준다.

물건은 우리를 타인과 여러 사건과 우리 자신의 과거와 연결시켜 주기 때문에 좋은 것이기도 하다. 이런 이유 때문에 친구들은 아프리카에 갔다가 산 목재 조각상을 가지고 있는 것이고, 장모님이 저녁식사를 하러 오셨을 때에만 꺼내놓는 한이 있어도 장모님이 사주신 화병을 못 버리는 것이다.

또한 물건은 자극에 대한 우리의 기본적 욕구를 반영하기 때문에 좋은 것이다. 처음으로 딸랑이를 쥔 아기나, 새 자전거를 받은 아이, 새 휴대폰이나 바비큐 그릴, 혹은 거실 벽에 걸 그림을 손에 넣은 당신의 모습을 떠올려 보라.

마지막으로 물건은 좋은 느낌을 주기 때문에, 세속적 존재인 우리가 물건이 주는 순수한 물질성, 가령 낡은 목재의자나 새 가죽가방이나 캐시미어 스카프나 입체적인 무늬가 있는 휴대폰 케이스 같은 물건의 모양과 촉감과 냄새를 매우 좋아하기 때문에 좋다고 할 수 있다.

요컨대 물건은 인간적이고 유용하고, 사회적이고 재미를 주기 때문에 좋다는 말이다. 물건은 물건 자체의 느낌도 좋고 우리의 기분도 좋게 해준다. 미니멀리즘에는 심각한 문제가 아닐 수 없다. 물건이 이렇게나 좋은데 그 누가 물건을 가능한 한 적게 가져야 한다고 주장하는 운동에 동참하고 싶어 하겠는가? 지금까지 나열한 물건이 좋은 이유는, 적어도 내 눈에는, 미니멀리즘이 넘어야 할 매우 어려운 장애물처럼 보인다.

미니멀리즘이 그러한 장애물을 전부 뛰어넘을 것 같지는 않으므로,

과소유 증후군의 해답은 미니멀리즘이 아니다. 여러분이 물건의 대부분을 버리고 미니멀리스트가 되어야 한다고 생각하지도 않는다. 미니멀리즘이 우리를 규정하는 가치체계로서 물질만능주의를 대체할 것 같지도 않다.

아마도 미니멀리즘의 문제는 미니멀리즘이라는 발상이 유래한 데에서 기인하는 것일지 모르겠다. 잘 생각해 보면 미니멀리즘은 미니멀리즘 자체의 속성보다는 그 반대의 속성, 즉 물질만능주의의 속성에 의해 규정된다는 걸 알 수 있다. 이러한 반사반응과도 같은 부정성否定性은 미니멀리즘을 하나의 독자적 아이디어보다는 물질만능주의에 대한 반발처럼 보이게 만든다. 물질만능주의가 깨지기 직전의 연인관계라면 미니멀리즘은 슬프게도 이별의 아픔을 달래기 위해 성급하게 고른 상대에 지나지 않는다.

혹은 물질만능주의적 가치관에 의해 유지되는 소비문화를 근간으로 돌아가는 오늘날의 자본주의 체제를 도로를 달리고 있는 자동차로, 과소유 증후군을 그 자동차가 이제 막 다다른 교차로 이름이라고 간주한다면, 미니멀리즘은 똑같은 도로를 똑바로 달리되 브레이크를 최대한 세게 그것도 필시 두 발로 밟는 것과 같다. 그렇다면, 나한테는 저 말이 모든 걸 요약해 주는 것 같지만, 미니멀리즘의 야망은 그다지 커 보이지 않는다. 어쨌거나 언제나 브레이크가 걸려 있는 차를 누가 몰려고 하겠는가? 그런 라이프스타일은 일반대중이 열망하고 믿고 사랑에 빠질 유형의 라이프스타일과는 거리가 멀다. 사고방식, 가치관, 행동에 혁명을 촉발시킬 메시지가 될 가능성도 낮다. 미니멀리즘에는 장점이 많다. 그럼에도 미니멀리즘이 물질만능주의를 대신할 수 있을 정도로 충분히 많은 사람들의 마음을 사로잡지는 못할 거라는 것이 내 생각이다. 과소유 증후군의 해결책은 그저 브레이크를 계속 밟고 물건을 내다

버리고 물질만능주의의 진행 속도를 늦추는 것만은 아니다. 과소유 증후군의 해답은 그보다 훨씬 야망이 크고 긍정적인 것이 될 거라고 나는 확신한다.

그러나 미니멀리즘의 궁극적인 문제점은 아마도 부정성에 있는 것이 아니라 그것이 필요한 만큼 극단적이지 않다는 데에 있을 것이다. 현現 체제를 비난하고는 있지만 여전히 현 체제의 제약을 받고 있고 현 체제에 얽매여 있다. 따라서 아마도 우리에게 필요한 것은 게임의 현재 규칙을 바꾸는 것이 아니라 게임 자체를 바꾸는 것일지 모른다. 어쩌면 우리가 이 교차로에서 해야 할 일은 늑장을 부리면서 시스템이 돌아가는 속도를 늦추는 것이 아니라 우리가 현재 택한 경로에서 한시라도 빨리 벗어나 미개척된 경로, 우리를 오늘날의 일회용 소비문화로부터 멀리멀리 데려가 줄 경로를 택하는 것일지 모른다.

제6장

단순한 삶을
선택한 사람들

오늘날의 시스템이 자신에게 맞지 않는다는 판단이 섰을 때, 에이메 르밸리는 급브레이크를 밟은 다음, 가족―남편과 아이들과 애완견―을 데리고 텍사스에 있는 교외의 스마트 홈(냉난방이나 방범 시스템 등 자동화 시스템을 갖춘 개인 주택―옮긴이)에서 주州를 횡단하여 가장 가까운 이웃과도 수 킬로미터 떨어져 있는 뉴멕시코의 험준한 산기슭으로 이사를 갔다.

르밸리는 왜소하다. 키가 152㎝이다. 백옥 같은 피부에는 주근깨가 깨알같이 나 있다. 어깨까지 오는 불타는 듯한 붉은 머리는 단발로 내리거나 스카프로 감쌌다. 멀리서 보면 자그마한 요정 인형처럼 보인다.

때는 2008년 7월, 텍사스 주민이라면 누구나 기억할 정도로 가장 습한 7월이었다. 비가 아침부터 밤까지 내내 내렸다. 하루 종일, 하루도 빼놓지 않고, 잿빛 구름이 무너져 내릴 듯 세상을 뒤덮었다. 총 강우량이 2,000㎜가 넘었다. 이 비로 르밸리의 정원 잔디가 선명하고 영롱한 초록빛을 띠게 되었는데 꼭 가짜 잔디처럼 보일 정도였다. 그녀는 교외에 있는 자신의 집 거실에 놓인 커다란 가죽 안락의자에 양다리를 접어

깔고 앉아 바닥부터 천장까지 난 창을 통해 밖을 내다보고 있었다. 그녀는 자신의 인생이 단단한 마룻바닥에 세게 내던져진 꽃병처럼 산산조각이 난 것 같은 기분이 들었다.

르밸리는 몸을 움직일 엄두가 나지 않았다. 그녀는 수년 동안 전신에 통증을 유발하는 심신쇠약성 질환인 섬유근육통을 앓아오고 있었는데, 때때로 너무 아파 걸을 수도 없었고 누군가 자신의 몸에 손을 대기만 해도 견딜 수가 없었다. 너무 자주 아파서 미쳐버릴 것만 같다는 생각이 들었다. 비명을 지르고 싶고, 꾹 눌러왔던 몸속의 압박감 중 일부라도 표출하고 싶어 미칠 지경이었다.

그러나 그랬다가는 영영 멈추지 못할 것 같아 두려웠다. 통증은 그 누구와도, 심지어 남편 제프 해리스와도, 딸의 가족을 도와주려고 함께 살고 있던 아버지 렌 르밸리와도 나눌 수 없었다. 남들한테 고통에 관하여 털어놓기라도 하면 그들은 몹시 당혹스러워했다. 무엇을 하건 그녀는 감히 움직일 엄두가 나지 않았다. 조금이라도 움직였다가는 더욱 극심한 통증만 초래할 것이 분명했다.

수일 전, 의사들도 포기를 선언한 상태였다. 그들은 가능한 모든 조치를 다 취해 보았으며, 심지어 최신 치료법까지 적용해 보았다고 했다. 이제 더 이상 손쓸 방도가 없다고 했다.

"그 말을 듣자마자 한 순간에 무너져버렸어요. 그 자리에서 바로, 있는 힘껏 비명만 질러댔죠. 며칠 동안 계속 울기만 했고요."

르밸리는 그때를 이렇게 회상한다.

마침내 울음이 그쳤을 때, 그녀는 말없이 편안한 의자에 앉아 산산조각이 난 인생의 단편들을 받아들이고 하루하루를 그 정도의 통증을 느끼면서 보내게 될 수도 있다는 사실에 적응하기 위해 필사적인 노력을 기울였다. 그녀는 점차 절망의 나락으로 빠져들다가 급기야 바닥까지 떨어졌다. 그 순간, 인생 최악의 순간에, 창밖을 내다보다가 우연하게도 실낱같은 희망을 발견했다.

"갑자기 지금보다 나빠질 순 없겠다는 생각이 들더군요. 그런 생각을 하니까 묘하게도 마음의 평화가 찾아오더라고요. 그 순간 깨달았어요. 만약 아무도 도와줄 수 없다면, 이 상황에서 뭔가 해볼 수 있는 사람은 나밖에 없다는 것을요."

그 이후부터 지금까지도, 르밸리는 기력이 있을 때마다 조사를 하고 있다. 책을 읽고, 웹 페이지를 클릭하고, 비슷한 질환을 앓고 있는 사람들과 소통하고, 자신의 문제를 풀 수 있는 단서를 찾아 나섰다.

"내가 바꿀 수 있는 일은 없는지 주변을 둘러보다가 맨 처음 보게 된 게 음식이었어요. 내 몸속으로 집어넣는 걸 바꾼다면, 밖으로 나오는 것도 바뀔까?"

그녀는 실험을 시작했다. 육류를 끊고 원유를 마셨다. 다시 고기를 먹기 시작했지만 이번에는 농산물 직판장에서 산 고기만 먹었다. 방부제가 들어간 식품은 피했다. 뼈를 우려 육수를 끓였는데, 그렇게 하면 위벽을 치료하는 데 도움이 된다. 닭고기와 수탉과 닭발—연골, 뼈, 관절에 좋은 젤라틴을 함유하고 있는—을 대량으로 사서 육수를 좀 더 만들었다. 식품이 아니라고 판단되는 것은 모두 끊었다.

"상자나 비닐봉지나 캔에 담긴 식품들은 보면 볼수록 대부분 건강에 심각한 문제를 유발하는 것으로 알려져 있는 성분을 함유하고 있더라고요. 시판 중인 식품의 대부분이 온갖 화학물질로 범벅된 거예요. 그걸 알고 나니까 내가 왜 병에 걸렸는지 똑똑히 알겠더라고요."

새로운 식습관은 효과가 있었고, 완벽한 건 아니었지만 최소한 첫 단추는 끼운 셈이었다. 증상의 대부분이 완화되었다. 아이들인 퀸과 니콜라에게 다시 엄마 노릇을 할 수 있게 되었다. 그녀는 아이들과 함께 놀

아주고, 아이들을 위해 요리를 하고, 남편 해리스와 함께 털복숭이 흰색 그레이트 피레네(개의 한 품종으로 초대형견이며 사역견 및 경비견으로 이용됨—옮긴이)들을 데리고 산책을 나가는 매 순간을 마음껏 즐겼다. 무슨 일을 하건 그 안에서 즐거움을 최대한 흡수했다. 섬유근육통과 그에 수반되는 심한 통증은 절대로 사라지지 않을 거란 사실을 알고 있었기 때문이다.

그러다 르밸리는 이런 생각을 하기에 이르렀다. 그녀가 믿어도 된다고 배웠던 시스템이 그녀에게 독이 되는 식품을 생산하고 있다면, 그 시스템에는 다른 문제도 있지 않을까? 그래서 그녀는 자신과 가족들이 먹는 식품뿐만 아니라 다른 것들도 바꾸기 시작했다. 자신과 가족의 삶을 이루는 모든 면을 정화하기 시작했다. 케이블 방송 가입을 해지했다. 아이들의 플라스틱 장난감을 내다버렸다. 쓰지도 않는데 괜히 주방 공간만 어지럽히고 있던 주걱, 숟가락, 접시, 냄비, 프라이팬을 모조리 치워버렸다.

지금의 그녀는 이렇게 말할 것이다.

"전 멈추지 않았어요. 커다란 쇠망치를 든 미친 사람처럼 집안 곳곳을 돌아다녔죠."

물건을 털어버리면 털어버릴수록 기분이 점점 좋아졌다. 그러다 문득 현대문명이 병의 원인이었다면 현대문명을 벗어나 살면 어떨까 하는 생각을 하게 되었다. 지금과 다른 시간과 공간에 산다면 어떨까?

집을 포함한 모든 것, 연봉 12만 달러를 받는 IT 컨설턴트라는 남편의 직업이 가족에게 가져다준 그 모든 것 또한 버려야 한다는 사실을 깨닫게 된 것은 바로 그때였다. 친정 아버지는 물건의 일부는 '무슨 수를 생각해 낼 동안' 창고에 보관하는 게 어떻겠냐고 제안했지만 에이메 르밸리에게는 그 모든 물건이 바로 가족의 앞길을 가로막고 있는 것이었다. 해리스에게도 더 이상 남의 일이 아니었다.

르밸리의 가족은 은제 설탕그릇과 본차이나 크림통, 가구 몇 점과 같이 대부분 가보였던 물건들 몇 가지를 할아버지인 렌에게 주었다. 화병, 나무조각상, 타원형 8인용 식탁, 식탁과 세트인 식탁의자 및 수납장, 안 쓰는 컴퓨터는 자선단체에 기부했다.

가족들은 살아가는 데 필요한 만큼만, 해리스가 발견한 모터홈(캠핑카의 일종으로 버스나 대형트럭을 기반으로 제작하며 캠핑카 중 가장 호화로운 편이다—옮긴이)에 들어갈 만큼만 물건을 남겼다. 모터홈은 길이가 9미터 정도로 소형버스 정도의 크기였고 표면의 알루미늄 판에는 흰색과 갈색 페인트칠이 되어 있었다.

가족이 살던 마을을 떠난 날은 렌 르밸리의 기억 속에 낙인처럼 찍혀 있다. 그날 장인과 사위는 트럭 한 대에 나머지 물건을 가득 싣고는 자선가게로 가지고 갔다. 사위가 장인어른이 시내에 있는 새집으로 이사 들어가는 걸 도왔다. 렌의 아파트 건물 밖 주차장은 딸네 가족이 떠나기 전 마지막으로 들른 정차 장소였다. 포옹과 조만간 보자는 인사를 주고받고, 개들이 날뛰고, 아이들을 차에 데려다 놓고, 딸과 사위는 바퀴 달린 모두의 새집에 올라탔다.

렌의 말을 들어보자.

"해가 지고 있었던 것 같기는 한데 사실 제대로 눈여겨보진 않았습니다. 정말 울컥하더군요. 모두들 손을 흔들고 있었어요. 딸 내외가 손을 흔들고 있었고, 손주들도 손을 흔들고 있었죠. 나도 손을 흔들고 있었고. 개들은 요란하게 짖고 있었습니다. 꽤나 요란한 배웅이었어요. 나는 애들이 주차장을 빠져나간 후 진입로를 내려가서 도로에 진입할 때까지 지켜보았고 시야에서 사라질 때까지 손을 흔들었습니다. 그리곤 위로 올라가 맥주를 따고는 불도 켜지 않은 채 그 커다란 가죽 안락의자에 앉아 있었죠."

그다음 1년 정도에 걸쳐 에이메 르밸리와 해리스와 아이들은 애완견을 데리고 전국을 누볐다. 26개 주를 방문했다. 위스콘신에서 열렸던 르밸리 언니의 졸업식에도 갔다. 와이오밍에서 열렸던 레인보우 개더링(1972년 미국에서 시작된 운동으로서, 소비주의, 자본주의, 물질주의가 만연한 현실에 대한 대안으로 사랑과 평화, 조화와 자유 등 공동체적인 삶을 제시하고자 만들어진 모임—옮긴이)이라는 축제에도 참석했다. 마침내 그들은 뉴멕시코 주 타오스라는 산골 마을의 끝자락에 자리를 잡았다. 르밸리는 나중에 이렇게 말했다. 르밸리의 말을 들어보자.

"저흰 그 첫날밤을 산꼭대기에서 보냈습니다. 해가 지면서 상그레 데 크리스토 산맥이 새빨갛게 물드는 걸 지켜보았고 나중에는 은하수도 보았답니다."

다음날 아침, 잠에서 깨어났을 때 르밸리는 그곳이 바로 자신이 살고 싶었던 곳이란 걸 알았다. 그래서 그날 밖으로 나가 지금 살고 있는 집을 구했다. 그 집은 타오스 중심가보다 300여 미터 높은 곳, 차로 10분 거리에 위치한 오두막집이었다. 1,200,000㎡ 정도 되는 삼림지대에 자리 잡고 있어서 해리스가 장작으로도 쓰고 아이들 장난감으로도 쓸 나무를 패기에도, 키우는 염소가 풀을 뜯기에도, 개들이 마음껏 돌아다니기에도, 감자 · 토마토 · 병아리콩 · 검은콩(멕시코 사람들이 즐겨먹는 콩으로 멕시코의 대표적이 향신료를 넣고 스프나 캐서롤을 만들 때 많이 사용한다—옮긴이) · 깍지콩 · 할라페뇨를 양껏 재배하기에도 이상적인 입지였다. 라이프스타일의 측면에서 볼 때 이는 예전 집과 생활로부터 최대한 멀어진다는 것을 의미했다.

르밸리는 이렇게 말한다.

"예전엔 모든 게 다 너무 틀에 박힌 듯 정해져 있었죠. 아침에 일어나서 출근하고 퇴근하고. 재수가 좋아서 길이 안 막히면 아이들과 보낼 시간이 두어 시간 생기는 거고. 그리곤 다음날 똑같은 일과가 반복되는 거예요. 닷새 동안 이걸 반복하고 나서는 나머지 이틀 동안 나가서 번 돈을 쓰고요. 가장 큰 보상은 1년에 한 번 가는 휴가 때, 물건을 막 사들이는 때죠. 그게 다예요. 그게 인생인 거예요. 그런 인생이 뭐가 문제인지 모르는 사람들이 많아요. 하지만 그런 인생에 만족하지 못하는 우리 같은 사람들도 있죠. 우리 같은 사람들은 이 세상에서 보낼 시간이 더 많이 필요해요. 저도 그렇고요. 이젠 예전처럼 살라고 해도 어떻게 사는지 알기나 할지 모르겠네요. 여기선 뭐든지, 정말 뭐든지 전보다 훨씬 열심히 해요. 뭐든지 실감이 나고, 훨씬 보람 있고 건강하고 자유롭고 뿌듯한 기분이랍니다."

르밸리의 섬유신경통은 어떻게 되었을까? 언제든 재발할 위험은 도사리고 있지만 어쨌든 지금으로선 증상은 없다. 더 이상 소파에 몸을 웅크리고 앉아 속으로 비명을 지르며 하루하루를 보내지는 않는다. 그러기엔 너무 바쁘기 때문이다. 아이들도, 새끼 염소들도, 채소들도 돌봐야 하고 현대사회의 속박에서 벗어난 인생도 즐겨야 하기 때문이다.

단순한 삶은 손쉬운 해결책인가?

물론 현대사회를 거부하고 자연에 더욱 가까운 단순한 삶을 받아들인 사람들이 르밸리와 그녀의 가족들 전에도 없었던 것은 아니다. 문명이 시작된 이래 인간은 계속 문명에 등을 돌려오고 있다. 기록으로 남아 있는 최초 사례 가운데 하나는 그리스의 철학자인 시노페의 디오게네스(키니코스 학파의 대표적 인물로 시노페에서 출생하였으며, 안티스테네스의 제자이다. 그는 문명을 반대하고, 자연적인 생활을 실천한 철학자로 유명하다─옮긴이)이다. 기원전 4세기, 그는 소유물을 전부 없앤 다음 아테네 시장 바닥에 술통을 놓고 그 속에서 살았다.

현대문명을 거부하고 단순한 삶을 주장했던 인물 중 가장 유명한 인물은 19세기 미국작가인 헨리 데이비드 소로였다. 1845년 현대문명, 그중에서도 특히 사람들이 더 이상 만족할 줄 모르고 아득히 먼 곳에서 일어나는 일 때문에 괜한 걱정을 하며 시간을 허비하는 세태에 염증을 느낀 그는 현대문명에서 벗어나 자연으로 돌아갔다. 그렇게 멀리 간 것은 아니었고 고향 마을의 끝자락에 있는 숲으로 갔다. 그곳에서 그는 가로 3m 세로 4.6m 크기의 양쪽 벽에 창문을 낸 통나무 오두막을 짓고 소박한 삶을 살았다. 밭에는 채소를 길렀다. 야생 능금열매와 밤을 따서 모았다. 가까운 곳에 있는 월든 호수에서 수영을 했다. 해가 뜨고 지는 광경을 지켜보기도 했다. 다람쥐가 지붕 위를 쪼르르 달려가는 소리, 여우가 숲 속에서 우는 소리, 멀리 해안을 따라 달리는 기차가 울리는 기적소리를 들었다.

그는 소지품이 몇 가지나 있는지 셌다. 소지품으로는 침대 하나와 책상 하나, 컵 하나와 숟가락 하나, 기름을 담기 위한 커다란 단지 하나와 당밀을 담아 두기 위한 단지 하나, 칼과 포크가 각각 두 개, 접시와 의자 세 개가 있었다.

"하나는 고독을 위한 것이고 둘은 우정을 위한 것이며 셋은 사교를 위한 것이다."(저서 《월든》에 나오는 내용─옮긴이)

오늘날의 미니멀리스트들과 마찬가지로 소로가 문명의 삶을 등진 것은 물건의 수를 줄이기 위해서라기보다는 인생이란 도대체 무엇인가에 관하여 탐구하기 위해서였다.

단언컨대 소로야말로 단순한 삶을 옹호한 인물 가운데 가장 영향력 있는 인물일 것이다. 그의 영향력이 어찌나 강했던지 두에인 엘진이란 남자가 단순하게 살자는 현대 운동의 바이블 격으로 간주되는 글을 쓰기 시작했을 당시, 단순하게 살기 위해 소로를 본받아 숲 속에 들어가 살아야 되는 건 아니라는 설명을 하기까지 했을 정도였다.

1981년 출간되었다가 1993년 재출간된 엘진의 책 《단순한 삶》은 과로와 과잉소비에 지친 당시 미국인들 다수의 민감한 부분을 건드렸다. 1989년 〈포춘〉지에 실린 '탐욕은 다 죽었는가?'라는 기사를 보면 25세에서 49세 사이에 속하는 미국 노동인구의 4분의 3이 '우리나라가 물질적 성공에 덜 집착하는, 지금보다 단순한 라이프스타일로 돌아가는 모습을 보고 싶다'고 했다. 1991년 〈타임〉지가 표제기사로 다뤘던 '단순한 삶'이란 기사에서는 미국인의 69%가 '좀 더 느긋하고 여유 있는 삶을 살고 싶다'고 했고, '사회적 지위를 상징하는 상품을 신경 써서 살 만한 가치가 있다'고 답한 사람은 7%에 지나지 않았다.

이러한 통계를 보니 내가 이 책의 초반에서 인용했던 좀 더 최근의 설문조사가 떠오른다. 기억이 날지 모르겠지만 다음과 같은 내용이었다 : '성숙기 시장에 속한 사람들은 물건을 지나치게 많이 소유하고 있고', '우리 중 대다수가 현재 우리가 소유하고 있는 물건의 대부분이 없어도 행복하게 살 수 있을 것'이며 우리 중 3분의 2―1991년 〈타임〉지가 실시한 설문조사 결과와 거의 같은 비율이다―가 지금보다 단순한 삶을 선호한다.

단순한 삶이 옛날 사람들의 마음에 들었듯 현재를 살고 있는 사람들의 마음에도 든다는 사실은 분명하다. 연구결과로 입증되었듯 사람들을 전보다 더욱 행복하게 만들어주기도 한다. 단순한 삶은 과소유 증후군의 해결책도 될 수 있을까?

단순한 삶은 지루하기만 한 걸까?

소로는 단순한 삶에 대하여 자신이 할 수 있는 칭송이란 칭송은 아끼지 않고 다했다. 삶의 해답은 '단순함, 단순함, 단순함'이라고 쓰기까지 했으니 말이다! 그는 독자들도 '단순화를 실천하고 또 실천해야 한다'고 생각했다. 그러나 2년이 조금 지난 시점부터는 그렇게 생각하지 않았다. 검소하고 단순하게, 자연 가까이 살겠다고 숲으로 들어간 지 2년 2개월 2일 만에 소로는 다시 문명세계에 나타나 문명생활을 시작했다. 그는 '내게는 살아야 할 또 다른 삶이 몇 가지 더 있으므로, 숲 생활에는 더 이상 삶을 할애할 수 없다.'고 썼다. 다시 말해 단순한 삶은 살 만큼 살아봤다는 뜻이다. 그 후 7년 동안 안락한 친구의 집에서 글감을 정리하다가 단순한 삶에 대한 찬가인 《월든 : 또는 숲 속에서의 삶》을 출판했다. 나중에는 평범한 자신의 집으로 이사를 갔다. 심지어 한동안 가업인 존 소로 & Co라는 연필공장을 운영하기도 했다.

여기서 잠깐 생각해 보자. 자발적으로 단순한 삶을 살았던 것으로 가장 유명했던 사람이 고작 2년 만에 그 삶을 버렸다니 이상하지 않은가? 단순한 삶이 그렇게 좋다면서 어째서 숲에 계속 남아 있지 않았던 걸까? 더욱 중요하게는, 이러한 사실은 하나의 라이프스타일로서 단순한 삶에 대하여 무엇을 시사하는가? 나는 이 경우가 마치 누군가 어떤 식당이 정말 마음에 드니 상대방에게도 가보라고 권하지만 실은 그 자신도 두어 번밖에 가보지 않았고 앞으로 다시 갈 일도 없는 것과 비슷하다고 본다. 그런 말을 들었을 때, 당신이라면 그 식당에 가서 식사를 하겠는가?

자발적으로 택한 단순한 삶에 대한 소로의 궁극적인 견해는 영국의 수도에 관하여 사무엘 존슨이 한 말과 대조적이다 : '영국이 싫증난 사람은 인생에 싫증난 사람이다.' 숲 속에 사는 일 말고 다른 일을 하고 싶다는 말을 하고 그토록 짧은 기간 후에 숲을 떠남으로써 소로는 정반대의 메시지, 즉 '단순한 삶에 싫증난 사람은, 충분히 그럴 수 있는 노릇인데, 다른 재미있는 일도 많다'는 말을 효과적으로 전달한 것은 아닐까? 그 말로 소로는 단순한 삶에, 특히나 오늘을 사는 우리에게, 저주를 내리게 된 셈이다. 단순한 삶이 19세기에 그런 삶에 관심을 가졌던 사람도 붙잡아 두지 못했다면, 기분전환거리도 훨씬 많고 다른 가능성도 더 많은 21세기에 사는 사람에게는 얼마나 더 따분해 보이겠는가?

결국 소로가 우리에게 알려준 바는 문명세계가 제공하는 안락한 속박 상태를 일정 기간 동안 벗어나는 것은 재미가 될 수 있다는 사실이며, 이는 우리가 앞날을 전망하는 데 도움을 줄 수 있다. 그러나 자발적으로 택한 단순한 삶은 진지하고 장기적인 라이프스타일로 선택할 만큼 충분히 자극적이지는 못하다.

단순한 삶에는 또 다른 측면도 존재하는데, 이는 단순한 삶이 그다지 자극적이지 못하다는 사실보다 더욱 호기심을 유발한다 : 즉, 단순한 삶이 실은 꽤나 복잡하다는 점이다.

단순하지 않은 단순한 삶

타오스에서는 대개 매년 300일 동안 해가 떠 있다. 여름에는 기온도 온화하다. 그러나 강설량이 평균 7.7m나 되는 겨울에는 그렇지가 않다. 텍사스에서 부유하게 살던 탓에 장작을 패는 일도 땔감을 준비하는 일도 익숙하지 않았던 데다, 장작이 얼마나 필요할지, 폭설로 고립되는 일이 얼마나 자주 있을지도 몰랐던 가족에게 그해 맞이한 첫 번째 겨울은 가혹하기 그지없었다. 두 번째 겨울 역시 가혹했다. 세 번째 겨울도 마찬가지였다. 타오스의 겨울은 언제나 가혹하다. 그 시절 겨울을 나고 있는 에이메 르밸리에게 말을 걸었다면, 그녀는 당신에게 이런 말을 해 주었을 것이다.

"이맘 때 저희 가족은 생존 모드입니다. 생존하기 위해 배워야 할 규칙은 배워도 배워도 끝이 없답니다. 여기서는 우리가 뭘 하려 하는 건지 곰곰이 생각해 보는 게 참 어려워요. 하루가 끝날 무렵, 우리가 바랄 수 있는 거라고는 목숨을 부지하는 것뿐이에요. 지금은 정말 힘든 시기거든요. 삶의 단계가 있다면 우린 기반을 다지고 있는 셈이죠. 그보다 고차원적인 단계는 거의 꿈도 못 꿀 지경이에요. 그냥 하루하루 살아나갈 뿐이죠. 또 하루를 버텨내고, 또 다시 새로운 문젯거리와 씨름을 하고 나면 '이젠 잠 좀 자야겠다'는 생각밖에 안 든다니까요."

이 가족이 직면한 첫 번째 문제는 해리스가 불에 넣어 가족을 따뜻하게 지켜줄 장작을 충분히 모으는 것이었는데, 그 일을 하는 동안 잘못해서 죽는 일이 없어야 했다.

"눈밭으로 나가서 우리 가족한테 필요한 만큼 나무를 가지고 와서 그 나무를 장작으로 다듬으려면 엄청나게 고된 육체노동을 수주간 해야 합니다. 제프는 그 일을 배워야 했죠. 자기 목숨을 잃지 않고 나무를 쓰러뜨리는 법을 말이에요. 만화에서는 '나무 넘어간다!'라고 소리를 지르고는 가만히 서서 그 나무가 호를 그리며 땅바닥 쪽으로 쓰러지는 걸 구경만 하잖아요. 현실은 다르답니다. 믿을 수 없을 만큼 위험한 일이에요. 나무가 어느 방향으로 쓰러질지 아무도 모르거든요. 오죽하면 벌목 일을 과부 제조업이라고 하겠어요."

르밸리는 때때로 예전 삶으로 돌아갈 생각까지 하곤 했었다.

"집세를 낼 때가 다가오고 밭에서 겨울을 날 만큼 충분한 작물을 수확하지 못해서 식료품을 사야 할 때면 의문이 드는 거죠, 정말로."

르밸리는 이렇게 인정할 것이다.

지금까지 살펴본 건 단순한 삶으로 인하여 뜻밖에 얻게 되는 골치 아픈 결과 가운데 하나에 불과하다. 단순한 삶에 대해서 처음 생각해 보는 사람이라면, 특히나 안락의자나 침대나 선탠 의자에 편하게 기대앉아 단순한 삶이 가져다 줄 장밋빛 미래가 어떤 모습일지 공상을 하는 중이라면, 머릿속으로 아마도 이런 광경을 그려 볼 것이다 : 햇님이 빛나고 있고, 밭에선 작물이 자라고 있고, 아이들은 집근처에서 안전하게 놀고 있고, 촌사람처럼 차려입은 배우자는 발그레한 뺨에 건강하고 다소 섹시한 모습을 하고 있을 것이다. 하지만 르밸리와 해리스의 경우에서 알 수 있듯, 단순한 삶은 사실 마냥 단순하기만 한 것이 아니다. 멀리서 보기에 단순한 삶은 문명생활의 잡동사니로 인하여 성가실 일이 없으니 단순하게만 보이겠지만, 자세히 들여다보면, 그러한 단순성은 목숨을 부지하기 위해 반드시 해야 하는 일들 때문에 실은 굉장히 복잡해지는데, 이때 느끼는 스트레스는 문명생활에서는 받지 않을 수 있는 그런 종류의 스트레스이다.

르밸리와 해리스는 단순한 삶을 택하면서 덤으로 몇 가지 기분 좋은 혜택도 얻었다 : 화학물질과 첨가제가 덜 들어간 음식을 먹게 되었고, 자족감이 커졌고, 가족이 함께 보내는 시간도 많아졌다.

그러나 묘하게도 사실 르밸리와 해리스는 물질적인 현대세계에서 받던 스트레스와 속박감을 산업혁명 이전에 겪었을 인생의 고난과 맞바꾼 셈이기 때문에 단순한 삶에는 무시하지 못할 단점도 존재한다고 볼 수 있다. 물론 르밸리와 그녀의 가족들은 결국 전기도 썼고 픽업트럭도 가지고 있었기 때문에 딱히 17세기식 생활방식이라고 할 수는 없다. 그러나 17세기 사람들도 르밸리가 말했던 것처럼 기력의 대부분을 '기반을 다지는 데' 썼다. 르밸리의 가족들이 밭농사를 짓는 이유는 학교 숙제나 취미 때문이 아니라 먹고 살기 위해서이다. 그들은 나무를 쓰러뜨린 다음 장작을 패고 간신히 옮긴 후 저장하는 고된 노동을 통해 난방을 하고 온수를 얻는다.

이 가족의 생활방식에서 생존은 스위치만 켜면 가능한, 자동이체만 해두면 되는 그런 일이 아니다. 그보다 맨손으로 매일 직접 하는 노동을 통해서만 가능한 것이다. 따라서, 그 점에 있어서 이 가족은 산업혁명 이전에 살았던 조상들의 삶과 더욱 닮은 삶을 살고 있다고 할 수 있다. 그 당시 사람들은 르밸리 가족과 달리 삶에 대한 기대치가 지금보다 훨씬 낮았고 그 땅에서 살아가는 방법에 대하여 전前 세대의 지혜를 물려받기라도 했지만 말이다. 그러한 지혜 중 대부분을 대부분의 우리는 잊었다. 오늘날 소젖을 짜고, 닭을 잡고, 실을 잣고, 밭을 가는 법을 아는 사람이 누가 있겠는가?

그러니 단순한 삶을 하나의 라이프스타일로 택하는 데에도, 그러한 삶이 주류가 되어 물질만능주의 대신 사회를 규정하는 가치체계로 자리 잡아 과소유 증후군 문제를 해결할지도 모른다는 생각에도 심각한 문제가 있는 셈이다.

단순한 삶이 실제로는 꽤나 고된 삶이라면, 그토록 많은 사람들이 지금보다 단순한 삶을 살고 싶어 한다는 생각을 우리는 어떻게 받아들여야 하는 걸까? 엘진이 보고한 통계들, 즉 25세에서 49세 사이의 미국 노동인구 중 75%가 1989년 더욱 단순하게 살고 싶어 했으며, 1991년에는 69%가 똑같은 바람을 나타냈다는 결과를 생각해 보자. 이러한 통계 결과는 그 설문조사가 실시된 이래 미국인들의 소비가 훨씬 늘었다는 사실, 가령 그 직후 몇십 년 만에 의류 구매량이 두 배나 늘었다는 사실과 어떻게 들어맞는 걸까?

이러한 사실을 이해할 수 있는 방법은, 행동심리학자들이 재차삼차 입증했듯, 인간이 반드시 이성적이고 논리적으로 행동하지는 않는다는 사실을 깨닫는 것이다. 인간은 원하는 바와는 전혀 다른 행동을 한다고도 말할 수 있다. 가령 우리는 크리스피 크림 도넛을 피하고 싶어 한다. 하지만 누군가 상자를 열고 하나 권하면 거절을 하기가 어렵다. 마찬가지로 우리는 말로는 지금보다 스트레스를 덜 받는 더 단순한 삶이 좋다고 한다. 하지만 와이파이와 스마트폰과 중앙난방과 식기세척기 같은 문명세계의 그 모든 혜택을 포기하고 형벌과 같은 생활을 할 각오는 전혀 되어 있지 않다. 뿐만 아니라 우리 중 다수는 물질만능주의라는 깊은 수렁에 갇혀 있기도 하다. 우리는 여전히 동료들과 자기 자신에게 성공한 사람으로 비춰지려면 성공의 물질적 증표가 있어야 한다고 믿고 있는데, 이는 더욱 많은 물건을 뜻한다.

우리 중 그토록 다수에 해당하는 사람들이 소유물을 최소화한 단순한 삶을 원하면서도 이것저것 물건을 많이 갖춘 복잡한 생활을 하고 있는 이유는 의식의 지배자들이 주도한 현 시스템을 자세히 살펴보면 알아낼 수 있다. 그 시스템은 우리에게 제이브랜드 청바지(고가의 청바지—옮긴이), HD텔레비전, 미니쿠퍼 자동차, 아이패드와 같이 입고, 보고, 몰고, 가지고 놀 수 있는 흥미로운 물건들을 다양하게 많이 제공해 주었다. 그러나 시스템은 우리로 하여금 시대에 뒤쳐진 것 같고 뭔가 놓치고 있는 것 같다는 느낌을 갖게 함으로써 기쁨 못지않게 상실감도 준다. 시스템은 제이브랜드의 신상품인 스키니진과 3D텔레비전과 미니쿠퍼 쿠페와 차세대 아이패드처럼 새롭게 개선된 신제품을 끝없이 주기적으로 만들어냄으로써 소기의 목적을 달성한다.

이런 관점에서 생각해 볼 때, 시스템이 우리로 하여금 원하는 바와 다르게 행동하도록 만든다는 사실은 전혀 놀랄 일이 아니다. 시스템은 어제까지도 멀쩡하게 잘 돌아갔고 오늘도 아무 문제없이 작동하는 단순한 예전 버전의 제품을 그리워하게 한다. 하지만 그와 동시에 시스템은 우리에게 새롭게 개선된, 더욱 우월한 차세대 제품이 시판 중이라고 알려줌으로써 우리로 하여금 그 제품을 계속 떠올리고 갈망하다가 결국 구매하게 만든다.

21세기에 요구되는 단순한 삶

르밸리와 해리스는 포기하지 않았다. 힘들었던 초창기 겨울을 잘 이겨냈다. 배우기도 빨리 배웠다. 안전하게 나무를 베서 겨울을 나기에 충분한 장작을 준비하는 법을 배웠다. 밭농사를 짓고 가축을 기르는 르밸리의 실력은 일취월장했다. 하지만 그래도 아직 부족했다.

2013년 2월, 그들은 산에서 내려와 주州를 다시 횡단하여 텍사스로 돌아갔고 해리스는 그곳에서 취직을 했다. 가족은 수영장이 두 개 딸려 있고, 대형 평면TV와 식기세척기와 중앙난방, 냉방, 청소 서비스가 제공되는 복합단지에 입주했다. 가족은 단순한 삶을 아예 포기해 버린 걸까? 완전히 포기한 건 아니다. 가족은 두 달만 거기 머물렀다. 직종이 IT 쪽이라서 해리스는 산골짜기 오두막에서도 원격으로 업무를 볼수가 있다. 그 일로 버는 돈은 이 가족이 단순한 삶을 앞으로도 이어갈수 있게 보장해 줄 것이다. 가족은 해리스의 수입을 새 자동차, 새 울타리, 곳간, 장작용 헛간, 지하저장고, 지하 비닐하우스 등이 포함된 르밸리가 작성한 기다란 지출 목록과 목재운반 트럭을 수리하는 데 쓸 계획이다. 새로이 마련할 물건과 설비가 있으면 앞으로 겨울을 나기가 훨씬 수월해질 것이다. 삶은 그렇게 고되지 않을 것이며, 그렇게 단순하지도 않을 것이다.

그렇다고 꿈을 포기한 건 아니다. 꿈을 실현하기 위해 검소한 생활이 지닌 단순성과 문명생활의 복잡성 사이에서 아슬아슬한 곡예를 하고 있을 뿐이다. 그들 앞에 펼쳐진 문명생활의 길을 맹목적으로 따르거나 좀 더 험난한 단순한 삶의 길을 비틀거리며 걷기보다 중간 지점 어딘가에서 타협점을 찾아낸 것이다. 텔레비전은 가지고 있지 않지만 와이파이는 사용한다. 르밸리는 맥북으로 '속박에서 벗어난 가족'이라는 블로그를 운영한다. 해리스는 집에서 업무를 본다. 그들은 원격 수단을 통해서만 물질만능주의로 돌아감으로써 거기서 벗어난 데 대한 대가를 치렀다. 이는 단순한 삶이 앞으로 효과를 발휘할 수 있게 되는 단 하나의 실질적 방안일지도 모른다. 그렇다면 이러한 자발적 단순성의 현실적인 버전에 좀 더 적합한 표현을 *전에 비해 단순한 삶*이라고 해야 할 것이다.

나는 이것이 자발적 단순성이 어떤 식으로 우리가 살고 있는 사회와 세계에 강력한 영향력을 발휘할 것인지를 이해하는 실마리라고 생각한다. 1980년대 말과 1990년대 초에 더욱 단순한 삶을 원한다고 말했던 사람들의 대다수가 물질만능주의로부터의 대규모 탈출을 감행하지 못했듯, 오늘을 살고 있는 우리들 대다수가 '과잉소유 때문에 마음이 무겁다'는 것을 입증한 여러 연구들도 이번에 단순하게 살자는 혁명을 초래하지 못할 것이다. 단순한 삶은 이론적으로는 그럴듯한 발상처럼 들리겠지만 실제로는 따분한 데다 17세기 조상들이 했던 것과 같은 중노동의 대부분을 요하기도 한다. 하지만 단순한 삶이 지닌 매력은 주류 가치관에 영향을 미칠 가능성이 높다. 사실, 이미 영향을 미치고 있기는 하다. 자신이 먹을 채소를 길러서 먹고 유기농 식품을 사먹는 최근 트렌드에서 그러한 영향력을 확인할 수 있다. 그러나 주류사회에 속한 사람들은 단순한 삶의 가치관 가운데 대다수를 수용함과 동시에 그러한 가치관을 그 어느 때보다 복잡한 소비 기반 생활방식에도 적용했다. 가령 자급자족은 씨앗과 원예용품 산업을 낳았다. 유기농은 또 하나의 마케팅 수단이 되었다. 단순한 삶의 영향력은 과소유 증후군 문제를 해결할 만큼 커지게 될 것이 분명하다.

그러므로 우리가 현재 밟고 있는 경로에서 급커브를 돌아 과소유 증후군의 해답을 찾으려는 게 아니라면 현 시스템 내에서 해결책을 찾는 편이 더 나을 수도 있다.

제7장

대박보다는
중박 인생

이쯤 되면 당신도 현재 자신의 삶을 꾸려가고 있는 방식에 대하여 생각을 해보았을 것이다. 오랫동안 받아들여 왔던 사고방식과 품어 왔던 포부, 그런 사고방식과 포부가 자신의 장기적인 행복과 과연 완벽하게 들어맞을지에 대해서 궁금한 마음도 생겼을 것이다. 물건 중 몇 가지를 없애거나 지금보다 아주 조금 단순한 삶을 채택해 볼까 하는 생각도 재미삼아 해보았을지 모르겠다.

하지만 상상의 나래가 그쪽 길로 향했다고 하더라도 여기저기 헤매다가 십중팔구 자신도 모르는 사이 더 큰 집, 더 좋은 차, 혹은 이번 시즌 최신 핸드백 쪽으로 돌아갔을 것이고, 마음속으로는 이런 새로운 라이프스타일이 요하는 그 모든 변화를 감당할 배짱이 자신에게 정말 있기는 한 건지 궁금해 했을 것이다. 그러다가 이 책을 읽으면서 지금보다 행복해지고 싶고 좀 더 뜻깊은 삶을 살고 싶은 마음은 진심이지만, 단순한 삶의 생활방식 하나하나가 고된 노동 같다는 사실을 깨달았을 것이다.

만약 그렇다면 나한테 완벽한 해결책이 있다. 그 해결책이란 이상적이면서 접근도 용이한 선구자적인 라이프스타일인데, 호들갑 떨지 않고, 무리하지 않고도 오늘 당장 집에서 시도해 볼 수 있는 방법이다. 사실 아무것도 안 할수록 내가 말한 라이프스타일에 더욱 근접하게 될 것이다. 내가 제시할 라이프스타일에 따라 살기 위해서는 갑자기 거처를 옮겨 산이나 시골로 갈 필요가 없다. 문명사회가 주는 그 모든 편의시설을 포기하고 1700년대처럼 살 필요도 없다. 신발, 셔츠, 양말을 모두 보따리에 담고 집안에 있는 모든 소유물의 존재 이유를 해명할 필요 또한 없다.

부담 없는 이러한 생활방식은 현대사회의 무한경쟁에 맞서 싸워야 하는 방식도 아니고, 미니멀리즘이나 자발적 단순성과 반목해야 하는 방식도 아니다. 그보다 이러한 라이프스타일은 '고맙지만 그런 일로 굳이 그러고 싶지 않습니다'에 더욱 가깝다. 혁신적인 이 생활방식은 물질만능주의의 일방적인 시스템에 적극적으로 맞서 싸우는 대신 똑같은 길을 느리지만 꾸준히 걸어가는 데 만족한다. 요즘 문화 중 짜증나는 부분들을 가지고 안달복달하는 것이 아니라 그런 부분을 그냥 무시한다. 과시적 소비가 벌이는 치열한 소비경쟁 때문에 마음 졸이기보다 필요할 때만 소비를 한다. 이러한 삶은 다소 주뼛거리는 전혀 영웅 같지 않은 영웅을 내세우고 있다. 그는 데이브라는 이름으로 통하는 새카만 코밑수염이 덥수룩하게 난 키다리 사나이이다.

성이 로버츠인 데이브는 볼 때마다 거의 매번 평범한 청바지에 검붉은 체크무늬 셔츠를 입고 있을 것이다. 그는 테네시 시골 벽지의 하위 중산층 가정에서 자랐다. 그 마을은 대량생산의 필연적인 결과로 인하여 단조롭기 짝이 없는 분위기를 풍기는 그런 마을이었다. 적절한 표현인지 모르겠지만, 물질만능주의로 안내하는 현대세계의 이정표, 즉 줄줄이 들어선 어느 교외에서나 흔히 볼 수 있는 대형 체인 매장들을 기반으로 삼는 마을이었다.

데이브는 이렇게 묘사할 것이다.

"따분하기 그지없는 마을이었죠. 동네 아이들이 재미삼아 차를 몰고 번화가를 오르락내리락하고 주차장을 들락날락하고, 다니다 보면 월마트에서 알게 된 사람들하고 꼭 마주치게 되는 그런 마을이었으니까요."

데이브는 지금 시애틀의 별 특징 없는 동네에 있는 아담한 집에서 두 아이들과 부인 제니퍼 로버츠와 함께 규칙적이고 검소한 삶을 살고 있다. 그는 부인을 젠이라 부른다. 젠은 길고 검은 머리의 소유자이다. 친구들은 젠을 보고 여자 코미디언 티나 페이를 닮았다고 한다. 젠은 동네 커피 수입사에서 일하고 있다. 거기서 일한 지는 14년이 넘었다. 데이브는 환경문제를 다루는 Grist.org라는 웹 사이트에 글을 기고하고 있다. 그 사이트에 글을 쓴 지는 9년이 다 되었다. 부부는 정기적으로 휴가를 내서 가족을 만나러 가거나 옛 친구들과 그 친구들의 아이들과 시간을 보낸다. 이를테면 여름에는 3일간 열리는 피커톤 전통 음악 축제 (축제가 열리는 장소까지 자동차 이외의 다른 교통수단을 권하는 등 친환경을 표방하는 음악축제로 캠핑을 하면서 여러 공연을 즐길 수 있다—옮긴이)에 함께 가고, 겨울에는 함께 스키를 타러 간다. 로버츠 부부는 빈둥거리고, 텔레비전을 보고, 아들들에게 글자 읽는 법을 가르치면서 여가 시간을 보낸다. 가족 모두가 매우 행복한 상태이며 지금까지 살아온 방식에 대해서 심각하게 생각해 본 적은 없었다. 데이브가 얼마 전 대학 때 알게 된 테오라는 친구와 대화를 시작하기 전까지는 그랬다. 데이브는 그 친구와 나눈 대화 내용에 관한 글을 기사로 작성해서 그리스트에 올렸다 :

'현재 포틀랜드에 살고 있는 옛 친구와 잡담을 나누던 중이었다. 그 친구는 신생 첨단기술 기업의 경영을 돕고 있는데 주당 80시간을 일하고 그중 절반은 도로에서 보낸다. 연애는커녕 애완견과 유대감을 쌓는 것도 힘들 정도로 집에서 보내는 시간이 거의 없다. 그 친구 말로는 미친 듯이 회사를 키워서 구글 같은 회사에 인수당한 다음 마흔에 은퇴하는 게 목표라고 했다. "그럼 대박이잖아, 이 친구야!"'

그 대화 이후 데이브는 생각에 잠기게 되었다. 오랜 친구인 테요는 일 중독자에다 출세에 목을 매는 사람이 되었는데 자신은 그렇게 되지 않은 이유는 도대체 뭘까? 데이브는 이러한 의문에 관하여 젠과 제법 많은 대화를 나누었다.

"테요는 돈이 어마어마하게 많아서 얼마 전에 집도 현찰로 샀잖아."

젠이 기억을 더듬으며 말을 잇는다.

"그 사람 대박을 쫓았잖아. 짧고 굵게 일하고 푹 쉬려고 말이야. 우리한텐 그럴 정력이 없었어. 모든 걸 다 쏟아붓고 말겠다는 추진력 말이야. 내 생각엔 우리한테는 어째서 그만한 돈이 없는 건지, 우리 가치관에 무슨 문제가 있는 건 아닌지 궁금했던 것뿐이야."

데이브는 그리스트에 올린 기사를 통해 그 질문에 답했다.

'원한다면, 우리 둘 다 각자의 진로에서 "다음 단계"로 나아갈 수 있을 것이다. 아내는 지금 다니는 회사보다 더 큰 회사로 옮길 수 있을 것이다. 나도 좀 더 큰 단체에 글을 기고하고, 책도 쓰고, 홍보전문가를 고용하든 뭘 하든 하면서 프리랜서 일을 더 늘릴 수 있을 것이다. 노력하면 우리도 돈을 더 많이 벌 수 있을 것이다. 그러면 샤워기 수압을 고치거나, 뒤뜰 테라스를 뜯어고치거나, 차를 한 대 더 사거나, 젠장, 시내와 더 가까운 데다 더 큰 집을 살 수 있을 것이다. 어쩌면 애들을 사립학교에 보낼 수 있을지도 모른다. 우리보다 돈 많은 사람들이 하는 건 뭐든 다 할 수 있을 것이다.

하지만…… 쳇이다. 우리라고 그런 생각을 안 하는 건 아니다. 나로 말할 것 같으면 수압기 때문에 돌아버릴 지경이다. 사실대로 말하자면 우린 그저 그렇게 열심히 일을 하고 싶지가 않은 것이다! 우린 이미 우리가 원하는 바 이상으로 열심히 일하고 있다. 우린 책을 읽으면서 아이들과 함께 거실에서 빈둥거리는 시간이 좋다. 우린 애들이 잠자리에 들고 난 후 조그마한 텔레비전을 보는 것도 좋아한다. 우린 공원에 놀러 가고 친구들과 수다를 떨고 럭셔리하고는 거리가 먼 휴가를 다녀오고 그렇게 쉬는 걸 좋아한다. 우리 부부가 각자 일 욕심을 더 낸다면 일도 많아지고, 책임도 더 막중해지고, 스트레스도 높아지고, 아이들과 거실에서 빈둥거리는 시간만 줄어들 게 뻔하다.'

다시 말해서, 데이브와 젠은 대단히 미국적인 물질주의적 꿈을 좇느라 너무 많은 걸 희생하고 있는 성공한 친구의 상황에 자신들의 인생을 대입해 보게 되었고, 그 결과 지금 그대로가 행복하다는 사실을 깨달았다는 내용이다. 테요가 자신의 생활방식을 '대박'이라고 부르는 것을 들은 이후, 데이브는 자신의 라이프스타일에 적합한 말을 생각해 냈다. 그는 자신의 라이프스타일을 '중박'이라 불렀다.

중박이 대박보다 중요한 이유

얼핏 보면 중박은 아무 생각 없이 툭 내던진 발상 혹은 심지어 게으름뱅이들을 위한 매니페스토처럼 보일 수 있다. 결국 그것이 전하는 메시지는 '걱정 마, 행복하기만 하면 되잖아. 남들이 성공하겠다고 출세가도를 달려 널 앞지르겠다면 그러라고 해. 남들이 서두른다고 너도 서둘러야 되는 건 아니니까. 대박 인생만 있는 건 아니야.' 정도로 요약할 수 있으니 말이다. 중박 라이프스타일, 혹은 '천천히 가자'를 주장하는 어떤 다른 라이프스타일이 표방하는 것이 이게 다라면, 굳이 고민해 볼 필요가 있을까?

중박 인생의 재미있는 점은 그것이 매우 단순하다는 것이다. 하지만 이해하기 쉽다고 해서 중박 인생이 끝내주게 좋고 중요한 대접을 받는 아이디어보다 못한 건 절대로 아니다. 얼핏 게으름뱅이나 할 법한 주장처럼 보인다고 해서 실제로 그런 건 아니다. 중박 인생은 냉담하고 매사를 귀찮게 여기는 인생관이라기보다, 이제 곧 알게 되겠지만, 훨씬 야심차고 적극적인 발상이다.

　출근을 했는데 상사가 당신을 회의실로 데리고 가 문을 닫고 자리에 앉으라고 하더니 임금 인상과 승진을 제안했다고 상상해 보라. 무슨 말을 하겠는가? 어떻게 하겠는가? 누구한테 제일 먼저 전화를 걸어 승진 소식을 전할 것 같은가? 이제 아까의 장면을 되돌려 보되 이번에는 상사의 제안을 수락하는 대신 이렇게 말했다고 상상해 보라 : "감사합니다만 사양하겠습니다." 생각해 준 건 고맙지만 사실 지금의 직급, 직무, 어쨌거나 연봉에도 만족한다고 설명하는 것이다. 상사가 어떤 표정을 지을지, 그 상사의 머릿속에 어떤 생각이 스쳐 지나갔을지 생각해 보라. 당신이 배우자, 부모님, 친구들에게 그날 있었던 일, 즉 당신이 승진 제안을 거절했던 일을 들려주었을 때, 그 사람들이 어떤 반응을 보일지에 대해서도 생각해 보라. 당신을 살짝 돈 사람쯤으로 생각하지는 않을까? 그들도 아직 이해하지 못한 알 수 없는 어떤 이유 때문에 당신이 당신을 비롯하여 우리 모두가 속한 현 시스템이 어떤 시스템인지 망각했다고 생각하지는 않을까? 당신이 현대사회에서 노동이 가지는 의미, 즉 때가 되면 일어나서 출근하고 돈을 더 많이 버는 일이 지닌 의미를 혹여 잊은 건 아닐까 하고 걱정하지는 않을까?

　바로 그렇기 때문에 중박 인생이 끝내주는 발상인 것이고, 재고해 볼 가치가 있는 발상인 것이다. 왜냐하면 깊이 들여다보면 중박 인생은 우리의 현 시스템이 지니고 있는 가장 유쾌하지 못한 측면들 가운데 하나로부터 당신을 지켜줄 수 있기 때문이다 : 즉 당신에게는 선택권도 없고 탈출구도 없다는 고립감 말이다. 분명히 말하지만 중박 인생은 게으름뱅이한테나 들을 법한, 노동을 거부하자거나 아무것도 하지 말자는 시위가 아니다. 중박 인생은 물질만능주의라는 고속도로를 대신할 진정한 대안을 제시한다. 중박 인생은 또 다른 생활방식, 즉 좀 더 느리고 조용하고 더욱 인간적인 생활방식으로 안내하는 이정표인 셈이다.

그 어느 때보다 빠른 변화의 속도는 20세기에 의식의 지배자들이 구축해 놓은 시스템의 필수적인 측면이다. 더 많은 것이 늘 더 나은 것이 되는 그런 시스템 안에서는 결코 충분히 가질 수가 없다. 행복의 방정식에서 당신이 포함된 우항의 조건을 절대로 충족시킬 수도 없다. 그보다 니커디머스와 필즈 밀번이 발견했듯, 당신도 늘 더 많이 획득하고, 수준을 유지하고, 남에게 뒤지지 않고, 남보다 앞서기 위해 허둥대게 될 것이다. 하지만 아무리 열심히 노력하고 아무리 많이 모아도 진정한 성취감은 절대로 느끼지 못한다.

이런 시스템이 낳은 한 가지 결과가 바로 사람들이 물건을 더욱 많이 갖기 위해 인생을 과도하게 희생하는 것이다. 또 다른 결과는 더욱 큰 성공을 이룩할 기회를 일부러 거절한 사람은 여지없이 못마땅한 시선을 받게 된다는 것이다.

데이브는 이에 대해 이렇게 말해 줄 것이다.

"인생을 살면서 중대한 결정을 내리는데 '뭐, 가능은 하겠지만 더 열심히 일할 마음은 없습니다. 일 때문에 지금보다 시간을 더 빼앗기고 싶진 않습니다. 그보단 빈둥거리면서 책이나 읽고 싶군요.'라는 말을 하면 안 된다니 참 이상하죠. 그런 말은 사회에서 용납하질 않으니까요."

오늘날과 같은 시스템에서는 물질적 성공은 무조건 받아들이게 되어 있다. 하지만 중박 인생의 가치관이 지배하는 시스템에서는 다른 선택을 할 수도 있다. 중박 인생의 세상에서는 업적을 다른 방식으로 측정할 수도 있고, 물질만능주의라는 빠른 길에서 벗어나서 더 느리고 한적한 길을 택할 수도 있고, 남들이 뭐라고 하든 걱정하지 않을 수도 있다. 승진 제안을 받고서 '고맙지만 사양하겠습니다.'라고 말해도 그런 말을 했다고 깔볼 사람도 없을 것이다.

이는 데이브가—작정한 것은 아니라고 해야겠지만—일종의 선봉장이 된 이유 가운데 하나이다.

"거절해도 괜찮은 사회를 만들고 싶었습니다. 거절해도 정말로 괜찮은 사회를 만들고 싶었습니다. 그런 분위기를 권하는 사회를 말이에요. 그래야 그런 결정, 그러니까 더 열심히 일하지 않겠다는 결정을 내려도 게을러터졌단 소릴 안 들을 테니까요."

물론 느긋하게 살겠다고 한 사람이 데이브가 처음도 아니고 중박 인생이라는 발상을 좋아하는 유일한 사람도 아니다. 그러나 이러한 라이프스타일에 별칭을 붙여줌으로써 데이브는 민감한 부분을 건드렸다. 중박 인생에 관한 그의 게시글은 수천 번이나 공유되었다. 이러한 아이디어는 〈이코노미스트〉, 〈MSNBC〉, 〈내셔널리뷰〉, 〈애틀랜틱 먼슬리〉 같은 정기간행물에서 채택하기도 했다. 중박 인생에 대한 글은 그가 9년 동안 그리스트에 올렸던 그 어떤 글보다 큰 호응을 받았다.

이러한 아이디어에 이름을 붙여줌으로써 데이브는 대중에게 결집의 계기를 마련해 주었고 다수로 하여금 혼자만 그런 생각을 한 게 아니라는 깨달음을 얻게 해주었다. 데이브처럼 그들도 성공에 대한 오늘날의 정의를 못마땅하게 여기고 있다. 그런 생각을 공공연하게 밝힘으로써 데이브는 이미 '고맙지만 사양하겠습니다. 지금 이대로도 충분합니다.'라고 솔직하게 말해도 되는 사회 분위기를 만들어준 셈이고, 덕분에 그 말을 한결 수월하게 꺼낼 수 있게 만들어준 셈이다.

물론 어떻게 하는지는 당신도 이미 다 알고 있을 것이다. 누군가 새벽 6시 23분 급행열차를 타기 위해 꼭두새벽에 일어나던 사람이 어째서 출근시간에 딱 맞춰 도착하는 좀 더 한산한 후발 열차를 타기 시작했느냐고 묻거나, 어째서 더 이상 야근을 안 하고 집으로 가서 아이들과 시간을 보내거나 친구를 만나느냐고 물어도, 출세가도에 올라 성공하겠다고 단단히 마음먹은 사람이 아닌 데 대해서 부끄럽게 여길 필요가 없다. 게을러서 그런 게 아니라고 당당하게 말할 수 있다. 당신은 하나의 라이프스타일을 시험 중인 것이다. 부상 중인 21세기의 트렌드에 동참한 것이며, 그 트렌드는 '중박 인생'이라고 한다.

중박 인생이 우리를 구해 줄 수 있을까?

우물쭈물 망설이는 평범한 영웅 데이브—늘 입는 청바지에 빨간 체크무늬 셔츠를 입고 하늘에서 슝, 하고 내려와 과로와 과소비의 위험으로부터 우리를 구해 주는—의 모습은 눈길을 사로잡는 이미지이다. 하지만 대중이 정말 그를 본받으려 할까? 데이브와 그의 중박 인생이 우리를 과소유 증후군으로부터 구해 줄 수 있을까?

앞서와 같이 이 질문에 답하려면 우리는 유능한 문화예측 전문가라면 누구나 새롭고 혁신적인 라이프스타일에 관하여 물어볼 법한 질문을 해야 할 것이다. 해당 라이프스타일이 흔히 볼 수 있는 종류인가? 장기적인 트렌드가 존재하는가? 그렇다면 그 트렌드는 가시적인가, 시도하고 이해하기 쉬운가, 지금의 생활방식과 양립할 수 있고 물질만능주의보다 나은가?

중박 인생의 핵심 아이디어가 탄생한 지는 매우 오래되었다. 모르긴 몰라도 현대인은 등장한 이래로 쭉 그렇게 살아왔을 것이다. 가령 인류학자인 제프리 밀러가 그려 본 약 4만 년 전, 구석기 시대를 살았던 여성의 평균적인 삶을 살펴보자. 그녀는 30대 초반에 세 아이를 둔 건강한 엄마이다. 남프랑스에 살고 있다. (여자를 이처럼 그림 같은 배경 속에 등장시킨 데에는 다 이유가 있다 : 근대 초기 유럽인을 최초로 발견한 곳이 바로 그곳이었기 때문이다.) 밀러는 '매일 아침, 여자는 자신의 씨족이 장악하고 있는 25,000,000㎡에 달하는 파릇파릇한 프랑스 리비에라 해변 위로 해가 떠오를 때 서서히 잠에서 깨어난다.'고 썼다. 친구들과 수다를 떨고, 아이들에게 젖을 먹이고 아이들을 보살피다 보면 여자의 하루는 거의 다 간다. 여자는 방목고기를 얻기 위해 사냥꾼들에게 농을 건다. 밀러의 계산에 따르면 여자는 야생의 열매와 채소를 채집하면서 일주일에 약 20시간 노동을 한다. 이렇게 보면 구석기 시대의 삶은 중박 인생과 매우 흡사하게 들린다.

쉬엄쉬엄 살자는 발상은 그 이후부터 지금까지 우리 곁에 머물고 있다. 약 12,000년 전 농업이 탄생한 이후 산업혁명에 이르기까지, 노동은 일단 그 분야를 가리지 않고 무엇이든 부족민 모두의 생존을 위해 요구되었다. 그 말인즉슨 고된 노동의 시기가 있었다는 뜻이다. 특히 봄에 파종을 하고 가을에 수확을 할 때면 공동체가 모두 모여 씨앗을 뿌리고, 곡식을 거둬들이고, 무슨 일이건 해야 할 일을 했다. 그러한 고된 노동을 하는 와중에도 우리가 요즘 말로 멍때린다고 부르는 일을 할 시간이 많았다. 작물을 심고 햇볕이 쨍쨍한 여름과 낮이 짧아지고 실내에 머무는 편이 더 나은 겨울에는 푹 쉬는 것 외에 할 일이 별로 없었기 때문이다.

산업혁명은 우리가 소위 중박 인생이라 부르는 것에 종말을 몰고 왔다. 온갖 기계와 공장과 출퇴근기록기와 함께 기업가들은 쉬엄쉬엄 일하는 데 만족해 하는 사람들에게 맹공격을 퍼붓기 시작했다. 노동시간을 늘렸는데, 이는 곧 빈둥거릴 시간이 줄어들게 된다는 의미였다. 기업가들은 노동의 대가를 후하게 쳐주었고—그러니까 상대적으로 보았을 때—급여가 적은 일을 택한 사람은 누구든 어리석은 사람처럼 보이도록 만들었다. 그럼으로써 더욱 느긋한 삶을 누릴 수 있음에도 불구하고 말이다. 그러다 기업가들은 의식의 지배자들의 원조에 힘입어 유행을 따르고 성공하고 싶어 하는 대중의 성향을 교묘하게 이용하여 대중으로 하여금 그 누구보다 높은 생활수준을 궁극의 목표로 삼아야 한다고 믿게 만들었다. 그러한 궁극의 목표는 근면과 지속적인 소비를 통해서만 달성될 수 있으므로 누구든 열심히 일하지 않고 열성적으로 소비하지 않는 사람은 나머지 구성원 모두를 실망시키는 짓이었다. 그 결과 우리 사회는 물건의 양을 가장 우선적으로 고려하고 삶의 질은 나중으로 미루는 사회가 되었다. 그로 인하여 득을 많이 보기는 했다. 그러나 더욱 많은 물건의 매력이 시들해지자 우리는 다시금 삶의 질에 신경을 쓰게 되었다.

현 시스템을 구축한 자들에 의해 공백기가 생기긴 했지만, 중박 인생은 분명 흔히 있을 법한 모습이고 사람들의 마음을 잡아끄는 구석도 있다. 햇살을 받으며 빈둥거려 본 적이 있는 사람이라면, 하루 일과를 마치고 앉아 쉬어 본 적 있는 사람이라면, 10분만 또는 한 시간만 더 누워 있고 싶다고 생각하면서 늦잠을 자본 적이 있는 사람이라면 누구든 그런 여유로움이 지닌 매력을 이해할 수 있을 것이다. 중박 인생이 지닌 영겁과도 같은 역사를 고려할 때, 그런 감정들은 그냥 자연스럽기만 한 것이 아니라 공격적인 물질만능주의적 자본주의가 요구하는 일찍 일어나고 무엇이든 빨리빨리 해치워야 하는 상황보다 사실 **훨씬** 자연스러운 거라는 생각은 흥미롭다.

중박 인생에는 긍정적인 점이 훨씬 많다. 우선 단순해서 이해하기도, 직접 시도해 보기도 쉽다. 기존 생활방식과도 완벽하게 양립이 가능하다. 지금보다 일을 조금 덜 하기만 하면 되기 때문이다.

하지만 데이브 이외에도 중박 인생을 가리켜 '만족주의enoughism'니 '적정만족 추구satisficing'니 '문턱 소득자threshold earners'라 칭하며 글을 쓴 논평가들이 있기는 하지만, 중박 인생이 증가 추세라는 확실한 양적 증거는 어디에도 없다. 데이브와 젠과 같이 위험을 감수하고 사고가 자유로운 혁신가 유형으로부터 좀 더 두고 보는 편을 선호하며 잘 아는 사람들한테 직접 들어야만 뭔가를 시도해 보는 나머지 모든 위험 회피형 후기수용자들에 이르는 수용 곡선 상에서 급격한 증가의 시작점을 나타내는 티핑포인트(모든 것이 한꺼번에 갑자기 변화하고 전염되는 극적인 순간으로 말콤 글래드웰이 언급—옮긴이)의 징후가 나타나지 않고 있다.

이는 중박 인생이 지닌 또 다른 문제점도 드러내 준다. 우리에게 있는 것이 정황 증거 몇 가지가 다라면, 이는 중박 인생이 본질적으로 그다지 눈에 띄는 혁신이 아니라는 사실을 시사한다. 중박 인생에 대하여 공개적으로 의견을 드러내고 쉬엄쉬엄 일하자는 라이프스타일에 새로운 이름을 붙여줌으로써 데이브는 이 문제를 어느 정도는 해결한 셈이다. 공감을 불러일으켰다는 데에도 의심의 여지가 없다. 그러나 사회적으로 용인되는 라이프스타일 및 실행 가능한 대안과 출세 지향적이고 지배적인 라이프스타일 사이에는 간극이 존재한다.

자발적 단순성으로의 대규모 이동이 사회가 현재 밟고 있는 길에서 새로운 길로 끌어내리는 작업과 같고, 미니멀리즘이 그와 같은 길을 가되 급브레이크를 밟아 정지 직전에 도달한 것과 마찬가지라고 한다면, 중박 인생은 똑같은 길을 가되 가속기에서 발을 떼고 기어를 2단에 놓고 천천히 달리는 것과 같다. 이는 훨씬 쾌적한 삶의 속도이다. 느긋하고 여유롭다. 창문을 내다볼 시간도, 텔레비전을 볼 시간도, 아이들과 놀 시간도 넉넉하다. 하지만 2단 기어로 달리고 싶은 사람이 누가 있겠는가? 그건 마치, '좋아, 장단에 맞춰는 주겠지만 너무 열성적으로 애쓰지는 않을 거야.'라고 말하는 것과 같지 않겠는가?

결론적으로 말해서, 이것이 바로 중박 인생이 지닌 문제점이란 소리다. 듣기에는 그럴싸하게 들리고 거의 모두에게 공감을 자아낼 수 있을지 몰라도, 출세 지향적이지도 않고 지위를 겉으로 드러낼 수단을 제공하지도 않는다. 결국, '날 좀 보라고, 난 지금 2단 기어로 가고 있다니까.'라는 말에는 귀가 솔깃해지는 무언가가 없다. 따라서 대다수의 마음을 사로잡을 수는 없을 듯하다. 물질만능주의를 대신하여 대세로 자리 잡을 대안은 되지 못할 것이다.

중박 인생과 미니멀리즘과 단순한 삶의 공통점

중박 인생과 미니멀리즘과 자발적 단순성, 이 중 그 어느 것도 물질만능주의를 대신하여 사회의 지배적 가치체계가 되지는 못할 것이다. 그러나 자세히 살펴보면 각자 과소유 증후군을 해결할 실마리는 쥐고 있다.

데이브와 젠에게 있어 중박 인생의 핵심은 단순히 인생을 2단 기어로 사는 데만 있는 것이 아니다. 오히려 그 반대이다. 그들의 목적은 열심히 일하고, 열심히 놀고, 돈을 많이 쓰게 되어 있는 소비지상주의의 덫에 걸려들지 않는 것만이 아니다. 삶을 우선적으로 고려할 수 있도록, 즉 삶을 돈과 물질적인 것 앞에 놓을 수 있도록 극심한 생존 경쟁에서 빠져나오는 것이 목적이다. 이런 식으로 생각해 보면, 중박 인생은 우리를 속박으로부터 해방시켜 줄 철학이다. 항상 앞날과 미래와 앞으로 벌어질지도 모르는 일만 생각하면서 전전긍긍하기보다 오늘과 현재와 실제로 일어날 일에만 집중할 수 있게 해준다.

단순한 주장이지만 모든 걸 바꿀 수 있다. 우선순위를, 성공을 가늠하는 방법을 바꾸어 준다.

데이브의 말을 들어보자.

"중요한 건 다정한 마음과 사람들에게 친절하게 대하고, 살아 있는 동안 좋은 친구를 두고 사랑하는 마음을 갖는 것입니다. 인생에서 중요한 건 물건을 소유하는 것이 아니죠. 좋은 체험이야말로 중요하죠."

이러한 발상을 에이메 르밸리와 가족들이 선택한 삶과 비교해 보라. 데이브와 젠이 물질적 성공을 버리고 체험을 택한 것과 마찬가지로 르밸리도 현대사회의 물적 재화 대신 치열한 체험을 택함으로써 그렇게 한 것이다. 이제, 이러한 관점을 미니멀리스트의 관점과 비교해 보면 곧 하나의 공통된 트렌드가 존재한다는 사실을 알게 될 것이다.

이를테면 태미 스트로벨의 말을 들어보자.

"단순히 작은 집에 관한 문제가 아니에요. 저흰 이제 물건을 많이 사들이는 대신 그보다 중요한 것들, 말하자면 체험이나 공동체나 가족 같은 대상에 투자를 합니다. 기존 직업을 가지고 보통 집에 살면서 그 생활에 수반되는 빚까지 떠안고 살고 있다면 할 수 없을 일들을 지금은 할 수가 있는 거죠. 일주일 동안 부모님과 시간을 보내고 싶으면 그냥 그렇게 해요. 아버지가 돌아가셨을 땐 정말 요긴했죠. 엄마한테 진짜 실질적인 도움을 드릴 수 있었거든요. 엄마 곁에 있어 드릴 수 있었으니까요."

그렇다면 대부분의 미니멀리스트에게 미니멀리즘은 시작점, 혹은 조슈아 필즈 밀번의 표현대로 '첫술'에 더 가까운 것이다. 이런 관점에서 생각해 보면 미니멀리즘은 포괄적인 하나의 철학이라기보다 습관이라고 볼 수 있다. 물질만능주의에 대한 하나의 반응이다. 처음에는 물질만능주의에 반反하는 행동 방식이었다. 그렇기 때문에 미니멀리즘은 많은 사람들이 행복으로 가는 새로운 길에 들어설 때 내딛는 첫걸음에 불과하다.

조금만 더 자세히 들여다보면 이러한 혁신적인 생활방식들 사이에 공통점이 있다는 것을 알 수 있다. 다들 처음에는 지배적인 가치체계에 대한 반응으로 일어난다. 모두 반反물질만능주의를 표방한다. 그러나 그게 다가 아니다. 건강하고 보람차고 열정적인 삶에 대한 신념을 물질 더미 아래 묻어버리는 세상에서 이러한 혁신적인 생활방식들은 저항의 선언인 셈이다. 그러한 방식은 하나같이 다들 인생을 물질적 소유물의 측면에서 평가해야 한다는 관념을 거부하고 대신 체험의 측면에서 평가해야 한다고 생각한다. 다시 말해서 물건의 양은 체험의 질 다음이란 뜻이다.

그렇다면 '체험'이란 정확히 무얼 말하는 걸까? 체험은 물리적인 재화와 대조적으로 손에 쥐고 만질 수 없는 것이다. 더 정확히 말하면, 무형의 대상으로서 달리기, 해변에 가기, 바비큐 해먹기, 또는 태미 스트로벨 말처럼 그저 사랑하는 사람들과 시간을 보내는 일과 같이 뭔가 하거나 보거나 접촉하는 것이다. 새로운 것을 배우거나, 친구를 돕거나, 자녀에게 읽기를 가르치는 것을 뜻할 수도 있는데, 데이브의 경우 자녀에게 읽기를 가르친 것이 평생을 통틀어 최고의 체험이었다고 한다.

체험을 우선순위에 둠으로써 미니멀리즘이나 단순한 삶이나 중박 인생을 택한 사람들은 모두 이 책에서 다루고 있는 궁극적이며 가장 중요한 혁신적인 라이프스타일에 그 누구보다 가까이 다가갈 수 있게 된다.

지금까지 과소유 증후군에서는 물질만능주의와 물질만능주의에 수

반되는 라이프스타일에 질릴 대로 질렸다는 사실을 적극적으로 의식하고는 현 시스템에 정력적으로 반기를 들고 있는 라이프스타일 선구자들을 만나 보았다. 탐구해 보고 싶은 선구적인 운동이 한 가지 더 있다. 나머지 운동과 마찬가지로 이 운동의 선구자들 역시 더 이상 물질적인 것에서 영감을 받거나 물질적인 것에 환호하지 않는다. 원하지도 않는 일에 기력을 낭비하기보다 지위와 의미와 정체성과 행복을 다른 데서 찾기 위해 정력적으로 활동하고 있다.

그 다른 데란 것이 체험이므로, 나는 이들을 체험주의자라 부른다.

제4부

체험주의의 삶이 우리의 미래다

제8장

하느냐, 갖느냐? 이것은 더 이상 문제가 아니로다

• 물질적 소유보다 체험적 소유가 행복에 더 기여하는 5가지 이유

제9장

인생을 체험으로 가늠하라

• 물건을 사는 대신 체험에 돈을 쓰는 행복한 체험주의자들의 이야기

제10장

페이스북으로 체험을 공유하라

• 소셜미디어에서 체험을 과시하고 공유하면서 체험주의자가 얻는 행복의 크기

제11장

행복을 측정하는 새로운 방법

• 새로운 행복의 척도는 소유물의 양이 아니라 삶의 질

제12장

중국인들은 어떠한가?

• 극도의 물질주의 단계에 접어든 중국인, 그러나 내일의 체험주의자가 될 중국인

제13장

체험이 새로운 마케팅의 화두다

• 물질주의 경제에서 새롭고도 강력하게 부상하는 체험 마케팅

제14장

체험주의자가 되고서도 여전히 물건을 좋아해도 되는 걸까?

• 물질만능주의 시대에서 모두에게 열린 새롭고 행복한 체험주의 시대로

가족과 함께 보내는 시간 – 체험의 소중함

행복한 체험주의자 가족의 이야기

영국인-프랑스인 커플인 수와 베르트랑은
소위 잘 나가던 멋진 인생을 살고 있었다.
수는 직물사업을 하고 있었고 베르트랑은 식당을 운영하고 있었다.
어느 날 수와 베르트랑은 삶의 회의를 느끼고
배낭에 들어갈 수 있는 물건만을 챙겨서 훌쩍 세계 일주를 떠났다.
몇 년 만 여행을 다니고 어떻게 될지 지켜볼 심산이었지만
현재 인도네시아 발리 섬에 있는 어느 해변 근처에 자리를 잡았다.
물건을 넘치도록 많이 가지고 있었고 원하는 모든 것을 가지고 있었지만
르넷 가족은 행복하지 않았다. 그러나 지금은 행복하다.
가족과 함께 시간을 보내는 것, 그게 인생이다!

물질적 안녕은 물론 삶의 체험까지 묻는 대통령

니콜라 사르코지의 지지율

2007년 경제대공황에 돌입하여 전 세계가 경제폭락의 위기를 겪고 있었을 때
엘리제궁에 있던 니콜라 사르코지에 대한 국민들의 지지율은 최악이었다.
위기에 빠진 사르코지는 국민들이 더 이상 물건의 양에만
신경 쓰는 것이 아니라 삶의 질에도 관심이 있다는 것을 알게 되었다.
그래서 GDP보다 더 우월하고 정확한 진보의 측정 수단을 구상해 냈다.
이로 인해 사르코지는 국민들의 엄청난 지지율을 회복하게 되었다.
그가 옳았던 이유는 적어도 부유한 선진국에 사는 사람들은 소유물의 양을
측정하는 것보다 삶의 질에 더 관심이 많다는 것을 깨달았기 때문이다.

제8장

하느냐, 갖느냐?
이것은 더 이상 문제가 아니로다

그리 멀지 않은 과거, 체험이나 물질적 소유물 중에서 어느 쪽을 선택하는 게 더 나은 건지, 어느 쪽이 행복을 가져다 줄 가능성이 더욱 높은 건지 단정적으로 답할 수 없었던 때가 있었다. 일부는 따지고 뭐고 할 것도 없이 인간관계나 자전거 타기나 춤추기와 같은 체험이 더욱 의미 있으므로 체험이 더 행복하게 해줄 수 있다고 생각했다. 또 다른 일부는 그렇게 느낀다면 그건 물건을 잘못 사서 그런 거라고 믿었다. 후자에 속한 부류의 경우 새 옷이나 새 구두, 새 핸드백이나 새 자동차를 살 때 기분이 좋아졌다. 회의적인 관측가라면 두 부류에 속하는 한두 명 혹은 수십 명의 견해에 대해서 곰곰이 생각해 본 다음 그러한 견해를 일화적 증거(개인적인 체험을 직접, 혹은 한 다리 건너 들어서 보고하는 것. 흔히 '내 체험으로는……', '……라는 걸 알게 되었어' 같은 구절로 표현된다―옮긴이)로 일축해 버릴 수도 있었을 것이다. 모르긴 몰라도 둘 중 어느 한 쪽이 더 낫긴 하겠지만, 과학적인 증거 없이는 체험이 더 나은지, 물질적 부가 더 나은지 단정할 수 없을 것이다.

그럼에도 단언할 수 있는 한 가지는 물질만능주의의 선순환이 처음처럼 그렇게 좋게만 보이지는 않는다는 사실이다. 리처드 이스털린은 1974년 소득이 어느 정도를 넘어서면 그 이후부터는 행복도와 비례하지 않는다는 점을 분명하게 밝혔다. 수십 년이 흐른 뒤, 연구자들은 또 다른 진리에 주목했다 : 물질만능주의적 성향이 강한 사람일수록 행복도가 떨어졌다. 흥미롭지만 새로운 수수께끼를 던지는 사실이었다. 왜냐하면 그 둘 사이의 관계가 어떤 식으로 돌아가는지 아무도 모르기 때문이다. 물질만능주의적 성향이 행복도를 떨어뜨린 걸까? 아니면 그 반대, 즉 불행이 우리를 더욱 물질만능주의에 탐닉하게 만든 걸까? 그것도 아니면 다비 색스비가 제시한 스트레스와 잡동사니 과포화 사이의 관계처럼 양방향으로 작용한 걸까? 혹은 두 요소가 서로를 유발한 게 아니고 과학자들이 상관관계라 부르는 관계에 있어서 그 둘은 연관성이 별로 없었던 걸까? 이러한 관계를 파악하는 것은 그저 탁상공론에 지나는 일이 아니다. 사람들의 행복에 관심이 있다면, 그것이 바로 핵심이다.

한편 2003년 톰 길로비치와 리프 밴 보벤이라는 두 심리학자가 이러한 의문에 답을 제시해 준 기념비적인 연구를 위해 뭉쳤다. 〈하느냐, 갖느냐? 그것이 문제로다〉라는 논문에서 길로비치와 밴 보벤은 단순한 의문으로 시작했다 : '체험은 물질적 소유물보다 인간을 더욱 행복하게 해주는가?'

이를 알아내기 위해 두 사람이 가장 먼저 한 일은 두 개념 사이의 차이점부터 정립하는 것이었다. 가장 좋은 사유방식은 체험은 뭔가 하는 것이고, 물질적 소유물은 뭔가 갖는 것이라는 사실이다. 어떤 경우에는 둘 사이의 차이점이 분명하다 : 가령 친구들에게 바비큐를 접대하는 것과 의자를 갖는 것은 분명 다르다. 그러나 이미 예상한 바대로 모호한 경우 또한 많다. 대부분의 물건이 일종의 체험을 제공한다. 의자조차,

이왕이면 안락하면 더 좋겠지만, 아무튼 앉는 체험을 제공한다. 그 다음으로 제공하는 체험과 더욱 밀접한 관련이 있는 물건들이 있다. 그런 물건들은 어느 쪽에 포함시켜야 할까? 가령 스키나 3D텔레비전 혹은 포르쉐는 물질적 소유물로 보아야 할까, 아니면 체험적 소유물로 보아야 할까?

길로비치와 밴 보벤은 그 해답이 사용하는 개인의 의도에 있다고 보았다. 체험을 획득할 목적으로, 다시 말해서, 그 물건이 제공할 사건 때문에 뭔가를 산다면, 그건 체험적 소유물인 것이다. 하지만 물리적인 유형의 물질을 소유하는 것이 1차 목적이라면, 그건 물질적 구매가 된다. 이런 구분이 처음엔 복잡하게 들리겠지만 길로비치와 밴 보벤을 비롯하여 다른 심리학자들이 그 효용을 입증했다. 이는 사람들에게 선택권 또한 허용한다. 텔레비전을 예로 들어보면 어떤 사람들은 그 물건을 떠올릴 때 가구와 더불어 보기 좋게 거실 한쪽 벽면을 차지하며 친구들에게 과시할 수 있는 물건이라 여긴다. 또 어떤 사람들은 텔레비전을 틀면 볼 수 있는 영화나 스포츠 경기를 먼저 떠올린다.

두 가지 핵심 개념에 대하여 분명하게 정의를 내리고 난 길로비치와 밴 보벤은 일련의 실험을 실시했다. 실험에서 두 사람은 사람들에게 각자가 한 체험적 구매와 물질적 구매에 대해서 생각해 보라고 했다. 그 후, 다음과 같은 질문을 했다 : 구매를 떠올릴 때, 그 구매로 인하여 어느 정도의 행복을 느끼는가? 그 구매는 인생의 행복에 어느 정도 기여하는가? 그 구매를 하느라 쓴 돈이 어느 정도나 유익하다고 보는가? 그 구매에 들어간 돈을 다른 데 썼으면 더욱 행복했을 것 같다는 생각은 어느 정도나 드는가?

결과는 분명했고, 결론은 단순했다 : 사람들을 더욱 행복하게 만들어주는 건 물질적 소유보다 체험적 소유를 할 때이다. 이로써 밴 보벤과 길로비치는 그토록 오랫동안 연구자들을 괴롭혀 왔던 또 다른 의문에 답할 수 있었고, 행복과 물질만능주의 사이의 관계가 어떻게 돌아가는 지도 확인할 수 있었다. 체험, 즉 뭔가를 할 때, 우리는 물질적 소유, 즉 뭔가를 가질 때보다 더욱 행복을 느낀다는 사실을 입증함으로써 두 사람은 물질만능주의와 불행 사이의 관계가 던진 수수께끼를 풀 수 있었다. 두 사람은 물질만능주의가 불행을 유발한다고 결론지었다.

다시 말해서, 하느냐 갖느냐는 더 이상 문제가 아니다. 명쾌한 답이 존재하기 때문이다. 행복해지고 싶다면 돈과 시간과 기력을 물질적 소유보다 체험에 써야 한다. 체험이 행복의 가능성을 더욱 높여주기 때문이다.

이유가 뭘까? 체험이 물적 재화보다 우리의 행복에 더욱 크게 기여하는 이유는 도대체 뭘까? 밴 보벤과 길로비치를 비롯하여 라이언 호웰, 트래비스 카터, 엘리자베스 던 같은 소수의 선구적인 심리학자들은 이후 줄곧 그 이유를 알아내기 위해 노력해 오고 있다. 이제까지 이들은 주된 이유 다섯 가지를 알아냈다.

우선 체험은 심리학자들이 '긍정적 재해석'이라 부르는 것, 우리가 '세상을 낙관적으로 바라본다고 표현하는 태도'와 좀 더 비슷하다. 실수로 발이 아픈 구두라든가 뚱뚱해 보이는 바지같이 마음에 안 드는 물적 재화를 산다면 그건 잘못된 선택이다. 그러면 이러지도 저러지도 못하게 된다.

하지만 체험의 경우에는 좀 다르다. 체험은 크게 잘못 되더라도 장밋빛 재해석을 통해 긍정적인 사건으로 둔갑하는 경향이 있다. 내내 비만 내렸던 캠핑 여행, 뒷좌석 승객이 시종일관 웩웩거리며 토하기만 했던 버스 여행, 해고당했던 때, 그런 체험들은 당시에는 끔찍했겠지만 어떤 이유에서인지 다시 말할 때는 그렇게까지 지독하게 느껴지지 않는다,

그렇지 않은가? 우리 모두 마음속 어딘가에서는 그 사실을 이미 알고 있다. '시간이 지나면 언젠가 웃을 날이 올 것'이라는 얘기를 하는 것도 바로 이런 이유 때문이다. 당시에 제아무리 기분 나쁘고 괴롭고 속이 뒤틀리고 창피했던 일이더라도 언젠간 웃으며 말할 수 있게 되는 것이다.

두 번째 이유는 물질적 소유가 체험만큼 오래가지 못하기 때문인데, 전자는 심리학자들이 '쾌락적응'이라 부르는 현상에 쉽게 영향을 받는다. 새로 나온 게임이나 장난감이나 휴대폰을 생각해 보라. 첫날 매장에서 나올 때나 택배 담당자가 막 떠나고 난 후에는 반짝반짝거리는 새 물건 때문에 신이 나 있다. 계속 만지작거리면서 이런저런 버튼을 눌러 사용법을 익히기도 하고, 친구들에게 자랑을 하기도 한다. 그러나 하루하루 시간이 흘러 일주일이 지나고 한 달이 지나고 나면 결국 그 물건을 눈여겨보지 않게 된다. 그 물건을 소유하는 데 적응을 하고 나면 거기서 얻는 쾌락은 점점 시들해지게 되는 것이다.

체험이 더 나은 세 번째 이유는, 심리학자들 말에 따르면, 물적 재화보다 비교가 어렵기 때문이라고 한다. 체험을 비교하는 것 자체가 불가능하다는 말이 아니라—우리 모두 비교하고 있기 때문에—체험이 물적 재화보다 직접 비교가 더 어렵다는 뜻이다. 이렇게 한번 생각해 보라. 물적 재화를 평가하는 일은 훨씬 객관적인 일이다. 자동차나 집을 비교하는 일은 사과끼리 비교하는 일과 그다지 다를 바가 없다. 체험을 저울질하는 일은 훨씬 주관적이다. 록 음악이 더 낫다, 힙합이 더 낫다, 고전음악이 더 낫다고 말하는 것과 마찬가지이다. 스카이다이빙을 독서나 원예, 노래 부르기와 코스튬 파티 참석과 비교하는 것과 마찬가지인 것이다.

이러한 사실, 즉 체험은 비교가 더 어렵다는 점은 중요하다. 왜냐하면 심리학자들이 발견한 바와 같이 어떤 체험이 더 좋고 나쁜지 판단하는 것이 어렵다면, 최선의 선택을 하고 있는 건지 걱정할 가능성도, 나중에 그 선택에 대해서 후회할 가능성도, 그 선택이 부여하는 지위에 대해서 고민할 가능성도 낮기 때문이다. 이런 이유 때문에 체험은 물적 재화보다 마음의 안녕에 더욱 이롭다.

체험이 더 나은 네 번째 이유는 우리가 체험을 우리의 정체성에 기여하는 것, 정체성의 일부로 보는 경향이 크기 때문이다. 즉, 우리는 체험을 자아를 형성해 주는 일부로 간주하는 경향이 있다는 뜻이다. 마지막으로 코스튬 파티에 참석했던 때나 언덕 꼭대기에 올라갔던 일, 혹은 스포츠 경기를 보러 갔던 때를 떠올려 보라. 그런 일 하나하나가 어떤 식으로든 지금의 당신이 되는 데 일조하지 않았는가? 그것도 마지막으로 산 물건들보다 더욱 크게? 물건과 체험 중에서 하나를 포기해야 한다면 당신은 어느 것을 단념하겠는가? 당신이 참석했던 총각파티나 결혼식에 대한 기억을 지워버리겠는가, 아니면 총각파티 때 입었던 옷이나 결혼식 때 입었던 드레스를 내주겠는가?

체험이 우리를 행복하게 만들어줄 가능성이 더 큰 마지막이자 다섯 번째 이유는 체험이 우리를 타인과 더욱 돈독한 사이로 만들어주기 때문이다. 즉, 우리 인간이 사회적 동물이므로, 우리를 행복하게 만들어준다는 뜻이다. 여기에는 세 가지 측면이 있다. 우선 뭔가를 소유하는 것보다는 뭔가를 할 때, 다른 사람과 함께 할 가능성이 더 크다.

그 외에도 심리학자들은 물질적 구매가 사람과 사람 사이를 멀어지게 하는 경향이 있는 반면, 체험은 연대감을 느끼게 해준다는 사실을 알아냈다. 자동차와 캠핑을 떠올려 보라. 공원 주차장에 주차한 각자의 자동차에서 내리는 닛산 소유주와 포르쉐 소유주를 동시에 각자의 텐트에서 나오는 두 명의 이웃 캠핑객과 비교해 보라. 자동차 소유주들이 연대감을 느껴서 대화를 틀 가능성은 캠핑객에 비해 지극히 낮다.

보다시피 물적 재화는 캠핑과 같은 활동보다 같은 사회집단에 속한다는 느낌을 줄 가능성이 매우 낮다. 두 차주 모두 포르쉐를 소유하고 있다고 하더라도, 즉 똑같은 물적 재화를 가지고 있다손 치더라도 두 사람은 여전히 캠핑객들보다 서로를 소원하게 여길 것이다. 마찬가지로 캠핑객들이 서로 전혀 다른 캠핑 장비를 가지고 있다고 하더라도 그들은 대화를 나눌 것이다. 텐트에서 나오다가 마주친 사람이 몽블랑(알프스 산맥의 최고봉으로 서유럽에서 가장 높은 산—옮긴이)이나 매킨리 산(알래스카 주에 있는 산으로 북미에서 가장 높은 봉우리가 있음—옮긴이) 중턱에서 캠핑을 해 본 체험이 있는 사람이고 당신은 캠핑이 이제 겨우 두 번째라고 하더라도, 또 커튼과 냉장고까지 갖춘 '글램핑('화려한' 또는 '매력적'이라는 뜻을 지닌 'glamorous'와 'camping'을 합친 신조어로 화려한, 럭셔리한 캠핑을 뜻함—옮긴이)' 텐트 안에 함께 있다고 하더라도 여전히 강한 유대감을 느낄 것이다. '캠핑족'에 속하는 두 사람에게는 함께 나눌 이야기, 유사한 체험이라는 공통점이 있기 때문이다.

타인과 어떤 공통점을 가지고 있다는 생각은 체험이 사람과 사람 사이를 더욱 가깝게 만들어주는 세 번째 이유를 설명해 준다. 다른 걸 다 떠나서 대화를 이어나가기가 좀 더 수월하기 때문이다. 뭔가를 가지고 있을 때보다는 뭔가를 할 때 재미있는 이야깃거리를 얻게 될 가능성이 더욱 높은 법이다. 사람들은 물적 재화보다는 체험에 관해서 이야기하는 사람들에게 더욱 호감을 느낀다는 연구 결과도 있다. 당신이라면 새로 산 차 얘기와 최근에 다녀온 캠핑 얘기 중 어느 얘기를 듣겠는가?

심리학자들은 체험이 물적 재화보다 우리에게 더욱 큰 행복을 주는 이유를 다섯 가지 제시했다. 체험은 긍정적 재해석이 더욱 수월하며, 쾌락적응에 의해 시들해질 가능성이 더욱 낮고, 비교가 더욱 어려우며, 우리가 체험을 우리의 정체성에 기여하는 요소로 간주하고 있고, 인간관계를 더욱 돈독하게 해준다. 나는 여기에 여섯 번째 이유를 추가할까 한다. 물질만능주의로 인한 의도하지 않은 결과는 집이 잡동사니로 과포화 상태가 될 가능성이 더욱 높아지는 것인데, 이는 당신과 당신의 주변 사람들에게 스트레스와 불행을 가져다 줄 가능성 또한 높인다. 소유를 체험보다 더욱 높이 평가하는 사회가 얻게 되는 의도하지 않은 결과로는 스트레스, 불행, 그리고 과소유 증후군이 있다.

그 문제는 가치관을 바꾸면 해결할 수 있다. 체험을 소유보다 우선시하는 사람들이 늘어난다면, 하는 것을 갖는 것보다 선호하는 사람들이 늘어난다면, 잡동사니 과포화와 스트레스는 줄어들고 사회의 행복은 늘어날 것이다. 과소유 증후군으로 인한 그 모든 문제를 해결하고 싶다면, 우리 모두 이제부터 체험주의자처럼 살아야 할 것이다.

제9장

인생을
체험으로 가늠하라

무수히 많은 자동차의 크롬 테일 핀 장식(2개의 몸통에 꼬리 날개가 달린 쌍방 프로펠러 전폭기 록히드 P38 라이트닝에서 영감을 받은 자동차 디자인으로, A필러에서 시작해서 급격하게 솟아올라 마치 전투기의 꼬리날개를 연상시킨다—옮긴이)에서 제트기 시대(항공 역사상 터빈 엔진 항공기의 도래와 그로 인하여 야기된 사회적 변화로 규정되는 시대—옮긴이)와 우주 경쟁(냉전 당시 미국과 소비에트 연방이 우주 개발을 놓고 벌인 경쟁—옮긴이)의 흔적이 반영되어 있는 걸 볼 수 있었던 1950년대는 근면과 지금 당장 사라는 분위기와 일회용 소비문화가 전성기에 도달한 시기였다. 50년대가 끝을 향해 갈 때쯤, DJ로 더 잘 알려진 더크 얀 드 프리라는 남자가 문제 해결에 착수했다. 그는 헨리 포드가 한 세대 전쯤 공장을 대상으로 실시했던 걸 사무실에도 실시할 수 있는지 확인하고 싶었다. 직원들이 사무실 내에서 좀 더 능률적으로 일할 수 있도록 사무실을 설계하고 싶었던 것이다. 어쨌거나 그가 밝힌 목적은 그러했다. 이실직고하자면 그는 허먼 밀러라는 사무용 가구 제조업체인 자신의 회사 제품을 더욱 많이 팔 수 있을지 그걸 확인하고 싶었다.

수년간의 연구와 시작 단계에서 한 번의 고배를 맛본 끝에, 그가 얻어낸 해결책은 '액션 오피스II'라 불리는 사무실로, 3면이 가변의 벽으로 둘러싸인 정육면체 공간이었다. 오늘날 우리가 아주 잘 알고 있는 큐비클(칸막이를 한 사무실을 가리키는 말—옮긴이)이라는 전형적인 사무공간이다. 이 새로운 큐비클의 목적은 사무직 근로자들의 만족도와 생산성을 증진하는 것이었다. 새로운 큐비클 안에서는 집중을 흐트러뜨리는 시각적·청각적 요인으로부터 보호를 받게 될 터였다. 각자의 기호나 필요에 맞게 바꿀 수 있는 사적인 공간도 생길 예정이었다. 각자에게 소유권을 주장할 수 있는 영역이 생기는 것이었다. 어쨌든 이것도 큐비클에 대한 한 가지 관점이었다. 하지만 이 프로젝트에 전혀 관여하지 않았던 허먼 밀러의 디자인 부문 책임자, 조지 넬슨의 관점은 달랐다. 그는 큐비클을 최대한 많은 수의 '기업형 좀비'를 한 사무실에 쑤셔 넣기에 이상적인 방법으로 보았다.

그 후 수십 년이 흐른 뒤, 캘리포니아 주 실리콘밸리에 있는 전형적인 큐비클 안에서 전화벨이 울렸다. 정장을 입고 넥타이까지 맸지만 서핑으로 자연 탈색되어 금발이 된 머리 가닥이 군데군데 보이는 한 젊은이가 수화기를 들었다. 그 청년은 방금 회의를 마치고 돌아온 참이었다. 참석해야 할 회의는 또 있었다. 평소와 다를 바 없는 근무일이었다.

당시 24살이었던 클리프 호지스는 반도체 기업 AMD의 자회사인 어느 첨단기술 기업의 하급 관리자였다. 그 직업은 보스턴의 매사추세츠 공과대학, 즉 MIT를 5년 만에 졸업하고 처음 들어간 제대로 된 직장이었다. 실리콘밸리의 비옥한 토양을 뚫고 하늘 높이 자란 수많은 마법의 콩나무처럼 무섭게 성장하게 될 성공의 콩나무를 향한 첫 걸음이었다.

호지스가 늘 애지중지하는 게 두 가지 있었다. 그중 하나가 컴퓨터였다. 그의 아버지, 돈 호지스는 이렇게 말하곤 했다.

"클리포드는 타고 났다니까. 네 살밖에 안 된 애가 처음으로 애플 IIe(애플이 출시한 PC 모델명—옮긴이)라는 기계를 갖게 됐는데, 뭐가 뭔지 단번에 알아차리더라고."

나머지 한 가지는 야외활동이었다.

MIT에서 '호지스의 룸메이트'였던 카이 맥도널드는 그때를 이렇게 회상한다.

"어떤 날엔 논문을 작성하고 있겠거니 생각하고 집에 갔더니, 아, 글쎄, 뒷마당에서 나뭇가지만 가지고 불을 지피려고 애를 쓰고 있지 뭐예요."

공부를 마치고 그는 수백만 명의 졸업생들이 하는 대로 했다. 이력서를 보냈고 취직을 했고 열심히 일을 하기 시작했던 것이다.

"네, 클리프 호지스입니다."

최고로 직장인다운 목소리로 전화를 받았다.

"클리포드니?"

수화기 너머에서 떨리는 목소리가 들려왔다.

의심의 여지없이 아버지였다. 하지만 목소리가 이상했다. 아버지는 클리포드에게 걱정을 끼치고 싶지 않다고 했다. 그러면서 괜찮다고 했다. 하지만 뭔가 이상한 일이 일어나고 있었다. 글씨를 쓰려고 해도 펜을 쥘 수가 없다고 했다.

걱정이 된 호지스는 상사에게 사정을 설명하고 곧바로 사무실을 나왔다. 나중 일이지만, 그는 그 후 사무실로 돌아가지 않았다. 병원에 도착했을 당시 아버지는 환자복을 입고 침대에 힘없이 누워 있었다. 여러 개의 튜브를 통해 뭔가가 아버지 몸속으로 들어가고 있었고 빠져나오기도 하고 있었다. 가슴에는 전선이 붙은 패드가 여기 저기 붙어 있었다.

클리프는 다음주 내내 병원에 있으면서 아버지가 뇌졸중에서 점차 회복하는 모습을 지켜보았다. 전선을 제거하고 아버지가 회복하자 두 사람은 앞으로 아버지가 어떻게 해야 할지에 대해서 상의하기 시작했다. 당신의 일터인 병원으로 돌아가 하루 종일 환자를 볼 수는 없었다. 이제부턴 좀 쉬어야 했다. 목숨은 소중한 것이었다.

논의가 진행되어 아버지의 인생에 대한 얘기를 나누다 보니 클리프는 어느새 자신의 인생에 대해서도 돌아보고 있었다.

클리프는 지금 그때를 이렇게 회상한다.

"아버지한테 그런 일이 일어나는 걸 보고 나니까 인생이 참 짧구나 하는 생각이 들더군요. 지금 하는 일에 애착이 없다면 다른 일을 찾아봐야 하는 거잖아요."

그런데 클리프는 자기 일에 애착이 없었다.

"제 업무는 하루 종일 이런저런 회의에 참석하는 것이었습니다. 엔지니어들이 무슨 일을 하는 중인지 파악하기 위한 회의. 엔지니어들이 무슨 일을 하는 중인지를 경영자들에게 설명하기 위한 회의. 그 다음엔 경영진이 무슨 일을 하는 중인지를 엔지니어들에게 설명하기 위한 회의가 더 있고요."

토요일에도 출근했고 일본에 있는 지사와 전화 회의를 하기 위해 야근을 하기도 했다.

"껍데기만 살아남은 것 같았죠. 깜깜할 때 일어나서 깜깜할 때 퇴근을 했는데 하루에 운전만 세 시간을 했다니까요."

그럼에도 통근시간은 하루 중 가장 신나는 한때였다.

"늘 길 좀 막히게 해달라고 기도했습니다. 늦게 나오기에는 너무 양심에 찔리는 거예요. 하지만 일찍 나왔는데 길이 엄청 막히면 그건 제 잘못이 아니잖아요. 그래서 차 안에 오래 있을 수 있도록 길 좀 막히게 해달라고 늘 기도를 했습니다."

아버지와 대화를 나누면서 그는 그만두어야 한다는 깨달음을 얻었다. 그의 부모는 그게 잘하는 짓인지 확신이 서질 않았다.

어머니는 이렇게 물었다.

"그게 네가 하고 싶은 일이 아니라면 대체 MIT는 왜 갔던 거니?"

아버지는 이렇게 조언했다.

"나중을 위해서 경력도 쌓고 돈도 좀 모으는 게 어떻겠니?"

하지만 그런 걱정을 하기엔 이미 때가 너무 늦어버렸다.

"인생은 돈으로 가늠할 수 있는 게 아니잖아요. 적어도 그땐 그런 생각이 들더라고요. 인생은 체험으로 가늠하는 겁니다."

클리프가 원하는 건 그 모든 전화 회의로부터, 그 답답한 큐비클로부터 최대한 멀리 벗어나 야외로 나가 체험을 하면서 야생동물과 최대한 가까이 있는 것이었다. 그래서 야외에서 일을 하기 시작했고 사람들을 데리고 야생동물 투어를 시켜 주다가 이제는 자신만의 관광회사를 차려서 서핑, 클라이밍, 석기 시대 생존스킬을 가르치고 있다. 그가 관광 코스를 운영하는 야생이 이른바 그의 '사무실'이다. 사람들에게 자연에서 살아남는 법, 성냥 없이 불을 지피는 방법, 활과 화살을 만드는 법, 야생동물을 잡아서 가죽을 벗기는 법을 가르친다.

클리프의 이야기와 비슷한 이야기는 아마 전에도 들어보았을 것이다. 그런 이야기들은 보통 이렇게 전개된다 : 누군가 큰 병이나 사랑하는 사람의 죽음같이 비극적인 사건을 겪는다. 그 결과 그 사람은 인생에서 중요한 건 열심히 일하고 돈을 많이 벌어서 물건을 많이 사는 게 아니라는 사실을 깨닫는다. 깨달음을 얻은 그는 이제 모든 걸 버리고 더욱 의미 있는 새로운 인생을 시작한다.

그런 관점에서 보면 클리프 호지스의 이야기는 진부하기 짝이 없다. 하지만 이 이야기 역시 실화이다. 더욱 중요한 사실은 내가 태미 스트로벨을 선별했듯, 혹은 CELF 연구자들이 연구에 참여할 가족을 선정했듯 호지스를 선별했다는 것이다. 클리프는 내가 체험주의자라 부르는 사람들로 구성된 신흥집단의 전형적인 사례에 해당한다. 그의 이야기는 다수의 다른 체험주의 혁신가들이 겪은 과정을 잘 보여준다 : 이유는 제각각 다를지 몰라도 그들 모두 더 이상 현 시스템을 신뢰하지 않는다는 사실과 물질주의적 가치에서 동기를 부여받지 않는다는 사실, 그리고 체험이 더욱 의미 있고 흥미롭다는 신념을 가지고 있다는 사실을 깨달았다.

체험주의자, 미니멀리스트, 이 책에 등장하는 다른 사례 연구대상 사이에는 몇 가지 유사점이 있다. 하지만 중요한 차이점 또한 존재한다. 라이언 니커머스와 호지스를 비교해 보자. 사례 연구의 표본과도 같은 미니멀리스트, 니커머스는 자신이 사 모은 물건으로 인하여 과소유 증후군을 체험했다. 그 또한 직장을 그만두었다. 하지만 그가 물질만능주의를 거부하는 데 주효했던 방법은 물건의 대부분을 없애버리는 것이었다.

반면 전형적인 체험주의자인 호지스는 살아가는 방식, 현 시스템의 부산물과도 같은 생활방식 때문에 과소유 증후군을 느꼈다. 그가 물질만능주의를 거부하는 데 주효했던 방법은 소유물을 없애버리는 것이 아니었다. 어쨌거나 그렇게 많이 가지고 있지도 않았지만 말이다. 그보다는 물질주의적 가치체계에 수반하는 직업과 삶을 바꾸고, 성공을 물질적 측면보다는 체험적 측면에서 평가하는 새롭고 자유로운 라이프스타일로 업그레이드하는 방법이었다. 요즘에는 선택의 폭이 훨씬 넓어졌다. 런던에 살고 있는 매리앤 캔트웰이라는 30대 호주인처럼 말이다.

자유 방목형 라이프스타일

과소유 증후군은 영국 런던에 있는 국회의사당에서 그리 멀지 않은 곳, 지하 60m에서 어느 날 갑자기 매리앤 캔트웰의 삶을 덮쳤다.

평소와 다를 바 없는 런던의 아침이었다. 밖에는 잿빛 구름이 잔뜩 끼어 있었다. 런던 북부에 있는 그녀의 아파트 안에서는 블랙베리에서 알람이 울리기 시작했다. 그녀는 시끄러운 알람 소리를 끄고 이메일을 확인했다.

앞으로 할 이야기에도 나오겠지만, 그녀는 꿈꾸어 왔던 일을 하고 있었다. 20대 후반인 그녀는 자신의 상사를 존경하고 있었다. 일도 아주 마음에 들었다. 그녀는 잘 나가는 마케팅 컨설턴트로 중대한 문제 때문에 골머리를 앓고 있는 우량 고객들을 위해 기발한 아이디어를 고안해내는 일을 하고 있었다. 두터운 신임信任을 받고 있는 인재였다. 사무실 내에서 열혈남아 클럽Heroic Boys Club의 일원으로 추대받을 정도였다.

캔트웰은 이렇게 말한다.

"그 클럽의 일원이라는 건 말도 못하게 바쁘단 뜻이에요. 회의에 참석하러 가는 차 안에서 작성한 프레젠테이션을 아무 준비 없이 할 정도로요."

캔트웰은 일어나 얼룩고양이 엘비스를 쓰다듬어 주고 나서는 성공이 그녀에게 가져다 준 물건들을 살펴보기 위해 옷장 문을 열었다.

"시내에서 직장을 다니다 보면 늘 새 구두와 핸드백을 사게 됩니다. 과로에 대한 보상인 셈이죠. 열심히 일한 저 역시 그 정도의 보상을 받을 자격이 있었고요."

그녀는 스마트하지만 지나치게 섹시해 보이지 않는 옷을 골랐다. 푸른 눈에 금발 단발머리—친구 캐서린 티클은 그녀를 가리켜 '귀네스 팰트로를 닮았죠.'라고 말한다—인 캔트웰은 늘 비서처럼 보이지 않기 위해 공을 들였다. 그 당시 제일 잘 나가는 호주 브랜드였던 큐Cue에서 구입한 회색 시프트 드레스(소매가 없고 허리선을 표시하지 않은 짧은 원피스—옮긴이)에 영국 패션 브랜드인 테드 베이커(Ted Baker : 버버리, 폴스미스와 함께 영국의 3대 명품 브랜드라 일컬어지는 브랜드—옮긴이)에서 산 검은색 가죽벨트와 광택이 있는 검은색 하이힐을 매치시킨 다음 명품 액세서리로 포인트를 주었다. 엷은 황갈색 롱샴 핸드백과 프라다 사의 귀갑테 선글라스를 골랐는데, 선글라스의 경우 회의 중 고도의 계산 하에 우아하게 벗어주면 장내를 장악하는 데 도움이 되었다.

그날 아침 지하철역으로 가는 경로 중 여유 있는 경로를 택한 그녀는 느리게 걸으면서 빅토리아 시대 주택들과 하이베리 필즈의 드넓은 녹지를 지나쳤다. 지하철역에서는 에스컬레이터를 타고 지하로 내려가 남쪽으로 향하는 만원 지하철에 탔다가, 그린파크 역에서 다른 통근자들과 함께 터널을 지나 피커딜리 선에서 주빌리 선으로 환승했다.

주빌리 선은 전 세계에서 가장 중요한 금융센터 가운데 한 군데로 향하는 노선이기 때문에 그녀가 출근하는 그 시간대에는 두 가지 유형의 사람들로 붐빈다.

"은행가들하고 법인변호사들은 파란색과 흰색 체크무늬 와이셔츠를 입고 폭이 넓은 넥타이를 매고 아이팟으로 음악을 듣는데 주변 사람들한테도 다 들릴 정도로 음량을 한껏 키우고 듣죠. 비서들은 명품백을 들고 지나치게 짙은 화장을 하고 프렌치 스타일 매니큐어를 바르고 있어요. 프렌치 스타일은 손가락이 끝나는 부분까지는 투명색으로 칠하고 손톱만 있는 부분은 흰색으로 칠하는 거랍니다."

모두들 플랫폼의 지하철 문이 열리는 지점에 몰려 있다.

캔트웰은 그때를 이렇게 회상한다.

"전쟁터가 따로 없어요. 다들 아드레날린 때문에 이미 힘이 넘치는 상태거든요. 마치 벌써 사무실에 도착하기라도 한 것 같다니까요."

캔트웰이 간신히 비집고 들어간 지하철 승객 무리는 제일 먼저 정차한 열차에 입성할 수가 없었다. 다음 열차가 끼익 소리를 내며 정차했을 때, 승객 무리는 다시 한 번 다같이 재빠르게 앞으로 밀고 나아갔다. 그녀도 온몸에 힘을 싣고 발을 이리저리 움직이고 어깨까지 들썩여가며 지하철에 탔지만 누가 될지 몰라도 앞·뒤·옆 사람과 너무 친밀하게 붙어가지 않기만을 바랐다. 그녀의 얼굴은 땀범벅이긴 하지만 냄새는 안 나는 어떤 남자의 겨드랑이 바로 앞에 있었다. 다른 누군가의 얼굴은 그녀의 겨드랑이 바로 앞에 있었다. 그녀가 그날 데오도런트를 발랐느냐고? 그것까지는 그녀도 기억이 안 난다.

그녀는 지금 처한 현실을 최대한 외면하고자 숨을 참고 눈을 감았다. 야외로 나가 하이베리 필즈 공원을 산책하거나, 그보다 더 신나는 일로는, 어린 시절을 보낸 헌터 밸리(호주 뉴사우스웨일스에 위치하며 호주에서 가장 오래된 와인산지이다—옮긴이)에서 산책하는 상상을 했다. 그러다 다시 눈을 뜨고는 주변을 눈여겨보았다. 자신과 마찬가지로 주변사람들을 없는 셈 치기 위해 최선을 다하면서 각자의 임무 수행에 중요한 이메일과 뉴스 생각에 골몰하고 있는 정장차림의 남자들과 비서들. 서로에게 밀착된 채 이리저리 떠밀리는 모양새가 꼭 닭장에 갇힌 닭처럼 보였다.

"그때였어요, 불현듯 그런 생각이 들었던 건. 우린 우리 시대에서 가장 뛰어나고 똑똑하다는 사람들이고, 성공이 보장된 사람들이었죠. 그런데 수십 미터 땅속을 돌진하는 금속 지하철에 갇혀 서로의 겨드랑이를 보면서 서 있잖아요. 숨조차 제대로 쉴 수 없었죠. 우리에 갇힌 동물과 다를 게 없었어요. 우리가 정말 가축이었다면 그런 상황에 처할 일도 없었겠죠. 동물의 권리를 주장하면서 시위를 벌이는 사람들이 있을 테니까요. 그 순간 더 이상 이런 우리에 갇혀 있을 순 없다는 깨달음이 찾아왔어요. 전 빠져나와야만 했어요. 우리에서 벗어난 삶을 살아야만 했어요."

캔트웰은 그 순간 탈출 계획을 짜기 시작했다. 몇 달 뒤, 그녀는 직장을 때려치우고 우리에 갇힌 동물 신세가 되는 출퇴근 생활과는 거리가 먼 삶을 시작했다. 지금도 이동은 하지만 통근할 때처럼 매일 하는 건 아니다. 대신 몇 달 마다 전 세계에 걸쳐 태국, 이태리, 호주, 영국과 같이 자신이 가장 좋아하는 장소 몇 군데를 번갈아 오가고 있다. 지금도 이런저런 물건을 좋아하기는 하지만 전보다 가짓수가 줄었다.

"물건을 수집하지는 않지만 그렇다고 물건을 기피하지도 않아요. 주변에 좋은 물건을 두는 걸 좋아하거든요. 시골 풍경이든 아름다운 옷이든 그것도 재미있는 체험이 될 수 있으니까요."

지금도 일은 하고 있지만, 스마트폰과 벅찬 상사가 있는 월요일부터 금요일, 9시부터 5시까지 근무하는 일은 아니다. 그런 직장생활은 사실 월요일부터 일요일, 9시부터 5시까지 채워야 하는 징역형처럼 느껴졌었다. 진로 및 생활 코치인 지금은 현실적인 문제로 고민하는 평범한 사람들을 위해 기발한 아이디어를 짜내고 있다. 다른 사람들도 그녀가 자유 방목형 삶이라 부르는 삶으로 탈출할 수 있도록 돕고 있다. 런던에 있을 때처럼 지금도 지하철은 탄다. 하지만 붐비는 출퇴근 시간대에는 절대로 타지 않는다.

우리 모두 살면서 어느 시기엔가는 혼잡 시간대에 대중교통 수단을 이용해 본 체험이 있을 것이다. 더 나은 방법이 없을까 하고 궁리해 보지 않은 이가 누가 있을까? 하지만 열기와 땀과 냄새와 먼지와 연착과, 그중에서도 최악인, 타인의 존재와 같은 그 모든 악조건에 대해 불평을 늘어놓으면서도 우리들 대다수는 그걸 그냥 삶의 일부분으로 받아들이고 계속 살아간다. 캔트웰은 그러지 않았다. 낯선 승객의 겨드랑이에 얼굴을 처박다시피 한 체험을 지겹도록 하고 나서는 어느 날 계속 이렇게 살 수는 없다고 맹세했다. 그날 바로 탈출을 감행하지는 않았다. 그러나 씨앗을 뿌린 것은 그날 아침이었다. 그 후 수주, 수개월 동안 그녀는 자나 깨나 탈출계획만 생각했다. 갑자기 자기 윗사람들이 전혀 다르게 보이기 시작했다. 예전에는 그 사람들이 가진 더 큰 집과 더 비싼 핸드백들이 부러웠었다. 그런데 지금은 그런 것들이 있어서 그 사람들이 더 행복해진 건 아니라는 사실을 깨달았다. 그래서 클리프 호지스와 마찬가지로 그녀 또한 체험을 전통적이고 물질적인 성공의 표지들보다 더 우선시하게 되었다. 그랬더니 효과가 나타났다. 호지스처럼 캔트웰도 전보다 지금이 훨씬 행복하다고 나에게 몇 번이나 말했는지 모른다.

미혼에 책임질 일도 별로 없는 이삼십 대에는 모든 걸 버리고 다른 걸 시도해 볼 결심이 설 때, 그런 선택을 하는 것이 쉬워 보일지 모르겠다. 하지만 만약 당신이 젊지도 않고, 자유롭지도 않고, 미혼도 아니라면 어떨까? 그래도 체험주의자가 될 수 있을까?

체험주의 가족의 삶

얼마 전, 전형적인 어느 토요일 오전, 지금은 둘 다 50대가 된 수와 베르트랑 르넷은 런던 클래펌에 있는 3층짜리 빅토리아 시대 집에서 인생이란 도대체 뭘까 하는 의문을 입 밖으로 내뱉었다.

수와 베르트랑은 전형적인 영국인-프랑스인 커플이다. 수는 예쁘지만 고지식한 면이 있고 검은 머리를 언제나 짧게 자른다. 그녀에게는 뭔가 학교 선생님 같은, 혹은 마거릿 대처 같은 구석이 있다. '어마나'라는 말을 쓰는 사람이지만 일단 결심을 하고 나면 무슨 일이 있어도 번복하는 법이 없는 강직한 면 또한 지니고 있다. 베르트랑은 브르타뉴(프랑스 북서부의 반도—옮긴이)의 7남매 가정 출신이다. 희끗희끗해진 머리를 폭넓게 자란 구레나룻 바로 아래 길이까지 바싹 짧게 깎아서 외인부대(북아프리카 프랑스군의 부대를 말함—옮긴이) 병사처럼 보인다. 하지만 말을 해보면 금세 맛있는 음식, 좋은 와인, 친구를 제대로 즐길 줄 아는 사람이란 걸 알 수 있을 것이다. 요기 베어(가족용 만화 캐릭터로 의인화된 곰이며 텔레비전용 애니메이션과 영화로도 제작되었음—옮긴이) 못지않게 다정하며 그에 걸맞은 미소까지 지니고 있다.

그날 아침 두 사람은 침대에 기대 앉아 열린 창문으로 쏟아져 들어오는 햇살을 맞으며 커피를 홀짝이고 있었다. 열 살짜리 딸 솔렌과 아홉 살짜리 아들 안톤과 세 살짜리 아들 주드가 폴짝거리며 두 사람의 침실을 드나들고 있었다. 수의 말에 따르면 '뭐든지 할 수 있을 것 같은 눈부신 아침' 같았다고 한다. 두 사람은 멋진 인생을 살고 있었다. 수는 직물 사업을 하고 있었고 베르트랑은 개스트로란 이름의 프랑스식 식당을 운영하고 있었다. 아이들은 모두 사립학교에 들어갔다. 하지만 그게 다 무슨 소용이란 말인가? 별 게 아니라는 결론이 나왔다. 그래서 두 사람은 지금과 다른 삶은 어떤 모습일까를 그려 보기 시작했다. 그 주부터, 두 사람은 계획을 짜고 저축을 하기 시작했다. 베르트랑이 후에 암 진단을 받았을 때에도 계획은 그대로 진행되었다. 암이 차도를 보이기 시작하자마자, 처음으로 이런 발상을 떠올린 지 5년 만에 계획을 실행에 옮겼다. 수는 사업을 접었다. 베르트랑은 개스트로의 경영을 매니저들한테 물려주었다. 살던 집은 세를 주었다. 물건은 쓰레기와 보관 가치가 있는 물건, 이렇게 두 더미로 나누었다. 쓰레기는 내다버렸다. 가장 좋아하는 그림 여덟 점은 벽에 걸어 두라고 친구들에게 주었다. 다른 그림 몇 점은 창고에 넣어두었다. 가족은 모든 걸 버리고 배낭에 들어가는 물건만 챙겨서 다 함께 세계일주를 떠난 다음, 앞으로 어떻게 될지 두고 보기로 했다. 혹시 누가 알랴? 어딘가 다른 곳에 정착하게 될지. 운이 따라준다면 최소한 삶을 살맛나게 해주는 체험이라도 해볼 수 있을지 몰랐다. 페루에서 티셔츠와 반바지에 쪼리 차림으로 눈보라에 갇혀 이틀 동안 발이 묶였던 때가 바로 그런 체험이었다.

그 여행 당시 가족은 마추픽추까지 택시를 타고 가기로 했었다. 주드가 너무 어려서 잉카 트레일(피스카쿠초에서 마추픽추를 잇는 43㎞ 정도의 길—옮긴이)을 걸을 수가 없었기 때문이었다. 출발할 땐 전형적인 열대지방의 날씨를 보여 따뜻하고 화창했다. 하지만 산을 오르던 도중 날씨가 험악해졌다. 고산지대에 거의 다다랐을 때는 순식간에 공기니 도로니 할 것 없이 주변 모든 것이 눈으로 뒤덮여 있었다. 혼잡한 도로는 이제 양방향이 꽉 막혀버렸다. 눈에 빠져 꼼짝 못하는 트럭들이 차를 돌리려 애를 쓰고 있었다. 그들 역시 발이 묶였다. 택시기사는 어깨를 으쓱하고는 뒤돌아 그들을 보며 기다리는 수밖에 없다고 말했다.

"여긴 페루잖아요!"

르넷 가족은 택시기사가 상황을 설명해 주려는 것인지 기운을 북돋아주려는 것인지 알 수가 없었다. 낮이 밤이 될 때까지도 그들은 택시 안에서 눈보라가 잦아들기를 기다렸고 유일하게 수중에 있는 음식, 스니커즈 초콜릿 바 두어 개를 돌려가며 나누어 먹었다. 그들은 몸을 따뜻하게 하려고 펭귄처럼 몸을 옹그렸다. 첫날밤에는 내내 덜덜 떨었다. 어둠 속에서 꼿꼿이 앉아 있던 베르트랑은 날이 밝자마자 산 밑으로 내려가 도움을 요청해야겠다고 마음먹었다. 동이 틀 무렵, 베르트랑은 상황을 살피기 위해 택시 밖으로 나왔다. 마을을 하나 발견한 그가 현지 주민들에게 가장 가까운 읍내가 어디냐고 묻자 날이 좋으면 길을 따라

세 시간만 가면 나온다고 했다. 하지만 날씨가 나쁜 날엔 어깨를 으쓱 하더니 그걸 누가 알아, 라고 했다. 주민들은 손가락으로 어떤 방향을 가리키며 지름길이 있기는 하다고 했다. 베르트랑은 몇 시간을 헤맸지만 눈이 길을 다 덮어버린 상태였고 길도 너무 가팔라서 위험했다. 특히나 그때 신고 있던 쪼리로는 어림도 없었다. 그는 포기하고 터덜터덜 걸어 택시로 돌아왔다. 그곳 상황은 점점 더 나빠지고 있었다.

베르트랑은 그때를 이렇게 회상한다.

"냉기가 몸속으로, 뼛속까지 파고든 겁니다. 솔렌, 그 다음엔 안톤이 얼음장처럼 차가워지기 시작했어요. 그 다음엔 수가 턱을 못 움직이게 됐죠. 마비라도 된 것처럼 말이에요. 우리가 정말 크나큰 곤란에 처했구나 하는 생각이 든 건 바로 그때였습니다."

밤은 점점 다가오는데 가만히 앉아서 밤새 덜덜 떠는 것밖에는 어쩔 도리가 없었다. 동이 트자마자 베르트랑은 가족들을 이끌고 길을 나섰다.

"교통 혼잡에서 벗어나 버스를 잡아타기까지 아마 서너 시간은 걸렸을 겁니다. 꾸역꾸역 올라타고 읍내까지 와서는 택시를 잡아타고 호텔로 돌아온 다음 침대로 직행했죠."

그때 말고도 고생길이 되었던 여행은 또 있었다. 24시간 동안 버스를 타고 볼리비아를 횡단하는 여행이었는데, 화장실도 고장 나고 외부 온도가 섭씨 35도인 상황에서 에어컨도 고장 나고 길도 비포장도로여서 광고보다 여행 시간이 두 배나 더 걸렸던 여행처럼 말이다. 꼬박 이틀이 걸렸다. 악몽이 막 끝나갈 때쯤 그들은 볼리비아의 수도인 라파스에 도착했다. 해발고도 3,650미터인지라 기온이 급격히 떨어졌는데 다들 추워서 벌벌 떨기 시작하더니 고산병과 위경련에 걸려서 먹은 걸 토하기 시작했다. 회복하기까지 일주일이 걸렸다.

물론 르넷 가족은 그 어떤 것도 바꾸지 않을 것이다.

"그 전까진 사업 기반을 다지려고 얼마나 열심히 일을 했는지 모릅니다. 하루에 18시간씩 일을 했었으니까요. 애들도 식당에서 자라다시피 했는데 세월이 얼마나 빨리 가던지. 하지만 인생은 그런 게 아니잖습니까. 가족과 함께 시간을 보내는 것, 그게 인생이잖아요. 그게 중요한 거죠, 가족이 모두 함께 여러 가지 체험을 하는 것 말이에요."

수도 남편의 생각에 동의한다.

"요즘 애들은 너무 빨리 자라고, 그 어느 때보다도 물질만능주의에 젖어 있고, 부모인 우리도 얼굴을 자주 못 봤죠. 이젠 이런 모험을 함께 즐기고 있답니다. 우리가 보는 것, 우리가 체험하는 것, 그게 바로 인생인 것 같아요."

원래 떠날 땐 몇 년 만 여행을 다니고 '어떻게 될지 지켜볼' 심산이었다. 내가 마지막으로 들은 소식에 따르면, 르넷 가족은 인도네시아 발리 섬에 있는 어느 해변 근처에 반영구적으로 자리를 잡았다고 한다. 그들은 서핑을 한다. 친구들이 놀러 온다. 아이들은 현지 프랑스 국제학교에 다닌다. 창고에 보관한 물건이 뭔지 기억도 안 난다고 한다. 가족과 친구들도 만나고 식당도 들여다볼 겸 가끔씩 영국에 돌아가곤 하지만 과연 런던에서 예전처럼 다시 살 수 있을지 모르겠단다.

우리 중 다수가 모든 걸 뒤로 한 채 여행을 떠나는 공상을 해보았을 것이다. 하지만 대개는 앞뒤 안 재고 떠나는 그런 여행을 다 지나간 옛일, 또는 청춘의 전성기 한때나 하는 일로 받아들이고 만다. 담보대출, 여러 가지 의무, 애들, 일 뿐만 아니라 어른이 되면서 딸려오게 된 그 밖의 모든 핑곗거리가 생기기 전에나 할 수 있는 것쯤으로 생각한다는 말이다. 그리곤 매년 받는 몇 주간의 휴가를 받아들이고 그걸 우리의 운명으로 여긴다. 르넷 가족은 그러지 않았다. 그들도 물건을 넘치도록 많이 가지고 있었고, 원하는 모든 걸 가지고 있었고, 그걸 갖기 위해 열심히 일했었다. 하지만 모든 걸 다 갖고 나자 소비지상주의 사회에서 성공의 대가로 받는 보상은 자신들에게 만족스럽지 않다는 사실을 깨달았다.

그래서 수와 베르트랑은 탈출 계획을 꼼꼼하게 짠 다음, 물건 대부분을 없앴고 살던 집을 세를 주었고 가족 구성원 모두 온전한 상태로 탈출에 성공할 수 있었다. 그 후에는 세계를 여행하고 좀 더 의미 깊은 일들을 하기 시작했다. 그럼으로써 그들은 젊고 자유롭고 미혼인 사람만 체험주의자가 될 수 있는 건 아니라는 사실을 입증했다. 체험주의는 책임질 일도 많고 자녀까지 있는 사람들에게도 가능한 대안이라는 사실을 보여준 것이다.

체험주의자와 히피의 차이

아마 지금쯤 이런 생각을 하고 있을 것이다.

'소위 체험주의자란 사람들이 행복하다니 잘 됐군. 하지만 난생 처음 보는 일도 아닌 걸. 60년대에 히피들도 그러지 않았나?'

일리 있는 생각이다. 히피들도 기존체제를 거부했다. 물질만능주의에 물든 주류사회의 다다익선 가치관을 비난하기도 했다. 물질이 아닌 다른 데서, 특히 체험에서 의미를 찾았다. 호지스처럼 벌이가 좋은 직업을 버렸다. 캔트웰처럼 출퇴근 생활을 사양했다. 르넷 가족처럼 해변으로 삶의 터전을 옮기기도 했다. 그들은 취했고, 함께했고, 이탈도 했다. 사회에 등을 돌렸다.

> 1967년 반문화 운동의 대부이자 마약 왕초인 티모시 리어리가 지은 히피의 경문. 취하라 turn on, 함께하라 tune in, 이탈하라 drop out를 의미함. 마약에 취해서 함께 어울리며 기존 질서에서 이탈하라는 뜻이다.

내가 체험주의자라 부르는 사람들은 히피와는 다르다. 그들의 방점은 현대사회의 물질주의적 가치관을 거부하는 것보다는 그러한 기존 가치관을 초월하여 진화하는 데 있다. 필요한 물건은 얼마든지 소유할 의향이 있지만 물질적인 것에서 의미나 지위나 행복을 찾고 싶은 바람은 없다. 마음은 온통 새로운 가치관에 쏠려 있을지 몰라도, 체험주의자들의 두 발은 주류문화를 단단히 딛고 있다. 사회를 포기하지도, 사회로부터 이탈하지도 않았다. 오히려 사회에 적극적으로 참여하고 있다.

클리프 호지스는 머리에 꽃을 꽂기 위해 고액연봉을 보장해 주는 실리콘밸리 일자리를 포기한 게 아니었다. 그가 야외에서 보내는 시간을 원했다고 해서 사회를 완전히 거부한 것 또한 아니다. 첨단기술업계를 떠나 창업을 한 것도 물론 순전히 금전적인

히피문화가 시작된 곳이 샌프란시스코이고 히피문화를 대변하는 노래가 스콧 매켄지의 '샌프란시스코'인데, 가사 중 'Be sure to wear some flowers in your hair'를 말함. 히피생활을 하기 위해라는 뜻임.

이유 때문만은 아니었다. 지금도 돈을 벌고 있고 돈을 벌고 싶은 마음도 여전하다. 하지만 가정 형편이 어려운 아이들에게 무료 강좌 또한 제공하고 있다.

"이윤의 1%는 기부를 합니다. 저축도 많이 하고 있고요. 제 목표는 널따란 황무지를 사서 제가 직접 활용하고 보호하는 겁니다."

마지막으로 들은 소식에 따르면 그는 결혼을 앞두고 있으며 집을 한 채 살 계획이라고 한다.

르넷 부부는 장시간 노동에 시달리고 큰 집에서 살던 빡빡한 삶을 버렸다. 수의 경우 직물 사업을 계속하는 것이 현실적으로 불가능하지만, 베르트랑은 지금도 식당을 경영하고 있다. 여행 중에도 인터넷 연결이

가능한 곳에 도착하면 재고조사도 하고, 웹 카메라도 보고, 매니저들과 대화도 나누는 등 어떻게 돌아가는지 알아보기 위해 웹에 접속하곤 했다. 지금은 발리에 있는 집에서 그렇게 하고 있다. 2013년 3월에 그는 런던으로 돌아와 직원과 함께 한 달 동안 식당을 제대로 운영하고 있는지 지켜보았다.

매리앤 캔트웰도 아직 일을 하고 있다. 인파에 둘러싸인 채 쳇바퀴처럼 오가야 하는 출퇴근과 사무직 그리고 그런 일에 수반되는 날개 꺾인 꿈과 희망 대신 자기 방식대로 살아가는 삶을 살고 있다.

선배격인 히피들과 그 전에 일어났던 반反문화운동과 마찬가지로, 캔트웰과 르넷 가족, 그리고 호지스도 대세를 거부했다. 그러나 종래의 물질만능주의적 사회에서 이탈했다고는 하지만, 히피들과 달리, 그들은 컴퓨터를 켜고 제대로 돌아가고 있는 매장을 운영하는 데 열중한다. 여전히 돈은 벌고 있다. 물건을 사 모으는 것보다 뭔가 하는 걸 더 좋아할지는 몰라도 컴퓨터와 계산기, 스프레드시트와 손익계정은 여전히 가까이 하고 있다. 나는 그들을 가리켜 체험주의자라 부르지만 원한다면 당신은 '계산기 쓰는 히피들'이라 불러도 좋다.

우리가 지금까지 만나 본 '계산기 쓰는 히피들'도 모두 나머지 우리와 마찬가지로 돈을 벌고 있지만, 그들 하나하나가 중대하고 용감한 결정, 즉 담보대출과 편안한 일상에 갇힌 우리 대부분은 내리지 못할 그런 결정을 내렸다는 점은 짚고 넘어가야 할 것이다. 이는 체험주의가 나머지 우리에게는 여전히 배타적인 관념이라는 의미인 걸까? 연구자들이 보장한다는 그런 행복을 얻고 싶다면 직장과 집을 버리고 현재 생활방식도 포기해야 한다는 그런 의미인 걸까?

체험에 돈을 쓰는 사람

과소유 증후군이 어느 날 갑자기 짐 와이트를 습격했다고 할 수는 없을 것이다. 그보다 과소유 증후군은 그가 늘 달고 살다시피 했던 느낌이었다. 그는 영국 동남부 초원에 자리 잡고 있으며 유적지로 등재된 어마어마하게 큰 집에서 무수한 물건에 둘러싸여 자랐다. 기둥이 4개 있는 침대에서 잠을 잤는데, 친구들한테 말한 바에 따르면 그 침대는 한때 앤 불린(헨리 8세의 제1 계비이며 엘리자베스 1세의 생모. 엘리자베스를 낳은 후, 불륜과 이단, 모반 등의 혐의를 받아 사형당함—옮긴이)이 자던 침대였다고 한다. 학교에서는 오스카라 불리는 토끼발을 가지고 다녔다. '재수 좋으라고' 들고 다닌다고 말하곤 했었다.

이제 40줄에 접어든 그는 미소를 잘 짓고 검은 머리는 뒤로 넘겼으며 턱수염은 희끗희끗해졌고 박학다식했다.

옛 동창인 헥터 프라우드는 그에 대해 이렇게 말한다.

"그 친구는 온갖 것들에 대해서 잘 알려져 있지도 않은 세세한 사항까지 다 기억할 수 있습니다. 〈블랙애더〉(영국 BBC원에서 제작한 사극 코미디—옮긴이)와 20년 전에 봤던 블랙스플로이테이션(black과 exploitation(착취라는 뜻)의 합성어로 흑인들에게 관심을 끌려고 제작한 영화를 말함—옮긴이) 영화에 나온 대사를 줄줄 읊는다니까요. 우린 그 친구를 짐-터넷이라고 부릅니다."

와이트는 MBA를 보유하고 있고 소매분석가이다. 나이도 먹을 만큼 먹었고 웬만큼 성공도 했고 사고 싶은 건 얼마든지 살 수 있을 만큼 돈도 많이 벌지만 소유물이 거의 없다. 그의 전 재산은 런던 얼스 코트에 세 들어 살고 있는 비좁고 우중충한 방에 전부 들어간다.

그는 자신의 방안에 있는 물건들을 손짓으로 가리키며 이렇게 말할 것이다.

"큰 여행가방 네 개에 전부 다 넣을 수 있을 겁니다. 짐을 싸는 동안 몇 가지를 버리게 될 테니 아마 여행가방 세 개면 되겠네요."

보다시피 와이트는 물질적 소유물 혹은 사람들이 전형적인 성공의 지표로 삼기 마련인 것에서 의미를 찾지 않는다.

"누군가 '지난 40년을 어떻게 요약하겠습니까?' 하고 묻는다면 대개는 가족, 친구, 직업, 돈 얘기를 할 겁니다. 하지만 전 아닙니다. 저라면 다녀온 장소들, 그곳에서 얻은 체험들 얘기를 할 겁니다. 1990년 인도에서 샛길을 어기적어기적 걷고 있던 코끼리와 우연히 마주쳤던 일을 말하겠죠. 혹은 1991년 제1차 걸프전 직후, 마라케시(모로코 중앙부에 있는 도시―옮긴이)에 있는 어느 광장에서 함께 여행하던 롭과 성난 군중에 둘러싸였던 일이나 1999년 타히티(남태평양 프랑스령 폴리네시아에 속한 소시에테 제도 중 가장 큰 섬―옮긴이)에서 맡았던 냄새 같은 것들을 말할 겁니다. 프랑스령 폴리네시아에서부터 거기까지 항해를 하던 중이었는데 타히티는 눈으로 보기 전에 냄새로 알 수 있다는 말을 전부터 듣긴 했었지만, 그땐 믿질 않았죠. 그러다가 동이 트기 직전 드넓은 태평양 한가운데에서 망을 보고 있는데 난데없이 어디선가 꽃향기가 나더군요. 두어 시간이 지나서야 수평선 너머로 섬이 모습을 드러냈는데, 그땐 대기가 꽃향기만으로 벌써 총천연색으로 물들어 있었죠. 제겐 그런 체험들이 표지입니다. 그게 제가 인생을 평가하는 방식인 거죠. 이를테면 앞으로 20년간 2011년에 있었던 일 딱 한 가지만 기억하게 되겠죠. 나머진 다 희미해질 테고요. 제게 2011년은 늘 시트로엥 2CV를 몰고 이란까지 갔던 해로 기억될 겁니다."

그 여행은 40번째 생일을 자축하기 위해 떠난 여행이었고 1971년 그가 태어나기 이틀 전 시작되었던 파리에서 이란 페르세폴리스까지의 랠리를 재연 비슷하게 해보려고 떠난 여행이기도 했다.

여행을 시작하고 몇 주가 지났을 때 터키 흑해 연안의 동쪽 끝에서 와이트와 동료 운전자이자 친구인 루퍼트는 칠흑 같은 바다와 열대우림 사이에 난 매끈한 최신 도로를 따라 달리고 있었다. 창밖을 가만히 내다보던 와이트의 눈에 갑자기 구舊도로의 일부분이 띄었는데 보기 힘든 갈림길이었다.

"그래서 제가 루퍼트한테 목청껏 외쳤죠, 엔진 소리가 무지하게 컸거든요, 저 갈림길을 타자고 말이에요."

루퍼트는 브레이크를 밟은 다음 핸들을 휙 잡아당겼다. 속도가 느려지다가 휘청하더니 아스팔트 도로 위에서 끽끽거리던 엔진 소리는 자동차가 잊혔던 샛길을 덜컹거리며 달리기 시작하자 어느새 더욱 거친 소리로 바뀌어 있었다.

와이트의 말을 들어보자.

"원래 도로였던 거죠! 수마일이나 뱀처럼 구불구불 이어진 길이 우리 옆에서 자긴 자기대로 곶(바다 쪽으로, 부리 모양으로 뾰족하게 뻗은 육지—옮긴이)까지 따라오고 있었던 거예요. 우린 봐야 했습니다."

두 사람은 그곳에서 반마일 정도를 더 갔고 도로의 가장 끝 지점 해발고도가 12미터 정도 되는 곳쯤에서 차에서 내렸다. 와이트 말로는 그곳에 선 순간이 여행의 하이라이트 가운데 하나였으며, 페르세폴리스의 유적지를 직접 본 순간이나 40년 전에 개최되었던 랠리를 똑똑히 기억하고 있던 자동차 정비공을 만났던 때보다도 훨씬 더 특별한 순간이었다고 한다.

"영적인 체험에 가까웠다고나 할까요. 그렇게 1971년의 예전 도로를 발견하다니…… 그 옛날 히피들이 40년 전 그 길에 있었다고 생각해 보세요. 그런데 이젠 조용하고 잡초와 온갖 덩굴식물로 뒤덮여 있는 거예요. 아주 서서히 열대우림으로 변해 가고 있었죠."

대부분이 나이를 먹어가면서 자신에게 진정한 행복을 안겨주는 것이 무엇인지를 잊고 소비 양상까지 바뀌는 걸 보면 우습지 않은가? 예전에는 어마어마한 모험과 기억에 남는 체험에 돈을 펑펑 썼지만 이젠 더 이상 그럴 시간도 기력도 없다. 그래서 우리는 대신 물질적 위안을 주는 것들에, 즉 필요하지도 않고 보관할 공간도 입을 틈도 없는 옷과 기기와 보석에 돈을 펑펑 씀으로써 그 모든 고된 노동을 한 자신에게 보상을 해준다. 그리곤 쓰라고 번 돈인데 어떠랴 이렇게 생각한다.

와이트는 그렇게 하지 않는다. 일하느라 보낸 시간을 보상해 준답시고 주말에 물건을 사지 않는다. 가지고 있는 물건은 여행가방 서너 개면 다 담을 수 있을 정도로 단출하다. 물건을 사는 대신 와이트는 체험에 돈을 쓴다. 주말이면 쇼핑 대신 최신 팝업 이벤트(빈 상가나 건물 등을 이용하여 짧게는 몇 시간에서 길게는 몇 주까지 공연이나 전시를 하거나 음식을 팔기도 한다─옮긴이)나 시크릿 시네마(영화를 보기만 하는 것을 넘어 영화 속 장면을 세트로 만들어 사람들을 초대하는 등 수동적으로 보는 영화의 방식을 넘어 영화 속으로 들어가 전체 공연과 하나가 되는 관객 참여 행사─옮긴이) 상영관에 간다. 휴가 때는 축 늘어져서 쉬기만 하는 여행을 떠나기보다 뭔가 다채롭고 의미 있는 일을 한다.

와이트는 직장과 집과 친구들을 다 버려야만 체험주의적 가치관에 의거한 삶을 살 수 있는 것은 아니라는 점을 보여준다. 그렇기 때문에 그는 점점 늘고 있는 부류, 즉 남들처럼 계속 살아가면서 현 시스템에 발을 담그고는 있지만 물질만능주의에서 체험주의로 가치관을 바꾸어가는 중인 '계산기 쓰는 히피들'의 훌륭한 대변자라 할 수 있다.

계산기를 쓰는 히피들

과거에 주류사회를 거부한 사람들은 적게 벌고 적게 쓰는 생활로 바꾸거나 그 사회를 완전히 등지는 편이었다. 달리 갈 데가 어디 있겠는가? 하지만 창업의 장벽이 그 어느 때보다 낮아진 오늘날과 같이 연결된 세계에 사는 요즘 사람들은 더 이상 러닝머신에 계속 남아 있거나 출근을 위해 짐을 챙기거나 둘 중 하나만 택해야 하는 극단적인 선택을 할 필요가 없다. 이제 그렇게 명쾌하지만은 않다. 선택할 수 있는 대안이 훨씬 많다.

주 5일 생활에 질렸다면 침실을 사무실로, 차고를 창고로 활용해서 이베이 1인 사업가로 생계를 꾸리거나 《4시간》의 저자인 티모시 페리스가 조언한 대로 재고관리 시스템을 통째로 외주로 맡겨버리면 된다. 혹은 시내로 출퇴근할 때 입는 양복 대신 파자마를 입고, 아일랜드에 있는 다락방이나 모리셔스에 있는 해변가 집에서 주식을 거래할 수도 있을 것이다. 그도 아니면 제프 해리스처럼 산꼭대기에서 IT 컨설팅을 하거나 매리앤 캔트웰처럼 아무 데나 인터넷 연결이 되는 곳을 찾아 그곳에서 개인 컨설팅 사업을 하거나 베르트랑 르넷처럼 머나먼 곳에서 식당을 운영할 수도 있을 것이다.

요즘에는 체험주의자가 전보다 더 많아졌고, 캔트웰과 르넷 가족 같은 체험주의자 지망생도 많다. 가령 2009년 창설된 조직으로 런던과 뉴욕에 기반을 둔 '도시를 탈출하자Escape the City'라는 조직에 가입한 전문직 종사자들은 15만 명이 넘는다. 이 조직은 캔트웰을 망쳤던 것과 같은 그런 회사생활에 질릴 대로 질려 가나에 바닷가 오두막을 짓거나, 우간다에 있는 어린이 자선병원에서 일하는 쪽을 선택하고자 하는 사람들에게 지원을 아끼지 않는 사회관계망과 시장 역할을 해주고 있다.

거기다가 캘리포니아 실리콘밸리의 소셜미디어 환경에 속한 이들도 있다. 앨리스 마윅이란 연구원은 박사학위를 위해 실리콘밸리 사람들의 습관을 4년간 연구했다. 논문에서 그녀는 실리콘밸리 사람들이 옷과 자동차같이 지위를 상징하는 전형적인 물건들을 멀리하기보다 '허용 가능한 선에서 과시적인 소비'를 한다고 언급했다. 가령 암벽 등반이나 사이클링이나 요가, TED, 선댄스(미국 서부에 위치한 유타 주에서 열리는, 독립 영화와 다큐멘터리 영화를 위한 국제 영화제—옮긴이), 코첼라(미국 캘리포니아 주 인디오의 사막 지대 코첼라 밸리에서 행해지는 야외 록 축제—옮긴이), 사우스 바이 사우스웨스트(미국 텍사스 주 오스틴에서 매년 봄에 개최되는 일련의 영화, 음악 페스티벌, 콘퍼런스—옮긴이), 뉴욕 인터넷 위크(뉴욕의 인터넷 산업과 커뮤니티의 번영을 자축하는 행사—옮긴이) 같은 콘퍼런스나 축제 참가에 돈을 쓴다는 것이다.

일부 집단에서는 이제 물건보다 체험을 선호하는 것이 사회적으로 용인될 뿐만 아니라 사회적으로 당연시되고 있기도 하다. 계산기 쓰는 이러한 히피들이 소중하게 여기는 관념과 가치관은 이미 이러한 체험주의 혁신가로부터 주류에 속한 수억만 명에게로 확산되고 있는 중인데, 나는 그 주된 이유가 21세기의 가장 중요한 혁신 가운데 하나인 페이스북 때문이라고 생각한다.

제10장

페이스북으로
체험을 공유하라

19세기 후반 몇십 년은 미국의 경우 호황기였다. 무역과 산업화는 애스터 가문과 밴더빌트 가문 같은 백만장자 가족에게 막대한 부를 안겨주었다. 상류사회에서 자신들의 지위를 과시하기 위해 이러한 가문들은 색다른 파티를 개최했다. 이를테면 말을 타고 정장차림으로 식사하는 만찬도 있었다. 그들은 자신들의 대저택을 이태리의 팔라초와 프랑스의 샤토에서나 볼 수 있을 정도의 정교한 장식으로 꾸몄다. 애스터 가문의 시골 사유지에 있는 루이 16세 양식으로 지은 스포츠용 별관이 그렇다.

도금시대(미국 역사에서 엄청난 물질주의와 정치 부패가 일어난 1870년대를 일컫는 말―옮긴이)라 불리는 이 시기의 끄트머리에서, 톨스타인 베블렌이라 불리는 한 사회학자는 자신의 주변에서 번영하는 사회에 대해서 고찰한 후, 어떤 면에서 그 당시의 사회는 원시사회와 비슷하다는 사실을 깨달았다. 신석기 시대에 프랑스에 있는 동굴에서 태어나든, 중세 시대에 초가집에서 태어나든, 19세기에 아름다운 대저택에서 태어나든, 언제 어디서 태어나든 인간은 타인에게 적합도 표지를 과시하는 데 상당량의 에너지를 쓴다는 사실을 깨달았다. 베블렌은 원시인들은 체력을 통해 이를 달성했지만, 현대사회에서 이를 달성할 수 있는 가장 좋은 방법은 돈을 물 쓰듯 펑펑 쓰는 모습을 만천하에 과시하는 것이라는 결론을 내렸다. 1899년 발표한 《유한계급론》이라는 풍자적 저서에서 그는 실용적인 가치보다는 사회적 지위를 위해 물건을 사는 행태에 '과시적 소비'라는 새로운 명칭을 붙여주었다.

20세기 들어 임금은 오르는데 반해 자동차와 라디오 같은 소비재 가격은 떨어지면서 애스터 가문 같은 부유한 가족들뿐만 아니라 일반대중 또한 과시적 소비가 가능해졌다. 베블렌이 유한계급을 조롱했던 것처럼, 아서 래글런드 '팝' 모먼드라는 작가 역시 〈뉴욕 월드〉지의 신작 연재만화에서 노동계급을 조롱했다. 1913년 첫선을 보인 이후 26년 동안 게재된 이 만화의 제목이 '존스네 따라잡기Keeping Up with the Joneses'였다.

그 후 Keeping Up with the Joneses는 남에게 뒤지지 않으려 애를 쓴다는 관용어로 굳어졌다.

뉴욕의 한 외곽 자치구(뉴욕은 맨해튼, 브루클린, 퀸스, 브롱크스, 스태튼아일랜드 이렇게 5개의 자치구로 구성되어 있음—옮긴이)에서 목격한 교외생활에서 영감을 받았다는 '존스네 따라잡기'에는 마 맥기니스와 파 맥기니스가 등장했다. 초기 이야기에서 마는 앨로이시어스라 부르는 파와 쇼핑을 하고 있다. 만화에서 마는 파에게 더할 나위 없이 화려한 옷을 입힌다 : 핑크색 양말에 빨간색 넥타이, 노란색 장갑, 녹색 각반을 차고 마지막으로 복슬복슬한 모자를 씌워놓았다.

마침내 만족하게 된 마가 탄성을 내지른다.

"아! 여보, 이제 그 존스 여편네한테 자기 남편만 핑크색 양말에 털모자를 쓸 수 있는 미남이 아니란 걸 보여줄 수 있겠어요!"

마지막 장면에는 부인에게서 도망쳐 바에 몸을 기댄 앨로이시어스가 나온다. 한 손으로 머리를 움켜잡은 채 그는 혼잣말인지 바텐더에게 하는 말인지 모를 말을 중얼거린다.

"빌어먹을 존스놈들, 빌어먹을 핑크색 양말 같으니라고! 제리, 이번에도 센 걸로 한 잔 더 줘!"

앨로이시어스와 함께 존스네와 과시적 소비를 욕하든 말든 부인할 수 없는 사실은 그것이 물질만능주의적인 문화가 대인기를 누릴 수 있게 해준 한 요인이었다는 사실이다. 더욱이 이는 동물과 인간 모두에게 필수적인 특성이 우리의 현 문화에 맞게 나타난 것이기도 하다. 과시적 소비는 우리 식의 갈기 흔들기, 우리 식의 깃털 펼쳐 보이기, 우리 식의 원숭이 울음소리인 것이다. 21세기 체험주의가 지배적인 문화로서 물질만능주의를 대신하려면 적합도 표지와 지위를 드러낼 수 있게 해주는 간단한 메커니즘 또한 지니고 있어야 할 것이다. 마침 이걸 할 수 있는 방법이 이미 존재하고 있다.

과시적 소비를 실천하는 체험주의자들

체험주의자들에게 물어보면 십중팔구 남에게 뒤지지 않기 위해 노력한다는 발상 자체를 비웃을 것이다. 그들은 과시적 소비는 남의 일이라고 말할 것이다. 과시적 소비는 물질주의적인 사람들이 이웃보다 더 최신의 혹은 더 반짝거리는 혹은 더 많은 물건을 가지고 있다는 사실을 자랑하고 싶을 때 하는 행위이기 때문이다. 수 르넷과 베르트랑 르넷 부부나 매리앤 캔트웰이나 짐 와이트나 클리프 호지스 또는 누가 됐든 아무나 체험주의자를 붙잡고 물어보면 그들의 대답은 한결같을 것이다. 자신들은 과시적 소비를 하지 않는다고 할 것이다.

대화를 나누면서 그들이 명품시계, 자동차, 옷처럼 20세기의 전형적인 지위 표지들을 얼마나 하찮게 여기는지를 듣다 보면 자신들이 과시적 소비를 하지 않는다고 말한 이유를 쉽사리 이해하게 된다.

그럼에도 일반적으로 체험주의의 가장 반ᵣ직관적인 면 가운데 한 가지는, 비록 체험주의자들이 전통적인 의미에서 볼 때는 남에게 뒤지지 않으려는 행태를 일절 삼가는 것 같지만, 꽤 많은 체험주의자들이 지위를 가장 의식하는 물질주의자 못지않게 과시적인 소비를 하고 있다는 사실이다. 나는 그 책임이 페이스북에 있다고 본다.

친구들이 최근에 다녀온 여행 이야기를 들려주었던 때를 기억하는가? 저녁식사에 초대를 하고는 디저트용 초콜릿이 돌 때쯤 사진을 꺼내서 당신을 다소 지루하게 만들곤 했을 것이다.

"아크로폴리스에 간 진, 파르테논 신전 앞에서 진, 수블라키(그리스의 전통 꼬치구이 음식—옮긴이)를 먹는 진 등등⋯⋯"

그런 다음에는 또 다른 친구들을 불러서 똑같은 과정을 반복했을 것이다. 모두에게 여행 얘기를 들려주는 건 고된 일이었지만, 떠나기 전에 날짜를 미리 잡아두면 가능한 일이긴 했다. 보통 이삼 개월 이내면 끝낼 수 있었다.

요즘은 더 이상 그렇지가 않다. 소셜네트워크 서비스를 이용하는 사람이 많은 요즘은—페이스북 이용자만 10억이 넘고, 1억 명 이상이 매달 인스타그램을 이용한다—휴가가 끝날 때까지 기다릴 필요가 없다.

이제 페이스북, 인스타그램, 트위터, 그 밖의 다른 소셜네트워크 서비스를 이용하면 여행 중 일어난 일을 시시콜콜 실시간으로 다 공유할 수 있다. 앙코르와트 너머로 해돋이를 보고 있든 마라케시에 있는 모로코 전통가옥의 옥상에서 해넘이를 보고 있든 알프스에 있는 스키장에서 리프트를 타고 있든 방금 짐싸기를 끝내고 설레는 마음으로 기다리고 있든 그 순간을 지금 당장 모두에게 알릴 수가 있다. 물론 휴가 중에 여러 가지 생각과 업데이트 내용만 알려야 되는 건 아니다. 마라톤을 마친 직후, 롤링 스톤스 콘서트장이나 TEDx 콘퍼런스장에서, 꽃다발을 받아서 설레는 순간을 공유해서 안 될 게 뭐가 있겠는가? 오늘, 당신이 어디에 있고, 어떤 기분이고, 뭘 하고 있고, 방금 뭘 했는지가 갑자기 중요한 사회적 통화가 되었다. 20세기 전에 그랬던 것처럼 말이다.

그땐 다들 소규모 공동체에서 살았다. 같은 마을에 사는 사람들끼리는 서로에 대해 속속들이 알고 있었다. 그 말은 당신이 무슨 일을 하면서 시간을 보냈는지에 대해서, 당신이 물건을 몇 가지나 가지고 있는지, 그 물건들이 비싸고 좋은 건지에 대해서 만큼이나 잘 알고 있었을 거란 뜻이다. 사람들은 당신이 동네 술집에서 얼마나 자주 술을 마셨는지 혹은 말을 타고 여우를 뒤쫓았는지에 대하여 당신이 소유하고 있는 마차 자체에 대해서 만큼이나 잘 알고 있었다. 그 말은 남들에게 당신의 지위를 드러내고 그 마을 내 서열에서 자신의 위치를 확립하기 위해서는 어떤 행동을 하느냐가 무엇을 가지고 있느냐 못지않게 중요했다는 뜻이다. 지위를 드러내는 데 있어서, 여가, 다시 말해서 체험을 과시적으로 소비하는 것은 재화를 과시적으로 소비하는 것과 똑같았다.

그 모든 것이 바뀌게 된 건 도시가 등장하면서부터였다. 20세기에 일어난 대규모 이주, 즉 다들 서로서로 알고 지냈던 소규모 공동체에서 이웃이 누군지도 잘 모르는 대도시로의 이주는 시간을 어떻게 보내느냐 하는 것이 지위를 드러내기 위한 수단의 측면에서 실질적으로 아무런 쓸모가 없어졌다는 것을 의미했다. 비교적 익명성이 보장되는 도시생활과 그보단 덜하지만 역시 익명성이 보장되는 교외생활에서, 이웃, 친구, 직장동료, 거리에서 스쳐지나간 사람들은 당신이 어떤 행동을 했는지보다 어떤 물건을 소유하고 있는지를 볼 확률이 압도적으로 높다. 그 사람들은 당신이 진입로에 주차해 놓은 BMW를 감탄스럽게 바라볼 것이다. 당신이 손목에 차고 있는 브라이틀링 시계나 들고 있는 프라다 핸드백, 또는 계산하려고 꺼낸 루이뷔통 지갑을 탐낼지 모른다. 하지만 그 사람들이 당신이 무엇을 하면서 시간을 보내는지 도대체 어떻게 알겠는가? 당신이 지난주에 오페라에, 혹은 최근에 문을 연 식당에 또는 해변에 다녀왔다는 사실을 그 사람들이 대관절 어떻게 알겠느냐 말이다.

물론 여기에도 예외는 있는데, 가령 선탠처럼 만질 수도 없고 따라서 지위 과시용으로 드러낼 수도 없는 구매를 모두가 볼 수 있는 지위 상징물로 바꿀 수 있는 이상적인 방법이 존재한다. 스키 고글을 쓴 채 얼굴을 태워 갖게 된 판다 얼굴이 표명하는 것이 무엇일지 생각해 보라. 사람들이 땀을 뻘뻘 흘리면서도 휴가의 대부분을 뙤약볕 아래에서 보내는 데에는 자신들이 여행을 다녀왔다는 사실을 알려주기 위한 이유 말고 또 어떤 이유가 있겠는가?

그렇지만 선탠을 제외하면 일반적으로 물질적인 소유물이 체험적 구매보다는 지위를 훨씬 잘 표출해 준다. 그렇기 때문에 20세기에 여가 활동으로 과시적 소비를 하는 것은 남들에게 자신이 어떤 사람인지 알리는 데 있어서 물건으로 과시적 소비를 할 때보다 그 효과가 훨씬 떨어지게 되었다.

소셜미디어가 이를 쉽게 만들어주었다. 이제 새로 산 소파나 진입로에 주차해 놓은 차를 볼 수 있는 사람은 얼마 안 될 것이다. 하지만 트위터, 페이스북, 핀터레스트, 인스타그램의 친구와 팔로워들 덕분에 당신이 이비사(스페인 영토의 작은 섬으로 유럽의 대표적인 밤문화 도시임―옮긴이)에서 신나게 놀고 있다는 사실이나 제이-지 콘서트장의 맨 앞줄에 있다는 사실이나 방금 터프 머더(Tough Mudder : 미국에서 열리는 익스트림 대회로 다양한 장애물들을 통과하며 코스를 완주해야 하는 대회—옮긴이)를 완주했다는 사실을 알 수 있는 사람은 더욱 많아질 것이다. 그리고 이 사람들은 당신과 동류 집단일 가능성이 높은데, 다시 말해서, 당신이 가장 큰 관심을 보일 만한 의견의 소유자일 공산이 크다는 뜻이다.

소셜미디어는 '희소성의 원칙'에서 맡은 중추적인 역할 덕분에 체험을 더욱 가치 있는 것으로 보이도록 만들어주는 데에서도 중요한 역할을 하고 있다. 이러한 의견에 따르면, 뭔가에 접근할 수 있는 인원수와 그것에 관하여 알고 있는 인원수 사이의 격차가 크면 클수록, 해당 대상의 희소성과 가치도 커진다. 결국 대부분의 재화는 누구나 가서 살 수 있지만 트위터에 올리거나 인스타그램에 사진을 올릴 만한 이벤트는 누구나 참석할 수 있는 것이 아니다. 이는, 예를 들어, TED 콘퍼런스의 사회적 위상을 설명해 준다. TED 동영상의 시청 횟수는 10억 번이 넘었지만 특별 행사는 한 번밖에 없고 참석 가능 인원도 1,500명밖에 안 된다.

물론 팔로워들에게 당신의 현재 활동을 계속 업데이트해 주는 것 외에 새로 산 물건의 사진을 찍어서 올리는 것도 가능하다. 하지만 그런 짓을 하면 얼마 안 가 팔로워를 잃게 될 것이다. 행복연구가들에게 얻은 지혜를 잊지 말라 : 우리는 새로 산 소파 같은 소유물보다는 주말에 다녀온 캠핑 같은 활동에 관한 이야기를 선호한다.

그렇다면 한정판 운동화나 핸드백도 인원이 제한된 행사 못지않게 희소성의 원칙에 영향을 미치는 데 효과적이고, 따라서 유사한 양의 사회적 통화를 제공하는 데에도 효과적이라고 주장할 수 있을 것이다. 하지만 재화는 일단 생산되고 나면 제아무리 생산이 중단되더라도 어딘가에 존재하고 있으므로 이론적으로는 입수가 가능하다. 하지만 체험은 시간의 본질 때문에 희소성을 훨씬 크게 증가시키는 태생적인 특성을 지니고 있다. 거기에 있지 않았으면, 즉 베를린 장벽이 무너졌을 때 베를린에 있지 않았다면, 반정부 시위가 일어났을 때 미얀마에 있지 않았다면, 앤디 머리(영국 스코틀랜드의 프로 테니스 선수—옮긴이)가 우승했을 때 윔블던에 있지 않았다면, 거기에 있지 않았던 것이다.

물론 물적 재화는 지금도 지위를 나타낸다. 하지만 소셜미디어 때문에 과거에 비해 이제는 당신의 체험 대비 물질의 비율에 관하여 아는 사람이 전보다 많아졌고 희소성의 원칙으로 인하여 당신의 체험이 지니는 사회적 자본의 가치는 더욱 커졌다. 그 결과 이제 체험은 더욱 가시적이고 더욱 구체적이고 더욱 가치가 높아졌으며 물적 재화보다 지위에 더욱 크게 기여하고 있다.

이는 중요한 사실이다. 앞에서 보았다시피, 지위는 대형 고양잇과 동물, 외래종 새, 목소리 큰 원숭이에게만 중요한 것이 아니기 때문이다. 철학자 알랭 드 보통이 《불안》에서 언급했고 아메드 리아히-벨카위가 《사회적 지위는 중요하다》에서 밝힌 것처럼, 지위가 높은 사람은 돈도 더 많이 벌고, 수명도 더 길고, 초대받는 파티도 더 많고, 사람들이 농담에도 더 많이 웃어주기 때문에 결국 더욱 매력적인 파트너가 된다. 요컨대, 능력주의와 사회적 유동성으로 특징지어지는 현대사회에서 벌어지는 현실 세계의 뱀과 사다리 게임에서는 지위가 중요한데 지금은 역사상 그 어느 때보다도 그 중요성이 크다는 뜻이다.

주기적인 구매와 소유물에 대한 의식적인 과시를 통해 게임이 진행되었던 예전의 물질주의적 소비지상주의사회에서 우리는 이웃이 우리보다 더 많이, 더 좋은 걸 가지고 있을까 봐 전전긍긍하면서 이웃에게 뒤지지 않으려 노력했다. 이제 게임의 규칙에는 21세기다운 디지털적인 변화가 가미되었다. 이제 소셜미디어 덕분에 우리는 이웃의 소유물뿐만 아니라 이웃의 행동에도 뒤지지 않고 싶어 한다. 친구들 및 지인들처럼 나 또한 팝업 이벤트, 콘퍼런스, 콘서트에 충분히 다니고 있는 걸까?

이렇게 비교하는 사람들이 워낙 많아지다 보니 새로운 명칭까지 생겼다 : 이름하여 소외공포감fear of missing out으로 FOMO라는 약어로 더 잘 알려져 있다. 체험주의 시대가 도래하고 있는 요즘 18세에서 34세 사이의 미국인 및 영국인 10명 중 4명이 때때로 소외당하지는 않을까 걱정한다고 한다. 페이스북은 우리에게 이웃에게 뒤지지 않을 수 있는 새로운 수단을, 제대로 따라잡지 못하고 있을지 모른다는 새로운 걱정거리를 주고 있다고 말할 수 있을 듯하다.

소셜네트워크와 업그레이드된 라이프

이는 적어도 체험주의에게는 문제가 된다. 이러한 새로운 생활방식이 물질만능주의 못지않은 불안감과 스트레스를 유발한다면, 그걸 어떻게 개선이라고 할 수 있겠는가? 이런 관점에서 생각해 보면, 체험주의는 물질만능주의보다 훨씬 최악인 것처럼 들릴 것이다. 사실 체험주의는 물질만능주의의 다운그레이드 버전이라는 것처럼 들린다.

뱀과 사다리 게임의 예전 버전이 지금과 다른 이유는 그것이 주로 물질적 소유물에 기반을 두었기 때문만은 아니다. 예전 버전의 주사위 게임은 스트레스도 덜 유발했고 플레이하기도 더 쉬웠다. 대개 적극적으로 어떤 행동을 할 필요는 없었기 때문이다. 가끔씩 지위를 드러내고, 소유물을 과시하기만 하면 되었다. 과거에는 누군가 브라이틀링 시계를 차고 있거나 구찌 핸드백을 들고 있는 모습을 보았거나 누군가의 집에 갔다가 사이드보드(서양의 응접실용 테이블의 일종으로 책상 천판 밑에 식탁용

기구류를 넣는 얇은 서랍이 있고 양쪽에 술병, 술그릇을 넣어두는 깊은 서랍이 갖춰져 있다—옮긴이)에 뭐가 있는지 확인함으로써 그 사람의 지위에 일어난 변동 사항에 대한 최신 소식을 접할 수 있었다. 바로 그런 이유 때문에 그 시절엔 누군가를 초대하는 일이 대단히 중요한 일이었다.

하지만 연중무휴로 돌아가는 오늘날과 같은 초^超연결세상에서 게임은 바뀌었다. 지위를 나타내는 물질적인 단서를 현실세계에서 누군가를 직접 만날 때도 포착하지만 페이스북, 트위터, 그 밖의 모든 소셜네트워크를 통해서도 지위와 관련하여 일어난 최신 소식을 주고받고 있다. 이런 업데이트를 하루 종일, 아침에 일어나서, 밤에 자러 갈 때, 화장실에서, 열차 안에서, 교실에서, 사무실에서 시도 때도 없이 확인하다 보니, 게임을 더욱 자주하게 되고 게임 생각도 더 많이 하게 된다. 그러다 보니 결국 지위에 대해서 불안해 하고 스트레스를 받고 어쩌면 우울감까지 느낄지 모를 가능성도 덩달아 더욱 높아졌다.

게임에 일어난 또 다른 변화가 있는데, 내 생각에는, 이 변화가 행복에 미치는 악영향은 훨씬 심각하다. 사회판 주사위 게임의 예전 버전을 할 때는 온갖 다양한 지위 표지와 마주치곤 했다. 바쁜 일상 속에서 우리는 고급 승용차를 몰고 고급 시계를 차고 고급 옷을 입고 있는 사람들하고만 마주친 게 아니었다. 우리가 가지고 있는 물건들보다 더 저렴하고, 낡고, 초라하고, 값싼 브랜드의 물건을 가지고 있는 사람들하고도 마주치곤 했다. 그렇게 다양한 사람들하고 마주침으로써 우리는 안심할 수 있었다. 사회계층의 밑바닥만 아니라면 꼭대기에 있지 않아도 아무렇지 않았다.

자, 이제 마지막으로 소셜네트워크를 확인한 게 언제인지 떠올려 보라. 페이스북을 비롯한 여러 소셜네트워크가 어떤 방식으로 우리로 하여금 부유하고 운 좋은 사람들이 누리고 있는 그림의 떡 같은 라이프스타일로 가득 찬 상류층 대상 잡지를 때때로 머릿속에 떠올리게 하는지 알아차린 적이 있는가? 마치 우리가 아는 사람들도 명품 광고에서나 볼 수 있을 법한 인위적이고 연출된 삶을 살고 있는 것만 같은데, 이는 우리의 열등감을 유발하기 위해 의도적으로 고안된 수법이다.

물론 친구들의 삶도 아마 그렇게 완벽하지만은 않을지 모른다. 결국 대부분의 사람들에게 인생은 멋진 곳에서 보낸 여러 차례의 주말여행과 결혼식들을 시간순으로 깔끔하게 나열한 연대표가 아니기 때문이다. 이는 조금만 생각해 보면 알 수 있는 사실이다. 하지만 그 모든 일출과 일몰과 베란다에서 먹은 점심 사진을 보고도 그런 관점을 유지하고 흔들리지 않기란 무척 어려운 일이다. 다들 페이스북 상에서 연결된 친구가 셀 수 없이 많다 보니 그중에 비행기를 타고 코스타리카로 이동 중이거나, 리마에서 점심을 먹는 중이거나, 지중해에서 보트를 타고 느긋하게 쉬고 있거나 마라케시에서 열리는 결혼식에 참석 중인 사람이 꼭 있기 마련이다.

따라서 소셜네트워크를 확인할 때마다 우리의 삶이 멋진 일을 하러 떠나는 친구들의 삶보다 훨씬 초라하고 공허하며, 답답하다는 느낌이 들 수밖에 없다. 이렇게 지속적으로 자극을 받다 보니 늘 위만 바라보는 밑바닥 인생을 살고 있는 것 같은 느낌을 받게 된다. 오늘날과 같은 능력 위주의 사회에서는 그로 인하여 불안감과 스트레스와 우울감을 느낄 수 있다.

따라서 이 모든 상황을 고려할 때 페이스북과 기타 소셜네트워크 서비스는 체험주의의 부상을 지지하면서 동시에 그로 인한 혜택을 떨어뜨리기도 하는 이상한 입장에 놓이게 된다. 아이러니하게도 이는 체험주의에 입문하면 결국 지금보다 더 물질만능주의적인 시대에 겪었을 법한 불안감과 스트레스와 우울감을 고스란히 다 느끼게 될 수 있다는 사실을 암시한다.

만약 이게 체험주의에 관한 최종적 의견이라면 지금쯤 당신은 뭐하러 귀찮게 체험주의를 시도해야 한다는 건지 도무지 모르겠다는 생각을 하고 있을 것이다. 소수에게 통했다고는 하지만 체험주의가 과연 주류에 편입할 수 있을까, 하는 의문이 들 것이다. (앞으로는 페이스북을 좀 덜 들여다봐야겠다는 생각을 하고 있을지도 모르겠다.)

하지만 그럼에도 매우 중요한 사실은, 체험을 통해 남들에게 뒤지지 않으려는 태도 또한 불안을 유발할 가능성이 있다고 하더라도, 나는 여전히 체험주의가 물질만능주의보다 낫고, 따라서 그럼에도 체험주의를 업그레이드된 대안으로 여겨야 한다고 생각한다는 것이다.

그럼에도 체험주의가 더 나은 이유

소셜미디어가 지닌 양면성에도 불구하고 체험주의가 여전히 물질만능주의보다 나은 이유를 설명하고자 할 때 가장 좋은 시작점은 최근 사회학자들이 발견한 다섯 가지 사실을 우리에게 상기시키는 것이다. 즉, 체험은 우리의 행복감을 증진시켜 주는데 그 이유는 체험은 싫증날 가능성이 더 낮고, 체험에 대해서는 긍정적인 시각을 가질 가능성이 높으며, 체험을 우리 자신의 일부로 여기는 경향이 더 두드러지고, 체험은 우리를 타인과 더욱 가까이 맺어주며, 비교하기가 더욱 어렵기 때문이라는 사실이다.

체험도 비교가 가능하기는 하지만, 물적 재화만큼 똑 부러지는 비교는 불가능하기 때문에 비교 자체를 덜하게 되고, 나중에 자신의 선택에 대해서 후회할 가능성도 낮으며, 우리가 하는 행위가 우리의 지위와 관련하여 시사하는 점들에 대해서도 신경을 덜 쓰게 된다는 뜻이다. 따라서 체험을 통한 경쟁도 지위 불안을 어느 정도 유발할 수는 있는데, 특히 게임이 페이스북 같은 소셜미디어 사이트를 통해 전개되면 좀 더 모호하고 덜 극심해지는 경향이 있다.

한 가지 단순한 진리 덕분에, 체험이 행복에 더욱 크게 이바지하는 이유로 두 가지를 더 들 수 있다 : 뭔가를 소유할 때보다 뭔가를 할 때, '몰입'의 가능성도, '내재적' 동기부여의 가능성도 더욱 높아지기 때문이다.

몰입은 미하이 칙센트미하이라는 심리학자가 맨 처음 규명했는데, 뭔가를 할 때 별다른 노력을 기울이지 않고 쉽게 빠져드는 정신상태를 말한다. 이는 운동선수들이 도전에 직면해서 '신들렸다'고 할 때의 상태, 바로 그런 상태를 의미한다. 에크하르트 톨레와 같은 영적 지도자들이 '현재에 몰입'해야 한다고 말할 때의 상태, 바로 그런 상태를 의미한다. 심리학자들이 실력을 발휘한다고 말할 때, 바로 그런 상태를 나타낸다.

몰입에 도달함으로써 행복을 얻는 것에 있어 어째서 물적 재화보다 체험이 더 나은지 그 이유를 알아보려면 다음과 같은 비교를 해보자 : 의자나 구두에 집중하는 게 더 쉬울 것 같은가, 아니면 테니스를 치거나 성가대에서 노래를 하거나 3미터가 넘는 상어를 낚아 올리는 것과 같이 도전적인 일을 할 때 집중하는 게 더 쉬울 것 같은가?

리처드 라이언과 에드워드 디씨와 같은 심리학자들이 입증했듯, 동기는 무언가가 우리를 행복하게 만들어주는 일인지 아닌지 여부를 판가름할 때 보는 가장 중요한 결정인자 가운데 하나이기 때문에 중요하다. 두 심리학자는 두 가지 동기를 밝혔다. 하나는 어떤 일을 그 일 자체를 목적으로 한다는 의미를 지닌 내재적 동기로, 개인적으로 그 일이 재미있다거나 즐겁기 때문에 한다. 가령 아이스크림을 먹는다거나 물수제비를 뜬다거나 샤워를 하면서 노래를 부른다거나 하는 일이 여기에 속한다. 또 하나는 보상을 얻는다든가 사람들한테 인정을 받는 것과 같이 뭔가 다른 목적을 염두고 두고 하는 외재적 동기이다. 이를테면 케일을 먹는다거나 경비 내역서를 작성한다거나 10대 때 멋있어 보이려고 샀던 우스꽝스러운 옷 같은 것이 여기에 속한다. 여러 연구에 따르면 내재적 동기 때문에 뭔가를 할 때 행복을 느낄 가능성이 더 크다고 한다.

이는 유용하지만 실제로 활용하기는 힘든 통찰인데, 자신의 내면을 들여다보고 자신의 동기가 내재적인지 외재적인지를 알아내기가 어렵기 때문이다. 철인 3종 경기에 참가하거나 드레스나 셔츠를 살 때를 생각해 보자. 철인 3종 경기에 참가하는 이유는 한계에 도전하기 위한 것일 수도 있고 체력을 키우기 위한 것일 수도 있다. 자신을 철인 3종 경기 선수로 여기는 것이 기분 좋기 때문일 수도 있다. 하지만 사실대로 말하자면, 철인 3종을 완주했다는 사실을 사람들한테 알리는 것 또한 기분 좋은 일이기 때문이다.

이와 똑같은 사고방식을 드레스나 셔츠에도 적용해 보자 : 소재의 감촉이 좋아서 샀을 수도 있고 입었을 때 감촉이 좋아서 샀을 수도 있다. 하지만 그 옷이 당신에 대한 타인의 인식에 어떤 영향을 미칠 것인지 아주 잘 알고 있기 때문에 산 것일 수도 있다. 따라서 각각의 경우에서 당신은 실제로 자기 자신만 생각하고 선택을 하려는 것인가, 아니면 남들에게 과시하고 싶어서 선택을 하려는 것인가? 애초에 그 선택을 내리게 한 것은 둘 중 어느 쪽인지 가슴에 손을 얹고 생각해 보라. 그 두 가지를 구별하기가 힘들기 때문에 행복에 관한 한 내재적 동기가 외재적 동기보다 더 낫다는 통찰을 활용하는 것 또한 힘들다. 그렇다고 활용을 아예 못한다는 건 아니다.

심리학자들이 발견했다시피 우리는 대체로 외재적인 이유 때문에 물적 재화를 구입하고 내재적 즐거움 때문에 뭔가를 하기 때문이다. 따라서 지금보다 행복해지고 싶다면 이런저런 생각을 하느라 힘들게 고생하지 말고 그냥 체험을 고르도록 하라.

동기에 관한 이러한 통찰은 페이스북이 체험주의에 영향을 미친다는 관점에서 볼 때에도 유용하다. 할리우드에서 아침을 먹는 중이거나 이비사에서 칵테일을 마시는 중인 친구들의 사진에서 알 수 있듯, 게시물을 업데이트하는 데 시간을 너무 많이 들이는 사람들도 있는 듯한데, 그런 사람들은 체험 자체를 즐기기 위해서라기보다는 자신들의 근황을 모두에게 알리기 위해 그런 활동을 하는 것처럼 보인다. 그런 종류의 외재적 동기 때문에 하는 활동들은 이론상으로는 행복을 가져다 줄 가능성이 낮다고 봐야 한다.

그러나 설사 자신이 현재 어떤 활동을 하고 있는지를 모두에게 알리고 싶은 욕망이 시작점이라고 하더라도 전혀 상관이 없다. 왜냐하면 모든 체험에는 건강과 행복이라는 이점의 선순환이 무료로 딸려오기 때문이다. 체험은 여전히 다른 사람에게 더욱 가까이 다가갈 수 있게 해줄 것이다. 체험은 몰입 상태에 도달할 가능성도 훨씬 높여준다. 시작점이 과시하려는 욕망이라고 하더라도 체험을 선택하면 행복해질 수 있는 가능성은 여전히 훨씬 크다.

따라서 이러한 사항들을 모두 고려해 볼 때, 소셜미디어가 지위 불안에 미치는 영향에 대해서 지나치게 걱정해서는 안 된다고 생각한다. 행복에 신경을 쓰고 있고, 행복해지고 싶다면 체험주의자가 되어야 할 것이다. 체험주의는 당신에게 더욱 이롭다. 그렇다면 다른 사람들에게도 이로울까?

체험에서 얻게 될 행복의 크기

활동이 소유보다 더 큰 행복감을 준다는 사실을 입증하는 그 모든 증거 이외에도, 과소유 증후군이 유발하는 여러 가지 문제점에 대해서 생각해 보다 보면, 이내 체험주의가 모두에게 더 이로운 이유를 깨닫게 될 것이다. 체험주의가 지닌 매력이 계산기를 쓰는 선구적인 히피들 몇몇을 넘어 물질만능주의적인 현 세계에 속하는 부유층 다수에게까지 퍼질 가능성이 농후하다는 사실 또한 알 수 있다.

지위와 행복과 의미가 더 이상 물적 재화를 근거로 삼지 않고, 체험주의가 기둥이 되는 세상에서는 환경문제도 지금보다 훨씬 적어진다. 물론 대부분의 체험이 물적 재화를 필요로 하고 흔적을 남기기는 한다. 예컨대 보르네오로 떠나는 휴가여행과 같은 체험적 구매의 탄소 발자국을 생각해 보라. 하지만 체험은 당연하게도 물질적 소유물에 대한 의존도가 훨씬 낮으므로, 전반적으로 환경에 끼치는 피해도 더 적다.

체험주의 사회의 구성원은 소유물을 차곡차곡 모아두는 경향이 더욱 낮은데, 이는 그 모든 물건의 축적에 딸려오는 잡동사니 과포화와 스트레스 유발 정도 또한 낮아진다는 것을 의미한다. 체험주의는 인구 증가와 글로벌 중산층(미국과 유럽, 일본 등 선진국의 중간 계층에 신흥경제국의 중간 계층이 더해지면서 전 세계적으로 정치·경제적 의미를 갖게 된 중산층을 의미—옮긴이)의 증가에 대한 대처 능력도 더욱 우수하다. 물건에 대한 관심이 줄어들게 되므로 자원비용 문제도 줄어들 것이기 때문이다. 리처드 플로리다라는 도시이론가가 언급했듯, 체험주의는 수백만 명이 시골보다는 도시에서 살기를 택하고 있는 요즘 추세에도 부합한다. 도시의 주거공간은 점점 좁아지고 주거비용은 점점 높아지는 추세이기 때문에 물건을 줄일 여지가 있으므로 체험주의는 예전보다 훨씬 이치에 합당한 선택이 된다.

체험주의는 심지어 사회학자 루스 밀크먼과 같은 비평가들이 상실되었다고 생각하는 체제에 대한 신뢰를 어느 정도 회복시켜 줄 수도 있을 것이다. 성공이 물질적 관점에서 저울질되는 요즘 세상에서는 승자와 패자의 구분이 명확하다. 나머지 구성원에 비해 물적 재화를 월등히 많이 가지고 있는 부류가 존재한다는 사실에 괴로워하는 사람들도 많다. 반면 주요한 관심사가 물질적 행복이 아니라 비교가 힘든 체험적 행복인 세상에서는 누가 더 많이 소유하고 있느냐 하는 사항이 하나의 논점에 지나지 않게 될 것이기 때문에 누가 누구보다 더 많이 가지고 있다는 사실에 신경 쓰는 사람이 줄어들 것이다.

내가 지금까지 이 책에서 언급했던 체험들이 모두 화려하고 돈이 많이 드는 체험들이었고, 체험주의자가 되려면 돈이 많아야 한다고 확신하고 있고, 체험주의 문화 내에서도 빈부 격차는 여전히 존재할 거라는 것이 지금까지의 내용에 대한 당신의 반응이라면, 내 설명을 들어주길 바란다. 온 가족을 끌고 대륙 맞은편으로 이사를 간다거나 전 세계를 누비는 건 돈이 아주 많은 사람들한테만 가능한 일일 것이다. 하지만 내가 그런 사례를 고른 건 그러한 예가 요점을 아주 잘 보여주기 때문이었다. 공원 산책, 친구와의 수다, 교회 가기, 바닷물에 발가락 담그기 같이 돈이 전혀 들지 않는 체험들도 내가 예로 든 체험들 못지않은 행복감을 가져다 줄 것이다. 평범한 사람의 체험도 톱스타들의 체험 못지않은 효력을 발휘한다. 평범한 사람의 삶은 사람들이 가득 찬 경기장처럼 시끌벅적하거나 열광적이거나 화려하지는 않겠지만 체험주의적 관점에서 볼 때는 똑같이 소중하다. 결국 얻게 될 행복의 크기는 똑같을 것이며 어쩌면 보람은 더욱 클지 모르기 때문이다.

따라서 당신이 부자건 가난하건 혹은 그 중간 어디쯤 속하건 상관없다. 지구를 위해, 자기 자신을 위해, 사회를 위해 체험주의자가 되어 자기 자랑에 지나지 않는 사진을 페이스북에 올리든 똑똑해 보이는 메시지를 트위터에 올리든 상관없다. 체험주의는 당신에게, 나에게, 우리 모두에게 더 이롭기 때문에 나는 당신도 체험주의자가 되어야 한다고 믿는다.

JVC가 소니를 이긴 이유

1970년대 초반, 세계 최고의 선도적 첨단기술기업들 출신인 엔지니어들은 믿을 수 없을 만큼 대단하고 새로운 시스템, 즉 사상 최초로 텔레비전 방영 프로그램을 녹화했다가 나중에 보고 싶을 때 볼 수 있게 해줄 기계를 발명하느라 분주했다. 생방송도 잠깐 멈춤 했다가 아무 때나 원할 때, 아무 기기나 마음이 당기는 기기를 골라 볼 수 있는 21세기적 관점에서는 시시하게 들린다. 그러나 당시로서는 혁명적인 발상이었고 결국 전쟁까지 벌어졌다.

일본기업인 소니는 1975년 베타맥스 시스템을 출시하면서 1차 일제 사격을 가했다. 경쟁사인 JVC는 1976년 VHS라는 포맷으로 이에 대응했다. 처음부터 전세는 소니 쪽으로 기울어 있었다. 1975년 수익성 좋은 미국 시장을 100% 장악한 소니는 꽤 오랫동안 시장에서 선도자 위치를 고수했다. 베타맥스가 더 뛰어났기 때문에 당연한 결과였다. 베타맥스는 VHS보다 우수한 고해상도 영상, 더욱 안정적인 화질, 뛰어난 음질을 제공했다. 하지만 가정용 녹화기기 전쟁의 와중에 베타맥스의 점유율은 점차 떨어졌다. 1981년이 되자 베타맥스의 미국시장 점유율은 25%에 지나지 않게 되었다. 1988년, 〈롤링스톤〉이라는 잡지가 '종전'을 선포했을 당시 VHS의 시장 점유율은 95%나 되었다.

기업인들은 VHS가 베타맥스를 이긴 이유를 몇 년 동안이나 분석했다. 그들은 원가, 녹화시간, 유통, 마케팅 전략 등의 문제점을 원인으로 지목했다. 궁극적인 원인이 무엇이었는지는 모르겠지만 내가 가장 흥미롭게 여기는 부분은 이 이야기가 입증하는 논점이다. 더 우수하다고 해서 반드시 유행을 타고 우위를 점령하게 되지는 않는다는 사실이다. 이 경우에는 과학기술의 일부분이었지만 여러 분야에 적용해 볼 수 있다. 심지어 생활방식에도 적용이 가능하다. 팀 캐서와 같은 사회학자들은 단순한 삶을 사는 사람들이 훨씬 행복하다는 사실을 발견했다. 이 책의 앞에서 보았다시피 그럼에도 불구하고 자발적인 단순함은 인기를 끌지 못했다. 체험주의도 같은 운명인 걸까? 더 우월하지만 인기를 끌지는 못하게 될까?

이 질문에 답할 수 있는 가장 좋은 방법은 어떤 트렌드가 됐든 우리가 궁금해 할 법한 질문을 해보는 것이다. 이런 종류의 일이, 즉 가치와 실용에 대대적인 변화가 일어난 적이 있었는가? 이 질문에는 이미 답한 바 있다 : 있었다. 우리의 선조들이 검소한 삶을 버리고 낭비하고 물질을 쫓는 소비자가 된 것이 바로 그런 예이다.

그 다음으로는 어떤 혁신이 되었든 그 전파 여부를 가늠하기 위해 물어보아야 하는 다섯 가지 핵심 질문을 다시 한 번 물어보아야 한다. 다섯 가지 중 두 가지 질문에는 이미 답을 했다. 체험주의가 더 우수하다는 사실은 이미 확인했으니 말이다. 소셜미디어 덕분에 남들이 지금 무엇을 하고 있는지 알아내기가 훨씬 수월해진 탓에 체험주의도 가시성을 띠게 되었다는 사실도 확인했다. 사람들이 소셜미디어 피드와 게시물 업데이트를 굉장히 자주 확인한다는 사실을 고려할 때, 체험주의의 실천이 어마어마한 가시성을 띠게 되었다고 할 수 있을 것이다. 사람들이 온라인에서 그 어떤 활동보다도 많은 시간을 할애하는 활동이 소셜 미디어인데, 이제 다들 스마트폰을 가지고 다니게 되었으므로 그 시간은 점점 늘어날 것이다.

체험주의는 핵심 질문 세 가지가 더 남아 있는 이 심문을 어떻게 견뎌낼 것인가? 간단명료한 대답으로 족할 듯하다. 왜냐하면 우선 체험주의는 이해하기 쉽고 현재 우리의 생활방식과 양립도 가능하기 때문이다. 결국 스포츠를 하고 콘서트를 보러 가고 이런저런 활동을 하는 것은 우리가 이미 해오던 일이다. 물질만능주의에서 체험주의로 업그레이드하기 위해 갑자기 바꾸어야 할 필요는 없다. 체험주의는 극단적인 변화가 아니다. 전등스위치를 켜거나 끄는 것과도 다르다. 체험주의가 요하는 것은 오로지 관심사를 바꾸라는 것이다. 즉, 적게 갖고 많이 하라는 것이다. 체험주의는 시도해 보기도 쉽다. 지금까지의 소비 습관을 유지하면서 이번 달 말까지는 아무것도 새로 사지 않는다는 목표만 세우면―물론 당신이 했던 활동에서 얻은 추억과 이야깃거리는 예외로 한다―지금 당장 체험주의를 시험해 볼 수 있기 때문이다. (체험주의를 시험해 보고 실천할 수 있는 방법에 대한 지침은 이 책 말미에 실린 부록 '체험주의자의 방식'을 참조할 것)

따라서 체험주의는 분명 전도유망하다. 물질만능주의보다 모양새도 더 좋을 뿐만 아니라 확산 가능성도 더 높아 보이기 때문이다. 나는 체험주의가 분명히 확산될 거라 믿고 있다. 하지만 내가 그런 주장을 펼치고 여러분이 내 말을 믿을 수 있으려면, 물질만능주의가 하락세이고 체험주의가 점차 퍼지고 있음을 나타내는 징조가 이미 존재하고 있어야 할 것이다. 이런 일이 벌어지고 있다는 증거가 있기는 한 걸까? 있다, 그것도 아주 많이 있다. 어디서 어떻게 찾아야 할지 안다면 말이다.

소유에서 존재로

세상이 완벽하다면 트렌드를 포착하고 예측하는 일은 간단할 것이다. 모두들 어떤 생각을 하고 어떤 활동을 하고 있는지에 관하여 완전하고 정확한 정보가 존재할 것이기 때문이다. 나는 실직자가 되겠지만 말이다. 그러나 현실 세계에서는 나 같은 트렌드 분석가들이 잡음 많고 불완전한 정보를 가지고 꾸려나가야 한다. 컬러 블로킹(색상 면분할. 단순하게 색을 섞는 것이 아니라 색의 덩어리를 여러 개 붙여 '구획'을 나눈 것을 의미—옮긴이)이나 애니멀 프린트처럼 포착하기 쉬운 트렌드도 있다. 제철을 만나 쉽게 눈에 띄고 주류언론에서 다루기도 하고 모두들 입고 다니는 트렌드의 경우 더더욱 포착해 내기가 쉽다. 그러나 당신이 추적 중인 트렌드가 하나의 문화적 변화라면, 즉 우리가 지금 살고 있는 세상을 지탱하고 있는 가치관에서 일어난 근본적인 변화이고 초기 단계라면, 감지하기가 훨씬 어려울 것이다. 이런 경우, 우리는 해당 트렌드를 그 트렌드가 드리운 그늘과 남긴 발자취를 통해 찾아내야 한다. 천만다행으로 물질만능주의에서 멀어져 체험주의로 향하는 움직임은 그림자를 꽤 많이 드리워 놓았고 오해의 여지가 없는 발자취도 남겨놓고 있다.

우선 내가 '들어가는 글'에서 언급했던 설문조사 결과가 시사하는 바가 있다. 그러나 일반적으로 세 명 당 두 명이 물건을 처분함으로써 살면서 겪는 '과소유 증후군을 해소하는' 습관이 있다는 사실 외에도, 그 설문조사는 혁신가 및 조기수용자도 네 명 당 세 명이 물건을 처분한다는 사실을 발견했다. S자 곡선에서 알 수 있듯, 미래를 대변하는 이들은 혁신가와 조기수용자들이므로, 앞으로는 더욱 더 많은 사람들이 물건을 처분하리라는 사실을 추론해 낼 수 있다.

그 다음으로 내가 '들어가는 글'에서 언급했던 정치학자인 론 잉글하트의 저서를 살펴보면, 이러한 통계자료로 곧장 연결되는, 또렷이 식별되는 40년간의 흔적이 있다. 1970년에 시작한 이래로 계속 진행해 오고 있는 세계 가치관 조사World Values Survey라는 그 연구는 우리가 40년이 넘는 지난 세월 동안 물질만능주의로부터 점차 멀어지고 있다는 사실을 보여준다.

변화 중인 우리의 경제 구조에 대해서 잠깐 생각해 보자.

지금은 고인이 된 경제학자 로버트 포겔이 나한테 이런 말을 한 적이 있었다.

"1934년 최초의 국민소득계정에 올라 있는 항목을 보면, 그중 80%가 의식주같이 손으로 만질 수 있는 것들이었다네. 물질적인 것들이었지. 하지만 지금은 3분의 1도 채 되지 않아. 그때보다 훨씬 많은 돈을 다른 데 쓰고 있어. 요즘은 국민소득에 기입되는 항목의 대부분이 비물질적인 것들이라네. 〔관광, 금융, 보건, 교육, 오락처럼〕 무형의 것들이지. 손으로 만질 수 없는 것들 말이야."

따라서 우리 경제에는 물적 재화로부터 점점 멀어지는 장기적인 변화가 일어나고 있는 셈이다.

우리의 국민소득계정에서 물적 재화의 상대적 중요성이 감소하고 있을 뿐만 아니라 물적 재화의 절대수준 또한 낮아지고 있다는 새로운 증거가 있다. 이 사실을 발견한 사람인 전前 맥킨지 컨설턴트 겸 환경분석가인 크리스 구달의 말마따나 우리는 '물질의 정점'에 도달했다. 구달의 상세한 분석에 따르면 영국은 적어도 2003년 이후부터 물과 콘크리트와 종이의 소비량이 줄고 있고 자동차와 의류의 수도 줄고 있다. 그는 프랑스와 스웨덴 그리고 미국을 포함한 다른 나라에서도 소비가 줄고 있음을 보여주는 징후를 발견했다. 이와 같이 자재의 사용량이 감소한 시기가 대부분 우리 경제가 호황이었을 때라는 사실을 명심하라. 바꾸어 말하면 우리의 소비량은 점차 느는 추세였는데 그 대상이 물질에 해당하는 재화가 아니었다는 뜻이다. 그보다 우리는 커뮤니케이션, 오락, 관광 같은 분야, 휴대전화 약정, 저녁 외식, 주말여행 같은 활동에 돈을 더 많이 쓰게 되었다.

의류에 대한 (과)소비 또한 정점에 도달한 것일지 모른다. 수십 년간의 증가 끝에 어쩌면 우리는 '의류 정점'에 도달했을지도 모르겠다. 2007년 미국인은 1999년보다 평균적으로 옷을 거의 두 배 가까이 더 샀다. 하지만 2012년이 되자 상승세는 멈췄고 심지어 67벌에서 64벌로 조금 감소하는 추세까지 나타났다.

나는 우리 사회와 경제 전반에서 더욱 많은 증거를 찾아냈다. 내가 영국과 아일랜드에서 실시한 설문조사에 따르면 사람들은 물적 재화보다 체험을 선호하는 것으로 나타났는데, 그 근거는 다음과 같다. 하드커버 책이 사라지고 전자책이 부상하고 있고, 음반 판매량이 급락하고 라이브 뮤직과 축제의 인기가 높아지고 있으며, 60대에 접어든 사람들이 나머지 연령대에 속한 사람들보다도 휴가에 돈을 많이 쓴다는 사실에서, 익스트림 스포츠의 출현에서, 나날이 커져가고 있는 헬스케어 시장에서 그런 징조를 볼 수 있다.

포겔은 나한테 이런 말을 했었다.

"1929년, 우리는 GDP의 3%를 의료부문에 썼다네. 요즘엔 16%나 쓰고 있지. 예측 자료를 보면 2040년에는 30%까지 올라갈 것 같더군."

고가품 시장에서도 체험주의가 부상하는 징조들이 속속 나타나고 있다. 2011년 높은 경제적 지위 덕분에 무엇이든 가장 먼저 시도해 보고 나머지 사회구성원에게 모방의 대상이 되고 있는 고가품 소비자는 보스턴 컨설팅 그룹이라는 기업이 실시한 조사에 따르면 사상 처음으로 모든 부문을 제치고 휴가와 같은 체험 위주의 사치재에 돈을 더 많이 썼다고 한다. 보스턴 컨설팅 그룹이 '체험적 사치'라 부르는 이러한 트렌드는 계속되고 있다. 이 회사의 시니어 파트너인 장-마르크 벨라이치는 2013년 이런 발언을 했다.

"과소비 시대에 사람들은 물건을 사는 게 다가 아니라는 사실을 깨달아가고 있습니다. 체험을 사면 훨씬 큰 기쁨과 만족을 얻습니다."

1년 후 동료인 안토넬라 마이-포흐틀러는 그의 발언을 재차 떠올리게 하는 발언을 했다.

"사치의 개념이 '소유'에서 '존재'로 급변하고 있습니다. 다시 말해서 소비자들은 소비재를 소유하는 것에서 소비재를 체험하는 쪽으로 옮겨가고 있다는 뜻이죠."

차세대 소비자들이자, 마케터들이 '밀레니엄 세대'라 부르는 현 이삼십 대 인구가 현재 하고 있는 행위와 하지 않는 행위에서 변화가 나타나고 있다는 다른 징조도 있다. 그들은 더 이상 부모들이 그랬던 것처럼 자동차를 사지 않고 있고 도시 중심가에 있는 작은 아파트에 사는 걸 선호하고 있다. 주거지의 크기 및 위치 때문에 자연히 물건을 둘 공간은 적어지고 체험의 여지는 커질 수밖에 없다. 도시가 지닌 특징 가운데 하나가 시골보다 훨씬 다양한 체험을 제공한다는 것이기도 하다. 음반이건 영화건 자동차건 어떤 물건을 소유하기보다 집카(ZipCar : 회원제 렌터카 공유 회사—옮긴이), 스포티파이(Spotify : 상업적인 음악 스트리밍 서비스—옮긴이), 렌트 더 런웨이(Rent the Runway : 패션쇼에서 소개되는 유명 디자이너들의 비싼 옷을 대여해 주는 서비스—옮긴이), 넷플릭스(Netflix : 미국의 비디오 대여 및 스트리밍 기업—옮긴이)와 같은 서비스를 통해 접촉할 기회를 갖는 쪽

을 선호한다. 전前 세대가 그랬던 것처럼 물리적 재화를 통해 과시하기
보다는, 소셜미디어를 통해 공유할 수 있는 여러 체험을 통해 정체성을
드러내고 지위를 획득하려 한다. 이미 보았다시피, 그들만 그런 것도
아니다 : 자신들의 체험을 트위터에서 공유하는 인구는 1억 4천만 명,
페이스북에 체험을 올리는 인구는 10억 명이 넘는다.

알다시피, 비록 분포가 고르지 않기는 하지만, 체험주의의 실천과 가
치관이 전파되고 있음을 가리키는 이정표는 많다. 그러나 체험주의가
과소유 증후군의 해답이 될 거라는 결론을 내리기에 앞서 지난번에 우
리가 살고 있는 세상의 근본이 되는 가치체계가 바뀌었을 때 우리 모두
가 따르게 될 경로를 정한 사람들은 권력을 쥐고 있던 사람들, 즉 정부
와 거대기업에 속한 의식의 지배자들이었다는 사실에 유념해야 할 것
이다.

권력의 구조가 피라미드형에서 팬케이크형으로 바뀌었다고는 하지
만 정부와 거대기업의 힘은 여전히 막강하다. 세상이 어느 쪽으로 변할
지 확실하게 정하기 전에 세상이 체험주의에 대해서 어떤 생각을 가지
고 있는지 또한 알아내야 한다.

제11장

행복을 측정하는
새로운 방법

9/11 테러공격 이후, 자유진영의 지도자들은 국민들에게 당황하지 말고 쇼핑을 하라고 권유했다. 조지 W. 부시는 이렇게 선포했다.

"이 위대한 나라는 결코 겁먹지 않을 것입니다. 우리는 평상시처럼 근무하고 쇼핑하고 놀고, 교회와 유대교회당과 이슬람사원에서 기도를 하고 영화를 보러 가고 야구 경기를 관람할 것입니다."

영국 총리 토니 블레어는 대국민 연설에서 이렇게 말했다.

"우리는 일상생활을 계속 이어나가야만 합니다. 일하고 생활하고 여행하고 쇼핑을 하십시오."

부시와 블레어가 이런 말을 한 데에는 다 그럴 만한 이유가 있다. 정부와 국가를 평가하는 핵심 지표가 경제의 규모 및 성장 정도이고, 이러한 경제 상태를 나타내는 것이 핵심적인 수치, 즉 GDP로 더 잘 알려진 국내총생산이기 때문이다.

GDP를 자녀의 성적표에서 보게 되는 점수 비슷한 것으로 여기고 있을지 모르겠다. 하지만 GDP는 물론 자녀의 학업 성취도가 아니라 한 국가의 재정 상태를 나타낸다. 당신이 학기말에 아이가 얼마나 잘하고 있는지 알고 싶은 것처럼, 정치가들, 경제학자들, 기업인들, 일반대중은 분기별 GDP 공시를 주시한다. 왜냐하면 경기가 좋을수록 국가와 정부는 생활수준을 유지하고 향상시키기 위해 더욱 많은 돈을 필요로 하게 되기 때문이다. 가계 예산과 다를 바가 없다. 예산이 커지면 커질수록 식료품, 집세, 야간 강좌, 의복, 휴가에 들어가는 돈도 많아진다. GDP가 높을수록 일반대중이 그런 데에 쓰는 돈의 액수도 높아지고 정부가 소방관, 교사, 도로, 우리의 생활방식을 위협할지도 모르는 대상으로부터 우리를 보호해 주는 무기 및 병력에 쓰는 돈의 액수도 높아진다.

　정부가 맨 처음 GDP를 측정하기 시작한 것은 내가 물질만능주의 시대로 여기는 시기가 시작될 즈음이었다. GDP가 핵심 구성요소가 되는 국민소득계정은 1934년 대공황에 대한 대응으로 미국에서 최초로 공표되었다. 목적은 정부로 하여금 사상 최초로 경제 및 경제를 구성하는 제반 구성요소들의 규모와 증감 여부를 신뢰할 수 있는 수준으로 예측할 수 있게 하는 것이었다. 측정값은 불완전했다. 이를 최초로 고안해 낸 사이먼 쿠즈네츠는 첫 보고서에서 측정값은 '비교적 정확하고 근사치에 지나지 않는 추정치의 결합'이라고 했다. 그렇기는 해도 국민소득계정은 정부에게 경제의 어느 부문이 제대로 돌아가고 있는지, 어느 부문이 그렇지 못한지, 또 어느 정도로 잘 돌아가고 있는지에 대한 징후를 보여주었다. 즉, 정부로 하여금 선견지명이 있는 장군처럼 행동할 수 있게 해주었다는 뜻이다. 정부는 자신의 병력이 얼마만큼 강한지, 어느 부분을 보강해야 하는지, 부대를 얼마나 파견해야 하는지 아는 장군처럼 행동할 수 있었다. 가령 어느 한 분야의 수요가 유독 낮으면 정부는 수요를 촉진하기 위해 원군을 보낼 수 있었다.

다른 결과도 있었다. 첫째로 이러한 새로운 측정 방법은, 이제는 고인이 된 경제학자 로버트 포겔이 지적한 바와 같이, 경제학을 추측에 근거하고 있고 이념적으로 분열된 분야에서 체험에 기반한 사회과학으로 격상시켜 주었다.

다른 결과로는 경제학과 경제학자들을 정부 요직에 앉혀주었다는 점을 들 수 있겠다. 이 새로운 방법의 산물인 소득계정은 1930년대 내내 대공황의 여러 문제를 해결하기 위해 고심했던 정부에게 없어서는 안 될 수단인 것으로 나타났다. 1940년대 전쟁을 수행하기 위해 기울인 총력에서도 다시 한 번 필수적인 역할을 했다. 이러한 소득계정에서 수집한 정보를 통해 경제학자들은 자국과 여러 우방을 무장시키는 데 반드시 필요한 군수물자를 생산할 수 있는 미국의 생산역량을 산출했다. 경제학자들은 전쟁 비용을 감당할 수 있게 해줄 재정 수단 또한 고안했고, 나치의 총력전에 막대한 타격을 주기 위하여 독일에 대한 공군 폭격을 계획했다. 경제학자들의 공이 더없이 귀중한 것으로 드러나자 경제학자인 폴 새뮤얼슨은 나중에 제2차 세계대전은 '경제학자들의 전쟁'이었다고 주장하기까지 했다.

과대평가였을 수도 있지만, 평화가 회복될 무렵 경제학이라는 학문과 현역 경제학자들은 명성을 얻었다. 1946년 의회가 대통령 경제자문위원회를 설립하자, 이로써 경제학자들이 정부에서 맡은 중추적 역할은 더욱 굳건해졌고 의식의 지배자들이 몇십 년 전부터 다져놓은 토대도 더욱 탄탄해졌다. 위원회 의장이었던 레이먼드 J. 솔니어는 1959년 미국경제에 관하여 언급하던 중, '미국 경제의 궁극적 목표는 소비재의 생산을 늘리는 것'이라고 했다.

1950년대 말 무렵, 국제통화기금의 지지 하에, 전 세계 모든 국가가 미국이 사용하던 국민소득계정법을 채택하게 되었다. 그 이후 보고 내용에 GDP가 포함되는 국민소득계정법은 한 국가가 자국의 경제 실적을 측정할 수 있는 주요한 수단이 되었다. 그 논리는 간단하다. 하지만 1950년대 말 이후, 국민소득은 정치가들이 한 국가의 전반적인 진보를 측정하는 수단으로도 자리 잡았다. 그 논리는 간단 근처에도 못 미친다.

경제학자들이 우리한테 해준 게 대체 뭐가 있지?

기원후 1세기 초반의 어느 때, 팔레스타인이다. 로마제국의 영토가 서쪽으로는 히스파니아(고대 로마 제국에서 이베리아 반도(현재의 포르투갈, 스페인, 안도라, 지브롤터)를 통칭해 일컫는 말―옮긴이)부터 동쪽으로는 고대 유대까지 뻗어 있다. 엄밀히 말하면 지금은 1978년 튀니지이고, 우리는 〈몬티 파이튼의 라이프 오브 브라이언〉(〈몬티 파이튼의 성배〉를 만든 몬티 파이튼의 또 다른 코미디 영화로 예수가 태어난 시각 바로 옆집에서 태어난 청년 브라이언 코헨의 이야기―옮긴이) 세트장에 있다. 우리가 너덜너덜한 커튼이 달린 먼지투성이 방에 있는데, 파이튼이 후에 유명해질 대사 '로마놈들이 우리한테 해준 게 대체 뭐가 있지?'가 나오는 상징적인 장면을 찍고 있다.

검은 로브를 입고 테이블 앞 바닥에 양반다리로 앉은 채 몇 안 되는 추종자들에게 연설을 하고 있는 사람들은 존 클리즈(영국의 배우이자 희극인, 작가, 영화제작자―옮긴이), 마이클 페일린(영국의 희극인, 배우, 여행 작가, 각본가―옮긴이), 에릭 아이들(영국의 희극인, 배우, 작가, 각본가―옮긴이)이다. 이들은 각각 레지, 프랜시스, 스탠이다. 물론 더 정확히 말하자면, 몇 장면전 콜로세움에서 스탠이 여자가 되고 싶다고 선언했고 앞으로 로레타로 불러달라고 했기 때문에, 레지, 프랜시스, 로레타라고 해야겠지만 말이다. 아무튼 레지, 프랜시스, 로레타는 유대의 인민전선People's Front of Judea이라 불리는—유대 인민전선Judean People's Front(JPF)도 아니고, 대중전선Popular Front(PF)도 아니고, 유대 대중 인민전선Judean Popular People's Front(JPPF)도 아닌—반反로마제국주의 테러집단의 지도자들이다. 콜로세움에서 밝혔듯 나머지 무리에 속한 사람들은 하나같이 다들 '왕재수wankers'와 '분파주의자splitters'들이다. 아니, 레지와 프랜시스와 로레타는 유대의 인민전선 조직원이고 로마인들을 죽도록 미워한다. 유대의 인민전선 추종자들의 분노를 부추기려던 레지는 이런 말을 한다.

"로마놈들은 우리 등골을 빨아먹었다, 후레자식들. 그놈들은 우리의 전 재산을 빼앗아갔다. 아니, 우리 재산만 빼앗은 게 아니다. 우리 아버지의 재산, 우리 아버지의 아버지 재산까지 빼앗아갔다."

옆에 있던 로레타가 맞장구를 친다.

"우리 아버지의 아버지의 아버지 재산까지."

"아무렴."

레지도 이에 호응한다.

모두 브라이언의 삶에 나오는 단체 이름. 이 영화는 예수가 아니라 예수와 같은 시대 근처에서 태어난 브라이언을 주인공으로 삼는다. 예수가 등장하는 것은 출생 후 33년 뒤 산상수훈을 하는 모습을 보여줄 때뿐이다. 영화의 실제 관심은 예수가 아니라 구름같이 몰려든 사람들의 끝에서 제대로 들리지 않아 엉뚱하게 해석하거나 사소한 일로 싸우느라 제대로 듣지 못한 사람들, 혹은 예수가 나병을 치료해 주는 바람에 구걸하기 힘들어졌다며 불평하는 사람들이다. 이처럼 직접적인 성서 언급을 빗댄 유머 외에도 좀 더 상상력을 발휘해서 불경 죄인을 돌로 쳐 죽이는 행사가 인기 있는 오락거리인 상황에서 남자들만 참석할 수 있게 하자 여자들이 수염을 붙이고 더 열심히 나가는 것, 콜로세움에서 검투사들의 시체가 즐비한 가운데 관중석에서는 반제국주의 비밀결사인 유대의 인민전선 조직원들이 한가롭게 모여 다른 결사, 즉 유대 인민전선과 유대 대중 인민전선 등을 분파주의자라고 비난하면서 늘 회의에서 강령 만들기만 하고, 정작 행동에서는 이런저런 이유로 뒤로 빠지는 모습을 보여줌으로써 현실 정치계 및 종교계 지도자들을 풍자하고 있다.

이제 재미 들린 로레타가 한술 더 뜬다.

"우리 아버지의 아버지의 아버지의 아버지 재산까지."

"아무렴. 이제 그만 해, 스탠. 1절만 해라. 그 대가로 그놈들이 우리한 테 해준 게 뭐가 있지?"

레지가 묻는다.

"위생시설?"

신입 중 한 명이 큰 소리로 외친다.

"도로?"

또 다른 신입이 외친다.

"수로."

"의료."

"교육."

"와인도."

"공중목욕탕도."

"그래. 로마놈들이 떠나면 아쉬울 만한 것들이잖아, 레지."

유대의 인민전선의 3인자인 프랜시스가 말한다.

"지금은 밤에 싸돌아다녀도 안전하잖아, 레지."

로레타가 보탠다.

"그놈들이 치안은 정말 확실히 알고 있잖아. 현실을 직시하자고. 이런 데를 꾸려나갈 수 있는 건 그놈들뿐이야."

레지는 못마땅한 듯 모두 시인하고는 마지막 한 방을 시도한다.

"나도 인정해, 하지만 위생시설, 의료, 교육, 와인, 공공질서, 수로, 도로, 수도시설, 공중보건 말고, 로마놈들이 우리한테 해준 게 뭐가 있 냐고?"

"평화를 가져다주었잖아."

신입 중 한 명이 말한다.

부아가 난 레지는 체념한다.

의식의 지배자들—기업가들, 경제학자들, 정치가들—이 우리에게 해준 모든 일들을 고려할 때, 때때로 시스템에 대해서 불평을 늘어놓는 사람들이 꼭 유대의 인민전선의 지도자인 레지처럼 보일 수도 있다. (유대의 인민전선한테는 미안한 말이지만.) 하지만 오늘날 와인, 깨끗한 물, 그 밖의 생필품에 대한 걱정은 줄어들었다. 물건이 남아돌 만큼 많은 이러한 풍요의 시대에, 우리는 과소유 증후군으로 괴로워하고 있고, 우리 중 다수가 의식의 지배자들에 대한 인내심을 잃어가고 있다. 특히 경제학자들에게 질릴 대로 질린 우리는 경제적 성공을 사회 전반의 진보를 가늠하는 기준으로 여겨야 한다는 발상에 대한 믿음 또한 잃어가고 있다.

엉뚱한 곳에서 열쇠를 찾고 있는 술주정뱅이들

GDP는 애초에 사회 전全 분야의 진보를 다루기 위한 것이 아니었다. 그럼에도, 이제 곧 알게 되겠지만, 경제발전을 계산하는 유용한 방법을 갖게 됨으로써 얻게 된 의도하지 않은 결과는, 공인된 다른 수단이 없는 상황에서, GDP가 사회발전의 척도를 가늠하는 결정적인 수단으로 자리 잡게 되었다는 것이다. 왜일까?

간단한 답은, 적어도 우선은, GDP가 우리 사회가 얼마나 잘하고 있는지에 대해서는 알려주었기 때문이다. GDP에 초점을 맞춤으로써 경제학자들은 인류가 정착하여 복잡한 사회를 이루게 된 이래로 인류를 괴롭혀 왔던 문제, 즉 인류를 점점 약화시키는 심각한 희소성의 문제를 해결했다. 따라서 희소성 문제 해결의 측면에서 볼 때—공교롭게도 이는 경제학이라는 학문 분야가 공언한 목표이기도 하다—GDP 증가, 특히 1인당 GDP 증가는 발전을 의미하는 것이었다.

게다가 1인당 GDP 증가는 실제로 행복감을 일정 수준 높여주기도 한다. 따라서 그 지점까지는 1인당 GDP 증가가 발전 여부를 가늠하는 수단이 되지만 그 지점을 넘어가면, 즉 오늘날 기준으로 연봉이 75,000달러 또는 50,000파운드 정도 되면, 수확은 크게 체감遞減된다. 리처드 이스털린이나 호주에서 가장 유명한 웰빙 전도사 밥 커민스를 비롯한 많은 사람들은 오래 전에 우리가 그 지점에 도달했다고 믿는다.

커민스의 말을 들어보자.

"성숙시장은 수십 년 전에 물질적인 부를 늘리는 데서는 더 이상 어떤 혜택도 얻을 수 없는 지점에 다다랐습니다. 어쨌거나 국민 대다수가 생각하기에는 말이죠. 부의 증진은 미국과 호주와 영국에 사는 사람들의 행복감을 높이는 데는 아무런 소용이 없습니다."

GDP가 발전의 척도가 된 데에는 두 가지 이유가 더 있다. 계산하기 쉽고 단순하기 때문이다. 이 이유가 그토록 강력하게 작용하는 이유를 이해하려면 사회학에서 간파해 낸 두 가지 현상인 '주정뱅이의 열쇠 찾기'와 '대체'에 대해서 생각해 보아야 한다.

'가로등 편견'이라고도 불리는 주정뱅이의 열쇠 찾기는 철학자 에이브러햄 캐플런이 맨 처음 설명한 개념이다. 1964년 저서 《연구의 수행 The Conduct of Enquiry》에서 캐플런은 다른 데서 잃어버린 열쇠를 가로등 아래에서 찾고 있는 한 주정뱅이 이야기를 들려주었다. 어째서 떨어트린 곳이 아닌 가로등 아래에서 열쇠를 찾으려 하냐고 묻자, 그 주정뱅이는 이렇게 대답했다.

"그야 여기가 더 밝으니까!"

GDP를 따지는 것은 열쇠를 찾는 주정뱅이와 같은 짓일까? GDP는 진정 우리에게 중요한 것을 측정해 주는가? 아니면 우리도 그저 더 밝은 곳을 헛되이 찾고 있는 걸까?

대체는 복잡한 결정을 내릴 때 시간을 잡아먹는 고된 과정을 피하기 위해 사람들이 택하는 일종의 정신의 지름길이다. 멀고 합리적인 경로를 택하여 어려운 질문에 답하는 대신 우리는 원래 질문보다 더 단순한 버전을 찾는다. 아마도 우리가 사회차원에서 GDP에 대하여 보이는 태도가 이와 같을 것이다. 즉, 부담스러운 질문을 더욱 쉬운 질문으로 바꿔치기하는 것이다. '우리는 지금 발전하는 중인가?'라는 까다로운 질문에 답하는 대신 우리는 'GDP가 오르고 있는가?'라는 더욱 간단한 대체 질문에 답하는 것을 선호하고 있다.

GDP는 단순성 덕분에 아주 매력적인 발전 척도가 되었다. 결국 하나의 수치에 지나지 않으면서도 경제에 관하여 알아야 할 필수적인 사실 세 가지를 우리에게 알려주기 때문이다. 경제 규모가 얼마나 큰가? 커지고 있는가, 작아지고 있는가? 우리 경제가 다른 나라 경제보다 더 규모가 큰가?

GDP의 단순성은 좌우간 전반적인 진보를 가늠하는 척도로서 아킬레스건이라고도 할 수 있다. 재화와 소득을 포함하기는 하지만 그에 대한 견해가 없다. 물건이 하는 일이라고는 대기를 오염시키고 경관을 해치거나 우리로 하여금 남에게 뒤지지 않으려 안달하게만 할 뿐 우리의 안녕에는 아무 도움도 안 되는데도 물건의 수량까지 포함시킨다. 그러나 GDP는 삶의 질은 측정하지 못한다. 더 나은 건강, 장수 혹은 학교 가는 날 썰매 타기에 대해서는 아무것도 알려주지 못한다.

아침에 일어나 보니 폭설이 내려 길이 막혀버렸고, 열차도 운행하지 않고, 기상예보관도 집에 있으라고 했던 그 시절이 기억나는가? 당신은 따뜻하게 옷을 껴입은 후 썰매를 구해서 나갔을 것이다. 스키 장갑과 오스트리아 사람들이 타는 나무 썰매를 갖출 수 있었다면 더없이 좋았겠지만 손이 젖지 않게 하기 위한 노란색 천수국 털장갑과 빨간색 플라스틱으로 만들어진 썰매만 가지고도 신나게 놀았을 것이다. 그땐 옷을 단단히 챙겨 입고 마법처럼 얻은 하루 동안 썰매를 타러 나갔을 것이다. 다음날 신문에선 여지없이 우리 경제가 수십억 달러의 손실을 입었다고 호들갑을 떨었다. '우리 경제라고?'라고 당신은 생각했을 것이다. 경제 따위 누가 신경이나 쓴다고? 우린 썰매를 탔는데.

우리가 직면한 문제가 희소성이었을 때는 GDP가 발전의 척도인 것이 이치에 맞았다. 하지만 오늘날 GDP가 사회의 건강과 나아갈 방향을 반영해 줄 거라 기대하는 것은 마치 놀이공원에 있는 요술 거울에 비친 내 모습을 보는 것과 같다. 다시 말하면, GDP는 발전에 대한 왜곡된 시각을 가지고 있다는 뜻이다. 실적과 시간효율만 따지지 썰매 타기에 대해서는 아무 말도 하지 않는 GDP가 어떻게 왜곡된 시각을 가지지 않을 수 있겠는가?

1960년대 이후 경제학자, 생태학자, 심리학자, 그 밖의 많은 사람들이 GDP의 부정적인 면을 바로잡고 좀 더 적합한 발전 척도를 알아내기 위해 노력해 오고 있다. 이들은 여러 대안을 내놓았다. 그러한 대안으로는 환경지속가능성지수(Environmental Sustainability Index(ESI) : 환경, 사회, 경제 조건을 바탕으로 지속 가능한 성장을 할 수 있는 국가역량을 계량화하고 비교—옮긴이), 환경성과지수(Environmental Performance Index(EPI) : 환경 개선 정도를 계량화한 지수로 국가별 환경 개선 노력을 평가—옮긴이), 참진보지표(Genuine Progress Indicator(GPI) : 자원의 감소, 오염, 장기적인 환경 피해, 가사 노동처럼 GDP가 제외한 요소들까지 측정—옮긴이)가 있다. 경제행복도지수(Index of Economic Well-being(IEW) : 객관화를 통해 경제적 행복도를 측정하기 위해 소비·소득·분배·안정 4개

부문을 고려하여 작성한 종합지표—옮긴이), 경제후생지표(Measure of Economic Welfare(MEW) : GNP에 가정주부의 서비스와 여가의 가치를 더하고, 공해 등 비후생적 요소들은 뺌—옮긴이), 지속가능한 경제후생지표(Sustainable Measure of Economic Welfare(SMEW) : 소득 분배의 형평성이 악화되면 구성원의 행복에도 영향을 미치기 때문에 경제의 지속 가능성도 악화된다는 관점에서 소득 분배 상태를 포함시킨 지표—옮긴이)도 있다. 심지어 지속가능한 경제후생지수(Index of Sustainable Economic Welfare(ISEW) : 사회적·생태적·경제적 복지와 관련된 총 24개 항목을 고려한 수치—옮긴이)도 있다.

이러한 지표 및 지수는 모두 나름의 장점을 지니고 있다. 또한 논쟁에 불을 지피기도 했다. 그러나 여기에는 어딘가 유대의 인민전선PFJ, 대중전선PF, 유대 인민전선JPF, 유대 대중 인민전선JPPF과 닮은 점이 있다.

그동안 GDP와 GDP가 평가하고 조장하는 물질만능주의 시스템은 로마제국처럼 아무런 도전도 받지 않은 채 진군해 왔다. 지금 이 순간까지도.

진보의 춤

진보의 여러 측면 중 특히 중요한 측면 한 가지를 맨 처음 지적한 사람은 볼테르와 동시대를 살았던 화려한 이름의 프랑스인, 베르나르 르보비에 드 퐁트넬이었다. 퐁트넬은 모든 시대는 전前 시대에 이미 발견된 것들을 재발견할 필요가 없다는 이점을 지니고 있다고 말했다. 따라서 진보를 정상에, 어떤 완벽한 이상이 있는 산에 오르는 과정에 비유한다면, 각 세대는 밑자락에서 시작할 필요가 없고, 선조들이 도달한 높이부터 시작하면 된다.

각 세대가 거칠 때마다 자동차, 전화기, 가루비누가 새롭게 진화하고, 우리 선조들은 꿈에서나 볼 수 있었던 에어컨, 비행기 여행, 심지어 공항까지 갖추게 되어 매우 유리해진 지금의 우리 입장에서 볼 때는, 이런 생각 자체가 너무 당연해 보여서 언급할 가치조차 없는 듯하다.

하지만 나는 두 가지 이유 때문에 이 주제를 꺼내려 한다. 첫째, 모든 건 개선될 수 있고 개선되어야 하고 개선될 것이라는 생각인 진보는 우리가 가장 굳게 믿고 있는 신념 가운데 하나이기 때문이다. 이러한 신념은 우리를 아침에 잠에서 깨어나게 한다. 일터에서 그리고 사생활에서 의욕을 품게 한다. 더 나은 제품과 더 나은 비즈니스 모델을 만들고, 더 맛있는 케이크를 굽고 더 맛있는 팟타이를 만들고, 필라테스나 그랜드 세프트 오토(록스타 노스에서 개발하고 록스타 게임즈에서 유통하는 액션 어드벤처 게임—옮긴이)를 더 잘하고, 우리 아이들에게 더 나은 세상을 만들어주고 싶다는 마음을 갖게 한다. 진보가 하나의 브랜드이고 누군가 표어를 만든다면 이런 말이 나올 듯하다 : 우리는 향상을 믿습니다. 진보와 향상이 우리에게 그토록 중요하다면, 향상의 진정한 의미가 무엇인지, 우리가 바라는 진보는 어떤 종류인지에 관하여 분명하게 짚고 넘어가야 할 것이다.

내가 진보에 대한 이런 진부한 관점을 언급하려는 두 번째 이유는 우리가 맹목적으로 진보를 추종할 경우 길을 잘못 들 수 있기 때문이다. '가다'와 '앞으로'라는 라틴어에서 유래한 진보라는 개념은 사회의 변화 과정을 지나치게 단순화한 대표적인 사례이다. 왜냐하면 변화라는 것은 반드시 직선으로 나아가지도, 늘 긍정적이지도 않기 때문이다. 사회가 늘 꾸준히 언덕을 오르는 건 아니다. 때로는 오도 가도 못하고 그 자리에 그대로 머물러 있기도 한다. 어떤 때에는 뱀과 사다리 보드 게임에서처럼 기어올라 가자마자 다시 미끄러져 내려가기도 한다.

예컨대 자동차의 발전 과정을 살펴보자. 우선 엔진이 발명되었을 때 우리는 엄청난 도약을 했다. 20세기 초반 대량생산으로 단가가 떨어져 수백만 명에게 자동차를 소유할 수 있는 기회가 주어졌을 때 다시 한 번 도약을 이룩했다. 자동차는 그 이후부터 지금까지 꾸준히 달려왔다. 그 과정에서 몇 퍼센트 효율을 높이고 새로이 센서를 다는 등 개선을 거쳤다. 그러나 기본적인 형태는 그다지 많이 바뀌지 않았고, 덮개 아래 들어가는 필수 요소들도 크게 달라지지 않았다. 결국 그 때문에 퇴보라고 할 수 있는 문제가 유발되었다. 연료를 많이 잡아먹는 자동차들은 묵직한 소리를 내고 힘도 좋고 잘 나갔었다. 이제 그런 자동차들은 환경오염을 유발하고 기후를 바꾸어 놓는 고물차 같을 뿐이다. 그러나 흥미진진한 소식은 탈석유 엔진과 무인 자동차의 새로운 시대가 도래할 현실적인 가능성이 코앞으로 점점 다가오면서 또 다른 도약이 가능할지 모른다는 사실이다.

그러나 진보는 대개 앞과 뒤로만 이루어지지 않는다. 일반적으로 진보는 춤과 같다 : 디스코를 추는 남학생이 좌우로 발을 끌며 춤을 추거나, 볼룸 댄서들이 슬로우-퀵-퀵, 좌우, 앞뒤로 스텝을 밟는 것과 비슷하다. 그렇지 않고서야 소셜미디어의 부상을 달리 어떻게 볼 수 있겠는가? 소셜미디어는 어떤 면에서는 우리를 더욱 많은 사람과 가까워질 수 있게 해주었다. 반면 관계를 얄팍하게 만든 면도 있다. 아니면 즉시 연결 가능한 인터넷을 떠올려 보라. 원하는 걸 원하는 때 찾을 수 있다는 점에서는 분명 축복이겠지만 여러 가지 의문 또한 제기한다 : 과도한 정보에 압도당하고 있는 것은 아닌가? 우리의 집중력을 망가뜨리고 있는 것은 아닌가?

지난 100년 동안 사회가 어땠는지 생각해 보면 상당히 큰 변화가 있었음을 알 수 있을 것이다. 운송수단에서, 의료부문에서, 물질적인 안락함에서 믿을 수 없을 만큼 크나큰 발전을 이룩했다. 그러한 발전도 대부분 GDP에 의해 능수능란하게 측정되었다. 그러나 지금 우리에게 정말로 필요한 건 경제적 측면뿐만 아니라 진보가 취한 모든 동작, 즉 어깨를 흔들고 옆으로 스텝을 밟고 앞으로 도약한 것까지 모든 걸 반영할 수 있는 새로운 지표이다. 삶의 물질적인 척도를 측정하는 것 외에도 살면서 하는 체험의 질까지 셈에 포함시켜야 한다. 21세기에 이러한 발상을 지향하는 운동을 시작한 프랑스 사람이 한 명 더 있었다.

사르코지가 옳았다

2007년이 막바지에 접어들었을 무렵, 재임기간이 1년 남은 시점에 니콜라 사르코지한테 문제가 하나 생겼다. 금융위기가 닥쳤는데, 이것이 과소비·임금상승률 둔화·불평등·원자재 가격 상승과 같은 뜻밖의 역풍을 만나 급속도로 경제 대공황에 돌입하고 있었던 것이다. GDP 하락은 딱히 그의 잘못이 아니었다. 전 세계가 대폭락의 여파를 체감하고 있었다. 그러나 그를 엘리제궁에 앉혀준 사람들, 다음 대선 후에도 그가 엘리제궁에 계속 남아 있을지 여부 또한 결정할 프랑스 유권자들한테 그런 사실은 안중에도 없었다. 사르코지에 대한 유권자들의 애정이 급속도로 식어가고 있었다. 그의 지지율은 2007년 7월 대선 직후 최고 65%까지 찍었다가 2008년 2월 41%로 폭락했다. 다음달, 그가 속한 정당인 대중운동연합은 전국에서 치러진 지방선거에서 대패했다.

이는 엘리제궁의 널따란 복도를 성큼성큼 걸어 다니는 동안에도 그를 따라다니며 괴롭히는 문제였다. 어떻게 하면 국민의 지지를 되찾을 수 있을 것인가? 문제는 GDP가 다가 아니라는 판단이 섰다. 나중에 글에서 밝혔듯, 문제는 '세상이, 사회가, 경제가 변했는데 척도가 그 속도를 못 따라갔기 때문'이었다.

사르코지는 프랑스 국민들이 GDP와 생활수준뿐만 아니라 삶의 질이 어느 정도 좋은지, 얼마만큼 행복한지, 얼마나 만족하는지 그 정도에도 근거하여 자신을 평가할 거라 생각했다. 다시 말해서 국민들은 물건의 양에만 신경을 쓰는 것이 아니라 삶의 질에도 관심이 있을 거라 생각했다는 뜻이다.

그래서 사르코지는 GDP보다 더 우월하고 정확한, 더 광범위한 공동체에서 받아들일 수 있을 진보의 측정 수단을 구상해야겠다고 마음먹었다. 그는 대니얼 카네만과 같은 행동심리학자, 장-폴 피투시와 조지프 스티글리츠 같은 경제학자들처럼 사회 참여에 적극적인 지식인들로 구성된 팀을 꾸렸다. 팀은 연구결과로 보고서와《GDP는 틀렸다 : 국민 총행복을 높이는 새로운 지수를 찾아서》라는 책을 냈다. 사르코지는 지체 없이 생각을 행동으로 옮겼다. 2010년 프랑스는 경제의 크기와 증가 여부만이 아닌 국민의 안녕까지 평가하는 선구적인 국가가 되었다. 말하자면, 국민의 물질적 안녕에만 신경 쓰는 것이 아니라 삶의 체험까지도 묻는 최초의 주요국가가 된 것이었다.

그 다음해인 2011년, 영국 정부도 자국 국민들에게 삶의 체험에 대해 물었다. 다른 나라들도 프랑스와 영국의 선례를 따르고 있다 : 독일, 호주, 캐나다, 미국은 현재 안녕감을 측정하고 진보의 흔적을 쫓을 수 있는 더 나은 방법을 모색 중이다. 미국의 2개 주인 메릴랜드와 버몬트는 이미 진보를 평가하는 새로운 방법을 채택했다.

맨 처음 도입될 당시의 국민소득계정과 마찬가지로 행복 척도 역시 완벽하지도 않고 보편적인 인정도 못 받고 있다. 과연 행복이란 걸 측정할 수 있기나 한 건지 의문을 제기하는 이들도 있다. 반면 간단하다고 하는 이들도 있다.

밥 커민스는 이렇게 말한다.

"그냥 물어보면 됩니다."

그는 질문 몇 개만 해보면 상대방의 기분이 어떤지 알 수 있다고 한다. 가령 생활수준, 건강상태에 얼마나 만족하고 있는지, 지역사회에 대하여 소속감을 느끼고 있는지, 얼마나 안전하다고 느끼는지를 물어보면 알 수 있다는 것이다.

대체 때문에 걱정하는 이들도 있다. 정부가 '요즘 삶에 어느 정도 만족하는가?'라고 물으면 우리 중 태반은 그 어려운 질문을 좀 더 쉬운 질문, '지금 내 기분은 어떤가?' 정도로 대체해 버릴 공산이 크다. 그런 질문에 답을 하는 인격, 즉 '기억하는 자아(심리학자 대니얼 카네만이 정의한 두 가지 자아 중 하나로 어느 순간에 얼마나 행복한지가 아니라 삶에서 전반적으로 얼마나 행복한지를 물었을 때 작동하는 자아—옮긴이)'와 실제로 그 삶을 살아내고 있는 인격 사이에 차이가 존재한다며 걱정하는 이들도 있다. (당시에는 이루 말할 수 없이 불쾌했음에도 르넷 가족이 48시간 버스를 타고 볼리비아를 횡단한 기억을 소중하게 여기는 이유가 바로 이것 때문일까?)

어떻게 하면 모두에게 수긍이 가는 행복 측정 방법을 발견하여 이러한 차이를 해소할 수 있을 것인가? 어떻게 하면 진보를 측정하기 위한 장치에 합의할 수 있을 것인가? 현재로서는 그러한 방법이 국가의 수만큼이나 많이 존재하고 있다. 캐나다가 채택한 새로운 공식적 수단은 정부가 발표하는 캐나다 행복지표Well-being in Canada(WIC)인데 이 지표에는 직장생활과 가정생활과 같은 열 개 영역과 주당소득 · 결혼 · 이혼 · 출산 시 산모 연령과 같은 60개 이상의 지표가 포함된다. 캐나다 국민이 밀고 있는 캐나다 행복지수Canadian Index of Well-being(CIW)는 이론의 여지는 있지만 좀 더 높은 평가를 받고 있는데, 거주 중인 지역사회의 질과 시간을 어떻게 운영하는지를 비롯하여 WIC보다 적은 영역(8개)과 비슷한 지표수를 기초로 삼는다. 호주 진보지표Measures of Austrailia's Progress (MAP)라 불리는 호주의 수단에는 지표의 가짓수가 훨씬 많아서 80개나 포함된다. 이에 뒤질세라, 미연방정부가 채택한 신규 방식인 USA의 상태 혹은 약어로 SUSA(State of the USA)라 불리는 진보 측정방식에는 지표가 자그마치 300개나 포함될 것으로 보인다.

이 내용을 보고 좀 전에 나온 유대인 테러집단 상황이 오버랩된다면, 그건 지금 시점에서는 그들과 다를 바 없는 상황이기 때문일 것이다. 그들 모두 분파주의자들이다. 왜냐하면 자기들끼리도 의견의 일치를 못 보고 있을 뿐만 아니라, 다들 3가지 관점과 네 개 지수를 포함하는 UN의 인간개발지수HDI의 11가지 주제에 근거하여 산출하는 경제협력개발기구OECD의 더 나은 삶 지수Better Life Index(BLI)와 1972년 부탄의 국왕이 네 개의 '기둥'을 기초로 만들었으며 모든 행복지수의 할아버지격인 부탄의 국민총행복지수Gross National Happiness(GNH)처럼 진보의 측정수단으로서 국제적인 인정을 받고 있는 GDP의 다른 도전자들을 무시했기 때문이다.

보다시피 이러한 대안은 모두 GDP의 주요수치, 즉 우리에게 상황이 좋은지 나쁜지, 상승세인지 하락세인지, 우리 이웃보다 더 나은지 아닌지 여부를 알려주는 단순한 숫자가 지닌 간편성과는 거리가 멀다. 또한 GDP가 경제발전 정도를 측정하듯 사회발전 정도를 측정하는 데 써먹을 수 있는 지배적인 방법을 발견하려면 여전히 멀었다.

진보 측정에 관한 논쟁이 처한 현재 상황에 야유를 보내기는 쉽다. 그러나 적어도 올바른 방향을 향한 한 걸음이기는 하다. 가령 행복, 환경, 안전감과 같은 삶의 질 요인 같은 진보의 필수 요소에 관해서는 이미 폭넓은 합의가 이루어진 상태이다.

더욱 중요한 것은, 이번에는 논쟁을 벌이고 결정을 내리게 될 이들이 정부에 속한 의식의 지배자들만은 아니라는 사실이다. 미국 정부와 호주 정부는 국민들의 의견을 물을 예정이다.

SUSA의 CEO인 크리스 호이닉은 이렇게 말한다.

"지금까지는 엘리트 계층만의 논쟁이었습니다. 하지만 현 시스템에서는 모두가 참여할 수 있고 모두에게 발언권이 있습니다."

뿐만 아니라 지금은 쉽게 비웃을지 몰라도 경제 측정 수단은 다 이런 식으로 시작했다. 호이닉 말마따나, '이건 논쟁의 시작이지 끝이 아닌 것'이다. 쿠즈네츠가 국민소득계정법을 고안한 후에도 여전히 물질적 진보를 측정하는 단일한 방법은 없었다. 4반세기가 지나 국제통화기금의 회원국 전원이 채택한 1950년대 말이 되어서야 단일한 방법이 생겨났다.

작금의 분열을 해소하려면 아직 멀었다. 그리고 그건 지극히 정상이다. 오늘날 경제학자들과 심리학자들이 행복과 진보를 측정하기 위해 보이고 있는 행보는 쿠즈네츠가 1930년대에 경제학을 위해 했던 일, 즉 경제학을 사색적이고 이념적으로 분열된 학문분야에서 체험에 근거한 사회과학으로 바꾸어 놓은 것과 매우 유사하다고 할 수 있겠다. 물질적 진보에서 체험적 진보로의 이러한 변화를 고려할 때, 멀지 않은 미래에 언젠가는 오늘날 경제학자들이 정부에서 요직을 차지하고 있듯 심리학자들도 정부에서 중요한 역할을 맡게 될 듯하다. 배리 슈월츠는 1946년에 창설된 대통령 경제자문 위원회에 상응하는 심리학적 기구인 '대통령 심리자문 위원회'를 창설할 것을 최근 제안했다.

쿠즈네츠의 1934년 논문이 물질적 진보에 대한 전 세계적 기준의 수용을 유발했듯, 이 모든 일은 그 정도의 세월이 흐르면 우리가 행복을 측정하기 위한 국제 공인 지표도 갖게 될 거란 의미인 걸까? 또 다시 4반세기가 흐르면, 다시 말해서 2040년 정도 되면 국제 공인 지표가 생기게 될 거란 의미인 걸까? 나는 그럴 거라 믿는다.

이는 중요한 돌파구가 되겠지만, 상황이 달라지지 않는다고 하더라도, 단일한 공인 시스템이 아직 존재하지 않는다고 하더라도, 현존하는 수단들이 완벽하지 않다고 하더라도, 각국의 정부는 오늘날 그러한 새로운 척도를 이용하여 사회의 진보 정도를 개선할 수는 있다. 쿠즈네츠의 국민소득계정이 상대적으로 정확한 근사치에 불과했다는 사실에도 불구하고 혼란한 상황을 정리하여 정부로 하여금 어느 부분에 노력을 기울여야 할지 파악할 수 있게 해주었던 것처럼 말이다. 가령 행복도 조사를 이용하면 일반적인 안녕감 수준을 높일 수 있다. 밥 커민스가 유용한 사례를 몇 가지 제시했다.

"국가 차원에서 조사를 해보면 주관적 행복도가 기대치보다 낮은 집단을 확인할 수 있습니다. 중요한 자원이 부족해서 그럴 수도 있습니다. 금전적 자원이 부족할 수도 있고 인간관계와 관련된 부분에서 결핍이 존재할 수도 있지요. 일단 그런 집단을 확인하고 나면 도와주기 위해 뭔가 조치를 취할 수가 있습니다. 가령, 가족 중 장애가 있는 구성원을 돌보느라 일상적 위기에 처한 사람들이 여기에 속하지요. 호주의 경우 이런 사람들은 주관적 행복도가 가장 낮은 집단에 속합니다. 그러나 이런 사실을 안다는 건 그런 집단에 추가 자원을 제공해서 정상적으로 기능할 수 있게 할 수 있다는 뜻이지요. 또 다른 예로는 혼자 사는 중년 남성입니다. 그런 집단의 경우 연봉은 충분하지만 꽤 다수가 비성적非性的 지지 관계를 맺는 데 꽤 서툰 모습을 보이고 있습니다."

그렇기 때문에 행복도 측정이 중요한 것이다. 국민소득계정 덕분에 정부가 희소성의 시대에 국민을 돌보는 임무를 더 잘 수행할 수 있었던 것처럼, 이러한 척도들도 오늘날 정부가 풍요의 시대를 사는 국민들을 돌보아야 할 임무를 더욱 잘 수행할 수 있도록 도움을 주고 있다. 행복도 조사에서 얻은 정보를 장착한 덕분에 정부는 국민이 불행을 모면하게 하고 사회의 전반적 행복도를 높이는 데 도움을 받을 수 있다. 오늘날 나를 비롯하여 수많은 사람들에게 이는 GDP를 높이기 위한 노력보다 훨씬 인간적인 행보처럼 들린다.

어쨌거나 사르코지가 옳았다. 요즘 사람들은, 적어도 부유한 선진국에 사는 사람들은 소유물의 양을 측정하는 것보다 삶의 질에 더 관심이 많다.

1934년 국민소득계정의 창안이 물질만능주의 시대를 반영했고, 암시했고, 장려했듯, 이러한 새로운 행복 척도 또한 새로운 체험주의 시대를 반영하고 암시하고 장려할 것이다. 의도하지 않은 결과의 법칙에서 알 수 있듯, 윗사람들이 그 사실을 깨닫고 있는지 여부는 중요하지 않다 : 체험적 진보를 측정함으로써 그들은 체험주의의 출현을 반영하고 있을 뿐만 아니라 체험주의를 장려하고 있기도 하다. 조지프 스티글리츠 말대로 '우리가 측정하는 것은 곧 우리의 행동에 영향을 미치기' 때문이다.

제12장

중국인들은
어떠한가?

'남에게 뒤지지 않는 것'을 북경어와 광둥어로 뭐라고 할까? 힌디어나 우르두어나 브라질의 포르투갈어로는? 타밀어나 타이어나 인도네시아 표준어로는? 얼마 전까지만 해도 아무도 아는 사람이 없었다. 극소수를 제외하면, 과시적 소비는 서구의 현상이었다. 그러나 이제 사정은 달라지고 있다. 그것도 매우 빠르게.

20대인 리우 단단과 남편 조우 조우는 베이징에 있는 두 사람의 아파트에서 매일 아침, 잠에서 깨어나자마자 여러 디자이너에게 둘러싸인다. 필립 스탁은 거실 테이블 위에 놓인 황금색 AK-47 램프를 디자인했다. 폴 스미스는 조우 조우의 신발을 만들었다. 두 사람은 루이뷔통, MCM, 카르티에, 버버리, 펜디, 프라다, 토즈, 에르메스의 핸드백과 지갑과 시계도 가지고 있다. 두 사람은 어떤 물건을 사든 처음에 살 때 들어 있던 박스를 그 상태 그대로 모두 보관한다. 자가용은 메르세데스 벤츠이다. 두 사람은 아기에게도 명품 옷을 입힌다. 물적 재화가 말을 할 수 있다면—사회학자들은 그렇다고 주장한다—리우와 조우의 소유물들은 저마다 온 동네가 떠나갈 듯 과시적 소비라고 외칠 것이다.

　베이징에 거주하는 또 다른 주민인 리처드 루가 사서 모은 구두들도 마찬가지일 것이다. 각양각색의 구두 컬렉션은 발렌티노, D&G, 프라다, 토즈, 입생로랑 등의 브랜드 구두들 50켤레로 구성되어 있다. 오늘 그는 어떤 구두를 신을 것인가? 연둣빛 스웨이드 앵클부츠? 까만색 끈이 있는 흰색 볼링화? 아마도 스웨이드 로퍼를 신지 않을까? 하지만 빨간색, 진홍색, 겨자색, 보라색, 군청색, 자주색, 짙은 자주색, 아이비 그린 중에 도대체 어떤 색을 고른단 말인가?

　리우, 조우, 루는 유력가이다. 모두 유행의 선두주자인데 루의 구두 때문만은 아니다. 조우는 중국판 〈에스콰이어〉 잡지사에서 일한다. 루는 홍보대행사를 경영하고 있다. 이들은 중국의 미래이자 광대한 나머지 세계의 미래이기도 하다. 그들의 라이프스타일과 그에 딸려오는 라벨, 로고, 핸드백, 구두는 현재 꽤 많은 사람들에게 동경의 대상이기 때문이다. 또한 수백만 명이 가까운 미래에 갖게 될 혹은 근접하게 될 라이프스타일이기도 하다. 앞으로 몇십 년 안에 인도·인도네시아·베트남·나이지리아·브라질과 같은 국가에 사는 수십억 명 이상의 사람들도 중산층, 과시적 소비자 대열에 합류하게 될 것이다.

　그렇게 되면 그러한 수십억 명 정도 되는 사람들이 사상 처음으로 우리가 눈여겨보게 될 라이프스타일을 즐길 형편이 되는 것이다. 시골에서 도시로, 입에 풀칠하기도 힘든 빈곤층에서 약간의 사치품에 쓸 여윳돈이 있는 계층으로 힘차게 나아가다 보면 그들도 난생 처음 텔레비전, 자가용, 휴대전화, 일주일 치의 셔츠와 그 셔츠를 세탁할 세탁기까지 살 기회를 얻게 될 것이다. 바꾸어 말하면 물질만능주의의 첫 단계에 진입하게 될 사람들이 많아지게 될 거란 뜻이다. 운 좋은 몇백만 명은 리처드 루의 컬렉션에 필적할 만한 수준의 구두를 살 기회까지 잡을 수 있을지 모른다.

이러한 신흥 중산층은 물질만능주의의 달콤한 면을 만끽하는 와중에 그것이 지닌 씁쓸한 면 또한 체험하게 될 것이다. 과시적 소비라는 뱀과 사다리 보드 게임에 동반하는 지위 불안도 느끼게 될 것이다. 리마에서 라고스, 콜카타(2001년 캘커타의 공식명칭이 콜카타로 바뀜—옮긴이)에서 자카르타, 충칭에서 베이징까지 사람들은 복도나 울타리나 거리 맞은 편을 바라보게 될 것이다. 이웃이 무엇을 가지고 있는지 눈여겨보게 될 것이다. 그리곤 좀 더 새 것, 비싼 것, 좋은 것을 갖고 싶어 하게 될 것이고 꼭 필요하지도 않으면서 사게 될 것이다. 실바네, 카푸르네, 왕씨네, 리우네, 뭐라고 불리건 각자가 살고 있는 국가의 옆집 이웃보다 앞서기 위해, 앞서진 못하더라도 뒤지지 않기 위해 노력하게 될 것이다.

황소, 코끼리, 몸무게 800파운드짜리 고릴라

과시적 소비가 하나의 국제규범이 되어감에 따라, 우리는 서구에서 소비지상주의가 부상하면서 생활수준 역시 급변했던 것처럼 개발도상국에서도 생활수준이 급상승하는 것을 목격하게 될 것이다. 그와 동시에 그쪽에서도 중산층이 증가하면서 우리가 이쪽에서 느끼는 과소유 증후군의 느낌이 훨씬 뚜렷해지게 될 텐데, 특히나 과소유 증후군이 유발하는 가장 긴급한 문제 두 가지가 자원 부족과 환경 분야이기 때문이다. 우리의 유한한 행성, 지구에서 물질주의자로서 자신들의 몫을 소리 높여 요구할 사람들이 10억 명 추가로 생기게 되면 이는 훨씬 심각해질 것이다.

열성적인 신입 물질주의자로 구성된 이 집단은 점점 커지는 중인데,

이들은 과소유 증후군에 관한 그 어떤 의미 있는 논의에서든 속담에 등장하는 황소, 코끼리, 몸무게 800파운드(약 363kg임―옮긴이)짜리 고릴라나 마찬가지이다. 10억에 달하는 이 집단이 불쑥 입장함과 동시에 과소비 및 환경에 미치는 영향 같은 제반 문제를 해결하기 위해 우리가 군이 나서야 하는가 하는 의문이 제기되었다. 부유한 소수에 속하는 우리가 다 함께 힘을 모아 최대한 발자국을 덜 남기고 소비를 줄이기 위해 제아무리 발 빠르게 나선다고 하더라도, 10억 가량의 인구가 줄줄이 대기하고 있다가 우리가 떠난 자리를 채운 후 새 자동차, 오토바이, 전자레인지, 세탁기, 셔츠, 푸른색 스웨드 구두로 지구의 자원을 눈 깜짝할 사이에 바닥내버리게 될 테니 말이다. 따라서 이는 과소유 증후군이 이 세상에서 입지를 잃게 될까 노심초사 중인 몰락해 가는 서구사회의 중산층의 불안감, 중년의 불안감에 불과하니 그냥 극복하면 된다는 사실을 시사하는 것일까?

내일의 체험주의자

과소유 증후군은 어쩌면 오늘날 침체기에 접어든 성숙기 사회의 중년이 느끼는 불안감일지도 모른다. 그러나 과거와 현재에 대한 지식으로부터 배운 바를 고려한다면 우리는 중국을 비롯한 개발도상국에 관하여 현실적인 예측을 할 수가 있을 것이다. 그리하여 나온 예측은 다음과 같다 : 이들 개발도상국들도 우리 서구와 비슷한 발전 양상을 보이겠지만, 이들의 그래프 곡선은 더욱 가파를 것이고 혁명 시기는 더욱 앞당겨질 것이다.

서구의 경우 산업혁명에서 과잉생산에 이르기까지 150년 정도가 걸렸다. 그 후 소비자혁명에서 과소비와 과소유 증후군에 이르기까지 서구에서는 80년 조금 안 되는 시간이 걸렸다.

산업혁명에서 대량생산과 과잉생산, 소비자혁명에서 대량소비·과잉소비·과소유 증후군에 이르는 이와 유사한 여정이 개발도상국들에서도 전개될 듯하다. 그러나 전개 속도는 훨씬 빠를 것이다.

서구에서는 산업화가 간헐적이고 점진적으로 일어났다. 새로운 발견이 몇십 년에 걸쳐 일어나고 그러한 혁신이 시간을 두고 전파되었기 때문이다. 개발도상국은 단기간 내에 농경사회에서 산업사회로 진화했다. 그들은 서구의 개척자들이 먼저 겪었던 그 모든 난관, 우회로, 막다른 골목 덕분에 득을 보았고 용케 그런 것들을 피했다. 동시에 그들은 그 모든 지식, 발명, 과학적 진보를 앞으로 나아가는 가장 빠른 지름길을 알려주는 유용한 이정표처럼 활용할 수 있었다. 국제화는 그들의 신생 공장이 생산할 수 있는 그 모든 재화를 내다팔 수 있는 준비된 시장을 뜻하기도 했다.

이러한 이점에도 불구하고, 급속한 산업화와 생산 증가로 인하여 중국은 미국이 1920년대와 30년대 직면했던 것과 매우 유사한 문제에 직면하게 되었다. 그 문제란 바로 과잉생산과 소비부족이라는 이중고였다. 가령 2012년 석탄·면직물·조선에서 의류·태양광전지·건설에 이르는 여러 산업 부문에서 과잉생산 문제가 불거졌다.

이러한 과잉생산 문제는 요즘 중국 국민들이 20세기 초반 미국 국민들이 지니고 있던 것과 놀라울 정도로 비슷한 특성을 지니고 있다는 사실 때문에 더욱 심각하다. 기근과 내핍은 수 세대 중국인들에게 물건을 소유할 때는 신중하고 돈을 쓸 때는 절약하라는 교훈을 가르쳐 주었다. 우리 신문들은 새로운 중국 소비자들의 도래를 알리며 비자 조건이 완화되었다느니 중국인들이 호주의 토끼들처럼 떼로 몰려가 고급 상점에 있는 건 뭐든 닥치는 대로 사들였다느니 하는 기사로 호들갑을 떨지만 중국 국민의 상당수가 새로 생긴 대량생산 시스템이 요하는 규모와 방법에 부합하는 소비를—아직—하지 못하고 있다.

거의 백 년 전의 미국에서처럼 논객들은 너도나도 각자가 우려하는 바와 어디서 많이 들어본 듯한 일련의 해결책을 내세우고 있다. 예전에 미국의 의식의 지배자들이 '소비자들이 충분히 빠른 속도로 소비를 해주고 있는가?' 하고 걱정했던 것처럼, 빌 사포리토라는 경제부 기자도 〈타임〉지에 게재한 최근 기사에서 그와 거의 똑같은 질문을 던졌다 : '대약진 : 검소하기로 소문난 중국의 근로자들이 과연 세계에서 제일 가는 손 큰 소비자가 될 수 있을 것인가?' 또 다른 경제부 기자인 다라 라나싱게는 CNBC 뉴스 진행자를 위해 작성한 보고서에서 이 질문을 '중국의 소비자들은 여전히 충분히 소비하고 있지 않다'는 평서문으로 바꾸었다. 경제학자들도 이와 비슷한 걱정을 하고 있다. (중국뿐만 아니라 전 세계의) 안정과 성장을 위해 세계은행과 국제통화기금 모두 중국 대중이 돈을 잘 쓰는 소비자가 되기를 바라고 있다. 맨더빌의 우화에 나오는 꿀벌처럼, 돈을 물 쓰듯 펑펑 쓰는 서구사회의 소비자들처럼 말이다.

미국 정부와 기업가들이 한때 검소했던 자국민을 의도적으로 낭비를 일삼는 과시적 소비자들로 바꾸어 놓음으로써 과잉생산 문제를 해결했듯, 중국의 의식의 지배자들도 그렇게 문제를 해결하고 있다. 그래서 제품보다는 소비자를 대상으로 수작을 부리는 경향이 있는 업계인 광고업계가 폭발적으로 증가하고 있다. 1976년 중국 전국의 광고대행사수는 열 개가 채 안 되었다. 그러던 것이 2001년에는 7만 개로 늘었고

2010년에는 23만 4천 개가 되었다. 2012년 말에는 37만 7천 개로 급증했다.

중국정부도 소비자 창출에 노골적으로 전념하고 있으며, 20세기 미국이 실시한 실험에서 아이디어를 차용하고 있다. 정부는 국민들의 소비 증진을 위해 임금을 개선할 계획이다. 국민의 소비 증진을 위해 융자 조건을 완화하고 있다. 복지제도를 개선하여 미래에 대한 걱정을 덜어줌으로써 저축은 줄이고 소비는 늘리게 할 작정이다. 또한 국민의 전자상거래 이용을 촉진하기 위해 자국의 택배 시스템도 개선하고 있다. 이러한 정책이 과연 효과가 있을까? 생각해 보자 : 2012년, 몇 년 전 맨 바닥부터 시작한 중국 내 전자상거래의 가치는 아일랜드 공화국의 전체 경제 가치와 똑같아졌다.

수천억 중국인들과 인도 · 브라질 · 인도네시아 및 그 밖의 개발도상국가 내 신흥 중산층의 형편이 전보다 나아져 온 · 오프라인 상점에서 물건을 더욱 많이 사게 되면 여기서 과소유 증후군을 유발했던 그 모든 요인들—풍요와 제 기능을 하는 복지국가가 제공하는 안전망, 도시로의 이동, 고령화, 환경 악화, 평등, 과소비—이 그들에게도 걱정거리를 안겨줄 것이다. 그들 또한 과소유 증후군에 시달리게 될 것이다.

사실 그쪽에서도 이미 전조가 나타나고 있기는 하다. 국민들이 환경과 삶의 질을 성장보다 우선시하게 되면서 시위와 폭동이 빈번해진 것이다 : 현재 중국의 사회적 불안을 일으키는 주요한 원인을 오염으로 보는 평론가들도 있다. 행복지수 정체 문제도 심각하다. 1990년 이후 중국인의 평균적인 물질적 생활수준은 네 배나 높아졌다. 1974년 더욱 많이 가진다고 해서 더욱 행복해지는 것은 아니라는 사실을 발견한 사람, 리처드 이스털린이 최근 실시한 연구에 따르면 그럼에도 불구하고 같은 기간 동안 행복도는 전혀 높아지지 않았다고 한다. 또한 이미 물질만능주의로부터 탈피 중인 청년층도 존재한다.

론 잉글하트가 내게 이런 말을 했었다.

"중국은 전반적으로 극도의 물질주의 단계에 접어들었다네. 하지만 젊은층에서는 이미 탈물질만능주의가 나타나기 시작했지. 이들은 비록 소수지만 무시할 수 없는 계층이야."

이미 가질 만큼 가진 부유층 또한 존재한다. 심지어 그들은 현재 물적 재화보다 체험을 선호하는 모습을 보이고 있다. 중국의 경우 체험적—스파, 골프, 휴가 등이 포함되는—소비재 부문이 고가 소비재 부문보다 25% 정도 더 빠른 속도로 성장 중이다.

리우와 조우와 루 같은 사람들은 어느 정도 부를 축적한 후 루이뷔통 지갑·프라다 가방·폴스미스 구두가 주는 초기의 짜릿함에서 졸업하고 나면 나머지 우리들과 마찬가지로 물적 재화보다는 체험적 재화 쪽으로 전향하게 되어 있다. 중국 인구 수억 명과 나머지 개발도상국들이 기본적인 물질적 욕구를 충족시키다 못 해 질려버리고 나면 그들의 선호대상 또한 물적 재화에서 체험적 재화로 바뀔 것이라고 나는 믿고 있다.

개발도상국들도 발전 곡선의 가파른 부분에 도달한 이상 머지않아 겪게 될 일이다. 앞으로 몇십 년 이내가 될 듯하다. 중국은 산업화의 시작부터 과잉생산으로 가는 데 서구의 대략 3분의 1, 약 60년밖에 걸리지 않았다. 중국이 앞으로도 계속 지금과 같이 고속주행을 한다면 2037년경 과소비에 도달할 것이다.

물질만능주의가 심화되고 과잉소비가 되어 중국인들도 과소유 증후군을 구성하는 그 모든 문제와 가능성에 맞닥뜨리게 되면, 오늘의 신입 물질주의자가 차기 대약진을 이루어내서 내일의 체험주의자가 되어 있을 것이다.

제13장

체험이
새로운 마케팅의 화두다

얼마 전, 나는 런던 중심부 어딘가에 위치한 한 창고의 길고 어두운 복도 끝에 와 있었다. 이상한 나라에 처음 도착하여 믿을 수 없는 광경에 놀라 두 눈을 비비던 앨리스가 된 기분이었다. 나는 목판 벽으로 둘러싸인 네모난 방에 있었는데 스쿼시 경기장보다 살짝 작았다. 벽마다 우묵 들어간 벽감이 있었고 그 안에는 여행을 즐기는 신사의 시골집에서나 볼 수 있을 법한 수집품이 있었다 : 조각상들, 상아들, 사냥으로 잡은 동물의 해골들. 내 오른쪽으로는 황금색 술이 달린 바닥까지 내려오는 새빨간 벨벳 커튼이 있었다. 방의 건너편 쪽에 자리한 한 벽감 안에서 몸에 페인트칠을 한 한 작은 남자가 발레를 슬로 모션으로 하고 있었는데, 어쩌면 태극권 비슷한 동작이었을지도 모르겠다.

선 채로 그 남자를 지켜보고 있는데 내 팔에 손이 닿는 느낌이 나더니 나를 그 네모난 방 옆으로 잡아끌어 빨간 커튼 뒤에 있던 집시 텐트처럼 생긴 아담한 공간으로 안내했다. 이국적인 장식품들에 뒤덮인 책상 뒤에는 20대 초반의 여자가 앉아 애잔하고 진지한 녹색 눈으로 나를 올려다보고 있었다. 검은 머리는 반다나(목이나 머리에 두르는 화려한 색상의 스카프—옮긴이) 속에 꽁꽁 숨겨 놓고 있었다.

그 와스프(앵글로색슨계 백인 신교도—옮긴이)는 잘 먹고 잘 살았어, 하고 그녀가 운을 뗀다. 행복했지. 여행도 많이 다녔고. 정말이지 그 와스프를 얼마나 많이 사랑했는지 몰라! 나는 그녀의 이야기를 따라가기 위해 안간힘을 쓰면서 동시에 이해도 해보려고 노력했지만 머리가 핑 돌았다. 내가 마치 깊은 바닷속에서 그녀의 이야기를 듣고 있는 것만 같았다. 자신이 사랑했던 와스프에 대한 이야기를 계속해 나가던 그녀가 이런 말을 했던 것 같다. 그를 너무 사랑했다고. 그러면서 숄과 실크 직물 속에 갇혀 있던 맨 팔을 쭉 뻗었는데 손아귀 안에 들어 있던 것은 작고 얼룩덜룩한 알 하나, 아니 알껍데기 반 개였다. 그 알은 톱니 모양으로 갈라져 있었다.

"이거! 받아."

그녀가 말했다. 무언가에 홀린 듯 나는 그 알을 받았다. 손에 쥐었다. 안에는 얼어붙은 겔 상태의 무언가가 들어 있었는데, 포르말린 용액 안에 담긴 데이미언 허스트(영국의 현대예술가로, 토막 낸 동물의 시체를 유리상자 안에 넣어서 전시하는 그로테스크한 작품들을 주로 선보임—옮긴이) 작作 젖소 같은 작은 곤충은 다름 아닌 죽은 말벌(영어로 wasp, 즉 앵글로색슨계 백인 신교도를 일컫는 말과 발음이 같음—옮긴이)이었다.

다시 그녀를 보았을 때, 그녀는 걸치고 있던 숄을 벗어던져 브라 하나만 걸친 상태였으나 가장 기억에 남는 것은 무엇보다도 남산만 하게 부풀어 오른 그녀의 배였다. 그 배를 보며 '이런, 임신 중이었군.' 하고 생각했다. 잠시 후 또 다시 내 팔에 어떤 손이 닿는 게 느껴졌고 나는 아담한 집시 텐트 밖으로 이끌려 다른 방에 와 있었다. 눈을 깜박이고 뒤를 돌아보았을 때, 아까 그 커튼은 이미 얌전히 제자리로 돌아와 있었다.

돼지 귀 수프와 비행사

집시와의 우연한 접촉 후 얼마 지나지 않았을 때였는데, 그때도 어느새 나는 또 다른 창문 없는 방에 와 있었다. 하지만 이번에는 검은색과 흰색 사각형 대리석이 깔린 바닥이었다. 천장은 청록색이었는데 금빛 별들이 십자 무늬를 이루고 있었고 군데군데 매달려 있는 등은 꼭 정의의 저울처럼 보였다. 벽은 회색·검은색·빨간색 줄이 실핏줄처럼 섞인 흰색·크림색·핑크색 대리석으로 덮여 있었다. 짙은 색 목재 벤치가 방의 두 면을 따라 가지런히 놓여 있었다. 한 쪽 끝에는 왕좌가 있었다. 하지만 영화 촬영장은 아니었다. 그곳은 수십 년 동안 흔적이 사라졌다가 10년 전쯤 재발견된 프리메이슨 사원이었다.

나는 지금 그 방의 정가운데에 놓인 묵직한 앤티크풍 마호가니 테이블에 앉아 있다. 내 왼쪽에는 제시카 래빗(영화 '누가 로저 래빗을 모함했나'에 나오는 애니메이션 등장인물—옮긴이)처럼 웨이브가 있는 긴 머리를 늘어뜨린 여배우가 있다. 오른쪽에는 1940년대 스피트파이어기(영국의 단좌 프로펠러 전투기로 영국 공군의 주력 전투기였음—옮긴이)를 몰던 비행사들처럼 가느다란 콧수염을 기른 비행사가 있는데 자신이 특전사령관이라고 한다.

저녁식사 준비가 다 되었다. 첫 번째 코스요리는 돼지 귀 수프이다. 나는 수프가 담긴 그릇을 휘저어본다. 정말 광고에 나온 대로 돼지 귀가 헤엄을 치고 있는 건 아니지만 들어 있긴 하다. 그렇잖아도 귀띔을 받은 터였다. 이 방에 오는 도중에 계단을 내려오는데 이번 행사를 기획한 당사자인 샘 봄파스가 내 팔을 붙잡더니 귀에 대고 '마음 단단히 잡수셔야 할 겁니다. 처음에 나오는 코스요리 두 가지가 다소 미개한 음식이거든요.'라고 속삭여 주었던 것이다.

코스가 진행될수록 화가 치밀어 올랐다. 함께 식사 중인 다른 손님들도 마찬가지였다. 돼지 귀 수프 다음에는 송아지고기, 달팽이요리, 골수 푸딩이 나왔는데, 솔직히 말해서 우리는 음식에는 전혀 관심이 없다.

왕좌 맞은편에 있는 거대한 임시 스크린에서는 1973년에 제작된 〈홀리 마운틴〉이라는 초현실주의 영화가 나오고 있다. 감독(알레한드로 조도로프스키. 〈엘 포토〉, 〈성스러운 피〉 등을 감독—옮긴이)은 영화 촬영을 위해 LSD(맥각의 알칼로이드로 만든 강력한 환각제—옮긴이)를 먹었고 일부 장면에서는 배우들에게 환각 성분이 들어 있는 버섯을 먹게 했다고 한다. 사지가 없는 난쟁이 한 명과 일단의 어린이들이 예수처럼 생긴 남자를 공격한다. 어떤 여자가 자신은 불교도, 유대교도, 기독교도들에게 신비한 무기를 만들어 준다고 말한다. 1970년대 초 사이비 교주처럼 생긴—기다란 백발에 흰색 가운을 입고 프레디 머큐리 같은 짙은 수염을 기르고 흰색 플랫폼(신발 바닥이 두꺼움—옮긴이) 부츠를 신고 있다—한 남자가 예수와 닮은꼴인 벌거벗은 남자의 대변을 유리 단지에 모은다. 그런 다음 그 유리 단지를 가열하는데 그동안 흰색 펠리컨이 뒤뚱거리며 걸어 다니고 몸에 문신이 있는 여자가 알몸으로 더블베이스를 연주한다. 그 대변은 부글부글 끓다가 증기를 내뿜고는 반짝반짝 빛나는 노란 금속 덩어리로 변하는데, 이때 그 사이비 교주가 알려준다.

"당신은 배설물입니다. 당신은 스스로 금으로 변할 수 있습니다."

아까 그 특전사령관이 내 쪽으로 몸을 기울이며 무슨 말인가 건넨 것은 이 장면이 지나간 지 얼마 안 되었을 때였다.

"이 영화를 얼마나 많이 봤는지 모른다오. 이 영화를 보면서 섹스를 하면 아주 그만이지."

요즘엔 개나 소나 자서전을 낸다

위의 두 이야기가 꼭 악몽처럼 들리는가? 데이비드 린치가 감독한 초현실적인 영화의 첫 장면 같을지도 모르겠다. 실상은 악몽도, 데이비드 린치 감독의 영화도 아니다. 두 이야기는 '체험경제'의 상상의 세계에서 발췌한 실제 장면이다. '체험적 마케팅'의 예이기도 하다.

내가 말벌을 가지고 있던 집시를 만난 첫 번째 이야기는 펀치드렁크라 불리는 극단이 명품 브랜드 루이뷔통을 위해 창작한 것이었다. 펀치드렁크의 연극에서는 좌석에 앉아 배우들이 무대 위에서 공연하는 모습을 보기만 하는 것이 아니라 관객이 복도, 위층, 아래층을 돌아다니는데, 그러다가 임의로 어떤 방으로 끌려가고 앞으로 무슨 일이 벌어질지 혹은 어디로 가고 있는 건지 절대로 알 수가 없다. 그 방안에 들어가면 관객은 즉흥극, 약간 초현실적인 아주 짧은 연극 비슷한 것을 보게 된다. 배우들은 대사를 속삭이기도 하고 크게 외치기도 하고, 어딘가 헤매다 갑자기 들어오기도 하고 사람들을 밀치고 들어오기도 하며, 언쟁을 벌이면서 싸우기도 하고, 이야기를 들려주고 키스를 하고 어루만져 주기도 하는데, 자기들끼리 하기도 하지만 때때로 관객인 당신을 끌어들이곤 한다. 주가 되는 이야기가 있기는 하지만 형식을 따르는 일반 연극보다 선형성이 떨어진다. 펀치드렁크 극단의 연극이 지닌 마법의 일부는 전全 관객이 다른 장소에 가서 다른 걸 보고 다른 체험을 한다는 데 있다. 그날 밤이 끝나면 모두에게 각기 다른 이야기가 생기는 것이다.

2000년 초연 이후, 펀치드렁크는 〈파우스트Faust〉, 〈붉은 죽음의 가면The Mask of the Red Death〉, 〈잠들지 마라Sleep No More〉 같은 작품으로

여러 차례 상을 수상했고 유럽과 북미 양쪽 비평가들로부터 격찬을 받았다. 극단은 가끔씩 브랜드를 위해 이벤트를 창작하곤 했다. 플레이스테이션 게임, 프리미엄 맥주를 론칭했고 내가 집시를 만났던 그날 밤에는 신규 매장 개장 행사를 맡았다. 그날 밤, 루이뷔통이 런던의 뉴 본드 스트리트(런던의 명품 거리로 올드 본드스트리트와 뉴 본드스트리트 두 구역으로 나뉨—옮긴이)에 매장을 열기로 되어 있었다. 루이뷔통은 최대 고객들을 위해, 제리 홀(미국의 모델이자 배우로 록 가수 믹 재거의 부인이었음—옮긴이)이나 귀네스 팰트로 같은 특급 스타들을 위해, 마지막으로 나 같은 기자들을 위해 행사를 마련했다. '왜?'라는 의문이 생긴다. 신규 매장을 사람들에게 알리고 싶었다면 루이뷔통은 론칭 파티를 열고 언론에 알리고 부유층을 타깃으로 삼는 잡지에 광고를 실으면 그만 아니었을까?

돼지 귀 수프와 비행사가 등장한 두 번째 장면은 훨씬 단순하고 규모도 작은 행사였다. 여러 면에서 그 행사는 음료와 저녁식사와 영화가 있는 평범한 밤과 다를 바 없었지만, 여느 저녁의 여흥보다도 기억에 남는 행사이긴 했다. 그 행사는 안다즈 호텔 체인과 헨드릭스 진이 후원하는 '봄파스 & 파'라는 회사가 마련한 '체험적 저녁' 자리였다. 또다시 '왜?'라는 의문이 생긴다. 전에 하던 방식대로 그냥 광고만 해도 될 텐데 이런 브랜드들은 뭐하러 굳이 체험적 이벤트를 마련하는 걸까?

식사하러 들어가는 도중에 내게 음식이 야만적이라고 귀띔해 주었던 샘 봄파스와 그의 파트너인 해리 파는 어쩌면 답을 알고 있을지 모른다. 런던에 있는 그들의 사무실을 방문하는 것 자체가 어느 정도는 토끼굴로 내려가 현실 세계의 이상한 나라에 도착하는 것과 같다. 비좁은 길을 내려가다 우회전을 해서 주차장에 도착하면 그 뒤쪽에 별 특징 없이 상자처럼 생긴 2층짜리 건물이 나오는데 그 안이 바로 설익은 아이디어를 완성시키기 위한 두 사람의 박쥐 동굴이다.

내실에는 거대한 녹색 공룡의 다정한 얼굴이 마치 헌팅트로피(사냥을 기념하기 위해 동물의 머리를 박제해 벽에 걸어 두는 것—옮긴이)처럼 벽을 뚫고 삐죽 솟아 있다. 그 옆에는 '식도의 네 기수'를 보여주는 배너가 있다. 근처 선반에는 볼링의 밤에 탔을 법한 플라스틱 트로

봄파스 & 파가 런던 패션 위크 때 메르세데스 벤츠와 함께 근처에 깜짝 오픈한 드라이브 스루 음식점

피와 독일의회 건물, 엠파이어스테이트 빌딩, 세인트폴 성당의 모양을 본뜬 젤리 틀이 놓여 있다.

봄파스와 파, 둘 다 서른을 넘겼다. 두 사람은 이튼 시절부터 알고 지내 온 오랜 친구이다. 희끗희끗한 머리에 함박웃음을 짓는 파는 전혀 사악하지 않고 말수도 훨씬 적은 조커(만화책에 등장하는 배트맨 최대의 숙적—옮긴이)를 닮았다. 예의 바른 미소 뒤로 뭔가 굉장히 중요한 일, 커다란 통에 묘약을 넣는다든가 빅토리아풍 자전거 부품으로 이상한 일을 벌인다든가 하는 그런 일을 꾸미고 있을 것 같다는 느낌을 준다.

봄파스가 리더이다. 번득이는 눈빛은 바넘(미국의 흥행사·서커스 왕—옮긴이) 혹은 진 와일더(미국의 배우로 윌리 윙카 역을 맡았었음—옮긴이) 버전의 윌리 윙카(영국 작가 로알드 달의 아동 소설 《찰리와 초콜릿 공장》에 등장하는 인물—옮긴이)의 눈빛과 같다. 그를 보면 군용외투를 입고 있거나 바닥에 닿을 듯 말 듯한 곰털 망토를 걸치고 있을 공산이 크다. 마흔 개나 되는 나비넥타이 중 하나를 여보란 듯 매고 턴불 & 아서(영국의 대표적인 고급 브랜드. 영화 킹스맨에서 콜린퍼스가 턴불 & 아서 셔츠를 입고 나왔음—옮긴이)의 하늘색, 빨간색, 혹은 노란색 양말을 신고 있을 가능성이 높다.

다시 말해서 봄파스와 파를 만나러 간다는 것은 대단한 체험이란 얘기다. 봄파스가 두 사람의 최근 계획을 털어놓기 시작하자 더더욱 그런 생각이 든다. 사람들에게 언제 어디서든 종교적 체험을 할 수 있게 해

주고, 밸런타인데이 때 데이트 상대에게 건네주면 빛을 내고 색깔이 바뀌는 장미를 만들고, 식물에게 일방적으로 말을 하는 게 아니라 실제로 식물과 의사소통을 할 수 있는 방법을 생각해 내고 싶다는 이야기를 들려줄 것이다. 그저 꿈과 희망에 지나지 않는 얘기가 아니다. 봄파스는 12가지 코스가 나오는 빅토리아식 아침식사를 만드는 법 못지않게 홍보를 촉진하는 법에 대해서도 꽤 잘 알고 있지만, 그런 말 이면에는 알맹이도 있다.

마지막으로 봄파스와 파를 보았을 때, 두 사람은 발광 장미에 대한 해결책을 가지고 있는 물리학자를 찾아낸 상태였다. 두 사람은 환경운동가와 프로그래머에게 인간의 언어를 식물이 이해할 수 있는 일종의 압전 신호로 바꾸어 줄 알고리즘을 짜달라는 의뢰도 마친 상태였다. 두 사람은 그날 오후 함께 유령이 출몰한다는 어떤 집에서 신경심리학자를 만나 종교적인 체험을 유도할 방법을 찾아보기로 되어 있었다. 보다시피 두 사람은 종종 현실성 없어 보이는 아이디어들을 실재 사건으로 바꾸어 놓는다. 대개는 대형 브랜드로부터 대가도 받는다.

이유가 뭘까? 수많은 브랜드들 중에서도 무엇보다도 루이뷔통, 안다즈, 헨드릭스 같은 브랜드들이 종전에 해오던 대로 그냥 광고만 하지 않고 이러한 이벤트를 의뢰하는 이유는 뭘까?

재미 때문만은 분명 아니다. 마케팅 예산을 관리하는 사람들은 예나 지금이나 매사에 대해서 타당성을 입증해야 한다. 예전보다 기록의 추적이 훨씬 수월해진 요즘 같은 디지털 시대에 타당성 입증은 필수이다. 투자액 대비 적절한 수익을 얻게 될 거라는 걸 보여주어야 하는 것도 여전한 사실이다. 물건을 팔기 위해 노력을 해야 하는 것도 여전한 사실이다.

해답은 과소유 증후군에 있다. 우리는 너무 많은 정보와 너무 많은 물건으로 어수선한 세상에 살고 있다. 무슨 수로 브랜드들이 그 소음을 뚫고 이목을 끌 수 있겠는가? 경쟁업체들보다 더 크게 소리 치고 더 자주 반복하는 것, 더 싸게 더 많이 주는 것, 구입 시 공짜 선물을 주는 것, 하나 값으로 두 개 주는 것, 하나 사면 하나 더 주는 것과 같은 케케묵은 구식 마케팅 수법으로?

우선 이러한 수법이 지닌 문제점은 그것들이 하나같이 다들 진부하다는 사실이다. 더욱 중요한 사실은 그러한 수법들이 요즘엔 더 이상 통하지도 않는다는 점인데, 그토록 수많은 광고회사에서 마수를 뻗치고 싶어 하는 소비자들이 전보다 더욱 안목도 높아지고 유행에 앞서가고 있는 상황에서는 더더욱 그렇다. 요즘 소비자들이 중요한 이유는 그들이 남들이 따르고 싶어 하는 습관을 가지고 있는 유행주도세력이기 때문만은 아니다. 요즘 소비자들은 모르긴 몰라도 필시 바쁘고 이미 물질적 소유물을 차고 넘치도록 가지고 있을 게 분명하기 때문에도 중요한 것이다. 다시 말해서 그들이 절대로 원하지 않는 것은 더욱 많은 물건으로 집이 꽉 차는 것이란 뜻이다. 하지만 여전히 지위는 원하고 있고, 지위는 자아감을 향상시켜 주고 남들에게 들려줄 이야깃거리를 제공하는 체험에서 찾을 가능성이 더 높다는 사실을 점차 깨달아 가고 있다.

봄파스는 이렇게 말한다.

"요즘은 개나 소나 자서전을 냅니다. 모두들 적극적으로 하루 종일 자신의 전기를 쓰고 있는 것 같을 정도죠. 따라서 이야기는 더더욱 중요해지고 있습니다. 80년대에는 사람들이 빠른 자동차를 원했습니다. 요즘 사람들은 남들에게 들려줄 좋은 이야기를 원하죠."

물론 현재 기업들이 체험을 창출하려는 목적은 사람들로 하여금 핸드백, 맥주, 자동차 같은 유형의 물건들을 사게 하기 위함이다. 그러나 의도하지 않은 결과의 법칙에서 알 수 있듯, 엄밀히 말해서 그들의 의도는 사실 중요하지 않다. 사람들로 하여금 물적 생산품을 사도록 유도하기 위해 체험을 이용하고 있는 건 맞지만, 기업의 이러한 행태가 사람들에게 물건을 팔기 위해 고안된 체험일지언정 해당 물건보다 체험을 더 소중하게 여기는 법을 가르치고 있는 것 또한 사실이다. 포지셔닝과 마케팅, 그리고 지속적으로 시대를 앞서 나가고 유행주도세력의 관심을 끌기 위한 제안을 점차 발전시켜 나가는 과정에서 오늘날의 기업들은, 원하든 원하지 않든, 물질주의 경제에서 체험주의 경제로의 이동을 장려하고 있는 셈이다. 바로 여기에 문제가 있을 수 있다.

제14장

체험주의자가 되고서도
여전히 물건을 좋아해도 되는 걸까?

현대경제는 성장에 입각하고 있다. 안정과 번영을 위해서는 성장이 필요하다. 배가 물을 필요로 하듯 우리에게는 성장이 필요하다. 성장이 없다면 사회는 좌초되고 붕괴될 것이다. 현대경제가 주로 소비경제—영국의 경우 소비지출이 경제의 65% 정도를 차지하고 미국의 경우 경제의 70% 가량을 차지한다—이므로 국민들의 지속적인 지출이 절실히 필요하다.

그런데 만약 수천만이 물질주의적 생활방식을 버리고 전보다 물건을 덜 산다면 어떤 일이 벌어지게 될까? 물적 재화 대신 체험을 소중하게 여기라고 장려하는 기업이 늘어난다면 어떤 일이 벌어지게 될까? 수백만이 짐 와이트와 그의 여행 가방 또는 배낭에 삶을 쑤셔 넣어 길을 떠난 르넷 가족의 체험주의 사례를 본받는다면 어떤 일이 벌어지게 될까? 수백만이 그들을 본받는다면 필요한 물건의 수도 훨씬 적어지게 될 것이다. 구두 회사를 비롯하여 수많은 업계는 엄청난 타격을 받게 될 것이다. 가죽과 고무의 필요량이 줄어들 것이고, 그 결과 소를 치는 사람, 가죽을 무두질하는 사람, 고무 농장을 가꾸는 사람, 원자재를 공장으로

운송하는 사람, 공장에서 일하는 사람, 포장재를 만드는 사람의 수도 줄어들게 될 것이다. 구두를 수입하고 유통시키고 마케팅하고 광고를 만들고 판매하는 사람도 그렇게 많이 필요하지 않게 될 것이다. 수백만 명이 물질주의적 생활방식을 버린다면 일자리도 크게 줄어들 것이다.

버나드 맨더빌이 《꿀벌의 우화》에서 탐구한 바 있고 우리 사회를 설계한 사람들이 깨달은 바와 같이, 우리가 사는 물건들은 수많은 일자리, 부, 물질적 행복을 창출한다. 크리스틴 프레데릭이 '미국의 역설'에서 지적했듯, 많이 소비할수록 많이 소유하게 된다. 이런 관점에서 보면 체험주의자가 되어 전보다 물건을 덜 사는 사람이 소수일 때는 아무런 문제가 없다. 그러나 체험주의가 지배적인 가치체계로 자리 잡는다면 난파나 다름없는 상황에 처하게 될 것이다.

물질만능주의를 지지하는 사람들—특히 현 시스템에서 꽤 짭짤한 재미를 보고 있고 현 시스템의 실권을 움켜쥐고 있는 심술궂은 노인네들—은 발 빠르게 움직여 이러한 종류의 논쟁 방향을 물질만능주의가 그 어떤 대안보다 우월한 이유를 설명하는 쪽으로 바꾸어 놓았다. 이는 의식의 지배자들이 소비를 애국적 행위로 둔갑시킨 한 가지 이유이기도 하다 : 오늘날 대부분의 사람들은 물건을 사는 것이 애국가를 부르고, 국기를 달고, 우리 삶의 방식을 무너뜨리려는 사람이 나타나면 그게 누구든 면전에 대고 비웃어주는 것과 같은 범주에 속한다고 믿고 있다. (9/11 이후 부시와 블레어가 무슨 말을 했는지 생각해 보라.)

따라서 체험주의가 우리가 현재 살고 있는 세상에 가할 수 있는 부수적 피해를 고려할 때, 체험주의자가 된다는 것은 적과의 동침이나 다름없는 라이프스타일인 걸까? 그런 식으로 따진다면 체험주의에 대해 찬성론을 펼치기가 어려워질 것이다. 우리가 살고 있는 사회를 지지하고 싶지 않은 사람이 누가 있겠는가? 그렇다면 다시 한 번, 오로지 한 가지 삶의 방식밖에 없고, 이 방식이 우리가 이미 알고 있는 삶의 방식이라는 생각을 할 수밖에 없게 되는데, 나한테는 상상력이 부족하다는 소리로밖에 들리지 않는다.

결국 현 시스템이 최선이라는 주장은 그런 주장을 하는 사람들이 알고 있는 세상과 특히 생계를 위협하는 모든 최신 아이디어에 대하여 보이는 반응에 불과하다. 가령 영국의 방직업자들이 19세기 초반에 항의한 것도 바로 이런 이유 때문이다. 기술도 없고 임금도 적게 받는 기계공들이 자신들의 일자리를 빼앗을까 봐 걱정이 된 나머지 모직 및 면직 방적기를 박살내고 공장에 불을 질렀다. 기계에 대한 반감 때문에 자신들에게 기계를 산산조각 박살냈던 남자의 이름을 붙이기까지 했다. 그의 이름이 네드 러드Ned Ludd였으므로 방직업자들은 러다이트(Luddite : 19세기 산업혁명 때 기계가 일자리를 빼앗아갈 거라고 믿고 공장 기계 파괴에 앞장섰던 네드 러드의 이름을 따 붙여진 이름으로 신기술 반대자를 뜻함―옮긴이)가 되었다.

당신은 어느 쪽인가, 새로운 존재 방식에 찬성하는가, 아니면 반대하는가? 이 질문을 한 것은 새로운 시스템으로의 변화를 우려한다고 해서 당신이 러다이트라는 말을 하려는 게 아니다. 결국 사회의 안정은 바람직한 것이기 때문이다. 새로운 방식이 무조건 더 나은 것도 아니기 때문이다. 오로지 변화만을 위하여 평지풍파를 일으키는 건 무의미하다.

그러나 문제가 끊임없이 발생하고 있고 우리의 시스템이 전복될 조짐이 이미 나타나고 있다면―이러한 과소유 증후군의 시대에서와 같이―여러 방면에서 더 나아 보이는 대안을 최소한 고려라도 해보자는 건 좋은 생각인 듯하다. 문제를 무시하고 현상유지를 맹목적으로 고집하기보다 자문自問을 해보아야 한다 : 물질만능주의는 안정과 성장을 가능케 하는 유일한 가치체계인가? 체험주의도 안정과 성장을 제공할 수 있을까? 체험주의자가 된 후에도 경제성장에 기여할 수 있을까?

그런 다음, 설사 체험주의자와 애국자 노릇을 동시에 할 수 있다는 결론이 나온다고 하더라도, 최종 분석단계에서, 당신은 자신이 정말로, 진심으로, 체험주의자가 되고 싶은지에 대해서도 자문해 보아야 한다. 기본 발상에는 끌렸을지 몰라도 체험주의자가 된다는 건 익숙했던 그 모든 물건을 단념해야 한다는 의미가 될 것이기 때문이다. 체험주의자가 되기로 마음을 먹는다면 가죽 핸드백의 냄새, 실크 스카프의 촉감, 혹은 새 옷이 주는 짜릿함을 다시는 누리지 못하게 되는 것이 아닐까? 차를 전속력으로 몰 때 찾아오는 바로 이거야, 라는 느낌에 이별을 고해야 될까? 새 장난감 때문에 신날 일은 다시는 없게 될까? 아니면 체험주의자가 되어서도 이 모든 것들을 누려도 되는 걸까? 직관에 반하는 소리 같지만, 체험주의자가 되어서도 여전히 물건을 좋아해도 되는 걸까?

체험경제의 은밀한 전리품

아내와 나는 이메일 초대장의 지시에 따라 서류를 준비했기 때문에, 이스트 런던의 트록시라 불리는 예전 극장에 도착했을 때 비시프랑스 (제2차 세계대전 중 나치 독일의 점령 하에 있던 남부 프랑스를 1940년부터 1944년까지 통치한 정권—옮긴이) 병사들의 제지를 받지 않았다. 그들은 우리에게 문을 통과해도 좋다는 손짓을 보냈다.

우리는 줄지어 놓은 야자수 화분을 지나 텅 빈 복도를 걸어 내려가 널따란 객석에 입장했다. 푸른색 전광판에는 '릭스 카페 아메리캉'(영화 〈카사블랑카〉에서 릭(험프리 보가트가 맡은 배역)이 운영하는 카페—옮긴이)이라고 쓰여 있었다. 간판 밑에서는 한 남자가 피아노를 연주하고 있었다. 어

디를 보아도 트릴비(챙이 좁은 중절모—옮긴이)와 정장과 빈티지 드레스를
입은 사람들만 있었다.

　가짜 콧수염을 단 프랑스 경찰이 우리 테이
블로 다가와 얌전히 굴라고 이른다. 하지만 혹
시라도 통행증을 발견하게 되면 그에게 알려야
한다고 엄포를 놓는다. 내가 그 경찰에게 당신
은 나치 앞잡이이므로 부끄러운 줄 알아야 한다

영화 〈카사블랑카〉에서 릭의
카페는 통행증이 암거래되
는 장소이다.

고 말한다. 1분 후, 그 경찰이 돌아오는데 이번에는 나치 소령 슈트라
서—〈카사블랑카〉에 나오는 주요 악당—와 나치 친위대 제복 차림의 심
복 두 명을 대동하고 있다.

　프랑스 경찰이 나를 가리키며 말한다.

"이흐 차가 파로 크 찹니다!"

슈트라서가 묻는다.

등장인물들이 독일어 발음을
흉내낸 영어로 말하고 있다.

"탕신이 한 말흔 무쓴 뜻인카흐?"

내가 말한다.

"당신들은 절대 이 전쟁을 이기지 못할 거요!"(재미있으려고 한 말
이다. 늘 나치에게 이 말이 하고 싶었다.)

　슈트라서가 "저 자를 붙잡으라."고 말하자 나치 친위대 심복 둘이 내
어깨를 움켜잡더니 나를 의자에서 강제로 끌어내려 무릎을 꿇린다.

"탕신 치금 뭐라고 했어?"

두 나치 친위대 심복이 묻는다.

"당신들은. 절대로. 이히. 천쟁을. 모홋 이긴다고."

내가 말한다. 웃음을 터뜨리지 않기 위해 내가 할 수 있는 최선이다.
그럼에도 강제로 바닥으로 떠밀려 카펫 바닥에 무릎을 꿇은 채 제복 입
은 악당 둘에게 양 어깨를 붙잡히고 보니 무섭긴 무섭다.

증오에 가득 찬 표정으로 나를 노려보는 슈트라서의 얼굴이 시뻘겋게 변한다.

"저 자를 테리고 와라."

슈트라서는 더듬더듬 이렇게 지시하더니 검정 부츠를 신고서 휙 돌아선 후 다리를 전혀 굽히지 않는 뻣뻣한 걸음걸이로 깜짝 놀란 군중 사이를 뚫고 지나간다.

두 심복이 내 팔을 틀어쥔 채 질질 끌면서 작은 테이블이 있는 곳까지 슈트라서를 따라간다. 그들은 야단법석을 떨면서 나를 커다란 의자에 앉힌다.

슈트라서가 험악한 말투로 내게 말한다.

"당신은 하일 히틀러 총통 각하께 충성을 맹세호 하시홉니까?"

나는 단호히 말한다.

"절대 안 합니다."

슈트라서가 잭 다니엘스를 유리잔에 따르며 선언한다.

"크러면 벌로 이 술홀 마십니다."

나는 잔을 받아든다.

나는 "처칠을 위하여!"라고 외치고 술을 들이킨다.

슈트라서가 "가시오."라며 나를 보낸다. 나는 그곳을 떠나 아내가 있는 내 자리로 돌아간다.

한 시간 후쯤 영화가 시작되자 더욱 많은 배우들이 등장하여 장내를 돌며 〈카사블랑카〉에 나오는 장면을 추가로 재연해 보였다. 나는 빅터 라즐로가 의자 위에 올라서서 군중을 자극하여 '자유 프랑스!'에 충성을 맹세하도록 부추기고는 한 손을 가슴에 얹은 채 눈물을 흘리며 '마르세유의 노래(프랑스의 국가—옮긴이)'를 부르는 즉흥 시위에 참여했다.

"시민들아, 무기를 들고

무리를 만들어

나가자! 나가자."

릭과 일자는 피아노 옆에서 대화를 나누었다. 그때 샘이 'As Time
Goes By'를 연주했다. 샘이 다시 한 번 그 곡을 연주했다. 나는 통행증
을 손에 넣었고 그 프랑스 경찰과 아까 그 나치 일당을 예의 주시하면
서 그 통행증을 은밀하게 라즐로에게 건네주었다.

스크린을 덮고 있던 커튼이 열리자, 잠시 보류했던 우리의 불신은 극
대화된다. 라즐로와 일자와 릭처럼 우리도 1941년 카사블랑카에 있던
릭의 카페에 앉아 있다. 우리 또한 나치를 증오한다. 우리 또한 일자의
괴로운 심정을 이해한다. 우리 또한 라즐로의 투쟁이 지닌 고결함을 느
낀다. 우리 또한 그 통행증이 얼마나 중요한지 잘 알고 있다.

시크릿 시네마 행사 한 번이면 당신도 빠지게 되어 있다. 영화를 볼
때마다 이번처럼 실감 나고, 기억에 남고, 솔직히 말해서, 놀라울 수만
있다면 얼마나 좋을까. 그저 보기만 하는 영화가 아니라 하나의 완벽한
체험이다. 사람들이 마치 자기들이 가장 좋아하는 밴드가 등장하기라
도 한 듯 시크릿 시네마 프로덕션을 대하는 심정이 십분 이해된다. 시
크릿 시네마를 보려고 먼 길도 마다하지 않고 공연장 근처 호텔에 머물
며 공연 다음날 휴가까지 내는 사람들도 있다.

펀치드렁크와 봄파스&파와 마찬가지로 시크릿 시네마도 체험경제
가 앞으로 어떻게 돌아갈지, 이미 어떻게 돌아가고 있는지를 보여주는
전형적인 예에 해당한다.

체험경제에 대한 이러한 아이디어는 1990년대 후반 조 파인과 짐 길
모어라는 두 명의 비즈니스 컨설턴트에 의해 대중화되었다. 〈하버드 비
즈니스 리뷰〉 기사와 저서에서 파인과 길모어는 모든 기업—당신의 기
업을 포함하여—은 체험을 이용하여 더욱 많은 사람들에게 더욱 많은

제품을 팔아야 한다는 설득력 있는 주장을 내놓았다. 그들은 농업에서 제조업, 제조업에서 다시 서비스업으로 이동했듯, 체험경제가 자본주의가 겪을 논리적 진화 단계라는 의견을 제시했다. 그 말인즉슨, 음식의 생산과 배달이 농업사회의 특징이었을 때는 생산수단을 보유한 사람들이 가장 부유했고, 물적 재화의 생산과 배달이 제조업 기반 경제의 기둥이었을 때는 공장을 소유한 사람과 가게가 가장 큰 성공을 이룩했듯, 서비스업 기반 경제도 체험의 생산과 배달이 체험경제의 필수적인 특징이 될 것이라는 뜻이다.

서비스와 체험의 차이점은, 분명히 짚고 넘어가자면, 둘 다 무형, 즉 만질 수 없다는 점은 같지만, 서비스는 그게 전부인 반면 체험은 기억에 남도록 고안되었다는 점이다. 파인과 길모어의 글처럼, 체험은 당신을 '정서적, 육체적, 지적, 혹은 심지어 영적인 차원의 교감을 나눌 수 있게' 해주는 것이다. 경제의 다른 측면들까지 고려한다면 일정 부분 겹치는 부분이 있지만 조금만 생각해 보면 차이를 알 수 있다.

음식은 각 부문이 서로 어떻게 다른지를 보여줄 수 있는 유용한 수단이다. 저녁거리로 아스파라거스, 감자, 스테이크 같은 재료를 사는 건 농업경제에 해당한다. 즉석 피자 같은 조리 식품을 사는 건 제조품을 사는 것이다. 식당에서 저녁을 사 먹으면 서비스 부문을 지원하게 되는 것이다. 전에 프리메이슨 사원으로 쓰였던 공간에 차린 팝업 레스토랑(장기간 오픈하지 않고 짧게는 하루, 일주일, 혹은 한 달 정도 새로운 장소에 문을 여는 레스토랑을 의미—옮긴이)에서 식사를 하거나 쾌속정에서 내려준 아무도 없는 해변에서 피크닉을 즐기면 체험 부문에 돈을 쓰고 있는 것이다.

기업들이 기억에 남고 마음을 잡아끄는 이벤트 연출을 최우선으로 삼는 체험경제는 가장 빠르게 성장 중인 부문이기 때문에 이러한 차이를 짚어볼 필요가 있다. 파인과 길모어의 계산에 따르면, 체험경제는 약

50년 동안 제조 부문보다 38% 더 빠른 속도로 성장했다.

시크릿 시네마는 그러한 성장을 보여주는 사례 중 가장 뛰어난 사례이다. 〈카사블랑카〉 말고도 이 회사는 다수의 영화를 무대에 올렸다. 〈쇼생크 탈출〉 공연 때는 관객이 죄수가 되었다. 관객들이 사복을 죄수복으로 갈아입는 동안 간수들이 고함을 쳤고 감방에 가두기까지 했다. 〈그랜드 부다페스트 호텔〉의 경우에는 정장, 플래퍼 스타일(독특한 외모와 성향을 지닌 신여성들이 주로 입었던 주름 잡힌 짧은 치마가 춤추며 회전할 때 넓게 펴져 올라가 펄럭대는 모습을 빗대어 붙여진 이름—옮긴이) 모자, 모피코트를 말쑥하게 차려입은 관객들이 저급한 분위기의 1930년대 동유럽 호텔의 투숙객이 되어 보드카와 갈리아노 칵테일(이탈리아산 리큐르인 갈리아노로 만든 칵테일—옮긴이)을 홀짝이는 동안 보라색 제복을 갖춰입은 벨보이가 파스텔 핑크빛 마카롱 상자를 나누어 주었다. (영화 속 장면을 재연한 것임.)

시크릿 시네마의 공식, 즉 영화를 선정하고 장소를 섭외해서 그 영화에 바탕을 둔 체험을 연출하는 것은 그 인기가 입증되고 있다. 회사가 배우 40명과 인부 40명을 채용하여 런던의 어느 창고를 우주선으로 개조한 후, 28일에 걸쳐 25,000명을 리들리 스콧 감독의 〈프로메테우스〉에 나오는 작업복 차림의 승무원으로 만들었을 때는 런던의 아이맥스 영화관보다 돈이 더 많이 들었다. 창립자인 파비언 리골이 호언장담했듯, 시크릿 시네마는 영화 한 편 값으로 50파운드를 내게 할 수 있는 훌륭한 수단이다.

누군가는 내심 체험경제에 돈과 일자리와 성장이 있을까 봐 걱정하고 있지 않았을까?

물건을 좋아해 마지않는 백만장자 미니멀리스트

그레이엄 힐의 눈을 뜨게 해준 건 올가였다.

프랑스와 스페인 사이의 고산지대에 자리한 아름다운 공국, 안도라 출신으로 현재 30대 중반인 올가 사스플루가스는 갈색 눈, 올리브빛 피부, 긴 다리의 소유자이다. 그녀는 발레리나이자 고아들을 가르치는 댄스 치료사이다. 안도라 사람으로는 미국 대학원에서 공부할 수 있는 풀브라이트 장학금을 최초로 받은 사람이기도 하다. 그녀는 뉴욕에서 공연예술 과정을 밟았다. 힐을 만난 곳이 바로 거기였다.

데이트를 시작한 지 세 달이 되었을 때, 비자가 만료되어 사스플루가스가 미국을 떠나야 했다. 힐은 제정신인 남자라면 누구나 했을 법한 행동을 했다. 그녀를 뒤따라갔던 것이다. 제일 처음 들른 곳은 바르셀로나였다. 사스플루가스의 학생용 아파트는 IT 백만장자인 힐이 맨해튼에 보유하고 있는 로프트(공장 등을 개조한 아파트로 고가임─옮긴이)에서 대략 백만 마일이나 떨어진 곳에 있는 허름한 아파트였다. 실내도 실외 못지않게 허술했다. 사스플루가스는 거리에서 발견한 물건들로 그 아파트를 꾸몄다 : 바르셀로나에서는 매주 화요일이 필요 없는 가구를 바깥에 내놓는 날이다.

사스플루가스는 그때를 이렇게 회상한다.

"카우치가 침대였고, 테이블은 나무 문짝이었죠. 그런데도 서로 어울리지 않는 건 없었어요! 소호에 있는 고급 아파트에 살던 그레이엄이 이런 데 온다니 덜컥 겁이 나더라고요!"

그렇지만 힐은 개의치 않았다. 두 사람은 꿈같은 여름을 보냈다. 자전거를 타고 해변에 나갔다. 피미엔토스 데 파드론─매운 피망을 바짝 튀긴 후 소금과 함께 낸다─을 먹었다. 지붕에서 디너파티를 열기도 했다. 가끔씩 날이 시원해지면 지붕 위에서 일을 하기도 했다 : 와이파이 신호를 잡기 위해 전선을 창문으로 통과시킨 후 건물 옆을 지나 꼭대기까지 길게 빼냈다.

얼마 후 사스플루가스는 고아원에서 댄스 치료를 가르치기 위해 이번에는 캄보디아 북부로 떠났다. 인터넷 연결이 형편없어서 힐은 방콕까지 나갔다. 사스플루가스가 매달 받는 며칠간의 휴가 때 서로 얼굴을 볼 수는 있었다.

그 후 두 사람은 인도의 마이소르로 갔다. 사스플루가스가 요가를 배워야 했기 때문이다. 두 사람은 오래된 식민지풍 주택을 빌렸다. 침실이 세 개, 욕실이 두 개, 명상실이 하나, 부엌도 있었지만 온수도, 인터넷도, 가구 한 점도 없었다. 이웃에게 빌린 매트리스만 하나 있었다. 힐은 동네 인터넷 카페에서 일했다. 그 다음 목적지는 부에노스아이레스였다. 사스플루가스는 거기서 탱고를 배웠다. 두 사람은 팔레르모 비에호라는 지역에 있는 자갈 깔린 거리와 자카란다 나무보다도 훨씬 높은 꼭대기층 자그마한 아파트에 머물렀다.

뉴욕으로 돌아왔을 때는 두 사람 다 번잡한 최고급 로프트가 싫어진 상태였다. 그래서 두 사람은 엘리베이터도 없는 건물 6층에 28㎡ 정도 되는 아파트를 빌렸다.

힐은 그때를 이렇게 회상한다.

"화장실은 뒤쪽에 있었고, 샤워실은 부엌에 있었죠."

사스플루가스는 그때를 이렇게 회상한다.

"그래도 샤워실을 빙 둘러 커튼이 처져 있기는 했습니다. 그 덕분에 한 명이 샤워하는 동안 나머지 한 명은 요리를 할 수 있었죠."

그러던 중 힐이 난관에 봉착逢着했다. 하지만 보통 사람들은 꿈꾸는 일이었다. 바르셀로나에 있는 사스플루가스의 아파트에서 만들었던

Treehugger.com이라 불리는 생태 사이트를 팔아서 소호에 있는 아파트 한 채를 산 후 그 아파트를 단장하고는 새 물건으로 가득 채울 수 있을 만한 돈을 벌었던 것이다. 하지만 다행스럽게도 그는 이런 종류의 문제를 전에도 겪어본 적이 있었다. 그 당시에는 335㎡에 달하는 거대한 집을 한 채 샀었다. 일하느라 너무 바빴던 그는 개인비서를 고용해서 필요한 물건 일체를 대신 구매하도록 했다. 처음에는 힐도 그 집을 사랑해 마지않았었다. 친구들에게 방을 빌려주고 바비큐 자리와 파티를 주최했다. 그러나 얼마 안 가서 집 한 채를 갖는 것만으로 얼마나 번거로울 수 있는지를 깨닫고는 팔아버렸었다. 이번에는 그때보다 연륜과 지혜가 쌓였다.

현 시점에서 힐은 그때를 이렇게 회상한다.

"올가와 함께 있었을 땐 정말 열심히 일을 했었지만 늘 다른 곳에 있었고 멋지고 새로운 체험을 했었죠. 그때서야 깨달았던 것 같습니다. 그렇게 사는 게 정말 멋지다는 것, 그리고 그렇게 많은 물건이 필요하지 않다는 것을요."

이번에는 힐도 큰 집을 원한 건 아니었지만 집이라 부를 만한 곳을 원했다. 확실한 해결책은 사스플루가스와 함께 살았던 집들처럼 작은 아파트였다. 그렇기는 하지만 그는 예전 집에 살았을 때처럼 사람들을 저녁식사 자리에 초대하는 것도, 친구들이 자고 가는 것도 좋아했다. 그래서 그는 물건도 번잡스러움도 거의 없는 아주 작은 집이지만 친구들을 초대할 공간이 어디엔가 존재하는 그런 공간, 두 마리 토끼를 다 잡을 수 있는 그런 집을 가질 수는 없을까 하는 의문을 품게 되었다.

이 의문의 해답을 찾기 위하여 그는 조보토Jovoto라는 크라우드소싱 (전문가나 아마추어 등 다양한 이들을 참여시킴으로써 그들이 지닌 기술이나 도구를 활용하여 특정 문제를 해결하는 것—옮긴이) 웹 사이트에 도전과제를 올렸다. 누군가 자신이 구입한 약 40㎡ 넓이의 아파트에서 주거와 일을 해결할 수 있고, 12명을 초대하여 다 같이 앉아서 저녁을 먹을 수 있으며, 친구 두어 명이 와서 자고 가는 동안 약간의 프라이버시도 제공해 줄 수 있도록 공간을 설계해 주기를 바랐다. 참여를 장려하기 위하여 7만 달러의 상금을 내걸었다. 이 방법은 효과가 있었다. 조보토 사람들은 300가지 설계도로 반응을 보였고, 7만 명이 각자 가장 좋아하는 설계도에 투표했다. 힐은 자신의 마음에 드는 설계도를 발견했다. 그는 현재 그 집에서, '스위스 아미 아파트(스위스 아미 나이프, 일명 맥가이버 칼처럼 좁은 공간을 다용도로 쓸 수 있다는 의미에서—옮긴이)'와 '변신 주택'이라 불리는 공간에서 살고 있다. 40㎡ 내 모든 요소가 아침부터 밤까지 형태를 바꾸고 멀티태스킹을 가능케 하기 때문이다. 모든 게 원래 용도 외에 다른 용도를 가지고 있고, 꼭꼭 숨어 있다가 필요할 때만 모습을 나타낸다. 벽 속에 쏙 들어가 있다가 잡아당기는 침대, 수납장 속에 있다가 누르면 튀어나오는 책상, 친구들이 자고 갈 때는 잡아당기면 벽이 되는 수납장이 있다. 확장형 테이블도 있어서 열 명—12명은 아니지만 누가 그런 걸 따지겠는가?—이 다 함께 앉아서 식사를 할 수 있다.

힐은 물건을 너무 많이 가지고 있는 걸 못 견뎌 한다. 그는 자칭 미니멀리스트이다. 보다시피 그가 추구하는 미니멀리즘은 궁핍과는 거리가 멀어 보인다. 싸게 먹히지도 않는다. 짧게 접었다가 쭉 잡아당기면 열 명까지 앉을 수 있는 테이블? 3,950달러. 벽 속에 쏙 집어넣었다가 잡아당기는 퀸사이즈 침대? 15,000달러. 이 아파트를 짓는 데 들어간 총 비용—부동산 값은 제외하고 개조 비용만 따졌을 때—은 315,000달러.

이런 종류의 미니멀리즘을 실천하는 사람이 힐만 있는 건 아니다. 이는 앨리스 마윅이 논문에서 자세히 다룬 소셜미디어 무리가 선호하는 미니멀리즘이고 광범위한 첨단기술 업계가 실제로 행하고 있는 미니멀리즘이다. 가령 우리가 앞에서 만나 본 바 있는 로스앤젤레스 출신의 기업가인 콜린 라이트에 대해서 생각해 보라. 그는 여섯 자리 연봉과 번창하던 사업을 포기하고 50가지 물건만 가지고 살기로 했다.

그는 이렇게 말한다.

"어떤 물건이 있는데 그중에서 하나만 골라야 한다면 당연히 가장 좋아하는 걸 골라야겠죠. 그 말은 틈 날 때마다 가지고 있는 물건의 질을 업그레이드할 수 있다는 뜻입니다. 재정비를 하고 한 가지 브랜드에만 얽매이지 않는 게 중요합니다. 지금은 맥 컴퓨터, 안드로이드 휴대폰, 캐논 카메라를 가지고 있습니다. 하지만 늘 그 브랜드만 쓰지는 않을 겁니다. 어떤 물건이든 반드시 가장 좋은 것, 내가 가장 행복해지는 것을 가지도록 늘 노력하는 편이죠."

이런 관점, 힐과 라이트가 옹호하는 관점은 잘 생각해 보면 굉장히 흥미진진하다. 얼핏 보면 서로 정반대인 것처럼 보이는 두 가지 사고방식을 용케 결합시킨 관점이기 때문이다. 우선 힐과 라이트는 열성적인 미니멀리스트이다. 물질적 부를 축적하는 데는 관심이 없다. 그들은 물건이 마음을 무겁게 한다고 믿고 있다. 물건은 행복을 가져다주지 않는다. 물건은 지위를 부여할 수도 없다. 동시에 힐과 라이트는 열렬한 소비자이기도 하다. 그렇기 때문에 지난 세기의 물질만능주의자와 비슷해 보인다. 하지만 차이점이 있는데 바로 두 사람의 소비 방식이 훨씬 더 양식 있고 수준 높다는 점이다. 더 많이 모으는 것보다 최고만을 원한다. 물질만능주의자들이 주로 양에 관심을 가졌다면 이러한 '소비적 미니멀리스트'들은 질에 관심을 가지고 있다고 할 수 있을 것이다.

이런 사람들이 중요한 이유는 실리콘밸리가 중요하기 때문이다. 우리는 오늘날 전보다 평평해진 세상에 살고 있지만 남보다 눈에 띄고 훨씬 큰 영향력을 발휘하는 사람들과 장소들은 있기 마련이다. 실리콘밸리와 전 세계에 존재하는 제2, 제3의 실리콘밸리에서 유래한 기발한 아이디어들, 특히 소비자 첨단기술과 소셜미디어 분야에서 나오는 아이디어들은 전 세계 인구의 사고방식에 영향을 미친다. 그들이 적지만 더 나은 물건을 소유하고 체험을 과시적으로 소비함으로써 지위를 획득하는 데 좀 더 관심을 보인다면, 앨리스 마윅이 입증했듯, 그들처럼 생각하고 행동하는 사람들도 늘어날 것이다.

뿐만 아니라 소비적 미니멀리스트들은 물질만능주의가 아닌 가치체계도 안정과 성장을 가져다줄 수 있다는 추가 증거이기도 하다. 보다시피 모든 미니멀리스트들과 마찬가지로 궁극적으로 물건보다 체험에 관심이 더 많은 소비적 미니멀리스트들은 구입하는 물건의 수량은 줄었지만 대신 단가가 훨씬 비싼 물건을 구입함으로써 안정과 성장을 지켜낼 것이다.

물론 이는 체험주의에도, 사회에도, 우리에게도 희소식이다. 하지만 체험주의자면서 물건을 좋아해도 될까, 라는 질문에 답을 하는 과정에서 또 다른 의문이 발생한다. 힐 같은 첨단기술 분야 백만장자가 개수는 훨씬 줄었지만 질은 월등히 높아진, 살림 규모를 줄인 삶을 사는 건 그렇다 치지만 나머지 우리들은 어떠한가? 늘렸다 줄였다 할 수 있는 길이 조절 테이블에 쓸 4천 달러가 수중에 없는 우리 같은 사람들은 어찌해야 할까? 과연 우리도 체험주의자가 될 수 있을까?

물건이 없으면 체험도 할 수 없다

지금으로부터 몇 년 전, 눈부시고 화창했던 어느 일요일 아침, 사라 호웰은 정신을 차리고 보니 호주 애들레이드 외곽에 위치한 모리알타 폭포의 어느 벼랑 끝에 서서 사시나무 떨 듯 몸을 벌벌 떨고 있었다. 안전 장비도 착용했고 자기 일을 훤히 꿰고 있는 남자가 붙잡고 있는 밧줄에 매여 있기도 했다. 따라서 100% 안전한 상태였다. 하지만 그럼에도 그녀는 벼랑 끝에 서서 난생 처음 자일을 타고 암벽을 내려가려는 찰나, '내가 도대체 여기서 무슨 짓을 하고 있는 거지?'라는 의문을 가지지 않을 수가 없었다.

나중에 그녀는 이렇게 말했다.

"저는 스포츠를 그렇게 즐기는 타입이 아니거든요. 식료품점에 가고, 새로운 요리법을 찾아내고, 우리 셰프들이랑 메뉴를 시식해 보고 그런 걸 좋아하죠. 물론 내가 대장이라는 느낌에도 익숙하고요! 벼랑 꼭대기에 선 채 벼랑 끝 쪽을 향해 두 발을 뒤로 질질 끌면서 그 벼랑 끝 너머를 응시하고 아래를 내려다보고 있으려니 무서워 죽을 것만 같았죠. 아드레날린이 솟구치고 있었어요. 달리 방법이 없었어요. 그냥 절벽을 뒤로 걸어 내려가는 게 싫더라고요!"

하지만 적어도 이번에는 평상시에 했던 데이트와 다르긴 달랐다. 그녀의 창백한 피부, 진홍색 머리, 전형적인 영국 여자의 외모에 끌렸던 남자들은 대부분 그녀를 술을 곁들인 저녁식사 자리에 데리고 가곤 했다. 그녀 자신이 식당을 경영하고 있었으므로 그런 데이트는 흡사 출근을 하는 것 같았다. 벤이란 이름의 자신만만한 DJ가 일요일 아침 데리러 갈 테니 운동복을 입고 나오라는 말을 했을 때, 이번 데이트는 좀 다를지도 모르겠다는 생각이 들었다. 얼마 안 가서 그녀는 벤은 남다르다는 사실을 깨달았다. 그는 옷에도 그다지 개의치 않는 듯했다. 늘 똑같은 카키 바지에 파인애플 무늬가 있는 서핑 티셔츠를 입었다. 그 외에도 돈으로 여자에게 잘 보이려는 짓은 절대 하지 않았다. 무엇무엇을 가지고 있다는 말보다는 무슨무슨 일을 했다는 얘기를 주로 했다. 스키를 탔고, 카이트보딩(카이트서핑으로 불리기도 하는데, 용어 그대로 연이라는 매개체를 가지고 바람의 힘을 이용해 색다르게 서핑을 즐기기 위해 만들어진 스포츠이다―옮긴이)을 했고, 암벽등반을 했다고 하더니 그녀를 자일을 이용한 암벽하강에 데리고 가겠다고 했다.

그녀는 이렇게 기억하고 있다.

"그날 모리알타 폭포에서 벤은 정말 멋졌답니다. 저한테 끝까지 친절하게 설명을 해주고는 괜찮을 거라며 안심시켜 주었죠. 무력감이 느껴졌지만, 벤은 자기 일을 훤히 꿰고 있었으니까요."

돌이켜 생각해 봐도, 그는 자기 일을 훤히 꿰고 있었던 게 분명하다. 그와 레드―머리색 때문에 벤은 사라를 이렇게 부른다―는 연애를 시작했고 결혼도 했다. 두 사람에게는 포피라는 다섯 살짜리 딸도 생겼다. 두 사람은 오래 전 만났을 때와 별반 다르지 않다. 그녀는 여전히 식당을 경영하고 있다. 스페인 레스토랑, 이탤리언 오스테리아(로컬 와인과 기본적인 수준의 음식을 판매하는 동네 사랑방 같은 편안한 느낌의 음식점―옮긴이), 2013년 문을 연 루비 레드 플라밍고라는 팝업 레스토랑을 운영하고 있다. 벤은 여전히 갖는 것보다 하는 것을 더 좋아하고 있다. 그는 다 들고 길을 떠날 수 있을 정도로 물건을 조금밖에 가지고 있지 않다.

벤 호웰은 이렇게 말한다.

"시계는 가지고 있지 않은데, 한 번도 가져 본 적이 없습니다. 구두는 딱 세 켤레 있는데 한 켤레는 가죽소재 작업화고 한 켤레는 조깅할 때 신는 운동화고 한 켤레는 레드가 무슨 시상식 같은 데 같이 참석하느라고 정장을 입힐 경우에 신는 정장 구두죠. 썽(thong : 엄지발가락과 둘째 발가락 사이로 끈을 끼워 신는 샌들. 일명 쪼리―옮긴이)도 포함시킨다면 네 개겠네요."

(독자 중 호주인이 아닌 사람들을 위하여 : 호주에서 썽(끈 팬티라는 뜻도 있음―옮긴이)은 끈 팬티가 아니다. 벤은 그런 걸 입을 타입도 아니다.

썽은 플립플롭의 호주식 표현이다.)

호웰 가족은 전형적인 21세기형 체험주의자 가족이다.

사라의 말을 들어보자.

"저희는 체험이 먼저입니다."

그녀는 음식과 서비스업에 대한 열정을 직장에서도, 여가 시간에도 충족시킨다. 그들은 식료품점을 그냥 지나치지 않는다. 해외여행에 식도락 요소를 종종 포함시키곤 하는데, 가령 도쿄에서는 어시장을 방문했고 파리에서는 뛰어난 푸아그라 집을 찾아갔었다. 한편 벤은 돈과 마케팅 업무에서 벗어나는 여가 시간을 서핑, 카이트보딩, 가장 최근에 갖게 된 취미인 산악 오토바이 타기 같은 스포츠를 배우는 데 쓴다.

여기서 우리는 좀처럼 납득이 가지 않는 체험주의의 몇 가지 측면 가운데 한 가지를 우연히 발견했다. 왜냐하면, 벤은 물건보다 체험을 선호하며 물질주의자라고 부를 만한 사람이 절대 아니지만 몇 가지 물건은 매우 아끼기 때문이다.

호주에 있는 호웰 가족을 방문하여 집안을 둘러본다면 얼마 안 가서 내 말이 무슨 뜻인지 알게 될 것이다. 우선 호웰 가족이 물질만능주의자가 아니라는 사실을 알아차리게 될 것이다. 호웰 가족의 집에 특별한 건 아무것도 없다. 애들레이드의 녹음이 우거진 언덕에 자리 잡은 평범한 교외 주택으로 손볼 데가 몇 군데 있다. 집안에는 꽤 넓은 오픈플랜식(칸막이를 하지 않고 공간을 넓게 쓸 수 있도록 건물의 평면을 설계하는 방식—옮긴이) 생활공간이 있다. 한 쪽 구석에 턴테이블이 여러 대 있고 주방에도 최첨단 스테인리스 스틸 가전들이 있지만, 사라는 물질적 소유물로 '어지럽혀진 상태는 절대 아니다'라고 언급한다.

하지만 집 뒤쪽으로 걸어 나가 삐걱거리는 차고 문을 위로 홱 잡아당겨 열면 매우 다른 물건 이야기가 있다는 걸 알게 될 것이다. 그곳은 잡동사니로 터질 지경이다. 서핑보드와 잠수복이 있다. 윈드서핑 보드와 돛과 돛의 아래 활대와 돛대가 있다. 카이트보드와 파워 카이트와 포일 카이트(패러글라이더와 형태가 유사함. 주로 립-스톱 나일론으로 이루어졌으며, 공기 주머니를 뜻하는 에어-셀로 구성되어 있어 양력을 발생시킴—옮긴이)와 카이트 하네스(카이트를 몸에 고정시키기 위해 입는 폭이 넓은 벨트—옮긴이)와 플라잉 라인(카이트에 연결하는 줄—옮긴이) 세트가 있다. 암벽등반용 안전벨트도 있다. 산악 오토바이와 오토바이 헬멧도 있다. 신발도 꽤 많이 있다. 그런 신발들은 한철 신기에는 괜찮아 보이지만 당장 다음 시즌에는 신기 민망한 유행을 타는 신발이 아니다. 오토바이 부츠, 윈드서핑용 부츠, 암벽화 같은 기능성 신발이다.

비록 평범한 물질적 소유물을 모아야 할 이유는 모르는 벤이지만 그에게 체험을 제공해 주는 물건들은 좋아해 마지않으며 그런 물건에는 거리낌없이 돈을 쓴다.

한번은 벤이 내게 이런 말을 했다.

"전前주에 12달러를 주고 신발을 한 켤레 샀는데 10달러 정도 해도 되는 신발을 비싸게 샀다는 생각에 짜증이 났었죠. 그래 놓고 다음날 나가서는 멋진 새 카이트에 1,700달러나 썼다니까요."

여기서 우리는 호웰 가족을 비롯하여 대부분의 체험주의자들이 보이는 전형적인 양상 한 가지를 더 접했다. 그들은 물질만능주의를 추구하지는 않지만 우리가 살고 있는 사회 전체와도 아무런 문제가 없고 따라서 사회에 아무런 위협을 주지도 않는다. 그들은 앞으로도 계속 일하고 돈을 벌고 돈을 쓸 생각이다. 사라는 이렇게 말한다.

"그 모든 물건이 없으면, 그런 물건을 살 돈이 더 없으면, 벤이 그동안 맛본 그 모든 체험을 할 수가 없겠죠."

기회가 주어진다면, 호웰 가족이나 대부분의 체험주의자들은 앞으로도 계속 '돈을 더 많이 써서 물건을 더 많이 갖자'는 소비지상주의에 일조할 것이고 성장을 위해 자기 몫을 다할 것이다. 단, 물건보다는 체험에 돈을 씀으로써 점점 더 큰 기여를 하려고 한다.

벤은 이렇게 말한다.

"레드도 그렇고 저도 그렇고 저흰 스스로를 자본주의자로 여기고 있습니다. 우리가 하는 꽤 많은 일들이 비용이 만만치 않게 드니까요. 하지만 비싼 셔츠나 검은색 BMW같이 무의미한 물건을 사기보다 비행기에서 뛰어내리거나 스키를 타러 가는 것 같은 체험에 돈을 투자할 겁니다."

호웰 가족처럼 누구나 스키 여행과 BMW 중에서 고를 수 있을 정도로 돈이 많은 건 아니라고 말하는 것이 맞을 것이다. 우리 중 4천 달러를 식탁에 쓸 엄두를 낼 정도로 부자인 사람 역시 극소수이다. 하지만 우리는 모두 체험과 물적 재화 중에서 선택하는 상황에 공감할 수 있다. 가령 새 구두를 한 켤레 더 사는 것과 친구들과의 하룻밤 외출 중에서 선택할 때처럼 말이다. 바로 그 때문에 호웰 가족은 체험주의적 삶을 사는 것이 경제와 사회 전체에 이로울 뿐만 아니라 나머지 우리에게도 가능한 일이란 사실을 입증하고 있는 셈이다.

체험주의자가 되기 위해서는 소득 수준이 어떻든지 간에 기회가 있을 때마다 늘 물건보다는 체험을 선택하기만 하면 된다. 그러나 호웰 가족에 관한 이야기가 보여주듯, 그렇다고 물건을 인생에서 완전히 제외시켜야 한다는 건 아니다. 체험주의자가 되기 위해 마치 수도승이 침묵서약을 하듯, 혹은 황제가 적을 추방하듯 '물건 없이 살기로 서약'을 해야 하는 것도, 물건에 대한 생각 자체를 쫓아버려야 하는 것도 아니다. 체험주의자가 되어도 물건을 향유하고, 심지어 좋아할 수 있다. 어떻게 그럴 수 있냐고?

체험주의자가 되어서도 물건을 좋아할 수 있는 방법

힐과 호웰 가족에 관한 이야기가 똑똑히 보여주듯, 체험주의가 부상한다고 해서 물건이 끝장나게 되는 건 아니다. 우리가 앞에서 살펴본 바와 같이 물건은 이롭다는 사실을 보여주는 그 모든 이유들 때문에 우리는 여전히 상품을 사고, 쓰고, 없어질 때까지 다 써버릴 것이다. 대신 과소유 증후군에 대처하면서 우리의 취향은 진화할 것이고, 그 결과 우리가 선택하는 물건도 달라질 것이다.

우선 '체험적 상품', 즉 심리학자 라이언 호웰이 최근 발견한 바와 같이 체험 못지않게 큰 행복을 가져다주는 상품을 점점 더 많이 구매하게 될 것이다. 우리가 그런 상품을 사는 이유는 손으로 만질 수 있는 사물이어서라기보다 그 물건이 체험을 제공하기 때문이다. 악기, 컴퓨터 게임, 테니스 라켓, 책을 생각해 보라. 우리가 우리에게 이로운 물건은 사고 해로운 물건은 피할 수 있도록 정부가 상품마다 상품정보 라벨을 부착하게 하겠다는 결정을 혹여 내려준다면, 이러한 체험적 상품은 의심의 여지없이 승인과 허가를 받는 상품이 될 것이다. 말하자면 체험적 상품은 상품계의 과일이자 채소인 셈이다.

또한 우리는 체험에 더욱 가깝고, 낭비가 덜하고, 환경에 해를 덜 끼치고, 공간을 덜 어지럽히는 제품을 더욱 좋아하게 될 것이다. 가능한 경우 물리적인 공간도 전혀 차지하지 않을 것이다. 물리적 실체를 소유하는 대신 그러한 실체를 접할 수 있게 해주는 서비스에 가입하게 될 것이다. 특히 대화와 공동체를 창출하는 서비스, 더 나은, 더 행복한 세상에 이바지하는 서비스에 자연히 끌리게 될 것이다.

이 모든 말이 이상주의적인 꿈처럼 들리는가? 그래선 안 된다. 당신이 기존에 우연히 접했던 미래 예측은 하나의 희망사항처럼 느껴졌을지 몰라도—뱀과 사다리 보드 게임과 같은 지위 놀음을 집어치운 계몽되고, 편집증에서도 벗어난 인류가 등장하므로—여기서 한 예측은 지위를 표현하고 싶어 하는 우리의 욕망을 무시하지 않고 있다. 체험주의는 과소유 증후군 문제를 해결하는 데 도움을 줄 수 있을지도 모른다. 그러나 사회계층 내에서의 자신의 위치를 표시하고자 하는 욕망을 망각한다면 그것은 어떤 도움도 되지 못할 것이다.

이에 대해 짐 길모어는 이렇게 말한다.

"인간은 여전히 남에게 뒤지고 싶은 마음이 없습니다. 전에는 더 반짝거리고, 더 빠르고, 더 힘 좋은 제품을 원했습니다. 체험경제에서도 그런 마음은 여전합니다. 하지만 이젠 전과 다른 것, 즉 더 오래가거나 평등주의적인 가치를 더욱 많이 담고 있거나, 더욱 많은 참여를 유도하는 걸 원하고 있죠."

체험경제가 더더욱 낙관적인 이상주의처럼 느껴져서는 안 되는 이유는, 비록 분배의 불균형이 여전하다고는 해도, 그것이 이미 발생하고 있다는 징조가 다수 존재하기 때문이다. 내가 가장 좋아하는 사례 몇 가지를 제시하고자 한다.

신발회사인 톰스와 스포츠웨어 브랜드인 퓨마는 모두 소비자를 위해 잡동사니 과포화 유발 가능성을 낮춰주는 참신한 방법을 도입했다. 톰스는 20세기의 전형적인 물질만능주의적 마케팅 수법, 즉 '하나 사면 하나는 공짜'를 살짝 변형시킨 후 체험주의적 요소를 가미함으로써 소기의 목적을 달성했다. 사실상 톰스는 '하나 사면 하나는 공짜' 모형을 운영하고 있다. 그러나 그 공짜를 형편이 어려운 아이에게 준다. 따라서 톰스는 잡동사니 과포화를 유발하는 물건을 많이 떠안김으로써 관심을 끄는 대신 눈으로 볼 수도 없고 손으로 만질 수도 없지만 훨씬 가치 있는 어떤 것을 주는 것으로 구매욕을 자극하는 셈이다. 그 어떤 것이란 바로 당신이 누군가를 도왔다는 보람찬 느낌이다.

퓨마의 발상이 지닌 마력을 제대로 이해하기 위해서는 쇼핑을 마치고 이제 막 집에 들어왔는데 집안을 둘러보니 어느새 사방에 쇼핑백과 포장재가 널려 있는 전형적인 광경을 그려 보아야 한다. 이 문제를 해결하기 위해 퓨마는 따로 어딘가에 보관하면 집안만 어지럽히고, 내다버리면 죄책감만 키우는 그런 쇼핑백이 아니라 요술처럼 사라지는 쇼핑백을 만들었다. 클레버 리틀 쇼퍼 백Clever Little Shopper bag을 뜨거운 물에 3분 동안 담가두면 완전히 분해되어 마음 놓고 하수구에 쏟아버릴 수가 있다.

아웃도어 브랜드인 파타고니아가 최근 벌인 캠페인에는 더욱 신기한 탈물질주의적 마법이 존재한다. 이베이와 체결한 친환경 평상복 순환 파트너십Common Threads Partnership을 통해 회사는 소비자에게 자사 제품을 수선하거나 되팔거나 재활용할 것을 권장했다. 그러나 내가 이해한 바로는 그 캠페인의 하이라이트는 창업자인 이본 취나드가 한 말이었다. 그는 자사 제품을 구매하는 소비자들에게 '필요 없으면 사지 말라'고 했다. 생각해 보면 이 말은 굉장히 획기적인 발언이다. 이는 의식의 지배자들이 과거에 권장했던 '돈을 더 많이 써서 더 많이 소유하라'는 발상과는 대조적인 발언이다. 잠시 그 아이디어를 상사에게 제안하는 자신의 모습을 떠올려 보라.

"소비자들에게 우리 제품을 덜 사라고 합시다."

그렇기는 해도 이 말은 과소유 증후군으로 고통받고 있는 세상에서는 타당한 발언이다. 환경을 걱정하는 진심 어린 마음 덕분에 파타고니아는 우리가 살고 있는 지구의 상태를 걱정하고 있고 과소유 증후군으로 괴로워하고 있는 사람들과 더욱 가까워질 수 있었다.

유아용 신발을 만드는 OAT라는 네덜란드 회사는 생태계에 미치는 영향에 대한 발상을 한 차원 더 높였다. 회사는 지구에 미치는 영향을 줄이기보다 늘리되 부정적인 영향이 아니라 긍정적인 영향을 미치는 것을 목표로 삼는다. 이 회사의 신발은 전부 생분해되며 야생화 씨앗을 함유하고 있다. 따라서 아이가 자라서 더 이상 그 신발을 못 신게 되면 쓰레기 매립지에 쓰레기를 보태는 대신 마치 무지개다리를 건넌 반려동물처럼 마당에 심을 수 있다. 그러면 그 신발은 분해되고 그 자리에서 데이지 꽃, 양귀비 꽃, 금어초가 자란다.

애플이 물질주의에서 체험주의로의 이동을 보여주는 훌륭한 사례라고 생각한다는 말을 들으면 깜짝 놀랄지도 모르겠다. 물론 애플은 하드웨어를 다량 생산한다. 애플이 내 명단에 이름을 올리게 된 건 애플이 무조건 체험에 초점을 맞추기 때문이다. 애플 제품을 조작하는 것이 얼마나 쉬운지, 설명서가 얼마나 얇은지만 생각해 봐도 답이 나온다. 1980년대 VHS 녹화기에 딸려온 설명서하고는 천지차이이지 않은가? 그 시절에 TV 프로그램 한 편 녹화하는 게 얼마나 복잡했는지 기억하는가? 조나단 아이브와 그의 휘하에 있던 애플 디자이너 팀은 자신들의 제품을 사용할 때 얻는 체험만 고려한 것이 아니다. 그들은 매장부터 박스를 개봉하는 순간까지 전 과정을 유쾌하게 여기도록 만든다. 조 파인은 이렇게 말한다.

"애플 직원들은 반드시 자사 제품이 사람들이 사용하고 싶어 하는 제품이 되도록 합니다. 거기서 그치지 않고 포장, '박스 개봉 체험'까지 생각하죠. 그래서 박스를 개봉하는 순간조차 독특하고 설레는 겁니다."

애플은 잡동사니 과포화를 덜 유발하는 제품을 만들어 환경에 미치는 영향을 감소시키고 있기도 하다. 아이패드도 다른 이북 리더와 마찬가지로 벌목량 감소, 탄소발자국 감소, 집안이나 가방 안을 어지럽히는 잡지와 책과 신문의 양을 감소시켰다고 할 수 있다.

그러나 사람들이 늘 차세대 아이패드, 킨들, 코보, 갤럭시로 업그레이드를 하는 것처럼 보이기 때문에 이북 리더가 우리의 환경 전반에 해를 끼치는 전자쓰레기(원 사용자가 팔거나, 기부하거나, 버린 더 이상 가치가 없게 된 낡고 수명이 다한 여러 가지 전기·전자 제품을 뜻함―옮긴이)를 늘리고 집안을 꽉 채워 답답하게 만든다는 점에서 실제로는 과소유 증후군 문제를 가중시키고 있는 것은 아닌가 하는 의문이 들 수도 있다. 안타깝게도 이에 대한 간단한 해답은 존재하지 않는다. 이론적으로는 이러한 전자기기들은 더없이 완벽하다. 1년 치 종이 신문은 같은 기간 동안의 디지털 버전보다 물은 67배 더 소모하고 이산화탄소는 140배 더 배출한다. 종이책을 만들려면 이북보다 물이 78배 더 들어간다. 물론 이처럼 인상적인 통계자료는 해당 기계가 제조되는 과정에서 남기게 되는 발자취와 비교·검토해 보아야 한다.

현 시점에서 가능한 최선의 해답은 요즘 전자기기들의 경우 잡동사니 과포화와 환경에 미치는 악영향을 줄이는 것이 가능하고, '재제조'라 불리는 새로운 생산 방식 덕분에 미래에는 그 정도가 더욱 개선되리라 하는 점이다. 오늘날 대부분의 휴대전화에 들어가는 부품 중 약 50%가 재사용될 수 있기 때문에, 제조업체들은 어떻게 하면 이러한 재활용 부품을 재사용하여 새 휴대전화를 만들 수 있을지 궁리 중이다. 장기적으로 보면 아마도 재제조는 잡동사니 과포화와 환경에 끼치는 악영향을 줄일 수 있는 전자책의 잠재력을 실현하는 데 도움을 줄 것이다. 그동안 우리는 현재 소유하고 있는 이북 리더를 조금 더 오래 사용함으로써 우리 몫을 할 수 있다. 또한 파타고니아 캠페인처럼 그 물건과의 인연이 다하면 최선을 다해 되팔든 재활용하든 하자.

이번 명단의 맨 마지막 사례는 물질만능주의에서 체험주의로의 이동을 가장 분명하게 보여주는 이정표 가운데 하나이다. 마지막 사례는 저마다 조금씩 관점이 달라, '공유경제', '협력적 소비', '비소유', '소유에서 이용으로의 이동'이라 불린다. 뭐라고 부르건 결과는 똑같다 : 새로운 태도와 행동과 과학기술 덕분에, 이제 현대라서 가능해진 많은 물건을 광적으로 소유하려고 매달릴 때 어쩔 수 없이 겪게 되는 그 모든 번거로움 없이 체험해 볼 수 있다. 다시 말해서 공유를 통해 우리는 체험주의자가 되고도 물건을 계속 좋아할 수 있다는 뜻이다.

체험주의자가 된 후에도 물질만능주의 시대의 가장 대표적인 상징물인 자동차를 계속해서 향유할 수 있다. 집카와 드라이브나우와 클래식카 클럽과 같은 자동차 공유 수단 덕분에 폭스바겐과 BMW와 재규어 E타입을 애지중지 몰면서도 자동차 소유로 인해 정기적으로 들어가는 그 모든 비용과 번거로움은 피할 수 있다. 게다가 당신이 살고 있는 도시의 잡동사니 과포화를 줄이는 데 일조했다는 생각에 기분까지 좋아진다. 연구에 의하면 차를 한 대 공유할 때마다 도로 위 자동차를 최대 13대까지 대체하게 된다고 한다.

공유를 통해 당신은 체험주의자가 되고서도 여전히 현대생활을 재미나게 만들어주는 그 밖의 물건들 다수를 여전히 좋아할 수 있다. 영화나 음악은 좋아하지만 DVD와 CD 때문에 방이 좁아지는 건 원치 않는가? 넷플릭스(미국의 DVD 대여 및 비디오 스트리밍 기업—옮긴이)나 훌루(미국의 비디오 스트리밍 기업—옮긴이), 디저(유럽의 인기 스트리밍 음악 서비스—옮긴이)나 스포티파이로 즐기면 된다. 옷은 좋지만 옷장 정리는 감당할 수 없다고? 렌트 더 런웨이나 걸 미츠 드레스(영국의 드레스 렌탈 업체—옮긴이)를 통해 다이앤 폰 퍼스텐버그나 빅토리아 베컴의 최신 드레스를 빌려라. DIY(소비자가 직접 수리 및 조립하는 것—옮긴이)는 좋지만 사다리나 전동 공구나 잔디 깎는 기계를 보관할 공간이 없다고? 네이버구즈(NeighborGoods : 이웃끼리 물건을 빌려주고 빌려 쓰게 해주는 중개 사이트—옮긴이)나 질록(Zilok : 미국, 프랑스 등에서 서비스하고 있는 중고 상품 렌탈 중개 사이트로 거래되는 상품 수가 무려 18만 종에 이른다고 함—옮긴이)을 통해 빌려 써라. 개를 키우고 싶은 마음은 굴뚝같은데 개를 키움으로써 일상적으로 겪게 될 번거로움은 엄두가 안 난다면 바로우 마이 도기Borrow My Doggy를 통해 개를 산책시킬 수 있다. 당신이 좋아하는 건 이 책에 안 나왔다고? 아마도 미래의 어느 시점에는 등장할 것이다 : 이러한 생활방식을 채택하는 사람들이 늘고 있기 때문에 이 모형이 더욱 많은 범주로 확산될 가능성은 높다.

이러한 공유 서비스 중에서도 가장 뛰어난 서비스는 잡동사니 과포화와 비용을 줄여줄 뿐만 아니라 대화를 유발하고 공동체도 형성시켜주는 그런 서비스이다. 에어비앤비, 리프트(Lyft : 승차 공유 서비스—옮긴이), 블라블라카(BlaBlaCar : 단순히 차를 렌트하는 것이 아니라 차가 없는 사람은 운전을 해주며 같이 갈 사람을, 또 홀로 운전해서 먼 길을 가야 되는 경우에는 동행할 사람을 구하는 사이트—옮긴이) 같은 주택 공유와 승차 공유 서비스를 예로 들어보자. 드루 올라노프라는 리프트를 통해 승차 공유를 하게 되면 '친구와 함께 차를 타고 가는 기분이 든다……. 가는 동안 먹을 샌드위치를 싸오거나 동승자에게 음악을 고르게 해주는 등 리프트 운전자들에게는 새싹처럼 무럭무럭 자라고 있는 그들만의 공동체가 있다.'고 썼다.

지금과 같은 과소유 증후군의 시대에는 구입하는 상품과 서비스에서 바라는 요소도 진화를 한다. 그렇기 때문에 일부 업계와 기업들은 폭풍을 만난 배처럼 침몰하게 될 것이다. 물론 물을 퍼내서 침몰을 면하는 업계와 기업들도 있을 것이다.—게으르거나 욕심 많거나 겁에 질려 있을지는 몰라도, 업계에서의 성공을 보장해 주는 더 쉽고, 더 짭짤하고, 더 안전한 방법을 모색 중인 것만은 분명한—가장 약삭빠른 업계의 지배자들은 급변하는 세상에서 침몰을 면하기 위해 제품과 서비스와 비즈니스 모델을 재고하고 있다. 독일의 자동차 제조회사 BMW를 예로 들어보자 : 회사는 2020년까지 드라이브나우라는 자동차 공유 서비스의 회원수를 독일에서만 백만 명 이상 달성하는 것을 목표로 삼고 있다.

봄파스 & 파, 시크릿 시네마, 파타고니아, 에어비앤비, 리프트 같은 선구자들에게 자극을 받은 가장 약삭빠른 기업들은 물질적 혜택을 뒷전으로 밀고 체험을 전면에 내세우고 있다. 그러는 과정에서 그들은 이러한 가치관의 변화를 소극적으로나마 반영하고 있을 뿐만 아니라 물질경제에서 체험경제로의 이동을 적극적으로 유발하고 있기도 하다. 그들은 체험주의자가 되어서도 여전히 사회에 기여할 수 있는데, 다만 반짝거리는 물건에 돈을 쓰는 것으로는 안 되고 물건보다는 체험에 훨씬 가까운 상품을 구입하고 공유함으로써 가능하다는 사실을 보여주고 있다. 그들은 체험주의자가 된 후에도 여전히 물건을 좋아하는 것이 충분히 가능하다는 사실 또한 보여주고 있는 셈이다.

체험적 세계에 산다는 것

1984년 마돈나는 '머티리얼 걸(Material Girl : 노래 제목—옮긴이)'의 뮤직 비디오에서 핑크빛 실크 드레스를 입고 핑크색 장갑을 낀 채 사방이 새빨간 무대 위에 등장했는데, 이는 마릴린 먼로의 1953년 출연작인 〈신사는 금발을 좋아해〉 속 공연인 '다이아몬드는 여자의 가장 친한 친구 Diamonds are a Girl's Best Friend'에 경의를 표한 것이었다. 먼로처럼 마돈나도 온몸에 다이아몬드를 주렁주렁 매달고 있었다. 마돈나가 걸음을 옮길 때마다 한 무리의 잘생긴 남자들이 그녀를 따라다녔다. 머리는 마릴린 면로처럼 부풀린 금발 곱슬머리였다. 하지만 마돈나는 1950년대의 우상이었던 면로보다 훨씬 강력한 메시지를 던졌다. 비디오 장면과 노래 가사를 통해―물질적인 세상에 살고 있으니 자신은 물질적인 여자라는 내용이다―마돈나는 그 시대를 규정했던 신념, 즉 물질만능주의를 체현해 보였던 것이다.

엄밀히 말해 마돈나는 돈 얘기를 하고 있었던 것이다. 특히 노래에서 현금을 들고 있는 남자만 늘 '미스터 라이트(천생배필이라는 뜻―옮긴이)'라고 한 것을 보면 알 수 있다. 하지만 마돈나가 노래한 현금은 돈 자체만을 의미하는 것이 아니었다. 그것은 과시적이고, 물질주의적이고, 다이아몬드에 둘러싸이고, 모피가 넘쳐나는 삶, 돈이 많아야 가능한 삶에 관한 것이었다. 결국 노래의 여주인공은 물질적인 여자이지 배금주의적인 여자는 아니었다.

21세기의 우리는 물질만능주의 시대의 면로와 마돈나와 그 밖의 수백만 명이 그랬던 것처럼 다이아몬드와 모피에 그다지 크게 감명받지 않을 것이다. 앞으로 달라지게 되는 건 우리의 갈망과 소유물만이 아닐 것이다. 체험경제와 더불어 우리는 물질적인 세계가 아닌 체험적인 세계의 부상을 보게 될 것이다. 체험적인 세계란 어떤 모습을 하고 있을까? 체험주의는 우리 삶의 다른 측면에 어떤 의미로 다가오게 될까? 우리가 일하고 쉬고 노는 방식을 어떻게 바꾸어 놓을까?

일터는 극적인 변화를 맞이하게 될 것이다. 일터를 필요하지도 않은 물건을 사서 좋아하지도 않는 사람들에게 뽐내기 위해 돈을 모으는 장소보다는 우리가 자신을 표현하려고 열정을 실현하기 위한 하나의 무대로 여기게 될 것이다. 〈하버드 비즈니스 리뷰〉의 칼럼니스트 태미 에릭슨은 '의미가 새로운 화폐'라는 문장을 통해 이러한 아이디어를 한마디로 요약했다.

이러한 변화를 반영하고 최고의 인재를 끌어 모으기 위해 기업은 성공을 금전적 측면만이 아닌 좀 더 의미심장한 측면에서 평가하게 될 것이다. 혜택 기업(Benefit Corporations : 사기업과 비영리단체의 중간에 해당하는 기업으로 두 가지 목적을 지니고 있다. 하나는 주주들에게 이윤을 가져다주는 것이고 다른 하나는 자신들이 천명한 사회적, 혹은 환경 관련 목표를 성취하는 것이다. 법은 혜택 기업이 이 두 가지 목표를 다 달성하도록 만들어져 있고, 기업이 돈만 버는 것은 허용하지 않고 있다—옮긴이)의 증가에서 이러한 현상이 이미 일어나고 있다는 것을 알 수 있다. 2010년 메릴랜드 주에서 처음 생겼으며 'B 코퍼레이션'으로 더 유명한 혜택 기업은 기존 기업처럼 주주의 이익을 극대화하는 데만 관심을 갖지 않는다. 혜택 기업은 성공을 평가할 때 창출한 이윤만 보는 것이 아니라 사회와 환경에 미친 영향도 본다. 이와 비슷한 정신을 본받아 더욱 많은 기업들에게 인간과 우리가 사는 지구를 이윤 못지않게 챙길 것을 권장하기 위해 두 기업가 리처드 브랜슨과 요헨 자이츠는 2012년 B팀을 설립했다.

일 얘기를 하다 보니 생각이 났는데, 진 마이스터라는 일터 전문가에 따르면, 사무실은 '단순히 매일 일하러 가는 장소가 아닌 "체험"하러 가는 장소'로 변할 것이라 한다.

이러한 새로운 일터에 맞는 새로운 모델도 세 가지 나올 것이다.

첫 번째 모델을 나는 '호텔 캘리포니아 모델'이라 여기고 있다 : 아무 때나 원할 때 올 수 있지만, 그곳의 시설과 그곳에서 보낸 시간이 너무 좋아 차마 떠나지 못할 것이기 때문이다. 인터넷 검색 업체 구글과 신발 소매업체 자포스가 훌륭한 사례이다. 캘리포

이글스의 노래 호텔 캘리포니아의 노래 가사 중 'You can check-out any time you like. But you can never leave.' 언제든 방을 비울 수는 있지만 절대로 이곳을 떠날 수는 없다는 내용에 빗댄 것임.

니아 주 마운틴 뷰에 있는 구글 캠퍼스에는 자전거, 당구대, 고급 카페, 스무디, 수영장, 배구장이 갖춰져 있는데 누구나 무료로 이용할 수 있다. 자포스 또한 수면실 같은 무료 편의시설을 갖추고 있지만 일에 대한 개념을 180도 변화시키고 있는 것은 회사의 급진적인 사고방식이다. 구세계에서 일터는 친구 및 가족과 보내는 시간 사이에 어쩔 수 없이 가야 하는 장소였다. 하지만 자포스 식의 신세계에서 일터는 친구를 만나러 가고, 일부 직원들이 실제로 동료들을 일컫듯, 가족을 만나러 가는 곳이다.

두 번째 모델을 나는 '마티니 모델'이라 여기는데 1980년대 광고와 관련이 있다. 소제목은 '언제나, 어디서나, 아무데서나'였다. 이 최고의 광고는 칸느를 배경으로 흰색 턱시도를 입고서 음료를 해변으로, 바닷가로 가지고 내려가서는 바닷가에 있는 테이블에 앉아 발목까지만 바닷물에 몸을 담그고 있는 멋진 사람들에게 서빙하는 웨이터를 등장시켰다. 과학기술 덕분에 가능해질 이러한 미래의 일터에서 당신은 마티니 광고에서처럼 일하게 될 것이다. '언제, 어디서나, 아무데서나'. 이는 매리앤 캔트웰이 예전 삶을 버리고 선택한 모델이다. 제프 해리스가 뉴멕시코에 있는 집에서 텍사스 소재 회사 일을 하면서 생계를 유지하는 방식이기도 하다. 현재 수백만이 언제 어디서나 원할 때 원하는 곳에서 일을 하고 있다.

이런 근무 방식에는 문제가 하나 있는데, 내가 '제3의 장소' 일터 모델이라 여기는 세 번째 버전의 미래를 야기하고 있다. 많은 사람들이 마티니 모델을 원한다고 말은 하지만 실제로 유동 근로자는 평범한 일터에서 얻을 수 있는 사회적 접촉, 즉 우정과 월요일 아침에 주말을 어떻게 보냈느냐고 묻는 동료를 그리워하곤 한다. 그 결과 이제 꽤 많은 사람들이 사적인 근무 공간을 떠나 호텔 캘리포니아 같은 혜택을 제공하는 공적 장소로 이동하고 있다. 가령 뉴욕에 있는 1,672㎡ 넓이의 공동 작업실인 퓨얼드 콜렉티브Fueled Collective는 책상과 물과 와이파이뿐만 아니라 공짜 아이스크림도 제공하고 위스키 바와 무료 탁구대까지 갖추고 있다. 최근 이러한 제3의 공동작업 공간에 중요한 변화가 일어났다. 미국의 경우, 2008년에는 제3의 공동작업 공간이 40군데, 2011년에는 300군데, 2013년에는 800군데로 늘었다. 문화예측 전문가들이 활용할 법한 그래프상에서 그러한 수치들이 어떻게 나타날지 머릿속으로 그려 보면 S자 곡선의 시작이 또렷하게 보일 것이다.

일을 하는 이유와 장소 이외에 일의 양 또한 변하게 될 것이다. 우리의 초점이 물건의 양에서 삶의 질로 바뀌어감에 따라, 일터에서 보내는 시간은 줄이고 여가 시간은 늘리는 쪽을 택하게 될 것이다. 결국 가질 만큼 가졌고 돈을 더 번다고 해서 행복이 더 커지지도 않을 거라는 사실을 알고 있는데, 이미 가지고 있는 걸 즐기면 되지 뭐하러 굳이 더 벌겠다고 뼈 빠지게 일하겠는가? 이는 곧 더욱 긴 휴가, 근무시간 단축, 주당 근무일의 획기적인 단축으로 이어지게 될 것이다. 4일, 혹은 심지어 3일만 일해도 충분히 번다면, 매주 주말을 3일이나 4일로 만들지 않을 이유가 없지 않은가? 혹은 우리 중 임금 인상을 택하는 대신 정기적인 안식 기간을 택하겠다고 하는 쪽이 더 많아질지도 모른다.

일이 변화하면, 그에 따라 집도 휴가도 지역사회도 변화할 것이다. 집은 대개 지금보다 더 작아질 것이다. 우리 모두가 태미 스트로벨처럼 그렇게 작은 집에 살게 되지는 않겠지만, 집의 넓이에 대한 관심이 줄어들고, 집안에서 과학기술 및 구조나 가구의 가변성을 통해 체험을 제공하든, 공원이나 해변이나 맛좋은 식당 근처라는 위치상 이점을 통해 체험을 제공하든, 체험과 관련한 집의 입지조건에 대한 관심은 커지게 될 것이다.

집에 대한 우리의 사고방식도 변화를 맞이하게 될 것이다. 협력적 소비자가 되면 집도 관리가 가능하고 활용도를 극대화할 수 있는 공유 가능한 다른 상품처럼 여기게 될 것이다. 가장 광범위한 인구 집단의 마음을 사로잡기 위해—그렇다, 우리는 우리 집의 표적시장에 대해 곰곰이 생각하게 될 것이다—집을 예전과 다르게 설계하고 장식하게 될 것이다. 가변성이 열쇠가 될 것이다. 그레이엄 힐이 자신의 아파트를 개조한 것처럼, 우리도 밥 먹을 때는 식탁으로 변신하는 소파 테이블, 잠잘 때는 잡아당기면 침대가 되는 벽, 접어서 보관할 수 있는 의자를 원하게 될 것이다. 주택공유가 지금보다 훨씬 보편화되면 심지어 주택의 '이동성'에 대해서 좀 더 심각하게 고려해 보게 될지 모를 일이다. 7년 주기로 부동산 중개인의 사진사가 올 때만 집을 치우지 않게 될 것이고, 우리가 주택공유 사이트에 사진을 업로드할 때마다 누군가 우리 집을 빌리게 될 것이다.

여가 활동의 내용도 바뀌게 될 것이다. 우리는 우리를 체험적 세계에서 돋보이게 해주는 <u>사회적</u> · 체험적 통화를 제공하는 활동을 선호하게 될 것이다. 꽤 오래 전부터 여러 징조가 우리 주변에서 나타나기 시작했다. 철인 3종 경

> **사회적 통화**란 자신의 사회적 이미지를 좋게 만드는 데 필요한 도구를 말한다.

기와 사하라 사막 마라톤이나 터프 머더(tough mudder : 다양한 장애물들을 통과하며 코스를 완주해야 하는 대회—옮긴이) 같은 익스트림 스포츠가 부상하고 있는 걸 보라. 사우스 바이 사우스웨스트, 베니까심(매년 스페인에서 열리는 국제 음악 축제—옮긴이), 코첼라 같은 축제의 인기가 나날이 높아지고 있는 건 어떻게 생각할 텐가? 펀치드렁크의 작품과 같은 체험극과 팀 단위로 실마리를 풀고 도전과제를 완수하여 60분 안에 방에서 나가는 뉴욕의 이스케이프 더 룸Escape the Room과 같은 실감이 나는 게임이 등장

한 것은 어떻게 설명할 텐가? 바르셀로나에서 패션 디자이너와 구제옷 가게 순례하기나 퀸스에서 음식 블로거와 식사하기, 또는 오만에서 패러글라이드 타고 호텔가기나 파푸아 뉴기니에서 현지 원주민들 만나기를 신청할 수 있는 체험 여행 시장이 호황을 누리고 있는 건 어떻게 설명할 텐가?

마지막으로 지역사회가 구성되는 방식도 바뀌게 될 것이다. 리프트가 사람들을 연결시켜 주고 있듯, 다른 공유 서비스들도 우리가 서로를 좀 더 신뢰하고 좀 더 좋아할 수 있게 해줄 것이다. 공유 서비스란 정확히 말해 무엇인가?

〈셰어러블Shareable〉이라는 공유경제 온라인 잡지의 에디터인 닐 고렌플로의 말을 들어보자.

"저라면 공구工具 도서관, 수리修理 카페, 공동 작업 공간, 보완화폐(특정지역에서만 통용되는 화폐를 말하는 지역화폐의 다른 이름으로 법정화폐와 병행하면서 또 하나의 지불결제 수단으로 사용된다. 보완화폐는 자원순환 활성화 등 법정화폐를 보완하는 화폐로서의 의미를 강조한다―옮긴이), 먹거리 숲(건강한 먹거리를 통해 현지 주민의 건강을 향상시키고자 지역사회 구성원들이 함께 동네 공터 등에 작물을 심고 함께 나눠 먹는 것―옮긴이), 협동조합, 지역사회의 지원을 받는 농장, 해커 스페이스(hackerspace : 과학, 컴퓨터기술, 디지털 아트 등에 바탕을 둔 다양한 리소스, 지식 등을 워크샵, 협업, 강의 등의 형태를 통해 공유하고 공동 작업하는 공간―옮긴이), 팹랩(Fab Lab : Fabrication Laboratory의 약자로 시제품 제작에 필요한 CNC, 레이저 커터, 쾌속 조형기, 3D 스캐너 등의 장비를 갖추고, 이를 다루는 각 분야의 전문가가 디자인부터 설계, 모형제작, 성능평가 등을 지원하며 누구에게나 공개하는 연구실을 말함―옮긴이), 시간은행(공동체 내에서 기술과 지식과 자원을 나누는 한 가지 방법―옮긴이), 자전거 공유 등 현지, 지역사회를 기반으로 하는 공유 프로젝트가 급증하고 있다는 답변을 할 겁니다."

이 모든 단체는 지역사회를 더 강하고 더 나은 모습으로 바꾸어 준다. 가령 서로 전동 공구와 그 밖의 DIY 키트를 빌려 쓰는 지역사회 지향적인 장소인 공구 도서관의 친사회적 이점을 따져 보자. 공구 도서관은 호주에서 벨기에 및 미국까지 전 세계 곳곳을 돌며 깜짝 출현하고 있다. 또한 블루베리 관목과 라즈베리 관목부터 자두나무와 호두나무까지 모든 작물의 먹거리를 생산하는 지역사회가 운영하는 28,328㎡ 규모의 시애틀 먹거리 숲을 떠올려 보라.

물질만능주의 시대에서 새로운 체험주의 시대로 넘어가는 과정에서 많은 것이 변화를 겪을 것이다. 우리는 일터에서 전보다 큰 재미를 느끼지만 보내는 시간은 적어질 것이다. 우리는 전보다 작고, 전보다 가변적이고, 전보다 야무지게 설계된 집에서 살게 될 것이다. 우리는 점점 더 많은 사람들과 더욱 잘 소통하게 될 것이고, 더 나은 지역사회를 만들어 갈 것이다. 요컨대 우리는 전보다 더욱 행복하고 건강한 사람들이 되어 덜 훼손된 지구에서 더욱 지속 가능한 삶을 살아가게 될 것이다.

이 모든 게 다 너무 그럴 듯해서 사실일 리가 없는 유토피아적인 망상처럼 들린다면, 우리가 살고 있는 요즘 세상이 몇 세대 전 사람들에게 어떻게 들렸을지를 생각해 보라. 당신의 증조할머니가 현재 위치와 앞으로 갈 길을 알려주는 지도를 상상이나 할 수 있었을까? 먹을 게 너무 많고 너무 잘 살아서 수백만이 병에 걸리는 게 가장 급박한 사회 문제로 대두되리라는 말을 과연 믿었을까? 이러한 물질적 진보가 20세기에 가능했다면 21세기에 체험이 확산될 가능성 또한 있는 게 아닐까? 물론 희소식은 그런 징조가 이미 나타났다는 것이다.

체험주의로 가는 길은 이런 간략한 설명처럼 단순하지는 않을 것이다. 도중에 뜻밖의 장애물, 급커브, 비구름, 우박을 동반한 폭풍, 화창한 날씨를 만나게 될 것이다. 지금 일어나고 있는 변화로 인하여 의도하지 않은 결과를 얻게 될 것이다. 그러나 멈추지 않을 진보의 춤을 추면서 대부분의 우리는 긍정적인 방향으로 나아갈 것이며, 열심히 스텝을 밟아 언덕을 올라 더 나은 미래로 나아갈 것이다.

처음에는 부유한 서구사회에 속한 우리들에게만 가능한 얘기처럼 들릴 것이다. 하지만 물건에 질릴 대로 질려 과소유 증후군을 느끼게 되면 개발도상국의 신입 물질주의자들도 곧 우리와 합류하여 체험주의자가 될 것이다. 그렇게 되면 모두가 물질적 세상이 아닌 체험적 세상에서 살게 될 것이다.

그 어느 때보다 체험이 필요한 이유

• 물질만능주의가 낳은 최고의 불행, 과소유 증후군!
  그 불행에서 벗어나 행복해지기 위해 우리 모두는
  체험이 필요하다.

"1940년 오늘 네 할미와 할애비는 눈 사이를
터벅터벅 걸어 첫 집으로 갔단다. 추억은 꿈보
다 오래 살아남더구나. 좋은 추억 많이 쌓으렴.
행운을 빈다."

행복하기 위해서는 어떻게 살아야 할까

추억은 꿈보다 오래 살아남는다

저자의 할아버지와 아버지는
물질만능주의 시대에 전형적인 삶을 살았던 사람이다.
성공을 물질적인 측면에서 평가했고 살았던 집이나 소유했던 자동차에서
행복을 찾았던 세대이다. 하지만 저자의 할아버지가 남긴 유언 같은
쪽지에는 다음과 같은 글귀가 적혀 있었다.

"추억은 꿈보다 오래 살아남더구나. 좋은 추억 많이 쌓으렴."

할아버지가 남긴 쪽지에는 물질적인 꿈도 어느 정도 있어야 하지만
인생은 체험에서 얻는 추억으로 이루어져 있다는 깊은 의미가 있었다.
할아버지의 쪽지는 인간이 가질 수 있는 가장 중요한 의문이자
이 책의 핵심이 되는 주제를 담고 있다.
즉 '행복하기 위해서는 어떻게 살아야 할까?'라고 질문하면서
그에 대한 조언도 제시하는 셈이다.

■ 끝맺는 글

그 어느 때보다 체험이 필요한 이유

1940년 1월 27일, 런던의 어느 고요한 밤이었다. 등화관제가 실시 중이었다. 땅에는 눈이 쌓여 있었다. 런던 북부, 토트넘 홋스퍼(영국의 축구단—옮긴이) 축구장 근처에서 정장을 입고 나비넥타이를 맨 한 남자가 한 여자의 손을 잡고서 댄스홀에서 나왔다. 그는 몸을 기울여 새 신부인 팸에게 키스를 했다.

"자, 어서. 집에 갑시다."

잭이 팸의 손을 꼭 쥐고서 말했다.

그 말과 동시에 잭은 팸을 두 사람의 첫 집으로 이끌었다. 마당에 사과나무가 한 그루 심어져 있고 테라스가 있는 빅토리아풍의 아담한 2층짜리 주택의 1층에 있는 방 두 개가 두 사람의 공간이었다. 주방과 욕실은 집주인인 버트라 불리는 독신여성과 함께 썼는데, 그녀는 바로 위층에 살고 있었다.

몇 년 후, 두 사람에게는 앨런이라는 아들이 생겼다. 앨런이 너무 많이 자라 더 이상 침실을 함께 쓸 수 없게 되자, 부부는 아들에게 침실을 내주었다. 매일 밤 잘 때가 되면, 잭과 팸은 거실에 캠핑용 침대를 펼쳐놓고 잠자리를 만들었다. 매일 아침, 앨런은 신문배달을 하러 나가기 전, 베이컨, 계란, 소시지, 튀긴 빵 냄새를 맡으며 잠에서 깨곤 했다. 잭은 앨런이 1962년 리버풀 대학에 진학하기 위해 집을 떠날 때까지 매일 아침을 만들어주었다.

앨런은 가족 중에서 최초로 고등교육을 받은 사람이었다. (룰루 이모는 1930년대 옥스퍼드에 입학허가를 받았었지만 집안 형편이 너무 어려워서 대학에 가지 못했다.) 앨런은 그 기회를 최대한 활용했다. 대학 축구부에서 선수로 뛰었다. 유명해지기 전의 비틀스와 롤링 스톤스도 보았다. 졸업하면서 공학 학사 학위를 땄다. 그 후 IBM에 입사하여 승진도 하고 결혼도 하고 아이도 낳았다.

잭이 우리 할아버지였고, 앨런이 우리 아버지이다. 이게 나의 배경이다. 이 얘기를 왜 하는 거냐고? 왜냐하면 할아버지와 아버지가 전형적인 삶을 살았기 때문이다. CELF 연구에 참여한 가족들이 오늘날의 중산층을 대표하고, 이 책에서 다룬 여러 사례연구 대상이 다른 사람들의 전형을 보여주듯, 할아버지와 아버지 또한 그들 세대를 대표한다. 라이언 니커디머스의 이야기와 마찬가지로 할아버지에서 아버지로, 아버지에서 나로 이어지는 과정에서 나타난 주변 환경의 변화는 결핍에서 풍요에 이르는 우리 사회의 여정을 반영하며 우리의 사고방식과 가치관과 행동에 미친 영향 또한 잘 보여준다. 다시 말하면, 평범한 우리 가족의 이야기를 통해, 우리가 이 책의 이야기, 즉 물질만능주의가 부상하고, 그 후 종말을 맞이하고, 마지막으로 체험주의가 출현하기까지의 과정을 함께 따라가 볼 수 있다는 뜻이다.

전형적인 베이비붐 세대 사람으로 남들이 해리슨 포드를 약간 닮았다고 하는 우리 아버지는 성공을 물질적 측면에서 평가했고 당신이 살았던 집이나 소유했던 자가용 같은 사물에서 행복을 찾았다. 새 차를 살 때마다 아버지가 행복해 하던—우리 가족 모두 행복했다—모습이 지금도 눈에 선하다. 견진성사 때 자동차 엔진 소리에, 우리는 모두 거실로 우르르 달려가곤 했는데, 형이랑 내가 까치발로 창가에 서 있으면 어머니가 따라오셨고, 그렇게 우리는 아버지의 성공의 최신 징표를 내다보곤 했다. 그 모든 게 다 기억난다 : 1970년대에는 파란색 상자형 자동차인 트라이엄프 톨레도(브리티시 레일랜드라는 영국 자동차 회사에서 만든 자동차 모델명—옮긴이)와 곡선미가 돋보이는 낙타색 마크I 카발리에(제너럴 모터스의 영국 브랜드 복스홀 모터스가 만든 자동차의 모델명—옮긴이), 1980년대에는 날렵한 멋이 있는 은빛 마크II 카발리에 SR, 탱크같이 생긴 금색 오펠 세니터, 빨간색 포르쉐 911, 금색 포르쉐 944까지 하나도 빠짐없이.

물론 아버지가 물질적인 것들만 소중하게 여긴 건 아니다. 세월이 흐르면서 아버지는 토트넘 홋스퍼 경기 관전과 롤링 스톤스 콘서트 같은 체험에도 꽤 많은 돈을 썼다. 하지만 아버지를 비롯한 나머지 베이비붐 세대 사람들은 물질만능주의 소비 시스템이 옳다고 믿으며 자랐다. 그 시스템은 그들이 태어난 빈곤한 사회에서 자신들이 창조에 기여한 풍요로운 사회로 가는 가장 빠른 길을 알려주었기 때문이다.

베이비붐 세대 이후에 태어난 수백만 명과 마찬가지로, 나 또한 그런 시스템을 믿으며 자랐다. 하지만 무슨 일인가 일어났다. 아니, 많은 일이 일어났다고 하는 편이 옳을 것이다. 그런 일들이 더해져 내가 과소유 증후군이라 부르는 문제가 발생했다. 그리고 오늘날 수백만 명과 마찬가지로 나 역시 물질만능주의가 준다는 이득에 의문을 품기 시작했다. 내가 걸어온 길을 보면 그러한 사실을 알 수 있다. 나는 영화 〈월스트리트〉나 〈글렌게리 글렌 로스〉에 나오는 것 같은 불법 텔레마케팅 사무실에서 공격적으로 광고지면을 파는 일을 비롯하여 물질만능주의적인 직업 여럿을 전전하기도 했고 스키 가이드와 여행 작가 같은 체험적인 일을 하기도 했다.

2002년 1월 어느 일요일, 아버지가 할아버지와 할머니를 모시고 점심을 먹으러 런던 남부에 있는 어느 펍으로 갔다. 우리는 옛날 얘기를 나누었다 : 마당에 있던 나무에서 따먹은 사과의 톡 쏘던 맛, 런던의 레드 버스(런던을 대표하는 빨간색 버스—옮긴이)를 타고 다닌 여행, 할아버지가 리스본에서 길을 잃어 모두와 헤어졌던 가족 여행. 우리는 미래에 대한 얘기도 나누었는데 특히 당시 내가 몸담고 있던 직종인 광고업에서 성공하겠다는 내 꿈에 관한 얘기를 많이 했다. 떠나기 직전, 할아버지께서 내게 봉투를 하나 건네셨다. 봉투 안에는 5파운드짜리 지폐 한 장과 메시지가 적힌 종이쪽지가 들어 있었다. 5파운드면 그 당시 파인트 맥주 두 잔을 먹기에 충분한 액수였다.

쪽지에는 '2002년 1월 27일'이라고 쓰여 있었다.

'1940년 오늘 네 할미와 할애비는 눈 사이를 터벅터벅 걸어 첫 집으로 갔단다. 추억은 꿈보다 오래 살아남더구나. 좋은 추억 많이 쌓으렴. 〔원문 그대로임〕 행운을 빈다.'

10분 뒤, 아버지가 할머니, 할아버지를 모시고 운전해서 템스 강을 건너려는 찰나, 나중에 아버지 말씀에 따르면, 할아버지께서 목에 뭐가 걸린 것처럼 숨을 못 쉬시더니 그 자리에서 푹 쓰러지셨다고 한다. 할아버지의 대동맥이 터졌던 것이다. 아버지는 아버지가 할 수 있는 일을 했다. 자동차 사이를 요리조리 오가고 신호를 무시했다가 경찰에게 걸려 정차를 당했지만 곧 할아버지를 병원에 모시고 가기 위한 도로 위 경주에서 경찰과 경광등의 호위를 받게 되었다. 모두들 최선을 다했지만 할아버지는 그날 돌아가셨다.

그 이후 나는 할아버지께서 남긴 쪽지 생각을 많이 했다. 특히 '이 책에 나온 아이디어들에 대해 생각하고 조사하기 시작하면서부터는 더더욱. 할아버지께서는 그날 당신이 돌아가실 줄 알고 계셨던 걸까? '추억은 꿈보다 오래 살아남는다'는 말은 무슨 뜻으로 하셨던 걸까 : 과거가 미래보다 더 중요하단 말씀이었을까? 아니면 지금 내가 믿게 된 것처럼 물질적인 꿈도 어느 정도는 있어야 하지만 인생은 체험에서 얻는 추억으로 이루어져 있다는 뜻이었을까?

전자였을 수도 있지만, 후자였을 수도 있다. 어쩌면 이것이 내게 가장 적합한 해석일지도 모르겠다. 아무튼 마지막으로 남기신 말씀 치고는 굉장히 의미심장한 말이었다. 그 쪽지를 통해 할아버지께서는 인간이 가질 수 있는 가장 중요한 의문이자 이 책의 핵심이 되는 의문, 즉 '행복하기 위해서는 어떻게 살아야 할까?'라는 의문을 제기했고, 또 그에 대한 조언도 남긴 셈이었다.

네 이웃의 나귀를 탐할지어다

지난 2천 년 동안 그러한 의문에 대한 답은 대개 주변 환경에 의해 규정되었고 서구의 경우 교회에 의해 좌지우지되었다. 주변 환경은 거의 변하지 않았다. 그 당시를 살았던 사람들의 대부분에게 삶은 생존 차원을 겨우 넘어 입에 풀칠을 하느냐 마느냐 하는 문제였다.

교회가 전하는 메시지도 별 도움을 주지는 못했다. 교회는 행복이 사후에 천국에서나 찾아온다고 했다. 천국에 가려면 절제하고 절약하고 가난하게 살아야 했다. 부자가 천국에 가기보다 낙타가 바늘구멍을 통과하는 게 더 쉽다고 여길 정도였다. 그러려면 일련의 규범을 따라야 했다. 그중 하나가 반물질주의를 표명하고 있었다 : 네 이웃의 집, 아내, 그의 남종이나 여종, 그의 소나 그의 나귀나 네 이웃의 소유 중 아무 것도 탐내지 말라.

올바른 삶에 대한 교회의, 즉 사회의 관점은 그 후 2천 년 동안 거의 변하지 않았다. 사회가 정적靜的일 때, 즉 가난하게 태어나면—대부분이 그랬다—죽을 때까지 가난했던 사회에서는 그런 이상이 먹히고도 남았다. 결국 절대로 갖지 못할 무언가를 갖게 해달라고 비는 게 무슨 소용이 있었겠는가?

하지만 환경이 변화함에 따라, 특히 16세기 이후, 올바른 삶과 행복에 대한 그러한 관점은 헛소리나 다름없게 되었다. 초반에는 광업, 금융업, 무역 덕분에 나중에는 산업혁명 때 발명된 기계들 덕분에, 서구 사회는 점차 윤택해졌다.

거기서 문제가 발생했다. 사상 최초로, 상당수의 사람들이 교회와 주변 환경 사이에서, 매주 일요일 설교를 통해 들어오던 올바른 삶에 대한 관점과 평일에 자신들이 살고 있는 삶에 대한 관점 사이에서 갈등을 겪게 되었다. 이승에서 이룬 물질적 성공은 정녕 올바르게 살지 못하고 있으므로 결국 행복하지 못할 거라는 뜻일까? 그럼에도 이 점에 관한 교회의 가르침은 굽힘이 없었고 올바른 삶에 대한 교회의 관점은 여전히 지배적이었다. 20세기 초반까지만 해도 그랬다.

그러다가 환경의 변화 속도가 급격히 빨라졌는데, 특히 미국이 심했다. 그 결과 이런 식의 가르침은 세속의 현실과 더더욱 어긋나게 되었다. 설상가상으로 사람들에게 근검절약하고 절제하고 물질을 추구하지 말라는 이러한 조언은 대량소비의 수준을 대량생산과 보조를 맞출 수 있는 수준까지 끌어올리지 못하고 있었다.

다행스럽게도 그즈음 새로운 네트워크, 말하자면 교회의 직접적 경쟁 상대가 나타났 : 신문·잡지·영화·라디오 같은 대중매체가 출현한 것이다. 세속적인 세계의 지도자들, 다시 말해 의식의 지배자들은 그러한 네트워크를 이용하여 자동차와 토스터와 라디오와 식기세척기 같이 물질적이고 소비적인 측면에서 정의된 올바른 삶을 설파함으로써 과잉생산 문제를 해결하고 대량생산이 지닌 여러 가지 가능성을 십분 활용했다.

이러한 새로운 소비주의 복음에 따르면 행복은 현생에서 누릴 수 있는 것이었다. 행복을 얻으려면 헤프고 과시하는 소비를 하면서 살아야 했다. 결국 돈을 많이 쓰면 쓸수록 일자리 창출과 부의 증진에 더 크게 기여하게 된다고 했다. 더 많이 갖기 위해서는 돈을 더 많이 써야 하고 더더욱 물질주의를 추구해야 했다 : 네 이웃, 존스네가 가지고 있는 것들을 탐하되, 이번에는 소나 나귀가 아닌 자동차가 대상이었다.

이러한 혁신적인 발상은 케케묵은 진실을 발칵 뒤집어 놓았기 때문에 직관에 반하는 것만은 아니었다. 소비자 혁명을 촉발했기 때문에 혁명적이라고도 할 수 있었다. 더욱 중요한 사실은 이 발상이 효과가 있었다는 것이다. 우리로 하여금 사상 유례 없는 물질적 진보를 향한 흥미진진한 여행길에 오르게 했으니 말이다. 의도한 바는 아니었겠지만, 오늘날 과소유 증후군이라는 퍼펙트 스톰으로 우리를 이끌기도 했다. 즉, 다시 한 번, 또 하나의 혁신적이고 혁명적인 발상에 우리의 마음을 열어야 할 때가 되었다는 뜻이다.

그 어느 때보다 체험이 필요한 이유

우리 문화가 진화해서 과소유 증후군의 해답을 찾아내길 바란다면 새로운 가치체계를 정립해야 할 것이다. 이러한 새로운 체계는 물질만 능주의가 몰고 온 그 모든 어두운 면들, 이를테면, 과소비, 환경오염, 불안감, 스트레스 같은 문제를 해결할 수 있는 실마리를 던져줄 수 있는 것이어야 한다. 또한 물리적 소유로 인한 불편은 겪지 않으면서 혜택은 누릴 수 있게 해주는 과학기술 등, 오늘날 이용 가능한 기회란 기회는 모두 활용하는 것이어야 한다.

우리가 선택할 경로는 당신이 21세기에 의식의 지배자라 부르곤 했던 자들, 즉 기업, 정부, 당신과 나, 이렇게 모두의 마음에 드는 것이어야 한다. 그 시작점은 행복은 재물의 축적보다는 체험의 향유에서 얻는 것이라는 깨달음이 되어야 한다. 안정과 번영을 제공해야 한다. 즉, 대중에게는 일자리를, 기업에게는 이윤을, 정부에게는 과세소득과 유용한 지표를 제공해야 한다는 뜻이다. 또한 행복, 정체성, 의미에 대한 우리의 본능을 충족시켜 주고, 물론 우리 모두가 각자 지위를 뽐낼 수단 또한 제공해 주어야 한다.

패배주의적이고 따분한 것이 아니라 야심차고 진취적이고 재미로 가득해야 한다. 우리는 이미 인간 진화의 최고점에 도달했으므로 이제부터는 현상유지만 하면 된다는 분위기를 조성하는 대신 더 나은 미래에 대한 믿음을 가질 수 있는 힘을 줄 수 있어야 한다.

과소유 증후군의 퍼펙트 스톰에서 빠져나와 앞으로 나아갈 길은 미니멀리즘도, 단순한 삶도, 중박 인생도 아니다. 이러한 방식도 모두 우리에게 올바른 방향을 가르쳐 주기는 했다. 그러나 미니멀리즘은 지나치게 부정적이고 환원주의적이다. 단순한 삶은 지나치게 퇴보적이다. 중박 인생은 포부가 너무 작다. 내 생각에 과소유 증후군을 해결해 줄 새로운 가치체계는 체험주의인 듯하다.

체험주의는 우리 모두에게 효과가 있을 것이다. 적게 갖고 더 많이 활동함으로써 우리는 모든 면에서 전보다 더 행복해지고, 건강해지고, 풍요로워질 것이다 : 잡동사니, 후회, 불안감은 줄어들고 삶의 의미, 집중력, 내재적 즐거움은 더욱 커질 것이며, 대화와 소통이 향상되고 지위에 대해서는 더욱 건전한 관점을 갖게 되고, 소속감은 더욱 강해질 것이다.

이러한 신세계에서 성공하려면 기업은 포지션만 바꾸었을 뿐 사실 예전과 다를 바 없는 물건을 팔아먹으려 하기보다 우리의 삶을 간소화해 주고 우리에게 사회적·체험적 통화를 더욱 많이 제공해 주는, 다시 말해 남에게 들려줄 이야기와 마음속에 간직할 만한 체험을 제공해 주는 진정한 의미의 새로운 제품과 서비스와 모험을 만들어내야 할 것이다. 정부는 GDP와 물질적 이익에만 집착하지 말고 행복도 증진에서 체험적 진보 쪽으로 초점을 이동시켜야 할 것이다.

그러자면 우선 심리학자들의 위상을 경제학자들 수준으로 끌어올리는 일부터 시작해야 할 것이다. 우리에게는 사회의 행복도와 진보를 측정하는 새로운 수단과 더불어 우리의 연봉을 알 수 있게 해주는 숫자만큼이나 유익하고 단순하면서도 우리의 성공을 물질적 측면보다는 체험적 측면에서 표현해 주는, 우리 개인의 발전 정도까지 포함시키는 새로운 수단이 필요하다.

당신과 나, 기업, 정부, 우리 모두가 용기 내어 더 나은 세상이 올 수 있다는 믿음을 갖고 체험주의를 수용한다면, 우리의 선조들이 과거에 이룩했던 것을 이번 세기에 이룩할 수 있을 것이다. 물질만능주의가 수십억을 빈곤에서 끌어내고 대중의 생활수준을 20세기 초반에 들었으면 터무니없다고 했을 정도로 끌어올렸듯, 체험주의도 이번 세기에 비슷한 업적을 달성하리라고 나는 믿는다. 체험주의는, 적어도 오늘날에는, 이상주의자의 헛된 망상처럼 들릴지 모를 정도로 행복도와 삶의 질을 크게 향상시켜 줄 것이다. 그리하여 스트레스와 근무시간은 줄어들고 일의 재미와 가족 및 친구와 보내는 시간, 우리에게 정말 중요한 일을 하면서 보내는 시간은 늘게 될 것이다.

체험주의가 미래의 답이다

　그렇다면 위에서 열거한 그 모든 이유 때문에라도 지금은 바야흐로 문화혁명을 시작해야 할 때이다. 우리는 물질만능주의적 가치관을 버리고 체험주의적 가치관으로 바꾸어야 한다. 희소식은 그러한 혁명이 진행 중이라는 징조가 이미 존재하고 있다는 것이다.

　가령 우리의 사고방식이 장기간에 걸쳐 변화하여 물질만능주의로부터 멀어지고 있다는 사실을 보여주는 정치학자 론 잉글하트의 연구가 있다. 우리의 행동이 변하고 있으며 물과 종이와 콘크리트의 소비량이 줄어들고 있고, 자동차도 감소하고 있다는 사실을 입증한 크리스 구달의 분석 자료도 있다. 부상 중인 체험경제도 있다. 행복도를 측정하고 새로운 진보의 기준을 고안 중인 선구적인 정부도 있다. 사람들이 시간과 돈을 소비하는 방식에서도 체험주의를 가리키는 이정표는 도처에 존재한다 : 도시에 있는 작은 아파트에 살면서 차를 사지 않는 젊은이들, 휴가와 건강관리에 더욱 투자하고 있는 노인들, 체험에 더욱 많은 돈을 쓰고 있는 고가품 소비자들, 구입보다는 대여하는 협력적 소비자들, 종이책보다 전자책을 읽고 있는 수백만 명의 사람들, 페이스북 · 인스타그램 · 트위터를 통해 매일 자신들의 체험을 공유하고 있는 수십억 명의 사람들.

　아직 시작 단계이기는 하다. 이 경로를 따라 좀 더 여행하다 보면 체험주의의 여명을 모두가 쉽게 발견할 날이 올 것이다. 지금보다 덜 일하고 더 놀기를 택하는 사람들, 잡동사니 대신 체험을 생산하는 기업들이 늘게 될 것이다. 20세기가 지나면서 고가 브랜드 제품, 오버사이즈

시계, 차 두 대용 차고 같은 물질만능주의의 전형적인 특징들이 더욱 명약관화해졌듯 체험주의의 징후 또한 세월이 흐르면서 더욱 고르게 분산될 것이다.

지난번에 오늘날과 같은 기로에 섰을 때, 우리 서구사회는 과잉생산이라는 두통거리와 부족이라는 케케묵은 골칫거리를 물질만능주의화로 풀었다. 그리고 물질만능주의자가 된 우리는 과소유 증후군 문제의 일부가 되었다.

이제 다시 기로에 선 우리는 해결책의 일부가 될 것이다. 체험주의자가 되어 새로운 행복 방정식을 적용할 것이다. 생태발자국을 줄이고, 잡동사니를 청소하고, 물건에 대한 의존도를 줄일 것이다. 우리는 사물보다는 체험을 통해 우리의 적합도 표지를 드러내게 될 것이다. 또한 우리는 진보를 물질적 측면보다는 체험적 측면에서 생각하게 될 것이다.

물건은 얻을 만큼 얻었고, 가질 만큼 가져 보았다. 21세기에 의미 있는 삶을 살기 위해, 지위를 과시하기 위해, 행복해지기 위해, 당신과 나, 우리 사회 전체, 즉 우리 모두에게는 그 어느 때보다도 체험이 필요하다.

부록

체험주의자가 되는 길

■ 체험주의에 이르는 3단계

- 1단계 : 안 쓰는 물건 버리기

- 2단계 : 버린 물건 다시 사지 않기

- 3단계 : 물건에 돈 쓰는 대신 체험에 돈 쓰기

■ 성공하는 체험주의자들의 일곱 가지 습관

- 가지고 있는 물건을 파악하라

- 좋아하는 일인지 판단하라

- 현재에 집중하라

- 자기 자신의 관객이 되어라

- 사람을 최우선시하라

- 현명하게 소비하라

- 체험에 투자하라

이 책을 여기까지 읽었으면 아마도 체험주의 운동에 동참해야겠다는 결심이 섰을 것이고, 체험주의에 딸려 오는 그 모든 이득을 누릴 준비도 되어 있을 것이다. 하지만 실천 가능한 다음 단계가 무엇인지 궁금해 하고 있을지 모르겠다 : 체험주의가 내게도 통할지 알아보려면 어떻게 시험해 보아야 할까? 어떻게 하면 결국 성공적인 체험주의자로 남아 있을 수 있을까? 즉, 성공하는 체험주의자들은 어떤 습관을 가지고 있을까?

이러한 의문에 대한 답은 간단하다 : 3단계와 일곱 가지 습관을 따르면 된다. 이제부터 이러한 3단계와 일곱 가지 습관을 소개하겠다.

체험주의에 이르는 3단계

1단계 : 과소유 증후군 해소

벽장, 수납장, 옷장에서 안 쓰는 물건을 버린다 : 안 신는 신발, 한 번도 입은 적 없는 옷, 더 이상 안 쓰는 온갖 전자제품의 충전기 등. 이걸 실천할 수 있는 방법은 여러 가지가 있다. 그중 내가 선호하는 다섯 가지 방법은 다음과 같다 :

1. 보따리 및 상자 이용법

가지고 있는 모든 물건을 라이언 니커디머스처럼 보따리와 상자에 담아라. 좋아하는 건 필요할 때마다 꺼내도 좋다. 한 달이 지나면 사용하는 것과 사용하지 않는 것을 알게 될 것이다. 헌신적인 참가자는 여전히 보따리와 상자에 담겨 있는 물건을 모조리 버릴 것이다. 몇 가지 물건에 대해서는 체험주의에 전념하기 전에 한 달 더 유예기간을 두고 싶어 하는 이들이 있을 수 있다. 니커디머스처럼 집안의 모든 물건 중 옮길 수 있는 건 모조리 보따리나 상자에 담아버리는 극단적인 방법을 택하든지 한 번에 방 하나 또는 붙박이장 하나씩 고르는 방법도 있음을 염두해 두라. 이 게임은 친구들과 함께 하는 게 가장 좋다.

2. '없어서 아쉬웠나요?' 게임

커트니 카버와 남편 마크 터틀처럼 거의 붙어 지내는 두 사람이 함께 하면 가장 좋다. 간단한 게임이다 : 당신이 뭔가를 숨겼는데 상대방이 일정 시간, 가령 일주일이나 한 달 정도가 지난 뒤에도 그 물건이 사라 졌다는 걸 눈치채지 못하면 그 사람한테는 그 물건이 필요 없는 게 분 명하므로 그 물건은 버려도 되는 것이다.

3. 옷걸이 방향 바꾸어 걸기 방법

옷장의 '과소유 증후군 해소'에 효과적이다. 옷걸이가 모두 같은 방 향을 향하도록 옷을 건 다음, 어떤 옷을 입었으면 그 옷은 나머지 옷걸 이와 반대 방향으로 걸어 놓는다. 한 달 후, 옷장에 있는 옷 중에서 입는 옷이 어느 정도인지 알게 될 것이다.

4. 미니멀리즘 달력 게임

달력 숫자에 해당하는 수만큼 물건을 버린다. 즉, 1일에는 물건 하나, 2일에는 두 개를 버리다가 28, 29, 30 혹은 31일, 즉 말일까지 계속 버 리는 것이다. 친구와 함께 시작해서 월말까지 누가 성공시킬지 지켜보 면 가장 좋다. (이 아이디어는 라이언 니커디머스와 조슈아 필즈 밀번 과 두 사람의 블로그 TheMinimalists.com에서 가져온 것이다.)

5. 목표숫자 도전 게임

데이브 브루노의 100개 도전 게임에 참여하여 100가지 물건만 가지 고 살아보자. 옷장 안 물건의 가짓수를 33개로 줄인 커트니 카버의 미 니멀리즘 실험을 따라해 보라. 혹은 집안의 아무 방이나 붙박이장을 고른 다음 목표숫자를 정하고 그 방이나 붙박이장에 들어 있던 물건의 가짓수를 그 목표숫자까지 줄일 수 있는지 보자. 앞에서와 마찬가지로 파트너나 친구와 함께 하는 게 가장 좋다.

2단계 : 과소유 증후군을 재발시키지 말라

물건을 왕창 버리고 나면 뭔가 구입함으로써 자신에게 포상을 해주고 싶은 마음이 굴뚝같을 것이다. 어쨌거나 '착한 일'을 해서 붙박이장이나 선반에 빈 공간을 만들지 않았는가. 그 빈 공간을 보면서 '저기다 뭘 놓지?' 하는 생각이 들어 밖에 나가 물건을 더 많이 사게 되기 십상이다. 우리는 소비자답게 생각하고 그에 맞게 행동하도록 자랐기 때문에 그건 세상에서 가장 자연스러운 반응일 것이다. 도저히 그냥 지나칠 수 없을 것 같은 구매 찬스가 있고 '폐업 처분, 80% 할인'이라는 세일 문구가 보이더라도 그 유혹을 뿌리쳐야 한다. 그렇지 않으면 결국 원점으로 돌아가게 된다.

1단계와 마찬가지로 2단계도 친구와 함께 하는 게 가장 좋다. 상대의 응원이 힘이 될 것이다 : 친구와 전화 통화를 함으로써 새 티셔츠나 새 구두, 혹은 실은 전혀 필요가 없는 장식용 쿠션을 지르는 걸 막을 수 있을 것이다.

이 처음 두 단계가 중요하다. 하지만 이 두 단계는 출발선에 데려다 줄 뿐이다. 그 모든 물건을 방출해야 하는 진짜 이유는 힘들더라도 끝까지 버틸 충분한 에너지와 시간과 돈을 마련하고 과소유 증후군과 맞붙는 데 필요한 좀 더 근본적인 변화를 이룩하기 위함이다. 이 다음 단계가 노른자위나 마찬가지이다. 1단계를 버티길 잘했다는 생각이 들게 해주고 2단계를 훨씬 수월하게 넘길 수 있게 해주기 때문이다. 이 단계 야말로 당신의 삶을 바꾸어 놓을 단계이다.

3단계 : 〈백만장자 브루스터〉 게임하기

이 게임은 1902년 동명 소설이자 1985년작 영화 〈백만장자 브루스터〉를 기초로 한 게임이다. 1902년 소설에서 몽고메리 브루스터는 괴팍한 친척이 유언을 통해 남긴 재산을 상속받기 위해 1년 동안 100만 달러를 쓰고 1년이 끝나는 시점에 그 어떤 물리적 흔적도 남겨서는 안 된다는 도전과제에 직면한다. 인플레이션이 적용된 1985년판 영화에 서는 리처드 프라이어가 브루스터 역을 맡았는데, 3천만 달러를 한 달 안에 써야 하고 그 돈을 썼다는 눈에 보이는 흔적을 전혀 남겨서는 안 된다. 잘 생각해 보면 브루스터의 도전과제는 궁극적으로 체험주의자 가 되는 것이다—책에서는 1년, 영화에서는 한 달 동안.

내가 제안하려는 게임을 하려면 처음에는 한 달 동안 해야 한다. 그 기간 동안 100만 달러 혹은 3천만 달러를 써야 되는 건 아니지만 평상 시에 쓰던 돈과 동일한 금액을 쓰면서 한 달이 끝나는 시점에 그 어떤 물리적 흔적도 남겨서는 안 된다.

한 달을 통째로 쓸 수 없다면, 일주일 또는 다음번에 필요하지도 않 은 물건에 돈을 쓰러 갈 때에만 해봐도 좋다. 물건을 사는 대신 〈백만장 자 브루스터〉 게임을 염두에 두고 활동을 하는 데 돈을 써라. 그 다음에 는 친구들에게 당신이 활동한 내용을 알리고 활동을 할 때의 느낌이 어 땠는지를 마음속에 새겨 두어라.

이렇게만 하면 체험주의자 대열에 합류할 수 있다. 이번 달 혹은 다음주, 또는 다음번에 돈을 쓸 때, 〈백만장자 브루스터〉 게임을 하면, 더욱 풍성한 이야깃거리, 더욱 높은 지위, 더욱 향상된 자아감을 얻게 될 것이다. 지위 과시를 할 때도 더욱 큰 재미를 느끼게 될 것이고, 당신과 대화하려는 사람들과 당신의 얘기를 들으려는 사람들도 더욱 많아져 더 큰 행복을 느끼게 될 것이다.

〈백만장자 브루스터〉 게임을 한 달 동안 한다면 물질만능주의와 과소유 증후군의 폭풍으로부터 이미 몇 걸음 멀어져 있게 될 것이다. 우리 할아버지가 나한테 주었던 쪽지, 즉 추억은 꿈보다 오래 살아남는다는 말의 참뜻을 더욱 잘 이해하게 될 것이다. 게다가 성공적인 체험주의자들의 일곱 가지 습관을 이미 반쯤은 채택한 것이나 다름없게 될 것이다.

다른 사람들은 〈백만장자 브루스터〉 게임을 어떻게 하고 있는지 보고, Stuffocation.org와 페이스북, 트위터, 그 밖에 #체험주의, #백만장자 브루스터 게임, #Stuffocation이라는 태그를 달 수 있는 당신이 이용 중인 아무 소셜네트워크든 택하여 체험주의를 향해 떠난 당신의 여정을 공유하자.

성공하는 체험주의자들의
일곱 가지 습관

체험주의에 관한 강연을 하다 보면, 강연이 끝난 후에 나를 찾아와 이렇게 묻는 사람들이 종종 있다.

"선생님도 체험주의자이신가요?"

"그래서, 체험주의자가 하는 일이 정확히 뭐죠?"

"어떻게 하면 저도 체험주의자가 될 수 있을까요?"

이 부분은 그런 질문을 하는 사람들, 체험주의를 한 달 동안만 시험해 볼 것이 아니라 인생 설계를 다시 해서 체험주의를 지켜야 할 좌우명으로 삼고자 하는 모든 이들을 위한 것이다.

이런 질문들에 답을 하는 과정에서 나는 내 대답에 핵심적인 아이디어 몇 가지가 반드시 포함된다는 사실과 그러한 아이디어들이 내가 사회학에서 배운 내용과 체험주의자들이 지키는 몇 가지 습관에 입각하고 있다는 사실을 점차 인식하게 되었다. 또한 이러한 습관만 실천한다면 누구든 체험주의의 혜택을 누릴 수 있다는 사실 또한 깨닫게 되었다. 일곱 가지 습관이 있는데, 이러한 습관은 세 가지 범주로 분류된다.

처음 두 가지 습관은 삶을 분석한 후 당신이 올바른 경로를 걷고 있는지 여부를 알아내기 위한 도구이다. 그 다음 습관 두 가지는 말하자면 지켜야 할 생활신조, 정신적 점검에 해당한다. 마지막 세 가지 습관은 그 어떤 상황에서도 에너지와 시간과 돈을 더욱 짜임새 있게 쓸 수 있게 도와주는 손쉬운 의사결정 방법이다.

이 일곱 가지 습관을 모두 채택하면 오늘도, 내일도, 앞으로도 오랫동안 더욱 행복하고 건강하게 살 수 있다. 가족 및 친구들과의 소통이 더욱 풍요로워지고, 살고 있는 지역사회에 대한 소속감도 더욱 강해질 것이다. 삶이 더욱 의미 있게 느껴질 것이다. 일하기 위해 산다기보다 살기 위해 일한다는 느낌을 가지게 될 것이다. 이야깃거리가 더욱 많아져서 더욱 다채로운 대화, 더욱 높은 지위, 더욱 분명한 정체감을 가질 수 있게 될 것이다.

이러한 일곱 가지 습관을 몸에 익히는 데 전념하면 이 사회의 선구자가 되어 모두를—심지어 눈엣가시 같은 존스네까지도—과소유 증후군의 폭풍우 속에서 구출하여 가장 가깝고 가장 야심차고 가장 재미있는 길로 인도하게 될 것이다. 체험주의 방식을 선택하면 산전수전 다 겪은 구식 물질만능주의에서 희망찬 새로운 체험주의 시대로 향하는 세상의 움직임을 가속화시키는 운동에 동참하게 될 것이다.

성공하는 체험주의자들의 일곱 가지 습관

- **삶의 분석 도구**
  1. 네 물건을 알라
  2. 자신의 사다리를 찾아내라

- **지켜야 할 원칙**
  3. 현재에 집중하라
  4. 자기 자신의 관객이 되어라

- **더욱 똑똑한 소비로 가는 지름길**
  5. 사람을 최우선시하라
  6. 현명하게 쓰고 좋은 기분을 느껴라
  7. 삶을 선택하고, 체험을 선택하라

■ 삶의 분석 도구

첫 번째 습관. 네 물건을 알라

델포이의 아폴로 신전 입구에는 고대 그리스어로 '너 자신을 알라'는 명언이 새겨져 있었다. 오랜 세월에 걸쳐 철학자들, 시인들, 작가들은 이 금언에 다양한 의미를 부여했다. 그중 오랜 세월에도 불구하고 건재하는 의미가 두 가지 있다 : 하나는 시간을 두고 자기 자신이 어떤 사람인지에 대해서 고민해 보라는 의미이고, 다른 하나는 사회 내에서 자신의 위치를 알고 분수를 지키라는 의미이다. 체험주의자들은 이 금언의 최신 버전에 따라 산다.

이 책에 나오는 사례 중 아무거나 살펴보면 각자 모두 물건을 몇 개나 가지고 있는지, 얼마나 자주 사용하는지, 정말 필요한 것인지 등 자신의 소유물에 대해서 파악하려 한다는 사실과 물질만능주의자들이 한껏 격상시켜 놓은 물건의 콧대를 꺾어 원래 자리로 되돌려놓았다는 사실을 알게 될 것이다.

체험주의자들 중에는 바오로 사도의 다마스커스에서의 회심回心과도 같은 계시를 받은 후 이를 실천한 이들도 있다. 라이언 니커디머스와 조슈아 필즈 밀번이, 더 많이가 아니라 더 적은 것이 행복으로 이끌어 줄 거라는 생각을 어떻게 갖게 되었는지를 떠올려 보라. 병원에서 아버지와 대화를 나누다가 깨달음을 얻었던 클리프 호지스나 지하철에 타고 있었던 매리앤 캔트웰을 떠올려 보라.

자기 물건을 파악하는 것이 늘 해오던 일에 불과한 체험주의자들도 있다. 그들의 소유물은 심리학자들이 '체험적 제품'이라 부르는 것인 경우가 많다. 스포츠용품으로 가득 찬 벤 호웰의 차고를 상상해 보라.

체험주의자들은 누가 봐도 반反자본주의자도 반反소비주의자도 아니다. 심지어 물건을 갖는 것에 반대하지도 않는다. 다만 원치 않는 물건을 너무 많이 소유하는 데 반대하는 것뿐이다. 소유물이 삶에서 건전한 역할을 맡고 있는지 확인하고 자신이 가지고 있는 물건을 파악하기 위해 다음과 같은 질문을 스스로에게 해보라 :

1. 나는 내 물건을 얼마나 자주 사용하는가?
2. 내게 정말 필요한 물건의 양은 얼마만큼인가?
3. 내 물건들은 내게 행복을 주는 체험을 제공하는가, 아니면 번잡스러움, 빚, 스트레스, 우울감만 가져다주고 있는가?

두 번째 습관. 자신의 사다리를 찾아내라

이 습관은 자신이 원하지 않는 사다리의 맨 꼭대기에 있는 것보다 어디가 됐든 자신이 원하는 사다리에 올라가 있는 게 더욱 낫다는 진부한 옛 속담에서 유래한 것이다. 이는 체험주의자들에게 핵심이 되는 신념이다. 가령 끝없는 회의와 심야 전화회의로 점철된 지겨운 직장생활을 하던 중, 자기 안의 어딘가가 죽었음을 깨달았던 클리프 호지스를 생각해 보라. 하지만 체험주의자들이 대세나 다름없는 물질만능주의적 경로에서 벗어나고 싶어 한다고 해서 그것이 사회에서 이탈하고 싶어 한다는 뜻은 아니다. 어쨌거나 계산기 쓰는 이 히피들도 자기 일을 잘해서 돈을 벌고 싶은 마음은 있기 때문이다. 호지스는 캘리포니아에 자기 땅을 사고 싶어 하고, 사라 호웰은 여러 개의 식당을 경영하고 새로운 지점을 여는 걸 아주 즐기고 있다.

물질만능주의적인 사람과 체험주의자 사이를 가르는 기준은 어떻게 정의를 내리고, 어디에 역점을 두느냐에 따라 달라진다. 체험주의자들도 성공에서 동기를 부여받지만 성공의 정의는 다르다. 체험주의자들이 생각하는 성공은 목표와 목적지, 물질보다는 그 과정과 여정, 그리고 체험에 더욱 역점을 둔다. 따라서 물질만능주의자는 고통스럽고 재미없고 불쾌하기까지 한 일을 성공을 위한 희생으로 기꺼이 받아들이는 반면, 체험주의자는 그러지 않는다.

그 결과 체험주의에 눈뜨는 사람들 중에는 매리엔 캔트웰과 클리프 호지스처럼 직업을 바꾸는 이들도 있다. 물론 그러지 않는 이들도 있다. 베르트랑 르넷은 식당 문을 닫지도 않았고 식당을 팔지도 않았다. 현재 그는 멀리서 식당을 운영하면서 가끔 들러 자신이 원하는 대로 모든 게 잘 돌아가고 있는지 확인하고 있다. 제프 해리스는 자신이 즐기면서 할 수 있으면서 원격 근무도 가능한 일을 발견한 덕분에 뉴멕시코 산골마을에 있는 오두막에서 일을 할 수 있는 것이다. 그레이엄 힐도 물건을 정리한 후 기업가 노릇까지 그만두지는 않았다. 바르셀로나에 있는 올가의 아파트에서 지낸 후 트리허거라는 사이트를 만들었다. 최근에는 라이프에디티드LifeEdited라는 또 다른 사업을 시작했는데, 자신이 거주 중인 다기능, 생태 친화적 아파트를 홍보하기 위해서이다.

체험주의자가 되기 위해 자신이 속한 세상을 바꾸고 직장을 그만두어야 하는 건 아니다. 단, 자신이 좋아하는 일을 해야 한다. 자신의 사다리를 찾기 위하여, 혹은 자신이 지금 원하는 사다리에 오르고 있는지 확인하기 위하여 다음과 같은 질문을 스스로에게 해보라 :

1. 나는 내가 올라 선 사다리, 즉 내가 하는 일에 애정을 품고 있는가?

2. 친구들과 함께 있을 때, 일 얘기를 열정적으로 하는가, 아니면 내 시간의 대부분을 보내는 사다리 얘기만 쏙 빼놓는가?
3. 내 상사처럼 되고 싶은가, 아니면 회사에서 나보다 높은 사람들처럼 되고 싶은가? 그 사람들처럼 살고 싶은 마음이 있는가?

■ 지켜야 할 원칙

세 번째 습관. 현재에 집중하라

어찌 보면 물적 재화보다 체험을 선택하는 건 체험주의라는 물속에 발가락만 살짝 담근 것에 불과할 수도 있다. 왜냐하면 물적 재화 대신 체험을 선택하고도 여전히 비참한 심정일 수 있기 때문이다. 알다시피 체험을 대할 때 물질만능주의자들이 물적 재화를 대하는 것과 똑같은 방식으로 대하는 것도 가능하다. 이미 완료했다는 표시를 하거나 리스트에 추가한 다음 나중에 남들한테 뻐기기 위해 짠하고 내보일 수 있으니 말이다. 가령 최다국 여행자들을 생각해 보라. 그들은 호기심보다는 죽기 전에 하고 싶은 일 리스트에 완수했다는 표시를 하기 위해 외국을 방문하는 그런 한심한 사람들이다.

체험주의를 최대한 활용하려면, 특히 체험주의가 가져다줄 수 있는 행복을 최대한 얻으려면, 체험을 선택하기만 해서는 안 되고 체험에 제대로 빠져들어야 한다. 이걸 할 수 있는 가장 좋은 방법은 스포츠 선수들이 말하는 '신들린 듯한 경지' 혹은 심리학자들이 말하는 '몰입' 상태에 빠지는 것이다. 고도의 집중 상태에서는 미래, 과거, 일상적인 걱정거리, 좀처럼 사라지지 않는 자의식까지 모조리 잊게 된다. 다음과 같은 상황에서 우리는 대개 몰입을 하게 된다 : 샤워하면서 목청이 터져라 노래를 부를 때, 스키를 탈 때, 자동차의 지붕을 내린 채 시골길을 달릴 때, 후루룩 소리를 내며 굴을 먹을 때, 암벽을 오를 때, 뛰어난 영화를 볼 때, 코끼리를 탈 때, 자전거 페달에서 발을 뗀 채 언덕길을 내려올 때, 따뜻하고 맑은 에메랄드빛 바닷물 속에서 수영할 때.

잘 생각해 보면 몰입 상태야말로 이 책 속에 등장하는 사례자들이 살아온 방식이다. 그들은 체험을 선택하기만 하는 것이 아니라 그러한 체험 속으로 몸을 던진다. 짐 와이트와 그가 대륙을 횡단하여 마침내 이란에 도달했던 여행을 떠올려 보라. 혹은 르넷 가족과 모든 게 계획에 어긋나버려 르넷 가족이 페루에서 치르게 된 고생스러웠던 시간을 생각해 보라. 혹은 에이메 르밸리는 어떠한가. 섬유근육통은 그녀의 신체적 건강에 재앙과도 같은 존재였지만 마음속에 열정을 지펴줌으로써 그녀로 하여금 그 병을 받아들이고 가족을 데리고 자신을 병들게 한 시스템을 떠나, 그녀 말마따나, 전보다 더욱 치열하고, 보람차고, 뿌듯한 삶을 살 수 있게 해주었다.

몰입은 그 사건이 벌어질 당시보다는 벌어진 후에 알아차릴 확률이 높다. 어떤 활동을 하건 거기에 심히 열중하여 아예 상기시켜 줄 필요조차 없는 것이 가장 이상적이기는 하다. 그러나 자꾸 잡념이 떠오를 경우 다음과 같은 질문이 현재에 집중하는 데 도움을 줄 것이다 :

1. 지금 하고 있는 일을 하느니 차라리 다른 일을 하겠는가?
2. 어제 혹은 내일을 생각하고 있는가, 아니면 그 순간에 완전히 초집중하고 있는가?
3. 내가 지금 이걸 하고 있는 이유는 이 체험이 주는 재미와 기쁨 때

문인가, 아니면 미래에 받게 될 모종의 보상 때문인가?

네 번째 습관. 자기 자신의 관객이 되어라

태국 코팡안 해변에서 일출을 보고 있거나, 잔지바르의 유람선 갑판에서 일몰을 구경 중이거나, 뉴욕에 착륙 중이거나 할리우드의 특급 스타와 점심식사 중이라면, 축하한다. 왜냐하면 의심의 여지없이 당신은 인생이 선사하는 체험 가운데 가장 흥미진진한 체험을 하고 있는 중이기 때문이다.

하지만 조심하는 게 좋다. 세상 사람들한테 지금 당신이 무엇을 하고 있는 중인지 알리는 데 너무 많은 시간을 쓴다면, 체험주의가 지닌 긍정적인 면, 그중에서도 특히 체험주의가 주는 불어난 행복을 대부분 놓치고 말 것이기 때문이다. 왜냐고?

사회학자들이 발견한 바에 따르면 그 답은 당신의 선택 뒤에 숨은 동기에 있다. 동기에는 두 가지 유형이 있다. 자기 자신을 위하여, 해당 체험이 주는 기쁨을 위하여 뭔가를 하는 건 내재적 동기에 해당한다. 남들에게 잘 보이려고, 혹은 나중에 받게 될 모종의 보상 때문에 뭔가를 하는 건 외재적 동기에 해당한다. 행복에 관한 한 동기는 중요하다. 어떤 일을 내재적 동기 때문에 하면 행복해질 가능성이 훨씬 높아지기 때문이다.

이 책에 등장하는 체험주의자들 대부분은 목표를 가지고 있고 자신들의 체험을 타인과 공유한다. 그러나 그게 그들의 주된 동기는 아니다. 데이브 로버츠는 자신이 무엇으로부터 동기를 부여받는지에 관한 책을 썼지만, 그와 그의 부인 젠은 누가 봐도 남들이 어떻게 생각하느냐보다는 자신들에게 중요한 것이 무엇이냐로부터 동기를 부여받는다.

르넷 가족도 가족 및 친구들에게 가족의 소식을 꼬박꼬박 알려주기 위해 블로그를 운영하고 있다. 하지만 그들이 블로그를 운영하는 이유는 남들에게 알리기 위함만은 아니다. 이 가족은 가족에게 최선이 무엇인가에 입각하여 여러 가지 결정을 내린다. 클리프 호지스의 장기적인 꿈은 어딘가에 땅을 사서 야외활동 사업을 하는 것이지만 그게 그를 움직이게 하는 동력은 아니다. 그는 몬태나에서 뿔이 툭 튀어나온 발정기의 엘크 무리에게 짓밟힐 뻔했던 때에 대한 얘기를 기꺼이 들려주려 할 것이다. 하지만 그 얘기를 남들에게 하려고 그날 나간 것은 아니었고, 그 어떤 날에도 그 때문에 나가지는 않을 것이다. 그는 심지어 사진도 찍지 않는다.

"전 사진 찍는 게 싫습니다. 카메라를 집어 들면 그 순간에서 벗어나는 것 같은 느낌이 들거든요. 더 이상 그 자리에 없게 되는 거고, 그 체험만을 위해 존재하던 나도 사라지게 되니까요. 그 순간을 기록하려는 건 내가 아닌 남을 위한 겁니다."

그렇다고 게시물을 업데이트하면 안 되고 사진을 찍어서도 안 된다는 말을 하려는 건 아니다. 하지만 게시물이나 사진 같은 것은 최소한 부수적인 고려 대상이 되어야 한다. 무엇을 하든 우선 자신을 위해 해야 하고 그 체험 자체에서 얻을 수 있는 순수한 기쁨을 위해 해야 한다. 따라서 가장 성공적인 체험주의자들처럼 당신도 카메라-폰을 내려놓고 아무도 보는 사람이 없는 것처럼 하던 일을 계속하라. 다음 질문을 이용하여 스스로 자기 자신의 관객이 되어야 한다는 사실을 잊지 말라 :

1. 지금 나 자신을 위하여 이걸 하고 있는가?
2. 남들에게 잘 보이려고 하고 있는가? (10장에서 논했던 바와 같이 1번과 2번에 진실된 답을 하기가 매우 어려우며 일곱 번째 습관이

중요한 것도 바로 그런 이유 때문이라는 사실을 유의하라.)

3. 아무도 내가 이걸 하고 있다는 사실을 모른다고 해도 나는 이 일을 할 것인가?

■ 더욱 똑똑한 소비로 가는 지름길

다섯 번째 습관. 사람을 최우선시하라

독방에 감금하는 것은 죄수들에게 주어지는 형벌 중 가장 가혹한 형벌이다. 그 이유는 간단하다 : 인간인 우리가 사회적 동물이기 때문이다. 우리는 온갖 유형의 사회적 접촉을 좋아한다. 우리는 포옹을 좋아한다. 누군가 우리 말을 들어주는 것도 좋아한다. 우리는 이해받고 있다고 생각하고 싶어 한다. 사람들이 관심을 가지고 있는지 알고 싶어한다. 우리는 어딘가에 속해 있다는 느낌을 좋아한다. 우리는 인간을 좋아하는 인간들이라고 할 수 있겠다. 가장 성공적인 체험주의자들은 의식적으로든 무의식적으로든 이 사실을 알고 있다. 선택을 해야 하는 상황에서 그들은 파트너, 친구, 자녀, 가족, 지역사회 전체와 맺은 관계를 우선으로 여긴다. 그들은 사람을 최우선시한다.

다시 한 번 클리프 호지스와 아버지가 뇌졸중을 일으켰을 때 그가 보인 반응을 떠올려 보라 : 그는 아버지가 회복할 때까지 몇 주 동안이고 아버지 곁에 머물렀다. 혹은 더 나은 선택으로 남편과의 관계를 크게 향상시킨 태미 스트로벨을 떠올려 보라. 그녀는 아버지가 돌아가시자 어머니를 위로하며 귀중한 시간을 보낼 수 있었다. 그것은 그녀가 현명한 선택을 했기 때문에 가능한 것이었다. 베르트랑 르넷과 수 르넷 부부는 어떠한가. 두 사람은 인생을 돌아보며 '이게 다 무슨 소용이지?' 하는 의문을 품고는 고된 노동이 가져다준 그 모든 좋은 것들에도 불구하고 함께 보내는 시간을 늘려야겠다는 깨달음을 얻었다. 베르트랑은 나에게 이렇게 말했다.

"인생의 참맛은 가족과 함께 시간을 보내는 겁니다. 그게 중요한 거예요. 우리 가족이 모두 함께 이런저런 체험을 하는 것 말입니다."

선택의 기로에 섰을 때, 다음과 같은 질문이 사람을 최우선시하는 데 도움을 줄 것이다 :

1. 나는 이것을 다른 사람과 할 것인가?
2. 다른 사람과 어떻게 할 것인가?
3. 여기에 돈과 시간과 에너지를 씀으로써 나는 다른 사람들과 멀어질 것인가, 아니면 더 가까워질 것인가?

여섯 번째 습관. 현명하게 쓰고 좋은 기분을 느껴라

물질만능주의가 남긴 가장 실망스러운 유산 가운데 하나는 물질만능주의가 돈을 잘 써야 한다는 발상에서 하나의 괴물을 탄생시켰다는 것이다. 기본적으로 20세기 이전 어느 시기든 해당되는 결핍의 시대에 돈을 잘 쓴다는 건 자원을 신중하게, 알뜰하게, 지속가능한 방식으로 이용한다는 의미였다. 하지만 결핍을 풍요로 바꾸어 놓게 될 시스템을 돌아가게 하려다 보니, 많은 사람들에게 돈을 잘 쓴다는 건 허세를 부리고, 과시하고, 낭비를 일삼는다는 의미가 되었다.

이처럼 무분별한 소비방식은 돈에만 국한된 것이 아니었다. 사람들은 자신들의 물건이 이웃의 물건만 못하면 어쩌나 걱정하느라 에너지를 낭비했다. 시간도 부주의하게 과시하듯 썼다 : 살기 위해 일하기보다 일하기 위해 살았고, 누구든 들어줄 사람만 있으면 자신들이 얼마나 열심히 일하는지 모른다는 말을 했다. 그 결과가 바로, 지금의 우리가 알다시피, 일회용 소비문화, 과소유 증후군을 유발하는 과소비이며, 현명한 소비에 대한 왜곡된 정의이다. 즉, 현명한 소비가 기분이 좋아지는 행위가 아니라 후회와 불안감과 죄책감에 짓눌리게 하는 행위로 왜곡되었다는 뜻이다.

오늘날의 체험주의자들은 현명한 소비의 개념을 재정의하고 있다. 체험주의자들에게 현명한 소비란 자원을 신중하게, 의식적으로, 지속 가능한 방식으로 이용하는 것이다. 한마디로 똑똑하게 쓴다는 뜻이다.

신중하게라는 건 무슨 뜻이냐면 체험주의자들은 에너지와 시간과 돈을 염두에 두고 있다는 뜻이다. 가령 체험주의자들은 쇼핑요법을 실행하지 않는다. 태미 스트로벨이 어떻게 해서 점심시간을 이용한 쇼핑을 끊은 후 전보다 더욱 의미 깊은 삶을 발견했는지 생각해 보라. 체험주의자들은 물리적 상품을 사더라도 그 상품이 '체험적 상품'인지 반드시 확인한다. 즉, 자전거라든가 기타라든가 비디오 게임같이 어떤 활동을 하는 데 필요한 종류의 상품을 구매한다는 뜻이다.

내가 과시적이라는 표현이 아닌 의식적으로라는 표현을 쓴 건, 체험주의자들은 물적 재화를 통해 사회적 지위를 높이기 위해 물건을 사느라 시간과 돈을 낭비하지는 않는다는 뜻을 전하기 위함이다. 오늘날 남자가 살 수 있는 물건 중 가장 과시적

> 과시적으로에 해당하는 영어단어는 conspicuously이고 의식적으로에 해당하는 영어단어는 consciously이다. 철자가 비슷한 것을 노리고 쓴 것이다.

인 물건 가운데 하나인 시계에 대하여 벤 호웰이 보인 태도를 떠올려 보라. 혹은 짐 와이트와 그가 가지고 있는 컴퓨터와의 관계를 곰곰이 생각해 보라. 그는 사회적 지위를 확고히 해줄 최신 사양 노트북을 소유하기보다 아무 이상 없이 돌아갈 뿐인 노트북에 만족했다. 혹은 매리엔 캔트웰이 옷을 받아들이는 태도를 생각해 보라. 옷을 좋아하고 좋은 옷을 사는 것도 마다하지 않지만 그렇다고 옷에 집착하지는 않는다.

지속가능하게는 무슨 말이냐면 체험주의자들은 미래, 그들 자신의 미래뿐만 아니라 사회의 미래와 지구의 미래까지 존중하면서 소비를 한다는 뜻이다. 가령 그레이엄 힐은 트리허거라는 환경관련 웹 사이트로 벌어들인 수백만 달러를 모든 면에서 발자국을 더욱 적게 남기는 생활방식을 개척하는 데 썼다. 클리프 호지스는 자연에 대한 사랑을 땅을 사겠다는 포부로 전환시켰다. 땅을 사려는 이유는 땅을 산 후 그 땅을 돌보면서 거기다 여러 가지 코스를 운영하기 위해서이다.

마지막으로 분명히 짚고 넘어가자면 현명한 소비의 목적은 좋은 사람이 되는 것도, 좋은 사람처럼 보이는 것도 아니다. 좋은 기분을 느끼는 것이다. 체험주의자들은 후회가 된다거나 불안해진다거나 죄책감이 들지 않을 때, 자신들이 올바른 선택을 하고 있다는 걸 알아차린다. 체험주의자로서 어떤 결정을 하고 나서 기분이 좋아진다면 그게 올바른 결정이라는 걸 당신도 알아차리게 될 것이다.

다음 질문은 현명하게 소비하고 좋은 기분을 느낄 수 있게 도와줄 것이다 :

1. 이걸 사면 기분이 좋아질 것인가, 아니면 죄책감이나 불안감, 혹은 후회를 느끼게 될 것인가?
2. 지금 이걸 사려는 건 나중을 위해서인가, 과시하기 위해서인가, 아

니면 정말 지금 당장 사용하기 위해서인가?

3. 나는 나한테 중요한 일들에 에너지와 시간을 쓰고 있는가?

일곱 번째 습관. 삶을 선택하고, 체험을 선택하라

삶은 당신이 연달아 겪는 일련의 사건들로 이루어져 있다. 여러 순간을 모아 만든 데이지 화환과 비슷하다. 지금 이 순간, 당신은 이 책을 읽고 있다. 이 책을 읽기 전, 당신은 잠에서 깨어나고, 하품을 하고, 기지개를 켜는 체험을 했다. 치약 맛을 느끼고, 커피 냄새를 맡고, 복도를 터벅터벅 걸을 때 맨발바닥으로 바닥의 촉감을 느꼈다. 다시 말해서 오늘 한 체험만 해도 벌써 이렇게나 많다는 뜻이다. 나중엔 셀 수조차 없을 정도로 많은 체험을 하게 되리라는 점은 불 보듯 분명하다. 따라서 삶을 선택하고, 체험을 선택하라는 말은 얼핏 유치하게 들릴지도 모르겠다. 왜냐하면, 체험을 선택하지 않을 수가 없기 때문이다.

그러나 *삶을 선택하고, 체험을 선택하라*는 말이 일곱 번째 습관이자 가장 중요한 습관인 이유는, 오랫동안 삶과 체험이 찬밥 신세였기 때문이다. 산업혁명과 소비자혁명으로 인하여, 인간은 물질만능주의라는 기계에 갇힌 불만에 가득차고, 돈을 펑펑 쓰고, 열심히 일하는 톱니에 불과한 존재로 재정의되었다. 인간은 백만 가지 소비재가 내뿜는 헤드라이트 불빛과 그 어느 때보다 높은 생활수준을 보장해 준다는 약속에 사로잡힌, 로봇 토끼 같았다. 급기야 중요한 게 무엇인지까지 잊었다.

체험주의자들은 중요한 게 무엇인지를 기억해 내는 중이다. 그들은 목표 지향적이고 타인 중심적이고 물질 중심적인 물질만능주의식 성급함을 거부하고 있다. 삶의 의미와 체험의 가치를 재발견하고 있다.

그러는 과정에서, 이제까지는 조용했던 체험주의 혁명이 입장을 밝히고 제 목소리를 찾아가고 있다. 아무나 체험주의자를 붙잡고 물어보라. 그러면 그 체험주의자는 우리가 지위와 정체성과 의미와 무엇보다도 행복을, 외부에서, 사물에서 찾아야 한다는 발상에 단호히 '안 돼!'를 외칠 것이다. 대신 지위와 정체성과 의미와 행복을 발견하는 가장 좋은 방법은 내면에서, 우리가 체험하는 모험과 활동을 통하는 것이라는 발상에는 우렁찬 목소리로 '돼!'를 외칠 것이다. 그러한 '돼!'가 습관이 될 때, 당신은 성공적인 체험주의자들을 본받게 될 것이다. 삶을 선택하고, 체험을 선택하게 될 것이다.

오늘 하루 소비에 관한 결정을 내릴 때마다 다음 질문을 이용하여 반드시 *삶을 선택하고, 체험을 선택하도록* 하라 :

1. 내가 지금 이걸 사려는 건 대외적인 지위나 인정 때문인가, 아니면 체험에 투자하려는 것인가?

2. 내가 만일 친구와 〈백만장자 브루스터〉 게임을 한다면, 지금 사는 것도 포함될 것인가?

3. 이제, 우리 할아버지가 남긴 쪽지의 내용 '추억은 꿈보다 오래 살아남는다'는 말에 대해 생각해 보라. 설사 지금 이 체험의 어떤 부분이 잘못되더라도 여전히 그 체험을 하길 잘했다는 생각이 들 것 같은가? 최소한 추억은 생기게 되므로?

■ 감사의 글

　　　　　　　　　　시인 존 던은 '어떤 작가도 그 자
체로 온전한 섬이 아니다'라는 말을 썼다. 이 말은 논픽션 작가에게 특
히 들어맞는 말이다. 논픽션 책 한 권의 표지에 오르는 이름이 단 하나
밖에 없다고 하더라도, 사실 그 책은 여러 사람의 작품인 경우가 허다
하다.

　어마어마하게 많은 사람들이 있었기에 지금 당신이 손에 쥐고 있는
책이 존재할 수 있었다. 나와 함께 차를 마시면서, 커피를 마시면서, 점
심을 먹으면서, 저녁을 먹으면서, 맥주를 마시면서, 와인을 마시면서,
텔레비전을 보면서, 영상 통화를 하면서, 이메일을 주고받으면서 토론
을 하느라 자신의 시간을 포기한 사람들만 100명이 넘는다. 특히 미국
서부해안과 호주에 사는 사람들의 경우에는 나와의 시차를 맞추려고
꼭두새벽에 일어나거나 밤늦게까지 깨어 있던 사람들도 있다. 거기다
직간접적으로 내가 이용한 자료를 있게 한 사람들도 있다. (주석에 그
들 모두의 이름을 넣으려고 노력하기는 했다 : 혹시 빠진 이름이 있다
면 내게 알려주기 바란다. 그러면 누락을 바로잡을 수 있을 것이다.)

　따라서 내 이름을 전면에 내세우고 있다고 하더라도 여러 면에서 이
책은 나를 비롯한 다수의 노고와 선량한 마음과 업적에 당연하게도 빚

을 지고 있는 셈이다. 비록 내가 깔끔한 표지를 원했다고는 하지만, 그 모든 이름을 표지에 올릴 방법이 도저히 없었다.

나의 사례연구 대상들, 가장 많은 것을 공유해 준 사람들에게 가장 먼저 감사를 전하려 한다. 왜냐하면 그들은 아이디어뿐만 아니라 자신들의 삶까지 공유해 주었기 때문이다. 그래서 이렇게 가장 먼저 고맙다는 인사를 올린다 : 라이언 니커디머스, 조슈아 필즈 밀번, 태미 스트로벨, 그레이엄 힐, 올가 사스플루가스, 커트니 카버, 벤 호웰, 사라 호웰, 매리엔 캔트웰, 짐 와이트, 수 르넷, 베르트랑 르넷, 데이브 로버츠, 젠 로버츠, 클리프 호지스, 데버러 리치먼드.

그 다음으로는 깜빡 잊고 빠트렸거나 적절하지 못하다고 생각했거나, 톡 까놓고 말해서, 언급되는 걸 꺼렸던 디테일한 내용들을 추가함으로써 내 사례연구 대상의 친구들과 친지들, 그들의 부인들, 남편들, 딸들, 아들들, 어머니들, 아버지들, 친구들의 이야기에 생기를 불어넣어 준 사람들이 있다. 이제부터는 그들에게 보내는 감사 인사이다 : 로건 스미스, 티나 스미스, 데릭 힐, 해너 레이, 마크 터틀, 렌 르밸리, 젠 오슬라프스키, 캐서린 티클, 댄 보셔, 돈 호지스, 힐다 호지스, 카이 맥도널드, 캐시 헤틱, 헥터 프라우드, 사라 와이트, 엠마 허친슨, 앤드류 버드, 앤디 노리스, 코니 배틀.

그 다음으로 꽤 많은 시간을 기꺼이 내주었지만 결국 편집당하고만 이야기를 제공한 이들이 있다. 편집은 타협 따위는 허용하지 않는 고역스러운 과정이다. '편집할 때 사적인 감정을 배제하라'는 말은 괜히 있는 게 아니다. 여러분의 이야기는 나로 하여금 앞으로 나아갈 방향을 찾는 데 도움을 주었지만 공간의 제약 때문에 다 싣지 못했을 뿐이란 점을 알아주기 바란다. 그런 이야기들은 흡인력 강한 읽을거리가 되었을 것 같은 이별, 몰락, 돌파구, 금괴가 등장하는 이야기였는데도 편집을 당하고 말았다. 고맙습니다, 여러분 : 레이첼 조넛, 크리스 레이, 콜린 라이트, 조슈아 베커, 사이먼 스미스, 제프 돕스, 크리스 코캐넌, 닐 고렌플로, 니나 야우, 테레사 캐리, 발레스카 폰 밀도르퍼, 이선 시걸, 프레드릭 로프그렌, 라케시 반부리, 마이크 벤슨, 로베르토 곤잘레스.

그 다음으로는 각자 자신의 분야에서 여러 사례를 다루며 수십 년을 보낸 각양각층의 전문가들이 있겠다. 새로운 발견, 현상유지와 사회적 통념에 맞선 당신들의 헌신으로 혼탁한 세상이 조금이나마 밝아져 나 같은 사람들이 세상 돌아가는 방향을 더 잘 볼 수 있게 되었다. 그 점에 대해서 감사하게 여기고 있다. 그 밖에도 감사할 것은 많지만, 탐험할 길을 더욱 많이 제안해 준 데 대하여, 점심을 먹으며 이메일과 전화와 스카이프를 통해 내게 도전거리를 던져주고 영감을 준 데 대하여, 필요 이상으로 많은 사실에 대하여 확인해 달라고 요청한 메일에 답신해 준 데 대하여, 각자의 분야에 대해서 인내심을 가지고 설명해 준 데 대하여, 내가 믿는 바가 정말로 옳은 것인지 아닌지 데이터를 올바르게 읽고 있는 것인지 아닌지 재검토하도록 독려해 준 데 대하여 감사하게 여기고 있다.

감사합니다, 여러분 : 리처드 탈러, 올리버 제임스, 배리 슈월츠, 스튜어트 유엔, 로버트 포겔, 크리스 구달, 마이클 쉬래그, 론 잉글하트, 라이언 호웰, 진 아놀드, 다비 색스비, 트래비스 카터, 리프 밴 보벤, 톰 길로비치, 브라이언 완싱크, 제프리 밀러, 대니 밀러, 루퍼트 페넌트-레아, 가슨 오'툴, 대니얼 프랭클린, 존 앤드류스, 롭 힌드맨, 코린 새프너-로저스, 짐 디어링, 줄리엣 쇼어, 안나 쿠트, 벤저민 클라인 허니컷, 피파 노리스, 트루디 토인, 펠리페 페르난데스-아르메스토, 애브러 오퍼, 피터 스턴즈, 조 파인, 짐 길모어, 그랜트 맥크래켄, 블레이크 미코스키, 롭 시밍턴, 앨리스 마윅, 해리 파, 샘 봄파스, 줄스 에반스, 밥 커민스, 버니스 스타인하트, 크리스 호이닉, 마크 턴게이트, 앤 맥, 알베르트 카네게랄, 안나-매런 애쉬퍼드, 제임스 오'쇼네시, 조 굿맨, 앨라스테어 험프리즈, 리처드 레이어드, 팀 캐서, 비키 로빈, 게이브리얼 로스먼, 재니스 루더포드, 이브 피셔, 켈리 랜즈델, 어빙 커쉬, 마이클 본살, 진 트웽게, 탬 프라이, 제시카 본, 케이트 블랙, 폴라 주코티, 스테파니 쇼로우, 리처드 코프, 게일 스테키티.

최악의 손님, 즉 오래 붙어 있으면서 돈은 별로 안 쓰는 나 같은 손님을 참아주고 팡 오 쇼콜라와 카푸치노와 피스타치오 크림 크로와상과 스모키 러시안 캐러밴 티(훈연향을 입힌 홍차―옮긴이)를 가져다 준 햄프셔 호그, 새치드 하우스, 브라켄버리 델리, 아티산, 스트리트 이츠, 칼루치오스 켄싱턴 지점, 라 카페테리아의 모든 훌륭한 분들께도 감사 인사를 전하고 싶다.

내게 장소를 제공하고 도움도 준 그 모든 도서관, LSE(런던 정치경제 대학교―옮긴이), 임페리얼 전쟁박물관, 대영도서관(영국의 국립도서관―옮긴이), 켄싱턴 중앙도서관, 셰퍼드 부시 도서관, 슐레징거 도서관(특히 엘렌 셰아), 후버 대통령 도서관(특히 스펜서 하워드)에게도 감사 인사를 전한다.

이 책을 믿어주고 초판이 나올 수 있도록 나에게 힘을 보태준 모든 분들에게도 감사 인사를 전한다 : 찰리 바이니, 크리스 러셀스, 수 브라우닝, 재니스 레이멘트, 루비 입실론, 패트릭 맥컬리넌. 초판이 베스트셀러가 되는 데 도움을 주신 수많은 분들, 너무 많아서 여기에 일일이 다 언급할 수는 없지만 특히 빅토리아 그랜드, 션 데일리, 마커스 올리버와 사라 올리버, 팸 로더릭, 요한 데 클리어, 노라 뵈처, 존 화이트, 미치 바라노프스키, 앤디 깁슨, 루치 그린, 바시티-할리시, 이언 캐링턴에게 고맙다는 인사를 전하고 싶다.

그 다음으로는 내게 영감을 주었고, 수많은 연락, 아이디어, 제안, 데이터, 구석기 시대 · 심리학 · 경제학에 관한 지식, 네스프레소 머신 이용, 글을 쓸 공간을 제공해 준 모든 친구들, 옛 친구든 새로 사귄 친구든, 그 친구들에게도 고맙다는 말을 하고 싶다 : 시루 & 라지 라지매니컴, 유언 브라운, 휴 브라운, 에이드리언 샌디퍼드, 캐서린 매이어, 댄 & 재클린 보셔, 매릴린 월먼, 줄리언 엘러비, 제임스 케네디, 대니얼 & 플립 앤트완, 수전 허버트, 피터 마컴, 게리 혼, 소피 로버츠, 닉 레드먼, 션 토머스, 스티스 투즈, 필립 슈왈버, 조지 콜링스, 그리고 당연하게도 에드윈 블랜처드. 뭐니 뭐니 해도 가장 감사하게 여기는 사람은 나로 하여금 할 수 있다는 믿음을 가질 수 있게 도와준 웬디 맨디와 초고를 보고 놀랍도록 통찰력 있는 의견을 준 캐롤라인 반 덴 브룰이다.

이 책을 받아본 후 샅샅이 살피고는 내게 개선 방향을 알려준 두 사람에게도 크나큰 감사의 마음을 전하고 싶다. 영국 펭귄 출판사의 조엘 리켓과 미국 슈피겔 & 그라우 출판사의 제시카 신들러가 그 두 사람이다. 나를 그 두 사람에게로 인도해 준 사람, 리처드 레넌, 토비 존스, 개빈 도슨에게도 고맙다고 말하고 싶다.

내게 사랑을 주고 교육기회를 제공해 주고 이야기에 대한 애정과 무수히 많은 체험을 선사해 준 제니와 앨런과 롭에게도 무한한 감사의 마음을 전하고 싶다.

아무튼 모든 걸 이 책과 내가 옳다고 믿어 의심치 않는 운동에 거는 데 동의해 주었고—걸 게 그리 많지는 않았지만—당연하게도 더욱 중요하게는, 현명하고 기발하고 생각할 거리를 제공하고 도전의식을 북돋우는 창의적인 조언을 아끼지 않은 내 아내에게도 하늘만큼 땅만큼 감사하는 마음을 전하고 싶다. 아내가 없었다면 이 책도 탄생하지 못했을 것이다.

마지막으로, 내 책을 읽어준 독자들에게 감사의 마음을 전하고 싶다.

나는 이 책에 실린 아이디어가 세상을 바꿀 거라고 생각한다. 나는 독자 여러분도 내 생각에 동조하기를, 독자 여러분의 삶과 주변 사람들의 삶에서 이미 나타나기 시작한 체험주의의 징조를 목격했기를 바라마지 않는다.

더 나은 미래로 가는 길

'행복'이라는 키워드

원제《Stuffocation》은 'stuff(물건 혹은 물질)'와 'suffocation(질식)'을 합하여 저자가 만든 말이다. 그대로 옮기면 '물건 질식' 정도가 될 것이다. 본문에도 자주 등장하는 이 용어를 우리말로 옮기기에 쉽지 않았다. 고민 끝에 법정 스님의 '무소유'의 반대 개념으로 '과소유'라 칭하고 현대인의 건강을 위협한다는 의미에서 '증후군'을 붙여 '과소유 증후군'이라는 용어를 사용하였다.

《Stuffocation》의 원래 제목은《부유하고 용감한 자들의 새로운 라이프스타일》이었다고 한다. 책에 등장한 그레이엄 힐이나 매리앤 캔트웰, 르넷 가족, 르밸리 가족 등을 보면 회사를 소유하고 있고 식당을 여러 개 가지고 있고 잘 나가는 IT기업에서 고액 연봉을 받고 있으니 부유한게 맞고 또 하루아침에 직장을 그만두고 식당을 남에게 맡기고 온 가족이 세계여행을 떠났으니 용감하다는 말도 맞는다. 그러니 아주 정직한 제목이라 할 수 있겠다.

그러나 원래 제목이었으면 내용의 좋고 나쁨을 떠나 적어도 일반 독자들에게 어필할 수 있는 매력이 반감되지 않았을까 하는 생각이 든다. 틀린 제목은 아니지만 나를 포함한 우리들 보통사람들은 부자도 용감하지도 않으니 말이다. 그리고 이 책은 부자 얘기나 용감한 사람들의 얘기 또한 아니다. 이 책의 핵심 키워드는 '행복'이고 핵심이 되는 의문은 '행복하기 위해서는 어떻게 살아야 할까?'이다. 그리고 행복한 삶을 위한 그 나름의 해결책을 제시하고 있다. 또한 더욱 많이 가진다고 해서 더욱 행복해지는 것은 아니라는 강렬한 메시지를 전달하고 있다.

비록 잡동사니 과포화 상태는 아니지만 나 또한 호딩의 연속선상 어딘가에 속하기도 하고 '혹시 몰라서', '의미가 있으니까' 등등의 이유로 이런저런 물건을 보관하고 있었다. 이로 인해 스트레스를 받으며 일상생활에 지장을 받고 소소한 일상의 행복을 스스로 깨고 있었다. 운 좋게 이 책을 번역하는 영광을 누리면서 이런 저런 물건에서 받는 스트레스를 깨고 시원한 행복을 찾는 의식 변화를 가져왔다.

체험을 구매하는 인간이 되다

맥북에어 신형이 출시되었다는 소리를 들었을 때 이야기이다. 컴퓨터에 관하여 아는 것은 별로 없지만 매끈한 디자인과 편리성(이라 쓰고 과시욕이라 읽는다) 때문에 맥북을 좋아하는 나로서는 구미가 당기지 않을 수 없었다. 게다가 종종 노트북을 들고 카페를 전전하는 나이기에 더욱 얇아졌다는 말은 좀처럼 뿌리치기 힘든 유혹으로 다가왔다.

하지만 결론부터 말하자면 나는 신형 맥북에어를 사지 않았다. 이 글을 타이핑했고, 지금도 사용하고 있는 노트북은 구형 맥북이다. 내가 신형 맥북에어를 사지 않은 가장 큰 이유는 물론 돈이 없었기 때문이기도 했지만 이 책의 영향력 또한 무시할 수 없다. 고장 나지도 않았고 성능이 크게 떨어지는 것도 아니고 비교할 존스네도 없는데 뭐하러 의식의 지배자에게 넘어가서 내 주머니를 가볍게 만들겠는가!

집 근처에 백화점이 있고 하루에도 몇 번씩 그 백화점을 걸어 지나가야 하는 나는 엄밀히 생각해 보면 필요도 없는 물건을 할인한다는 이유 하나 때문에 야금야금 사들이곤 했다. 크게 값나가는 물건은 아니었지만 말이다. 하지만 이제는 그냥 지나간다. 구매에 앞서 꼭 필요한지 반드시 자문해 본다.

사고 또 사도 늘 입을 옷이 없다고 여겨졌던 옷장도 정리했다. 책 속에 등장하는 옷장처럼 옷가게를 차려도 될 정도의 옷장은 결코 아니지만 내게도 몇 년간 꺼내지도 않은 옷, 살을 빼면 입겠다며 걸어둔 옷이 적잖이 있었다. 바쁜 하루하루를 보내면서도 하루를 온전히 옷장을 정리하는 데 썼다.

이렇듯 새 물건의 유입을 막아주고 옷장 다이어트를 성공으로 이끌어준 반면 DVD와 서가는 오히려 뚱뚱해졌다. 책 속에 소개된 책들을 사고 책 속에 등장하는 영화를 보느라……. 하지만 이건 내 행복을 위한 체험적 구매가 아니던가!

너무 많은 물건은 개인에게만 나쁜 것이 아니다

번역 중에 나도 모르게 집안 정리를 자꾸 하게 되었고 버리거나 처분할 물건이 없나 두리번거리게도 되었다. 미니멀리스트까지는 못 되더라도 불필요한 물건을 떠안으며 과소유 증후군에 시달리고 싶지는 않았기 때문이다.

그러던 중 아랫집에 이웃이 새로 이사를 왔다. 아랫집에는 꽤 넓은 야외 테라스가 있는데 그 전에 살던 사람들은 기껏해야 빨래나 널뿐 그 공간을 거의 돌보지 않았기에 내심 기대를 했다. 내 공간은 아니지만 예쁘고 깔끔한 공간으로 탄생했으면 좋겠다고 생각했다. 하지만 얼마 후 나는 경악을 금치 못했다. 예쁘고 깔끔한 공간은커녕 그 테라스 공간에는 스티로폼 택배 상자에, 종이컵에, 은단이 들어 있던 양철통에, 그 밖에 조금이라도 흙을 담을 수 있는 모든 형태의 용기란 용기에 식물이 심겨 어지러이 널려 있었던 것이다. 보기만 해도 숨이 턱턱 막혀왔다. 혹시 불이 나서 그 테라스에서 구조를 기다려야 할 경우 한 사람이 발을 딛고 설 틈조차 없었다. 무질서하게 놓였더라도 통로는 있어야 할 텐데 내 눈엔 통로조차 보이질 않았다. 집안은 전혀 볼 수가 없었지만 은근히 집안의 상태도 걱정이 되었다. 본문에 등장했던 스티븐 바실레프의 아파트가 퍼뜩 떠올랐다.

당신이나 당신 근처에 사는 누군가가 너무 많은 물건을 가지고 있다면—특히 우리의 가정에 가연성 인공물질이 많다면—전반적이고 장기적인 건강에만 해로운 것이 아니게 된다는 뜻이다. 호딩 화재에 관한 연구에서 드러났듯, 토론토 소방대가 2010년 9월 24일 금요일에 발견했듯, 너무 많은 물건은 개인에게만 나쁜 것이 아니다.

지금은 내가 괜한 걱정을 하는 것이겠거니 여기며 가급적 아래를 내려다보지 않으려 노력 중이다. (어차피 콜리어 형제의 집처럼 크지도 않으니 그랜드 피아노를 열 대 이상 가지고 있을 수도 없다!)

행복한 체험주의자

저자는 물질만능주의를 대체할 사회의 지배적 가치체계로 체험주의를 내세우기에 앞서 미니멀리즘과 단순한 삶과 중박 인생을 먼저 소개하고 있다. 니커디머스의 미니멀리즘 실험이나 르밸리 가족의 17세기적 삶은 그다지 매력적으로 다가오지도 않았고 나와는 거리가 멀게 느껴졌던 반면 중박 인생은 매우 반가웠다. 물론 나의 경우에는 승진과 임금인상을 제안받을 일도 없겠지만 '적게 벌고 적게 쓰고 스트레스 적은 인생을 산다'는 생각을 가지고 있었기 때문에 그랬던 것 같다. 개인의 성취와 성공이 무엇보다 중요시 되고 대접받는 요즘 같은 세상에서 너무 안일하고 게으르게 사는 건 아닐까? 때때로 그런 고민도 했었다. 하지만 이젠 데이브 덕분에 그런 고민을 덜하게 될 듯하다.

생각해 보면 나도 나름 체험주의자였던 것 같다. 카이트서핑이나 암벽등반 같은 스포츠를 즐기는 건 아니지만 늘 시간과 만남을 우선시했으니 말이다. 대학 때도 화장품이나 옷보다는 친구들과의 술자리가 지출 목록에서 우선순위를 차지했고, 지금도 지나간 시간은 돌아오지 않는다는 생각 하에 저축보다 추억 쌓기에 더욱 집중하고 있다. 나중에 베짱이가 되어 개미 친구들의 집 문을 두드릴 일이 생길까 살짝 걱정도 되지만 지금으로선 내게 추억 쌓기가 최우선이다. 그렇기에 통장은 빈약할지언정 추억만큼은 그 누구보다 부지런히, 열심히 쌓았다고 자부할 수 있다.

책 속에 등장했던 매리앤 캔트웰처럼 콩나물시루 같은 전철에서 시달리고, 클리프 호지스처럼 하루 종일 이 회의, 저 회의에 참석하고 야근에 시달리면서 자신의 꿈과 멀어진 삶을 사는 직장인들. 국적은 다르지만 우리나라 직장인들도 그와 다르지 않을 것이다. 우리 모두가 그들처럼 다니던 직장을 때려치우고 창업을 하거나 세계 곳곳을 돌아다닐 수는 없겠지만 삶의 우선순위를 바꿀 수는 있을 것이다.

그리하여 우리에게 행복을 가져다줄 가능성이 더욱 높은 내재적 동기에 따라 체험을 선택하고 인생을 선택하자. 페이스북이나 카카오스토리에 올릴 사진 따위는 잊고 그 순간에 온전히 집중하자! 호주의 토끼 떼처럼 쇼핑몰로 몰려가지 말고 내게 이야깃거리를 줄 수 있는 장소를 방문하자!

마지막으로 이 책의 정수를 한마디로 압축한 듯한 명언이 있어 소개하고 마치려 한다.

"위대한 사람이라서 뭔가를 하는 것이 아니라 뭔가를 함으로써 위대한 사람이 되는 것이다."

— 아놀드 글래소

들어가는 글

사람은 얼마만큼 가져야 만족할까

- 12쪽, 16쪽, 라이언 니커디머스와 조슈아 필즈 밀번 : 라이언 니커디머스와 조슈아 필즈 밀번의 웹 사이트 www.theminimalists. com을 방문하면 중요하지 않은 물건을 없애는 방식에 관하여 알 수 있다.

- 20쪽, 물건 이야기 : 영화 〈물건 이야기〉와 영화 속 주장의 증거가 담긴 〈물건 이야기 : 참고문헌과 주석이 달린 대본〉을 www.storyof-stuff.org에서 확인할 수 있다.

- 21쪽, 광고대행사의 연구 : 맨 처음 조사는 유로 RSCG 월드와이드라는 광고대행사에 의해 실시되었지만, 내가 이 책을 집필하고 출판사가 이 책을 출판할 즈음에는 하바스 월드와이드로 바뀌었다. 연구보고서는 '새로운 소비자www.thenewconsumer.com'라 불린다. 두 번째 연구는 하바스 월드와이드(따라서 개명만 했을 뿐 실질적으로 같은 회사이다)에 의해 실시되었다. 자료의 출처는 이 회사의 프로슈머 보고서인 '새로운 소비자와 공유경제'(2014)이다.

나는 67%가 우리가 좀 더 단순하게 산다면 지금보다 더 나은 삶을 살게 될 거라 믿고 있으며, 영국에는 6,323만 명, 미국에는 3억 1,390만 명이 있다고 믿는 '새로운 소비자'의 통계자료를 근거로 물건을 필요 이상으로 많이 가지고 있는 인구수를 계산해 보았다. 그러한 수치는 세계은행과 미국 인구통계국을 근거로 하고 있다.

- **29쪽, 이브 피셔라는 ... 요즘 돈으로 2천 파운드 정도의 가치를 지녔을 것이라고 한다** : 나는 이브 피셔라는 사학자에게 설명을 해 달라고 부탁했다. 그녀가 보낸 이메일 답장은 다음과 같다 : '브뤼겔의 그림, 농가의 결혼잔치에서 볼 수 있는 것과 같이 긴 소매에 요크(드레스, 치마 등에서 어깨나 허리에 딱 맞게 조여지는 부분—옮긴이), 약간의 주름 장식, 밴드 칼라(띠를 둘러 세운 칼라—옮긴이), 소맷단 등이 달린 중세 시대 남성용 일반 셔츠 한 벌을 예로 들어보지요. 그런 셔츠 한 벌을 손바느질하는 데, 즉 옷감을 재단하고 바느질을 하고 안팎을 모두 마무리하는 데 7시간 정도가 드는 것으로 추산됩니다. 이제는 옷감의 바느질을 맡겨야 합니다. 비교적 촘촘하고 조밀한 옷감이었을 겁니다. 역사 재현 사이트(내셔널 지오그래픽)에서 계산한 바에 따르면 유능한 직공 한 명이 시간 당 2인치씩 생산할 수 있었다고 해요. 셔츠 한 벌에 최소 4야드(4야드=144인치—옮긴이) 정도의 천이 들어가는데, 베틀 한 대에서 딱 4야드만 만들 수는 없어요. 날실의 경우 양 끝에 적어도 각각 1~2피트씩 있어야 하므로 4야드×3피트 = 12피트(1야드는 3피트임—옮긴이)에 마지막에 여유분 3피트를 더하면 15피트, 15피트×12인치 = 180인치(1피트는 12인치임—옮긴이)가 되는데 이걸 2로 나누면 90시간이 나오죠. 게다가 직물을 짜려면 실도 만들어야 해요. 1인치 당 15~20가닥 정도 들어갔을 텐데, 가난한 사람이라서 조악한 수준의 옷감밖에 못 쓴다고 해도 15가닥이죠. 천의 너비가 1야드(1야드는 36인치임—옮긴이)였을 테니까 15가닥×36인치 = 540가닥, 각 가닥의 길이는 15피트인데 그것도 날실만일 때고 씨실에 쓰기엔 조금 부족하겠지만 그냥 두 배 정도로 잡을 거예요. 그러면 1,080가닥×5야드 = 5,400야드의 가닥이죠. 이걸 다 짜려면 400시간이 걸렸을 거예요. (여자들이 물레질로(물레 잣는

다는 뜻의 동사가 spin이고 노처녀를 뜻하는 단어가 spinster이다—옮긴이) 규정되는 이유이기도 한데, 그 모든 실, 옷감 등을 만들기 위해 어마어마한 시간과 에너지가 들어갔답니다.) 따라서 7+90+400=497, 셔츠 한 벌을 만들려면 약 500시간의 수작업이 필요했던 겁니다. 셔츠 한 벌에 대하여 최저임금 7달러를 곱하면 3,500달러가 나옵니다. 옷감을 절대로, 어떤 일이 있어도 버리지 않고 너덜너덜해질 때까지 입다가 잘라서 애들 옷으로 만들고, 또 기저귀나 걸레 등으로 쓴 게 다 이유가 있었던 거예요. 농부들이 작업복 한 벌에 "가장 좋은" 옷 한 벌(교회 갈 때 입는 옷, 나들이 옷 등)만 가지고 있던 이유이기도 하고요. 왜냐하면 그건 셔츠에만 해당하는 거고, 남자의 경우에는 반바지/스타킹에 조끼에 가죽 저고리도 있어야 했고, 여자의 경우에는 스커트에 보디스도 있어야 했습니다. 망토도 있으면 좋았겠죠.'

나는 3,500달러를 가지고 2014년 9월 26일 www.xe.com에서 확인한 환율을 적용해서 2,144파운드라는 결과를 얻었다. 편의상 2천 파운드로 우수리는 잘라버렸다.

• 33~34쪽, 팀 캐서, 톰 길로비치, 엘리자베스 던, 라이언 호웰과 같은 심리학자들 ... 그렇지 않다는 것을 보여주었으며 : 여기서 말하는 중요한 논문은 톰 길로비치와 리프 밴 보벤의 논문으로 〈성격 및 사회심리학 저널〉 2003년 85권 6호에 실린 '하느냐, 갖느냐? 그것은 더 이상 문제가 아니로다'를 말한다. 8장에 관한 주석 부분에 체험이 물적 재화보다 우리를 더욱 행복하게 만들어주지 못한다는 사항에 관한 다른 학자들의 연구가 더욱 많이 언급되어 있다.

제1장
잡동사니가 생명을 위협한다

이 장의 대부분은 탁월하고, 놀랍고, 매우 읽기 쉬운 진 E. 아놀드, 앤서니 P 그래쉬, 엔조 라가찌니, 엘리노 옥스의 《21세기의 가정생활》(Los Angeles : Cotsen Institute of Archaeology Press, 2012)에서 인용한 것이다.

- 62쪽, 잡동사니는 목숨을 앗아간다 : 이 부분에 나오는 정보는 〈성격 및 사회심리학 회보〉 2010년 36권 1호에 실렸던 다비 색스비와 레나 레페티의 '집만한 곳은 없다 : 집안 투어는 기분 및 코르티솔의 일일 패턴과 상관관계가 있다'에 근거한 것이다.

  이토록 중요한 내용이 어째서 진작 다루어지지 않았던 걸까? 가능성은 두 가지이다 : 1960년대 레이철 카슨이 발견한 내용이 언론의 입맛에 맞지 않아서? 혹은 그저 간과된 걸까? 답은 나도 모르겠다.

- 71쪽, 당신도 호더가 될 수 있다 : 이 부분은 랜디 프로스트 & 게일 스테키티의 《잡동사니의 역습》(New York : Houghton Mifflin, 2010)에서 영감과 정보를 얻었다. 사실 확인 부분에서 받은 도움에 대하여 특히 게일 스테키티에게 감사 인사를 보낸다. (오류가 있다면 그건 전적으로 내 탓이다.)

  콜리어 형제 이야기의 출처는 다음과 같다 : 위키피디아 : 2006년 7월 5일자 〈뉴욕 타임스〉 앤디 뉴먼의 '콜리어 형제 저택, 소방관들의 악몽을 뜻하는 암호' : 2002년 6월 23일 〈뉴욕 타임스〉 프랭크 그레이의 기사, '스트리트스케이프/128th street, 5th ve., 콜리어 형제가 그 모든 물건을 보관했던 할렘 하우스가 있던 자리 : 공원이 그 이름을 간직해야 하는지에 관하여' : 1947년 4월 9일 〈몬트리올 가제트〉 '죽은 지 여러 주가 지난 랭리 콜리어 : 현지 경찰, 호머의 방에서 시신 발견'.

제2장
물질만능주의와 침묵의 봄

- 77쪽, 악명 높았던 한 장면 속에서 ... : 2008년 뉴욕 AMC에서 방영한 매드맨 중 '황금 바이올린' 중에서.

- 79쪽, 공룡 멸종 이후 최대 ... 유발하고 있다 : 출처—생물다양성센터www.biologicaldiversity.org.

- 80~81쪽, 그러나 한번은 ... 맛이 떨어진다는 것을 알게 되었다 : 출처—티보르 스키토프스키의 《기쁨없는 경제》(Oxford : Oxford University Press, 1976).

- 87쪽, 미래는 ... 아직 널리 퍼지지 않았을 뿐이다 : 출처—1999년 11월 30일 미국 공영 라디오 방송에서 윌리엄 깁슨과 한 인터뷰 '미국의 화제 : 공상과학 속의 과학'(11분 50초 부분의 내용을 인용함). 일명 인용 조사관이라 알려진 가슨 오'툴에게 감사 인사를 보낸다(www.quoteinvestigator.com).

- 87쪽, 5천 번도 넘게 ... 알 수 있다 : 출처—에버렛 로저스의 《혁신의 확산》(New York : Free Press, 1962 ; 5th edn., 2003).

제3장

경제 위기와 욕망을 창출하는 기업

- 97쪽, 미국인들은 … '필요 포화' 지점에 도달하고 말았다 : 출처—〈오리온 매거진〉 2008년 5월/6월 제프리 캐플런의 '소비 전도傳道'.

- 97쪽, 1927년 … 신발 1년 치 공급량을 생산해 낼 수 있었다 : 출처—이번에도 캐플런 '소비 전도傳道'.

- 101쪽, 1920년대와 30년대의 … 〈프린터스 잉크〉와 같은 주요한 무역 관련 정기간행물에서도 논쟁의 주제가 되었다 : 출처—자일스 슬레이드의 《버리기 위해 만들기》(Cambridge, Mass. : Harvard University Press, 2006) ; 재니스 러더퍼드의 《아줌마 소비자에게 판매하기 : 크리스틴 프레데릭과 가사효율의 증가》(Athens, Ga : University of Georgia Press, 2003).

- 103쪽, 미국남성들이 1915년 … 7천만 개였다 : 출처—〈커팅 툴엔지니어링〉 2003년 10월 '안전하다, 싸다, 편리하다'.

- 103쪽, 1872년에는 … 쓰고 버렸다 : 출처—자일스 슬레이드의 《버리기 위해 만들기》(Cambridge, Mass. : Harvard University Press, 2006).

- 104~105쪽, 이를테면 헨리 포드는 … 매년 바꾸었다 : 출처—www.thehenryford.org. 포드는 다른 업계가 채택한 방식을 택하지 않았다는 점에 주목하라. 가령 전구 제조업체들처럼 일부러 수명이 짧은 제품을 만들지 않았다.

- 106쪽, 부엌에 간 리처드 닉슨과 20세기 최고의 아이디어 : 닉슨, 흐루쇼프, 부엌 에피소드의 출처는 2009년 7월 23일자 〈뉴욕 타임스〉 윌리엄 사파이어의 '냉전 시대의 뜨거운 부엌' ; BBC.co.uk의

여러 기사들, 〈뉴욕 타임스〉의 자료, History.com, 유튜브에 있는 옛날 뉴스 프로이다.

문법과 가독성을 위해 내가 약간 고친 녹취록은 정보공개열람실www.foia.cia.gov에서 읽을 수 있다.

- 109쪽, 석기 시대 식으로 하면 … 본인이 점심거리가 될 수도 있다는 뜻이다 : 이 표현은 브래드 클론츠라는 재무 심리학자에게서 차용한 것이다. '[남에게 뒤지지 않는다는 말은] 이성적으로는 터무니없는 말이지만 우리의 동물적인 두뇌는 생존의 측면에서 사고하라고 명령하므로 뒤처진다는 생각은 매우 끔찍한 것이다. 달리기 실력이 제일 떨어지는 사람은 점심거리를 놓치기만 하는 것이 아니라 자신이 점심거리가 될 수 있다. 사람들은 이런 것들이 필요하다고 생각한다.'고 클론츠는 말했다. 출처—2013년 1월 23일자 민트라이프www.mint.com 크레그 길로트의 '남에게 뒤지지 않겠다는 생각 뒤에 숨은 심리'.

제4장
과소유가 불러온 의도하지 않은 결과의 법칙

- 111쪽 : 켄 아델만과 바브라 스트라이샌드의 이야기에 관한 글을 읽어볼 수 있는 가장 좋은 출처는 아델만의 웹 사이트 www.adelman.com이다. 사이트에 들어가면 스트라이샌드를 지지하는 이들의 아델만에 관한 발언도 읽어볼 만하다.
- 113쪽, 24마리의 토끼가 6억 마리로 : 토끼가 호주에 유입된 경위

에 관한 이야기 전체를 알고 싶다면, 2006년 가을호 〈호주의 유산〉 마크 켈렛의 '호주의 토끼'를 읽어볼 것. 토머스 오스틴 이야기는 온라인 영국 역사 www.british-history.ac.uk ; 1864년 4월 21일자 〈멜버른 아거스〉 기사 '생물순화 학회'와 1871년 12월 18일자 〈멜버른 아거스〉의 '고故 토머스 오스틴'을 읽은 것이 큰 도움이 되었다.

- 117쪽, 피라미드부터 팬케이크까지 : 피라미드부터 팬케이크까지에 대한 아이디어의 출처는 두 군데이다. 첫 번째는 정치 이론가 조지프 나이가 영국 하원의사당에서 한 강연이었다. 두 번째는 제임스 벨리니 박사가 2009년에 나한테 했던 어떤 말이다. 두 분 모두에게 감사 인사를 전한다.

제5장
행복한 미니멀리스트의 개수세기

- 122쪽, 태미 스트로벨 : 태미 스트로벨에 관한 이야기는 www.rowdykittens.com에서 읽어볼 수 있다.
- 128쪽, 개수세기와 양말 39켤레 : 여기 등장하는 미니멀리스트들은 모두 블로그를 가지고 있다. 미니멀리즘에 관한 책을 쓴 이들도 있다. 다수가 물건의 개수를 줄이고 삶에서 더욱 많은 것을 얻도록 도와주는 코스도 운영 중이다. 코트니 카버 : www.bemorewithless.com ; 니커디머스와 필즈 밀번 : www.minimalists.com ; 니나 야우 : www.castlesintheair.com ; 콜린 라이트 : www.exilelifestyle.com ; 크리스 레이 : www.twolessthings.com ; 레이첼 조넛 : www.theminimalist-

mom.com ; 레오 바보타 : www.zenhabits.com.

- 135쪽, **가족 단위로도 실천이 가능하다** : 레이첼 조닛과 레오 바보타, 상기 웹 사이트 ; 크리스 레이 : www.twolessthings.com ; 조슈아 베커 : www.becomingminimalist.com.

제6장
단순한 삶을 선택한 사람들

- 147쪽, **뼈를 우려 육수를 끓였는데 … 모두 끊었다** : 출처—먹거리·농사·의술의 지혜로운 전통을 위한 웨스턴 A. 프라이스 재단의 카일라 대니얼의 '국물이 훌륭한 이유 : 프롤린, 글리신, 젤라틴의 필수적인 역할'(www.westonaprice.org/health-topics/why-broth-is-beautiful-essential-roles-for-proline-glycine-and-gelatin).
- 160쪽, **21세기에 요구되는 단순한 삶** : 르밸리와 해리스가 산에서 내려온 후 그런 결정 때문에 고심했던 내용을 더욱 자세히 읽고 싶다면 www.cagefreefamily.com에서 읽을 수 있다.

제7장
대박보다는 중박 인생

중박 인생에 대한 내용은 중박 인생을 만들어낸 당사자가 작성한 중요한 게시글 두 개를 읽어볼 것 : 2011년 6월 28일 Grist.org에 올렸던 '중박 인생'과 2013년 5월 1일에 올렸던 '다시 돌아본 중박 인생'.

제8장
하느냐, 갖느냐? 이것은 더 이상 문제가 아니로다

8장에 있어 가장 중요한 논문은 2003년 〈성격 및 사회심리학 회보〉 85권 6호에 실린 톰 길로비치와 리프 밴 보벤의 '하느냐, 갖느냐? 이것은 더 이상 문제가 아니로다'이다.

또한 톰 길로비치, 라이언 호웰, 리프 밴 보벤, 조지프 굿맨, 팀 캐서, 트래비스 카터와 같은 심리학자들과의 인터뷰와 다수의 학술논문을 참고했다.

제9장
인생을 체험으로 가늠하라

- 190쪽, 더크 얀 드 프리 : 더크 얀 드 프리와 큐비클에 관한 이야기를 소개하고 있는 글은 2006년 3월 22일판 〈포춘 매거진〉 줄리 슐로서의 '큐비클 : 위대한 실수'와 2013년 6월호 〈메트로폴리스 매거진〉 마크 크리스탈의 '제 시대를 만난 아이디어'가 있다.
- 196쪽, 자유 방목형 라이프스타일 : 자유 방목 운동에 관하여

더욱 자세히 알고 싶다면 www.free-range-humans.com을 방문해 볼 것.

제10장
페이스북으로 체험을 공유하라

- 214쪽, 말을 타고 정장차림으로 식사하는 만찬 : 1903년 3월 28일 백만장자 C. K. G. 빌링스가 뉴욕에 있는 셰리즈라는 식당에서 가까운 동성 친구들 36명을 위해 마련한 자리였다.

- 221쪽, 철학자 알랭 드 보통이 … 매력적인 파트너가 된다 : 지위 라는 말만 꺼내도 발끈하는 사람들을 보면 놀라울 따름이다. 그럼 에도 지위는 우리에게 엄청나게 중요한 것이다. 사회경제적 신분 과 건강에 대한 맥아더 리서치 네트워크 연구자들의 연구인 '미국 내 사회경제적 지위 및 건강에 관한 사실'이라 불리는 보고서의 인 용문을 보고 이 점에 대하여 고찰해 볼 수 있다 : '사회계층 내 당신 의 위치는 수명과 생전 건강 상태를 예측한다 … 하위계급은 상위계 급에 비해 65세 이전에 사망할 위험이 세 배나 높다 … 사회적 지위 가 지닌 위력이 우리가 보유하고 있는 가장 소중한 자원—생명 자 체—에 미치는 영향력은 실로 어마어마하게 크고 광범위하다.'

- 222쪽, FOMO : 광고대행사 JWT의 FOMO 보고서 : 2011년 5월 버전 〈소외 공포감〉과 2012년 3월 업데이트 버전 〈소외 공포감〉 참 조. 특히 2012년 3월 업데이트 버전 부록에 나오는 수치 2F와 2G 에 주목할 것. 둘을 비교해 보면 물적 재화보다 체험적 재화에서 지

위를 획득하는 사람들의 능력이 그 어느 때보다 신장함에 따라 소셜미디어가 물질만능주의에서 체험주의로의 변화 가속도에 얼마나 많이 기여하고 있는지를 알 수 있다. 물론 우리의 지위와 삶에서 차지하는 중요성 측면에서 과시적 생활이 과시적 소비를 대신하고 있다는 것이 내 해석이다.

- 236쪽, 2007년 ... **추세까지 나타났다** : 출처—줄리엣 쇼어의《진정한 부에 관한 새로운 경제학》(New York : Penguin, 2010) ; 엘리자베스 L. 클라인의《나는 왜 패스트 패션에 열광했는가》(New York : Penguin Portfolio, 2012).

- 236쪽, 영국과 아일랜드에서 ... **체험을 선호하는 것으로 나타났는데** : 이 내용은 2012년 12월 실시된 전국적 표본조사에서 얻은 조사 자료에 근거를 둔 것이다. (제임스 케네디 덕분이다.) 설문조사의 질문은 다음과 같았다 : '진정으로 행복하다는 느낌을 갖게 해 준 대상에 돈을 썼던 가장 최근의 경우를 떠올려 주십시오. 그 대상은 "물건"이었나요, 아니면 "체험"이었나요?'
영국의 경우 물건으로 답한 사람이 30%, 구매로 인하여 행복해졌던 때가 기억나지 않는다고 답한 사람이 12%, 잘 모르겠다가 7%, 체험이라고 답한 사람이 51%였다.
아일랜드 공화국의 경우 물건이라고 답한 사람이 40%, 구매로 인하여 행복해졌던 때가 기억나지 않는다고 답한 사람이 5%, 잘 모르겠다고 답한 사람이 4%, 체험이라고 답한 사람이 51%였다.

- 236쪽, 60대에 접어든 ... **많이 쓴다는 사실에서** : 출처—트래블 슈퍼마켓이라 불리는 한 웹 사이트에서 5천 명의 휴가객에게 설문한 결과를 2013년 1월 발표한 보고서. 보고서에 따르면 60대 이상 연령층이 휴가에 돈을 가장 많이 쓰는 경향을 보였는데 매년 여행

과 숙박에 평균 794파운드를 썼다. 〈데일리 메일〉 2013년 1월 28일 자 '실버 파운드 : 60대 휴가객이 나머지 연령층보다 돈을 많이 쓴 다'를 참고할 것. 무역 관련 기구인 국제쇼핑센터협회의 연구에서는 미국의 경우 55세 이상 인구가 휴가에 돈을 50% 더 많이 쓴다고 명 시하고 있다.

• 236쪽, 나날이 커져가고 있는 헬스케어 시장 : 세계 최고의 컨설 팅 업체 중 두 군데의 예측을 살펴보자. PWC는 '파마Pharma 2020' 이라는 보고서에서 2020년까지 제약시장의 가치가 두 배 이상 뛰어 올라 미화 13억 달러에 달할 것이라 내다보고 있다. 또 다른 컨설팅 기업인 베인은 '헬스케어 2020' 보고서에서 〔헬스케어 부문〕 총수 익 기반이 복합조정 성장률compound adjusted growth rate 4%로 성장하 여 2010년 5,200억 달러에서 2020년 7,400억 달러가 될 것이라 예 측하고 있다.'

보스턴 컨설팅 그룹의 고가품 보고서에 관하여 더욱 자세히 알고 싶 다면 www.bcg.com을 방문해 볼 것.

• 237쪽, '과소비 시대에 … 큰 기쁨과 만족을 얻습니다.' : 출처— 2013년 1월 31일판 〈블룸버그 비즈니스 위크〉 중 앤드류 로버츠의 '독자적인 체험을 통해 고급 브랜드 충성도를 구축하다'.

• 237쪽, '사치의 개념이 … 옮겨가고 있다는 뜻이죠.' : 출처— 2014년 1월 30일자 〈가디언〉지 조이 우드의 '슈퍼리치, 고가품에서 고가 체험으로 눈을 돌리다'.

• 237쪽, 차세대 소비자들이자 … 사지 않고 있고 : 2013년 10월 6일 자 〈파이낸셜 타임스〉지에 실린 로버트 라이트의 '이동 수단 : 운전 대에서 해방되다'를 살펴보자. 기사는 '도시에 거주하는 젊은층이 운전을 점점 멀리함으로써 자동차 업계는 자동차의 역할에 관하여

재고할 수밖에 없게 되었다.'고 명시하고 있다. 2012년 3월 25일자 〈애틀랜틱〉지 조든 바이스만의 '미국의 젊은이들은 왜 차를 사지 않는가?'와 2013년 3월 10일자 〈선데이 타임스〉지 존 알리지의 '여러분, 저희 차를 공유하셔도 좋습니다' 또한 참고할 것. 알리지의 기사에서는 2008년 운전면허를 보유하고 있는 16세 미국 청소년의 비율이 30%인데 이는 한 세대 전 50%를 크게 밑도는 수준이며, 도쿄에 거주하는 25세 이하 인구의 80%가 자가용을 보유하고 있지 않으며, 독일에서는 자가용이 없는 젊은 가구의 비율이 1998년 20%에서 2008년 28%로 증가했다고 밝히고 있다.

제11장
행복을 측정하는 새로운 방법

• 241쪽, 위원회 의장이었던 ... '... 소비재의 생산을 늘리는 것'이라고 했다 : 이 인용문은 흔히들 또 다른 경제학자 아서 F. 번스가 한 말이라고 잘못 알고 있다. 나는 인용 조사관, 가슨 오'툴 덕분에 내 인용이 옳다는 사실을 확인할 수 있었다. 경제자문 위원회 의장 시절 솔니어는 한 상원의원의 질문에 이렇게 답했다 : '한마디 더 보태면, 내가 이해하고 있는 경제에 따르면 경제의 궁극적인 목표는 소비재의 생산을 늘리는 것이라 말하고 싶군요. 그게 바로 목표입니다. 그것이야말로 우리가 목하 노력 중인 모든 일의 목표인 셈이지요. 바로 소비재의 생산을 늘리는 것 말입니다.'

• 241쪽, 1950년대 말 무렵 ... 채택하게 되었다 : 여기서 '전 세계 모든 국가'라는 말은 서구의 주요 국가들을 지칭하는 것이다. 물론

사이먼 쿠즈네츠의 업적은 리처드 스톤·알렉산더 엑스타인를 비롯하여 다수의 다른 경제학자들에 의해 보완되기는 했다. 이 부분에 대해서는 런던 정치·경제 대학교의 세 경제학자, 올리비에 아코미노티, 스티브 브로드베리, 타마스 보뇨의 도움을 받았다.

- 242쪽, 경제학자들이 우리한테 해준 게 대체 뭐가 있지? : 이 장면은 물론 너그러운 허락 하에 '몬티 파이튼의 라이프 오브 브라이언'에서 발췌한 것이다. 간결하게 만들기 위해 약간 편집을 했다. 질 포스터와 홀리 길리엄의 도움이 있어 가능한 일이었다.

- 246쪽, 1인당 GDP 증가는 실제로 행복감을 일정 수준 높여주기도 한다 : 출처—2010년 9월 7일 〈미국 국립과학원 회보〉 107권 38호 대니얼 카네만과 앵거스 디튼의 '고소득은 삶에 대한 평가를 개선해 주지만 정서적 안녕감까지 개선해 주지는 못한다'.

- 252쪽, 사르코지에 대한 … 폭락했다 : 출처—2008년 2월 4일자 〈로이터〉 크리스피언 발머의 '사르코지에 대하여 콩깍지가 벗겨진 프랑스 국민'.

- 252쪽, 엘리제궁의 널따란 복도를 성큼성큼 걸어 다니는 동안에도 그를 따라다니며 괴롭히는 문제였다 : 출처—2013년 3월 26일자 〈애틀랜틱〉 세실 알뒤의 '사르코지의 비밀 연설문 작성자로서의 삶'.

여기서 사르코지의 생각은 조지프 E. 스티글리츠, 아마티아 센, 장-폴 피투시의 《GDP는 틀렸다 : '국민총행복'을 높이는 새로운 지수를 찾아서》(New York : New Press, 2010)에 실린 서문에서 발췌한 것이다.

- 254~255쪽, 행복 측정 방법 : 주관적 행복에 관한 Wikiprogress. org 페이지의 내용은 2011년 미합중국 회계감사원, 의회 요청 보고

서 중 버니스 스타인하트 외 다수의 '주요 지표 시스템 : 타국가의 체험 및 하위 국가 시스템이 미국에 통찰을 제공하다' 못지않게 요건했다. 사회의 진보에 대한 진보적인 측정법을 소개하는 유용한 웹사이트는 다음과 같다 : 캐나다 행복지표WIC는 www4.hrsdc.gc.ca에서 ; 캐나다 행복지수CIW는 uwaterloo.ca/canadian-index-wellbe-ing에서 ; 호주 진보지표MAP는 호주 통계국의 웹 사이트 www.abs.gov.au에서 ; OECD의 더 나은 삶 지수는 www.oecdbetterlifeindex.org에서 ; 유엔의 인간개발지수HDI는 hdr.undp.org에서 ; 부탄의 국민총행복지수GNH는 www.grossnationalhappiness.com에서 ; 마지막으로 USA의 상태SUSA는 www.stateoftheusa.org에서.

- 256쪽, 배리 슈월츠는 … '대통령 심리자문 위원회'를 창설할 것을 최근 제안했다 : 출처—2012년 11월 12일자 〈애틀랜틱〉 배리 슈월츠 '경제학자들은 이제 비켜라 : 우리에게 필요한 건 대통령 심리자문 위원회'. 2012년 7월 7일자 〈뉴욕 타임스〉 리처드 탈러의 '규칙 작성 이전에 행동부터 지켜보아야'와 캐스 R. 선스타인의 '대통령 심리자문 위원회'(2014년 9월 15일 온라인에 게재되었으며 〈연간 심리 논평〉 게재를 앞두고 있다. http://ssrn.com/ab-stract=249638에서 읽어볼 수 있다).
- 258쪽, 조지프 스티글리츠 말대로 '… 영향을 미치기' 때문이다 : 출처—2009년 9월 13일자 〈가디언〉 조지프 스티글리츠의 '대단한 GDP 사기극'.

제12장
중국인들은 어떠한가?

리우 단단과 조우 조우, 리처드 루에 관한 묘사는 2011년 10월 31일 판 〈타임〉지에 실린 빌 사포리토의 '대약진 : 검소하기로 소문난 중국의 근로자들이 과연 세계에서 제일가는 손 큰 소비자가 될 수 있을 것인가?'에 쓰인 사진에서 따온 것이다. 이 자리를 빌어 리우 단단, 조우 조우, 리처드 루를 찾는 데 도움을 준 데 대하여 빌 사포리토, 조혜르 압둘 카림, 에이드리언 샌디퍼드, 오스틴 램지, 첸 자오자오에게 감사를 드리는 바이다.

- 260쪽, 인도 · 인도네시아 · 베트남 · 나이지리아 · 브라질과 ... 과시적 소비자 대열에 합류하게 될 것이다 : 출처—2013년 6월 19일 BBC.co.uk 린다 여의 '글로벌 중산층의 증가'.
- 263쪽, 서구의 경우 ... 시간이 걸렸다 : 나는 산업혁명의 시작은 1780년 무렵으로, 과잉생산의 시작 '시기'는 1929년으로 잡고, 과소유 증후군은 2013년으로 확정하려 한다. 문화의 변천이 깔끔하게 딱 떨어지는 경우는 거의 없으므로, 이러한 연도들도 임의로 정한 추정치일 수 있다.
- 263쪽, 2012년 ... 문제가 불거졌다 : 다양한 출처는 다음과 같다 : 2013년 1월 8일자 〈차이나 데일리 메일〉 콜라피 '중국의 과잉생산, 위험하다' ; GlobalPolitician.com 월든 벨로의 '중국과 과잉생산 위기' ; 2013년 1월 25일판 〈블룸버그 비즈니스 위크〉 텍스터 로버츠의 '과잉생산 문제 해결을 위하여 산업 규모를 특대로 키우고 싶어하는 중국'.

- 264쪽, (중국뿐만 아니라 ...) ... 소비자들처럼 말이다 : 출처— 루이스 쿠이지의 '소비 촉진을 심화하는 방법', 2012년 세계은 행http://go.worldbank.org/OGWGoM4IKo과 2013년 7월 17일 IMF 보도 자료 No. 13/260를 보면 IMF 국장들은 〔중국이〕 전보다 더욱 소 비자 위주의 성장 경로 쪽으로 이행하고 있는 상황의 의미를 강조' 하고 있다.

- 264~265쪽, 제품보다는 ... 37만 7천 개로 급증했다 : 출처— 1994년 6월 22일판 〈국제 광고 저널〉 콩 리앙 & 로렌스 제이콥스 '중국의 광고대행사 : 문제와 상호관계' : 《기업의 커뮤니케이션 과 홍보를 위한 안내서》(사라 올리버 편집)(London : Routledge 2004) 〈13억 중국인의 커뮤니케이션〉 중에서 잉 판의 '중국의 광고와 홍 보' : 2012년 1월 마이 데커 캐피탈의 '중국의 광고 & 마케팅 산업 연구 보고서' : 2013년 4월 27일자 〈차이나 데일리〉'세계 2위로 급 부상한 중국의 광고 산업 : SAIC' 중국의 국가 공상 행정관리 총 국SAIC의 국장 장마오의 발언을 인용하고 있다.

- 265쪽, 중국정부도 ... 차용하고 있다 : 출처—루이스 쿠이지의 '소비 촉진을 심화하는 방법', 2012년 세계은행http://go.worldbank.org/ OGWGoM4IKo.

- 265쪽, 2012년 ... 똑같아졌다 : 이 비교는 2012년 2,100억 달러에 달한 중국 전자상거래의 가치와 같은 해 2,200억 달러에 달한 아일 랜드 공화국의 경제 가치에 근거한 것이다. 출처—2013년 3월 29일 판 〈포브스〉 케네스 라푸자의 '2012년 64.7% 신장한 중국의 전자상 거래'.

- 265쪽, 국민들이 ... 폭동이 빈번 : 다양한 출처는 다음과 같다 : 2013년 3월 6일자 〈블룸버그〉'오염에 대한 중국국민의 분노, 사회

불안의 주원인이 되다': 2013년 7월 27일자 〈디플로맷〉 J. T. 퀴글리의 '중국정부, 대기오염과의 전쟁에 2,770억 달러 투입 예정'; 2013년 10월 14일 〈로이터스〉 수이리 위의 '중국, 6개 지역에 대기오염에 맞서 싸울 경우 포상금 지급 약속'이라는 기사에서 '중국에서 환경오염 반대 시위가 점점 보편화되고 있어 정부도 놀라고 있다. 관계당국은 환경오염에 맞서 싸우기 위하여 다양한 프로젝트에 투자했고 법원에 심각한 환경오염 사건에 대해서는 사형을 가할 수 있는 권한까지 부여했다.'고 언급하고 있다.

- 265쪽, 행복지수 정체 ... 전혀 높아지지 않았다고 한다 : 출처—2012년 5월 로스앤젤레스 서던 캘리포니아 대학 〈미국 국립과학원 회보〉 리처드 이스털린 외 다수 '중국의 생활 만족도, 1990~2010'; 2012년 9월 27일자 〈뉴욕 타임스〉 리처드 이스털린의 '성장이 행복을 앞지를 때'; 2012년 5월 17일 NBC 린다 캐롤의 '중국, 부의 증진도 더욱 큰 행복을 사는 데 실패하다'.

- 266쪽, 중국의 경우 ... 속도로 성장 중이다 : 이는 다음 통계자료로 계산한 것이다 : 중국의 개인 고가품 매출은 매년 22% 증가 중인 반면, 고가 체험 상품의 매출은 매년 28% 증가 중이다. 출처—보스턴 컨설팅 그룹.

- 266쪽, 중국은 ... 60년밖에 걸리지 않았다 : 나는 1950년대 말 대약진 운동 때 산업화가 시작된 것으로 보고 있다. 사학자 니얼 퍼거슨은 중국이 '한 세기에 걸쳐 일어나야 할 산업화 및 도시화를 약 30년 안에 벼락치기로 치르고 있다'고 믿고 있다. 출처 : 2011년 8월 14일판 〈뉴스위크〉 니얼 퍼거슨의 '중국, 재정문제에 직면하다'; 2013년 9월 19일 Phys.org 통 우의 '중국의 산업혁명은 새로운 행성에서 일어나고 있다'. 맥킨지 글로벌 연구소의 보고서는 이보다 훨

씬 낙관적인데, 중국의 산업화가 영국보다 10배 빠른 속도로 진행되었다고 주장하고 있다. 출처—2012년 6월 맥킨지 글로벌 연구소의 '도시세계 : 도시와 소비계층의 증가'.

- 266쪽, 중국이 ... 과소비에 도달할 것이다 : 현재 여기서 과소유 증후군을 유발하고 있는 다양한 요인들은 미래의 중국에서 더욱 유의미해질 수도 있고 그렇지 않을 수도 있다. 가령 환경은 훨씬 긴급한 문제가 될 공산이 크다. 반면 과소유 증후군의 개인 및 가정의 잡동사니 과포화 위기의 측면을 살펴보자면 평범한 중국인이 서구 사회의 우리들이 훨씬 오랜 기간에 걸쳐 도달한 것과 동일한 물질적 생활수준에 도달할 가능성은 극히 낮다.

제13장
체험이 새로운 마케팅의 화두다

- 271쪽, '요즘엔 개나 소나 자서전을 낸다' : 봄파스와 파에 관하여 더욱 자세히 알고 싶다면 www.jellymongers.co.uk를 방문해 볼 것.

제14장
체험주의자가 되고서도 여전히 물건을 좋아해도 되는 걸까?

- 277쪽, 영국의 경우 ... 가량을 차지한다 : 다양한 출처는 다음과

같다 : 2013년 6월 6일자 〈파이낸셜 타임스〉 마틴 울프의 '영국, 금융정책이 아니라 은행을 바로잡아야 한다'와 2010년 9월 19일자 〈뉴욕 타임스〉 538FiveThirtyEight 블로그 헤일 스튜어트의 '소비자 지출과 경제'.

- 278쪽, **의식의 지배자들이 ... 둔갑시킨** : 출처—응답자의 58%가 '제품 구매가 애국적인 행위이며 국가경제에 도움을 준다'고 믿고 있다고 밝힌 하바스 월드와이드 프로슈머 보고서 중 '새로운 소비자와 공유경제'.

- 285쪽, **창립자인 ... 훌륭한 수단이다** : 2012년 12월 7일자 〈이브닝 스탠더드〉 닉 커티스의 '시크릿 시네마 : 2만 5천 명에게 무슨 영화인지도 모른 채 영화 한 편 값으로 25파운드를 받아낸 비결'. 시크릿 시네마에 관하여 좀 더 알고 싶다면 www.secretcinema.org를 방문해 볼 것.

- 297쪽, **체험적 상품** : 출처—2013년 7월 24일판 〈소비자심리학 저널〉 다윈 게바라 & 라이언 호웰의 '하기 위해서는 가져야 한다 : 체험적 상품이 행복감에 미치는 영향에 관한 탐구'.

- 302쪽, **차를 한 대 ... 대체하게 된다고 한다** : 이렇게 된 주요한 원인은 자동차 1대 보유 가구가 0대 보유 가구가 되기 때문이다. 출처—2014년 5월 23일자 〈샌프란시스코 배이 가디언〉 스티븐 존스의 '자동차공유, 정말로 총 주행대수를 감소시키는가?'와 2010년 워싱턴 DC 미국 국립과학 기술원 교통연구위원회 〈교통연구 기록 : 교통연구 위원회 저널〉 150~158 엘리엇 마틴, 수잔 A. 샤힌, 제프리 리디커의 '자동차 공유가 가구당 자동차 보유대수에 미치는 영향'.

- 303쪽, **에어비앤비** : 에어비앤비는 논객들 사이에서 '하키 스틱

형 성장'이라 불리고 있는데, 성장속도가 매우 빠르다는 의미이다. 2007년에 시작한 에어비앤비의 2012년 투숙객은 3백만 명이었고 2013년 투숙객은 6백만 명이었다. 출처—2013년 12월 19일 〈테크크런치〉 라이언 롤러의 '창업 이후 투숙객 천만을 넘긴 에어비앤비, 현재 전 세계 주택 55만 채가 등록한 상태'.

- 303쪽, '친구와 함께 차를 타고 가는 기분이 든다 …' : 출처— 2012년 9월 17일 〈테크크런치〉 드루 올라노프의 '핑크색 콧수염(리프트 등록 자동차는 앞에 회사 로고인 핑크색 콧수염을 달고 있음—옮긴이)의 초점은 공동체와 숨은 이야기'.

- 304쪽, 회사는 2020년까지 … 목표로 삼고 있다 : 출처—2011년 3월 23일판 〈오토 익스프레스〉 톰 필립스의 'BMW의 드라이브나우 자동차 공유 서비스의 계획'.

- 304쪽, 체험적 세계에 산다는 것 : 여기서 예측한 내용을 읽을 때는 내가 2장에서 문화예측이 어떤 식으로 이루어지는지에 관하여 언급한 내용을 염두에 두어야 한다 : 즉, 예측 내용은 하나의 사실이라기보다 로드맵으로 여겨야 한다는 뜻이다. 따라서 이번 장은 세상이 앞으로 어떤 모습일지에 대한 정확한 그림이라기보다 앞으로 닥칠 일에 대한 대략적인 그림이라고 보아야 한다. 이런 스케치 속에서 현재 이미 벌어지고 있는 일도 분명 알아보게 될 것이다. 당연히 그래야 한다 : 미래는 이미 와 있다는 사실을 명심하라. 주류에 속한 다수가 내일 하고 있을 행동을 알아낼 수 있는 방법은 바로 혁신적인 소수가 오늘 하고 있는 일에 주목하는 것이다. 이러한 변화들이 하룻밤 사이에 일어나리라 기대하는 건 아니라는 점 또한 명심하라. 사학자들이 과거를 돌아보며 이를 혁명이라 부를 날이 언젠가 올 테지만 당신과 나에게는 혁명이라기보다 진화처럼 느껴

질 것이다. 문화적 진화가 신체의 진화보다 속도가 더 빠르다고는 하지만 그래도 며칠이 아니라 수십 년에 걸쳐 일어나게 될 것이다.

- 306쪽, 일 얘기를 … "체험"하러 가는 … 변할 것이라 한다 : 출처―2013년 11월 6일판 〈포브스〉 진 마이스터의 '사무실의 죽음 : 일터가 모바일, 온디맨드, 네트워킹 환경으로 바뀌면'. 2013년 11월 1일 〈쿼츠〉 레오 미라니의 '새로 문을 연 구글의 92,903㎡ 런던 오피스 탐방―개장 3년 전' ; 2013년 7월 델로이트 회계법인 호주, '(거의) 나 중심적인 공간―일터 2030'.

- 308쪽, 최근 이러한 … 800군데로 늘었다 : 출처―2014년 3월 3일판 〈잉크Inc.〉 애덤 바카로의 '미국 내 공동작업 공간 수, 급증하다' 와 2013년 5월 3일자 〈뉴욕 타임스〉 알렉스 윌리엄스의 '따로 또 같이 일하다'.

- 309쪽, 7년 주기로 부동산 중개인의 사진사가 올 때만 집을 치우지 않게 될 것이고 … : 평균적으로 사람들은 7년마다 이사를 다닌다 : 2011년 12월 9일자 〈데일리 메일〉 레이첼 리커드 스트라우스의 '7년만의 이사(영화 7년만의 외출을 패러디함―옮긴이)! 우리는 7년 4개월이 지나면 집에 대한 애정이 식어 주택 헌팅을 시작한다'.

끝맺는 글

그어느 때보다 체험이 필요한 이유

이 이야기의 출처는 물론 내가 내 할아버지·할머니 잭과 팸 월먼과 나눈 수년간의 대화내용과 할아버지께서 돌아가시던 날 나한테 주신 쪽지이다. 잘 사는 건 어떻게 사는 것인가에 관한 생각에 영감을 준 책은 여러 권이지만 하나를 꼽자면, 아리스토텔레스(테렌스 어윈 번역본)의 《니코마커스 윤리학》(Cambridge : Hackett, 1985)이었다.

부록

체험주의자가 되는 길

체험주의에 이르는 3단계

라이언 니커디머스가 보따리와 상자 방법을 활용했던 시기를 확인할 수 있는 사진은 www.theminimalists.com/21days/day3에서 볼 수 있다.

미니멀리즘 달력 게임에 관하여 읽어보고 싶다면 www.theminimalists.com/game을 참조할 것.

데이브 브루노는 이제 더 이상 100가지 물건으로 살아보기를 운영하지 않지만 www.guynameddave.com/about-the-100-thing-challenge에서 정보를 얻을 수는 있다. 혼자서도 할 수 있지만 친구와 함께하면 훨씬 더 잘할 수 있다.

성공하는 체험주의자들의 일곱 가지 습관

몰입에 관하여 좀 더 자세히 알고 싶다면 미하이 칙센트미하이의 《몰입 : 미치도록 행복한 나를 만난다》(New York : Harper Perennial

Modern Classics, 2008)를 읽어볼 것.

내재적 동기의 중요성에 관하여 좀 더 알고 싶다면 에드워드 L. 디씨와 리처드 M. 라이언의《인간 행동에 숨어 있는 내재적 동기와 자기결정》(New York : Springer Science & Business Media, 1985)을 읽어보고 www.selfdeterminationtheory.org를 방문해 볼 것.

- 343쪽, 자기 자신의 관객이 되어라 : 리프 밴 보벤이 나한테 지적했듯, "우리의 동기가 내재적인지 외재적인지 성찰하는 일은 매우 어렵습니다." 그것이 어려운 합리적인 이유 한 가지는 우리가 우리 자신을 위해서가 아니라 타인에게 뽐내기 위해 뭔가를 할 때 그 사실을 인정하는 것이 극도로 어렵기 때문이다. 이는 일곱 번째 습관이 그토록 중요한 또 하나의 이유이기도 하다. 물질적인 어떤 것을 제치고 체험을 선택할 때, 내재적 이유 때문에 그런 선택을 할 가능성이 높은 경향이 있으므로, 내면의 목소리에 감화될 가능성도 높아지고 따라서 더 큰 행복을 느낄 가능성도 높아진다.

찾아보기

옮긴이 **황금진**

숙명여자대학교 영어영문과를 졸업하고 책이 좋아 번역 일을 시작했다. 독자 대신 손품을 팔아 시간을 절약해 주는 것이 번역가의 역할이라 생각하며 성실한 자세로 번역에 임하고 있다. 옮긴 책으로는 《개와 영혼이 뒤바뀐 여자》, 《프로젝트 매니지먼트》, 《기업을 키우는 인사결정의 기술》, 《데일 카네기의 인간관계론》, 《런어웨이》 등이 있다.

과소유 증후군

1판 1쇄 인쇄 ㅣ 2015년 12월 22일
1판 1쇄 발행 ㅣ 2015년 12월 28일

지은이 ㅣ 제임스 월먼
옮긴이 ㅣ 황금진
펴낸이 ㅣ 임홍빈
펴낸곳 ㅣ (주)문학사상
주 소 ㅣ 서울특별시 송파구 중대로38길 17(05720)
등 록 ㅣ 1973년 3월 21일 제1-137호

전 화 ㅣ 02)3401-8540
팩 스 ㅣ 02)3401-8741
홈페이지 ㅣ www.munsa.co.kr
이메일 ㅣ munsa@munsa.co.kr

ISBN 978-89-7012-933-4   03330

이 도서의 국립중앙도서관 출판예정도서목록(CIP)은 서지정보유통지원시스템 홈페이지(http://seoji.nl.go.kr)와 국가자료공동목록시스템(http://www.nl.go.kr/kolisnet)에서 이용하실 수 있습니다. (CIP제어번호 : CIP2015025065)